U0959403

Viewpoint and Analysis of Judgment
on Share Separation
in Marriage and Succession Disputes

婚姻继承
纠纷案件股权分割
裁判观点与解析

汪 强 / 编著

中国法制出版社
CHINA LEGAL PUBLISHING HOUSE

序 言

随着我国经济的持续发展，居民财富也高速增长，家庭财富正悄然从传统的存款为主转向以房地产、公司股权为主的财富形态。在现今众多的富裕家庭中，具有开创精神的企业家（股东）们是不容忽视的群体，其企业资产的占比接近甚至超过了家庭总资产的半壁江山。正所谓“无商不富，无股权不大富”，在财富金字塔的顶端，胡润中国百富榜上榜的超级富豪无一例外都是这个时代最杰出的企业家们，而对于金字塔中下游的富裕家庭，也正越来越深刻地感受到公司股权给他们带来的巨大财富价值。

与财富增长并驾齐驱的，还有我国居民高攀不下的离婚率。2013 至 2017 的五年间，全国范围内的离婚数据逐年上升，大城市北、上、广、深位居 2017 年离婚率的前四位。

在众多的离婚和继承诉讼案件中，涉及公司股权分割的案件比比皆是。而离婚涉及股权分割的案件往往涉及婚姻法、公司法、物权法、合同法和民法通则等多部门法的综合运用，现在明确规定离婚中股权分割的主要是《婚姻法司法解释（二）》的规定，涉及继承的主要是《继承法》和《公司法》第七十五条的规定。法律规定的相对缺失在一定程度上制约了司法实践中的法律适用，同时也考验着法官们的法律智慧。

本书作者在大量查阅、整理公开案例的基础上，结合自己在实践中积累总结的常见纠纷的法律要点，分章节在本书中予以呈现，方便读者查阅。第一章和第二章是各章节的基础，着重于股权财产属性的认定以及在不同类型企业中的股权分割方式；第三章从转让、赠与和质押角度有针对性地呈现股权转移对夫妻共同财产的影响，这类案件的处理结果往往直接影响离婚案件中股权的分割；第四和第五章是婚内和离婚中的股权分割，主要涉及婚内股权分割的条件、涉及股权分割的离婚协议的效力认定等；第六章是关于股权转让中夫妻共同债务的认定；最后第七章是继承案件中的股权纠纷。本书不以高深的法律理论的形式展开，而从司法实践中的裁判思路和法律规定的结合为主线展开，相信本书既可以成为法律爱好者了解婚姻继承涉及股权分割案件的案头读物，也可以成为专业法律工作者的实务参考。

本书写作的过程是作者每晚陪女儿学习的过程，女儿的不懈努力给了作者无限动力。最初的想法还仅是陪女儿共同学习，但随着记录的法律问题和分析的篇幅不断增加，逐步萌生了成书的想法。

在本书的出版过程中，要特别感谢中国法制出版社袁笋冰编辑和赵燕编辑的鼎力支持与帮助。如果没有他们的意见和建议，本书很难顺利出版！

本书的案例主要根据现已公开的网站裁判文书编辑而成，随着时间的推移，本书依据的法律法规必然会有所变化和更新，需要各位读者自行关注法律动态。由于作者时间、精力和水平等的限制，本书观点和分析难免存在疏漏和偏颇之处，欢迎广大读者批评指正。

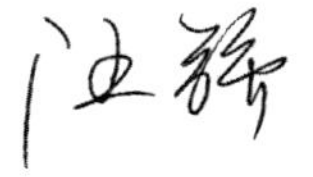

2019 年 8 月 21 日于上海

目 录

Contents

第一章　股权属于夫妻共同财产还是个人财产的认定

第一节　特殊股东与夫妻共同财产的认定

一、夫妻实际出资并由他人代持的股权是否属于夫妻共同财产?

案件来源：上海市宝山区人民法院（2016）沪0113民初21号判决陆某与A公司、第三人张某1、第三人张某股东资格确认纠纷案[①]

裁判日期：2016年2月22日

案件要旨：陆某提交的“代持股证明”，A公司及张某均予以认可，张某1经法院合法传唤无正当理由拒不到庭，视为其放弃抗辩权利，故对陆某主张的事实可予采信，对陆某的诉请应予支持。

【基本案情】

陆某与张某于1991年登记结婚。2000年12月，A公司经工商部门核准登记设立，注册资本人民币100万元（以下币种相同），记载股东为张某、张某1二人，

① 为了突出拟评析的案件主要法律问题及保护当事人隐私，部分案情会作出调整或略去不表。如需了解案件详情，可查阅判决书原文。全书同。

其中张某出资 90 万元（占 90% 股权），张某 1 出资 10 万元（占 10% 股权）。

陆某诉称：陆某与张某系夫妻。2000 年成立 A 公司时，考虑到公司不适合把夫妻俩同时登记为股东，便将张某哥哥（即第三人张某 1）登记为名义股东。后陆某另案向法院起诉要求与张某离婚并分割财产，故诉至法院，要求判令第三人张某 1 所持有的 A 公司 10% 股权归陆某与张某共同共有。

A 公司及张某对陆某主张的事实和理由均无异议，对陆某的诉请也均予以认可。

第三人张某 1 未作答辩。

审理中陆某提交“代持股证明”一份，以证明第三人张某 1 代张某持有 A 公司 10% 的股权。“代持股证明”内容为：“A 公司成立于 2000 年，因当时国家政策规定夫妻两人不能作为股东成立公司，故由张某 1 代为持有 10% 股权，实际本人没有出资。”证明人落款处有“张某 1”签名，落款日期为 2014 年 10 月 19 日。

A 公司及张某对“代持股证明”无异议。

以上事实，可由 A 公司公司企业信息、“代持股证明”等书面证据，以及各方当事人的相关陈述予以证实。

【法院裁判】

法院判决：第三人张某 1 所持有的 A 公司的 10% 股权为陆某与张某共同共有。

法院认为：根据 A 公司在工商部门记载的股东信息，第三人张某 1 持有 A 公司 10% 股权。陆某主张张某 1 只是系争股权的代持人，系争股权实际为陆某与张某的夫妻共同财产，并提交“代持股证明”，对此 A 公司及张某均予以认可，而张某 1 经法院合法传唤无正当理由拒不到庭，视为其放弃抗辩权利，故法院对陆某主张的事实可予采信，对陆某的诉请应予支持。同时法院认为，虽然陆某的诉讼请求得到支持，但陆某及张某对系争股权的登记状态与实际权属不符均负有责任，为公平起见，由二人共同分担本案诉讼费较为合理。

【裁判解析】

本案案由为股东资格确认纠纷，涉及陆某与张某作为实际出资人的股东资格的确认。陆某依据有张某 1 签名的“代持股证明”，主张第三人张某 1 所持有的 A 公司 10% 股权归陆某与张某共同共有。《公司法司法解释（三）》第二十四条规定：“有限责任公司的实际出资人与名义出资人订立合同，约定由实际出资人出资并享有投资权益，以名义出资人为名义股东，实际出资人与名义股东对该合同效力发生争议的，如无合同法第五十二条规定的情形，人民法院应当认定该合同有效。前款规定的实际出资人与名义股东因投资权益的归属发生争议，实际出资人以其实际履行了出资义务为由向名义股东主张权利的，人民法院应予支持。名义股东以公司股东名册记载、公司登记机关登记为由否认实际出资人权利的，人民法院不予支持。实际出资人未经公司其他股东半数以上同意，请求公司变更股东、签发出资证明书、记载于股东名册、记载于公司章程并办理公司登记机关登记的，人民法院不予支持。”该司法解释的规定确立了股权代持合同的合法地位，只要不存在《合同法》第五十二条①规定的无效情形，就应当认定股权代持合同有效，实际出资人有权依照股权代持合同以实际履行了出资义务为由向名义股东主张权利。为维护有限公司人合性不被破坏，在经公司其他股东半数以上同意的情况下，实际出资人有权请求公司变更股东、签发出资证明书、记载于股东名册、记载于公司章程并办理公司登记机关登记。此时，其他股东半数以上同意时，不同于股东向股东以外的人转让股权，其他股东并没有优先购买权。

《上海市高级人民法院关于审理涉及公司诉讼案件若干问题的处理意见（一）》第一条第一款规定：“当事人之间约定以一方名义出资（显名投资）、另一方实际出资（隐名投资）的，此约定对公司并不产生效力；实际出资人不得向公司主张行使股东权利，只能首先提起确权诉讼。有限责任公司半数以上其他股东明知实际出资人出资，并且公司一直认可其以实际股东的身份行使权利的，如无其他违背法律法规规定的情形，人民法院可以确认实际出资人对公司享有股权。”综合上述司法解释的规定，在有代持股约定的情况下，确认实际出资人的股东资格需要考察其是否实际履行了出资义务、是否行使了股东权利以及公司和其他股东对其股东身份是否认可。本案中，陆某提交了“代持股证明”，该份书证证实了张某1没有出资，而是代为持有10%股权的事实。由于A公司及公司另一股东即张某对陆某的主张及依据的事实和理由均无异议，张某1又未作答辩，视为其放弃诉讼权利。据此应当认定代持股成立，张某1名下的A公司10%股权归陆某与张某共同共有。

实践中，公司文件记载的股东与实际出资人相分离的情形屡见不鲜，离婚案件涉及股权代持的也不在少数。类似案件中，实际出资人如最终取得股东资格的，股权可以根据相关法律和司法解释的规定作为夫妻共同财产进行分割，如由

---

① 《合同法》第五十二条：有下列情形之一的，合同无效：（一）一方以欺诈、胁迫的手段订立合同，损害国家利益；（二）恶意串通，损害国家、集体或者第三人利益；（三）以合法形式掩盖非法目的；（四）损害社会公共利益；（五）违反法律、行政法规的强制性规定。

于种种原因实际出资人不能取得股东资格的，配偶一方也可以选择折价补偿的方式维护权益。

二、夫妻一方作为名义股东持有的股权，股权转让款能否作为夫妻共同财产分割？

案件来源： 北京市第二中级人民法院（2017）京02民终11366号判决吴某与田某离婚后财产纠纷案

裁判日期： 2017年11月30日

案件要旨： 双方离婚时签订的《离婚协议书》，系双方真实意思表示，吴某虽主张签订时有重大误解和欺诈，但其所举证据均未能说明其主张，法院不予采信。双方离婚时，对A公司股权问题未作处理，通过田某列举的一系列证据，可以证实田某并未实际参与公司经营，亦未出资实缴股资和享有收益，故吴某主张田某出资并要求分割其股权收益，缺乏事实和法律依据，法院不允。

【基本案情】

吴某、田某原系夫妻关系。2016年5月17日，双方在民政局登记离婚并签订了《离婚协议书》，该协议第三条关于夫妻共同财产（所剩卖房款390万元现金及402号房屋一套）的处理问题双方另约定，男方分得现金100万元及402号房屋产权，房屋贷款由男方全权承担。女方分得现金290万元。双方最后确认如有隐匿财产自愿承担法律责任并赔偿对方损失。

吴某一审请求对田某转让的A公司10%的股权转让款进行分割。

庭审中，吴某提交《离婚协议书》、离婚证、电话录音，用以说明《离婚协议书》存在重大误解，该条款无效，现吴某主张撤销第三条关于夫妻共同财产的条款，重新分割。田某主张协议不存在重大误解和欺诈胁迫，双方最终应按《离婚协议书》履行。

庭审中，吴某提交工商档案材料，用以证明田某在婚姻关系存续期间与刘某设立了A公司，该公司成立时注册资本10万元，田某出资1万元占有10%股权，后公司增资500万元，田某认缴50万元，离婚后田某将10%股权以50万元转让给了马某，此系夫妻共同财产，应予分割。田某对此主张不予认可，其提交工商注册登记基本信息及工商不良记录、刘某证言及身份证、工商档案资料、股权转让协议书、验资报告书并辩称：刘某因自己已设立了B个人独资公司而无法再另设其他个人独资公司，故让田某代持A公司10%的股权，刘某以田某名义缴纳了注册资金，田某只是名义股东。公司增资实缴时已是双方离婚后的2016年11月14日，因田某酒驾服刑，出狱后按照刘某的要求将股权无偿转让给了马某，马某与刘某进行了实缴增资。

庭审中，吴某提交酒店账单、出游机票行程单、微信订单截图和朋友圈截图，证明田某与王某（女）一起出游，因自己在离婚时不知田某出轨，故签订离婚协议及分割财产时存在重大误解和欺诈。吴某另提交护照、消费凭证及信用卡还款凭证手机截屏打印件，用以证明订立离婚协议存有误解。田某辩称酒店账单和行程单的时间均发生在吴某、田某双方离婚后，且微信订单截图所证事实也是吴某、田某带孩子与王某和朋友一起旅游，后来同坐一个航班回京，即田某并无出轨行为。吴某所举消费凭证及信用卡还款凭证手机截屏打印件缺乏真实性，田某不予认可。田某认为上述证据与重大误解、欺诈胁迫均无关系。

一审判决后，吴某上诉请求改判对田某转让A公司的股权转让款平均分割。事实与理由：田某账户的转账流水中部分金额异常，与正常生活开支不符，这些大额转账是与A公司的往来账款，根据这些往来账款，田某显然不是代持股东，而是跟公司有实际业务往来。

田某同意原判并答辩称：关于A公司，我一审提交了该公司的年审报告，公司成立时注册资本10万元，其中以我的名义出资是1万元。2014年10月5日公司增资为500万元，但只是认缴并未实缴。直至我转让股权给第三人，都没有实缴，实缴时间为2016年11月14日，是由受让股东马某实缴的，验资报告可以显示。这个公司一开始我是替朋友即公司的另一股东刘某持股，1万元实际来源于他，所以后来我无偿转让给他舅舅马某。

二审中，吴某称知道田某与A公司的另一股东刘某是发小，听田某说过利用自己的关系给该公司获得过项目，且2015年该公司有盈利，所以田某不可能无偿转让股份。

【法院裁判】

一审法院判决：驳回吴某的诉讼请求。

一审法院认为：吴某与田某2016年5月17日登记离婚，现吴某于2017年5月11日起诉要求就离婚协议事项重新处理，对此起诉应予受理。法律规定，民事法律行为从成立时起具有法律约束力。行为人非依法律规定或者取得对方同意，不得擅自变更或者解除。双方离婚时签订了《离婚协议书》，吴某虽然现在主张签订时有重大误解和欺诈，但其所举证据均未能说明其主张，法院不予采信，该离婚协议在民政局附卷备案，系双方真实意思表示，故该协议依法成立，合法有效，双方均应遵照履行。吴某认为因田某婚内出轨等问题造成签订离婚协议及分割财产时产生重大误解和欺诈，故《离婚协议书》第三条无效应予撤销并主张重新分割402号房屋，因上述问题双方均已达成协议，部分款项双方已经履行一年之久，且该协议不违反法律规定，故吴某上述要求的理由及证据不足，田某亦不同意，法院不予支持。

双方离婚时，对A公司股权问题未作处理，现吴某要求解决，应属合法正当。但通过田某列举的一系列证据，可以证实田某并未实际参与公司经营，亦未出资实缴股资和享有收益，故吴某主张田某出资并要求分割其股权收益，缺乏事实和法律依据，法院不允。

二审法院判决：驳回上诉，维持原判。

二审法院认为：关于A公司的股权转让款，吴某在离婚时知道田某持有该公司股份的情况，也知道田某与另一股东刘某的关系。通过田某提交的关于该公司的一系列证据，无法得出田某实际出资、实缴股资和享有收益的结论，田某也对代持股份及无偿转让股份的原因作出了说明。吴某要求分割股权转让款，无充分证据，一审法院未予支持，并无不当。

【裁判解析】

本案涉及两个法律问题：第一个问题，吴某要求撤销离婚协议条款的理由是否成立；第二个问题，田某持有的A公司10%的股权是否为夫妻共同财产。

关于第一个问题，吴某要求撤销离婚协议条款的理由是否成立。吴某在庭审中提交相关证据，用以说明其签署《离婚协议书》及分割财产时有重大误解，田某对其有欺诈。

婚姻关系本质上是身份关系，根据《合同法》的规定，有关身份关系的协议不适用《合同法》的规定。[①] 但婚姻关系中与财产关系相关的协议依然将《合同法》的原则作为适用法律的依据。关于合同的撤销，我国《合同法》第五十四条规定："下列合同，当事人一方有权请求人民法院或者仲裁机构变更或者撤销：（一）因重大误解订立的；（二）在订立合同时显失公平的。一方以欺诈、胁迫的手段或者乘人之危，使对方在违背真实意思的情况下订立的合同，受损害方有权请求人民法院或者仲裁机构变更或者撤销。当事人请求变更的，人民法院或者仲裁机构不得撤销。"《婚姻法司法解释（二）》第八条规定："离婚协议中关于财产分割的条款或者当事人因离婚就财产分割达成的协议，对男女双方具有法律约束力。当事人因履行上述财产分割协议发生纠纷提起诉讼的，人民法院应当受理。"第九条规定："男女双方协议离婚后一年内就财产分割问题反悔，请求变更或者撤销财产分割协议的，人民法院应当受理。人民法院审理后，未发现订立财产分割协议时存在欺诈、胁迫等情形的，应当依法驳回当事人的诉讼请求。"根据上述规定，离婚协议中关于财产分割的条款或者当事人因离婚就财产分割达成的协议，对双方具有法律约束力，只有在订立财产分割协议时存在欺诈、胁迫等情形的，一方才可以请求变更或者撤销财产分割协议。另外，请求变更或者撤销财产分割协议，应在离婚后一年内提出。

另外，根据《民法通则意见》第六十八条和第六十九条的规定："一方当事人故意告知对方虚假情况，或者故意隐瞒真实情况，诱使对方当事人作出错误意思表示的，可以认定为欺诈行为。""以给公民及其亲友的生命健康、荣誉、名誉、财产等造成损失或者以给法人的荣誉、名誉、财产等造成损害为要挟，迫使对方作出违背真实的意思表示的，可以认定为胁迫行为。"那么，本案中签订离婚协议时是否存在欺诈和胁迫的情形呢？吴某和田某是在民政局办理离婚登记手续，《离婚协议书》在民政局备案存档，并且协议签订距离案件起诉已近一年。在此期间，双方均履行离婚协议的约定，未提出过异议。吴某主张田某胁迫其签订离婚协议难以令人信服。另外，吴某提交的电话录音、酒店账单、出游机票行程单、微信订单截图和朋友圈截图等证据，田某都给出了合理解释，无法得出吴某在签订《离婚协议书》和财产分割时受到欺诈的结论。因此，不能认定《离婚协议书》是在欺诈、胁迫情况下签订，吴某要求撤销离婚协议中财产分割条款的请求不能得到法院支持。

---

① 参见《合同法》第二条，该条规定：本法所称合同是平等主体的自然人、法人、其他组织之间设立、变更、终止民事权利义务关系的协议。婚姻、收养、监护等有关身份关系的协议，适用其他法律的规定。

关于第二个问题，田某持有的A公司10%的股权是否为夫妻共同财产。田某在婚姻关系存续期间参与设立A公司，取得A公司10%的股权，田某主张其是代另一股东刘某持有股份，为此田某向法庭提交验资报告，显示出资由刘某代田某缴纳，增资由马某于田某离婚后实缴，另外田某并未参与公司的经营管理，也未参与盈余分配。也就是说，田某虽然原始取得A公司10%的股权，公司股东名册的记载及公司工商登记都是田某为股东，但田某提交的证据显示其并未实际缴纳出资，并非公司的实际出资人，仅为名义股东。在此情况下，吴某主张分割股权转让款，就需要证明田某为A公司的真正股东，其名下的股权归夫妻共同所有。《公司法司法解释（三）》第二十二条规定："当事人之间对股权归属发生争议，一方请求人民法院确认其享有股权的，应当证明以下事实之一：（一）已经依法向公司出资或者认缴出资，且不违反法律法规强制性规定；（二）已经受让或者以其他形式继受公司股权，且不违反法律法规强制性规定。"第二十四条第一款规定："有限责任公司的实际出资人与名义出资人订立合同，约定由实际出资人出资并享有投资权益，以名义出资人为名义股东，实际出资人与名义股东对该合同效力发生争议的，如无合同法第五十二条规定的情形，人民法院应当认定该合同有效。"关于隐名股东的确认，不少地方的高院都出台了地方司法文件①。根据前述规定，要证明田某是A公司股东，吴某需从几方面举证证明：1. 田某向A公司实际出资或认缴出资；2. 田某实际参与A公司的经营管理，行使公司股东权利；3. A公司其他股东认可田某的股东身份。结合本案吴某的举证，仅为工商档案资料和田某的账户转账流水，无法证明田某为A公司股东。根据《民事诉讼证据规定》第二条的规定："当事人对自己提出的诉讼请求所依据的事实或者反驳对方诉讼请求所依据的事实有责任提供证据加以证明。没有证据或者证据不足以证明当事人的事实主张的，由负有举证责任的当事人承担不利后果。"吴某应承担举证不能的法律后果。因股权转让款系股权转化而来，吴某分割股权转让款的诉讼请求就无法得到支持。

---

① 参考2004年2月24日《北京市高级人民法院关于审理公司纠纷案件若干问题的指导意见（试行）》（京高法发〔2004〕50号）；2003年6月12日上海市高级人民法院《关于审理涉及公司诉讼案件若干问题的处理意见（一）》（沪高法〔2003〕216号）；2003年6月13日《江苏省高级人民法院关于审理适用公司法案件若干问题的意见（试行）》（苏高法审委〔2003〕2号）；2007年1月15日《山东省高级人民法院关于审理公司纠纷案件若干问题的意见（试行）》（鲁高法发〔2007〕3号）。

三、夫妻一方被冒名登记为公司股东，股权能否作为夫妻共同财产分割？

案件来源：四川省成都市中级人民法院（2017）川01民终8806号判决张某与邓某离婚后财产纠纷案

裁判日期：2017年9月14日

案件要旨：经司法鉴定，A公司设立过程中所形成的文件均不是邓某本人签字，说明邓某没有成为公司股东的意思，亦未实际参与公司经营。由于没有邓某出资的银行转账凭证及其财产转移手续予以佐证，因此，《验资报告》《证明信》不足以证明邓某参与公司注册登记，并实际出资的事实。谢某冒用邓某名义进行公司注册，邓某并非公司股东。

【基本案情】

张某与邓某于1997年9月13日办理结婚证，2001年1月16日协议离婚，离婚时协议，两个婚生子由邓某抚养至独立生活止，无夫妻财产分割。2007年3月31日双方签订财产分割协议一份，邓某将一套房屋归张某所有，并补偿张某现金270万元。2016年10月张某起诉要求分割邓某在婚姻关系存续期间在A公司投入的资本200万元，后又更改为要求分割100万元。

会计师事务所出具验资报告：截至2000年9月26日，邓某投资A公司货币资金236.81万元，实物资产250.25万元。至2009年12月，工商登记上邓某仍是该公司股东。2008年7月张某与被告邓某离婚后财产纠纷一案经法院委托司法鉴定中心鉴定，A公司设立过程中的一系列文件中（送检材1至17）邓某的签名及指印，均不是邓某本人所为。

张某与邓某离婚后财产纠纷一案，2013年1月，由四川省高级人民法院提审，作出（2013）川民提字第200号民事判决，部分摘要："……关于张某请求分割邓某在A公司的31%股权，以及谢某在本案中请求确认31%的股权属自己所有的问题，因谢某诉邓某关于该公司股东资格确认纠纷一案，四川省遂宁市中级人民法院已受理，张某也作为有独立请求权的第三人参加了诉讼，故对A公司的股权，本案不作处理。”

2013年8月，谢某与邓某股权确认纠纷一案，谢某在四川省遂宁市中级人民法院撤诉。2013年12月2日，邓某诉谢某、A公司姓名权纠纷一案达成调解协议：1. A公司在股东登记信息中停止使用邓某的姓名，限于2014年1月15日前更正工商登记信息等；2. 谢某于2013年12月20日前一次性补偿邓某精神损害抚慰金2万元。

张某于2014年3月与被告四川省遂宁市工商行政管理局、第三人A公司、第三人谢某、第三人邓某工商行政管理一案，分别被遂宁市船山区人民法院裁定驳回起诉、遂宁市中级人民法院裁定维持一审裁定、遂宁市中级人民法院裁定驳回申诉。

本案张某在一审的诉讼请求：1. 邓某向张某分得婚姻存续期间夫妻共同财产100万元；2. 案件受理费由邓某承担。

一审法院在审理中：（一）1. 张某提出，验资报告证明及会计师事务所的证明信，证明2000年9月26日邓某出资487.06万元（货币资金236.81万元、实物资产250.25万元）成为A公司股东；企业名称变更核准通知书，证明变更前后的A公司，邓某都是股东；邓某对该真实性和合法性无异议，关联性有异议。提出事实上邓某并没有出资，自2007年双方第一次诉讼离婚后财产纠纷之日起，A公司及谢某均以第三人身份参加诉讼，且邓某未出资的证明有法院判决为证，故该份验资报告不予认可。2. 张某提出，民事裁定书（2013）川民监字第3号、民事判决书（2013）川民提字第200号，证明邓某关于A公司股东资格确认的问题未作处理；邓某提出，2013年川民提字第200号生效判决均对双方的离婚后财产纠纷判决进行了最终确定，且履行完毕，至于股权，邓某并未实际出资，该股权无法主张。3. 张某提出各股东出资一览表，证明邓某是A公司股东之一，并实缴487.06万元；张某提出公司变更登记申请书，证明截至2009年12月25日邓某还是A公司股东，表示2007年3月31日财产分割协议并没有分割股权这一部分。

（二）1. 邓某提出下列证据：A公司章程、第64号司法鉴定中心《文件检验鉴定书》、遂宁市船山区人民法院民事调解书（2013）船山民初字第3045号、遂宁市船山区人民法院行政裁定书（2014）船山行初字第10号、遂宁市中级人民法院行政裁定书（2014）遂中行终字第18号、遂宁市中级人民法院《驳回申诉通知书》（2015）遂中行监字第7号；2. 上述证据证明邓某不是A公司的股东，邓某未出资；经鉴定，A公司设立及管理中的一系列文件中邓某的签名均不是邓某所为，此系谢某冒用邓某名义所为，依据生效法律文书早已进行工商变更；遂宁市工商局依据生效法律文书——遂宁市船山区人民法院民事调解书（2013）船山民初字第3045号所做的A公司的股东工商变更依据合法，程序合法，一、二审及申诉均驳回张某的起诉；3. 张某对上述证据的真实性、合法性无异议，关联性有异议；张某提出邓某有无出资应以验资报告为准，在日常公司登记中，股东完全可以不出面签名，股本金不可能让别人代持有，所以邓某名下的股权就是他自己的股权，不能否定他出资487.06万元的事实；行政裁定书，驳回通知书证明张某没有得到支持是因张某不是A公司的股东，所以无主体资格，并不表明股权就不是邓某的；调解书的真实性有异议。

（三）谢某提交了司法鉴定中心《文件检验鉴定书》（第63号），证明“A公司”从设立到运营过程中有“邓某”签字字样及按捺手印的有关资料，均不是邓某签署及按捺手印的，而是由谢某安排其他人员冒用邓某的名义签署的，邓某没有向“A公司”投资、没有参与“A公司”的运营管理。张某对该鉴定的真实性、合法性没有异议，对关联性有异议，提出尽管签名不是邓某所签，但不能证明邓某没有参与，签字和出资是两回事；邓某对该证据确认。

一审判决后张某的上诉，请求撤销一审判决，依法改判分割夫妻共同财产100万元。事实和理由：1. 张某举出的《验资报告》和《证明信》能够有力地证明邓某出资的货币资金一定是其将款项注资到了A公司，出资的实物资产是其将拥有产权的实物资产转移（产权变更）到了A公司。足以证明邓某的出资（包括货币与实物资产）是夫妻共同财产。2. 邓某若认为是谢某冒用了其姓名成立A公司，则应该提供证据证明邓某用于A公司的现金和实物出资是由谢某转移给其，但其未能提供证据证明，从而不能否定其出资的事实。3. 一审法院以A公司成立过程中的邓某所有签字与捺印都不是其本人所为以及法院的调解书为由，否定邓某出资的事实明显不当。事实上，在公司成立过程中并不需要股东本人亲自签字，换言之，不是本人签字并不能否定股东地位的存在事实。关于调解协议，因为邓某与谢某的特殊亲近关系，故不能以此否定邓某出资的事实。

邓某辩称，《验资报告》和《证明信》不足以证明其出资是夫妻共同财产，未出具任何转款凭证。有法院生效裁判文书证明是谢某冒用邓某名义成立公司。一审判决是因为不能够证明是夫妻共同财产而驳回张某的诉讼请求的。一审认定事实清楚，适用法律正确。

谢某辩称：谢某是冒用邓某签字成立的公司，公司资产都是谢某出资，邓某出资成立公司没有依据。请求驳回上诉请求。

二审另查明，会计师事务所于2000年9月26日出具《验资报告》；同日，“谢某、王某某、赵某某、谢某某、邓某”签字向会计师事务所出具承诺表明：“邓某出资的236.81万元由于管保险柜人员在出差，存单无法取出，近期补齐。”该承诺上“邓某”的签字经鉴定不是邓某本人所签；《验资报告》所依据的资信证明《银行询证函》的账户名称是A公司。

【法院裁判】

一审法院判决：驳回张某的诉讼请求。

一审法院认为，张某要求分割与邓某在婚姻关系存续期间的A公司的部分资本100万元，因本案中涉及的邓某所持有的A公司的股权，经司法鉴定，该公司设立过程中所形成的文件，均不是邓某本人签字，且2013年12月2日，邓某诉谢某、A公司姓名权纠纷一案已达成调解协议：1. A公司在股东登记信息中停止使用邓某的姓名，限于2014年1月15日前更正工商登记信息等；2. 谢某于2013年12月20日前一次性补偿邓某精神损害抚慰金2万元。2014年11月A公司修订公司章程并进行了工商变更。综上所述，张某要求分割邓某在A公司的投资100万元，无充足事实和证据证实该款项是夫妻共同财产，故对张某的诉讼请求予以驳回。

二审法院判决：驳回上诉，维持原判。

二审法院认为，《民事诉讼法司法解释》第九十条规定：“当事人对自己提出的诉讼请求所依据的事实或者反驳对方诉讼请求所依据的事实，应当提供证据加以证明，但法律另有规定的除外。在作出判决前，当事人未能提供证据或者证据不足以证明其事实主张的，由负有举证证明责任的当事人承担不利的后果。”根据第64号司法鉴定中心《文件检验鉴定书》，可以证明A公司设立过程中所有文件上“邓某”的签字均非邓某本人所签。张某提交会计师事务所出具的《验资报告》及该会计师事务所于2016年12月5日出具的《证明信》，拟证明验资是真实的，邓某出资属实。但《验资报告》系2000年9月26日出具，同日，有“谢某、王某某、赵某某、谢某某、邓某”签字的向会计师事务所出具的承诺表明：“邓某出资的236.81万元由于管保险柜人员在出差，存单无法取出，近期补齐。”可见该会计师事务所在没有核实邓某出资的真实情况下，于“延期补齐”承诺作出当日，即作出上述《验资报告》。而该承诺上“邓某”的签字经鉴定也不是邓某本人所签。《验资报告》所依据的资信证明《银行询证函》的账户名称是 A 公司，不能证明是哪个股东的出资。由于没有邓某出资的银行转账凭证及其财产转移手续予以佐证，因此，《验资报告》《证明信》不足以证明邓某参与公司注册登记，并实际出资的事实。至于是否属于虚假验资，本案不作评判。且根据已经生效的遂宁市船山区人民法院民事调解书（2013）船山民初字第 3045 号，已经证明是谢某冒用邓某名义进行的公司注册，邓某并非公司股东。张某认为该调解书的调解内容不真实，但其未提供充分的证据反驳该调解书认定的事实。同时，张某也不能证明在夫妻关系存续期间有相应的夫妻共同财产使邓某用于向 A 公司投资。张某未提供充分的证据证明其主张，一审法院驳回其诉讼请求正确。

【裁判解析】

本案涉及被冒名的认定以及被冒名者是否具有股东身份。冒名股东是指以根本不存在的人的名义（如去世者或者虚构者）出资登记，或者盗用真实人的名义出资登记的投资者。[①] 冒名者与被冒名者之间的关系不同于名义股东与实际出资人的关系，冒名者与被冒名者之间不存在合意。被冒名者没有出资，也没有行使股东权利承担股东义务，被冒名者不具有成为公司股东的意思。被冒名者与公司无关，其被冒名才“偶然”与公司发生关系，这种关系不值得法律保护。[②]《公司法司法解释（三）》第二十八条规定：“冒用他人名义出资并将该他人作为股东在公司登记机关登记的，冒名登记行为人应当承担相应责任；公司、其他股东或者公司债权人以未履行出资义务为由，请求被冒名登记为股东的承担补足出资责任或者对公司债务不能清偿部分的赔偿责任的，人民法院不予支持。”由该司法解释规定可知，虽然登记为股东，如果被认定为冒名登记，由于被冒名者不知情或根本不存在，没有出资设立公司，也没有参与经营管理、分享公司利润和承担经营风险的意思，因此，不应将其视为法律意义上的公司股东。但最高人民法院的司法解释对冒名缺乏具体认定标准，相关冒名股东问题，部分地方高级人民法院的意见也可以作为参考。江苏和山东的高级人民法院的意见认定实际出资人为公司股东或者被冒名者不具有股东

---

① 参见刘敏：《股东资格认定的三个问题》，载《人民法院报》2003 年 8 月 27 日。

② 参见杜军：《试析股东资格的认定》，载《法律适用》2010 年第 5 期。

资格,[①] 上海高级人民法院区别不同情况，从被冒名者完全不知晓、事后明知而不作反对、明知用于设立公司而出借身份证明来判断被冒名者的真实意思。[②]

本案张某主张邓某名下A公司的股权为夫妻共同财产，并在一审诉讼中要求分割夫妻共同财产100万元。而邓某坚持其不是公司股东，系谢某冒用邓某名义注册登记。本案第三人谢某也辩称是其本人冒用邓某签字成立的A公司，公司资产都由其出资。判定民事主体是否具有股东身份，应综合考量其是否有成为公司股东的意思、是否实际出资或认缴出资、是否实际行使股东权利以及公司和其他股东是否认可其股东身份。

关于成为公司股东的意思，鉴定结论《文件检验鉴定书》，证明A公司在设立过程中所有文件上“邓某”的签字均非邓某本人所签，此后补齐存单的承诺也非邓某签字。

关于出资，根据工商档案文件显示，邓某作为发起人设立A公司，依据会计师事务所的《验资报告》的记载：截至2000年9月26日，邓某投资A公司货币资金236.81万元，实物资产250.25万元。出具《验资报告》的同日，还有“谢某、王某某、赵某某、谢某某、邓某”签字的向会计师事务所出具的承诺：“邓某出资的236.81万元由于管保险柜人员在出差，存单无法取出，近期补齐。”可见该会计师

---

① 参见《江苏省高级人民法院关于审理适用公司法案件若干问题的意见（试行）》（苏高法审委〔2003〕2号）第三十二条，该条规定：以根本不存在的人的名义或盗用他人的名义出资并登记为股东设立公司的，应认定实际出资人为股东；因此导致出现一人公司的，应当由冒名人对公司债务承担无限责任。《山东省高级人民法院关于审理公司纠纷案件若干问题的意见（试行）》（鲁高法发〔2007〕3号）第三十八条：盗用他人名义出资的，被盗名者不具有股东资格。盗用他人名义或以根本不存在的人的名义出资的，由实际出资人或直接责任人承担相应民事责任。

② 参见《上海市高级人民法院关于印发〈2005年上海法院民商事审判问答（之五）〉》（沪高法民二〔2005〕12号）第二条，该条规定：经登记的公司股东以其身份被冒用为由请求法院确认其非公司股东，该请求虽然涉及法律事实的确认，但该事实的确认与股东权利与义务直接相关，该起诉符合民事诉讼法的规定，法院应予受理，并根据依法查明的事实，区分不同情况进行处理：

1. 有确切证据证明经登记的公司股东系被他人冒用或盗用身份进行公司登记的，且其从未具有设立公司和成为公司股东的意思表示，法院应当判决确认该被冒用或盗用身份的股东不是公司股东，而以实际出资人为股东。鉴于被冒用或盗用身份的人不是公司股东，故对公司债权人不承担基于股东身份而产生的民事责任。在判决否认被冒用或盗用身份的人为公司股东后，如果由此导致公司出现一人公司情形的，按照一人公司的法律规定对外承担责任。

2. 经登记的公司股东被他人冒用或盗用身份进行公司登记，但有证据证明该股东事后明知但不作反对表示，或者该股东明确表示愿意成为公司股东，或虽未明确表示，但实际以股东身份参与公司经营管理、行使股东权利的，法院应当驳回该公司股东请求确认其非公司股东的诉请。

3. 经审理确认，有证据证明该登记股东明知他人使用其名义设立公司而出借身份证明的，法院应当驳回该公司股东请求确认其非公司股东的诉请。

事务所当时并未审慎地核实邓某出资的真实性，在材料不齐情况下作出《验资报告》，且承诺上的“邓某”签名经司法鉴定也非邓某本人所签，《验资报告》中依据的资信证明《银行询证单》的账户名称为A公司。因此，仅以《验资报告》无法证明邓某实际出资，在没有邓某出资的银行转账凭证或其财产转移手续予以佐证的情况下，不能认定邓某向A公司出资。

关于股东身份，2013年8月，在谢某与邓某股权确认纠纷案中，双方达成一致调解协议：A公司在股东登记信息中停止使用邓某的姓名，限于2014年1月15日前更正工商登记信息等；谢某于2013年12月20日前一次性补偿邓某精神损害抚慰金2万元。虽然法院的调解协议并未认定股权的归属，但确认谢某冒用邓某名义进行公司注册，邓某并非公司股东。张某认为邓某与谢某有特殊亲近的关系，进而主张上述调解书的调解内容不真实，但张某未提供充分的证据反驳调解书认定的事实。

虽然公司登记文件显示邓某为公司股东，但公司登记只是证权登记，没有创设权利的法律效果。实际出资或认缴出资才是判断邓某是否具备股东资格的实质要件。《公司法司法解释（三）》第二十二条规定：“当事人之间对股权归属发生争议，一方请求人民法院确认其享有股权的，应当证明以下事实之一：（一）已经依法向公司出资或者认缴出资，且不违反法律法规强制性规定；（二）已经受让或者以其他形式继受公司股权，且不违反法律法规强制性规定。”实际出资或认缴出资是取得股东资格享有股权的“对价”，原告主张股权是夫妻共同财产，应对其主张依据的事实举证证明。在现有证据不足以证实邓某出资且有法院调解书认定谢某冒用邓某名义进行公司注册的情况下，只能由原告张某承担对其不利的法律后果。

从原告张某的角度而言，在证明邓某实际出资受阻的情况下，还可以从邓某是否有成为A公司股东的意思、是否实际行使股东权利以及A公司和其他股东是否认可其股东身份等多角度举证。依据《验资报告》的记载，邓某出资达487.06万元，该记载的出资发生在张某与邓某婚后，原告张某可以从婚后有否存在相应价值的夫妻共同财产，二人是否具备向A公司出资的经济实力角度积极举证。A公司的设立文件以及后来的承诺，经鉴定全都不是邓某本人所签，反映公司成立之初邓某没有参与，也不具有成为公司股东的意思，但不能说明其此后未实际参与公司经营。原告亦可以从邓某有否行使股东权利，是否对公司实际经营管理、参与公司决策、分配利润等角度积极举证。另外，谢某答辩是其冒用邓某签字成立的公司，公司资产都是谢某出资。原告张某完全可以将举证责任分配给谢某，或者依法申请由人民法院调查收集证据，以此查明出资的全部事实。最后，根据《中华人民共和国公司登记管理条例》，公司设立时需要向公司登记机关提交发起人的自然人身份证明，普通即为公民身份证。[①] 一般而言，个人身份证不会随意借用，即使借用复印件也会标注使用用途。A 公司设立时能取得邓某的身份证必有缘由，而邓某本人是否知晓、是否明知谢某用其身份证注册公司以及事后是否提出异议直接关系邓某有否成为 A 公司股东的真实意思，对本案意义重大。原告张某如在以上各方面收集证据取得突破，那么邓某是否是冒名股东将进一步明确，其名下登记的 A 公司股权的归属也能有最终的答案。

四、离婚时，一方基于员工身份持有的股权如何分割？

案件来源：北京市朝阳区人民法院（2014）朝民初字第 02974 号判决贾某与田某离婚纠纷案

裁判日期：2015 年 1 月 6 日

案件要旨：鉴于股权无法上市流通之情况，法院以投资款为据判处田某给付贾某折价款的数额。

【基本案情】

贾某与田某经人介绍相识，于 2009 年 12 月 8 日登记结婚，贾某于 2013 年 4 月 18 日生育一女名田某 1。2013 年 8 月 30 日，贾某携田某 1 搬离住所，双方分居生活至今。

现贾某诉至法院，要求判令双方离婚，关于财产部分要求依法分割夫妻共同财产，双方各占二分之一。田某辩称，同意依法分割夫妻共同财产。

田某在 A 有限公司（以下简称 A 公司）的股权。依据贾某申请，法院向 A 公司查询田某持股情况及股票流通转让情况。A 公司复函称：1. 持股情况：至 2009 年 12 月 7 日，田某持有 A 公司内部股 6,000 股，当时股值为 24,240 元（税后）；

---

① 参见《公司登记管理条例》第二十条第二款，该款规定：申请设立有限责任公司，应当向公司登记机关提交下列文件：……（四）股东的主体资格证明或者自然人身份证明……

至2013年12月5日，田某持有A公司内部股46,000股，当时股值为247,664元（税后），其中包含个人购股借款83,064.46元。2. 特别说明：因购买A公司内部股份涉及的个人借款等个人负债情况，请向员工本人了解。A公司员工购股资金来源为历年奖金、分红、工资收入及其他个人筹款等。A公司内部股份不能上市交易、流通、转让，只有A公司正式员工才有资格持有A公司内部股，非A公司员工不能持有A公司内部股，A公司员工之间也不能转让、赠与等；A公司只能配合法院就A公司内部股价值进行分割，并须依法扣税。对此，田某表示在A公司共配股两次，于2008年婚前配6,000股，系婚前个人财产；于2012年8月配40,000股，总股价216,800元，自付86,800元，向A公司贷款13万元。2013年5月，上述股票分红合计64,860元，40,000股分红56,400元，扣除税费金额11,280元及贷款利息4,952.46元，就40,000股自行支付款项及分红款合计126,967.54元。对此，贾某要求按出资款主张一半补偿。

【法院裁判】

法院判决：被告田某于本判决生效之日起15日内支付原告贾某股权折价款6.4万元。

法院认为，关于田某于A公司所持股份，婚姻关系存续期间取得股权应属夫妻共同财产，鉴于上述股权无法上市流通之情况，法院以投资款为据判处田某给付贾某折价款的数额。

【裁判解析】

田某持有A公司的股权为员工内部股，员工内部股属于企业的激励机制，通过员工持股，将员工的利益与企业的利益紧密联系在一起，达到稳定员工队伍、留住企业技术骨干和管理人才的目的。基于有限公司的封闭性和人合性，以及员工内部股基于员工身份取得的特殊性，这类股权在离婚分割时法院会征求公司的意见。《北京市高级人民法院关于审理婚姻纠纷案件若干疑难问题的参考意见》第二十一条规定："职工内部流通股等具有内部流通性的股权，离婚诉讼分割时应具体审查，并征询职工所在企业等相关组织意见，以确定具体分割方法。"

据此，本案中法院向A公司查询田某持股情况及股票流通转让情况。根据A公司的复函，A公司内部股份不能上市交易、流通、转让，只有A公司正式员工才有资格持有A公司内部股，非A公司员工不能持有A公司内部股，A公司员工之间也不能转让、赠与等；A公司只能配合法院就A公司内部股价值进行分割，并须依法扣税。持股情况：至2009年12月7日，田某持有A公司内部股6,000股，当时股值为24,240元（税后）；至2013年12月5日，田某持有A公司内部股46,000股，当时股值为247,664元（税后），其中包含个人购股借款83,064.46元。结合双方登记结婚的时间是2009年12月8日，因此在婚后取得的40,000股属于夫妻共同财产。另外，在2013年5月，股票分红合计64,860元，40,000股分红56,400元，扣除税费金额11,280元及贷款利息4,952.46元，40,000股自行支付款项及分红款合计126,967.54元。对此，贾某明确要求按出资款主张一半补偿，因此，法院依照投资款数额判决田某给付贾某股权折价款金额。

第二节　股权取得时间与夫妻共同财产的认定

一、婚后取得的股权尚未实际出资，离婚时股权如何处理？

案件来源：浙江省杭州市中级人民法院（2017）浙01民终4094号判决黄某与徐某离婚后财产纠纷案

裁判日期：2017年7月7日

案件要旨：股份作为一种财产形式，股东是否已经实缴注册资本对股东参与决策、分红，转让、质押股权等权利没有实质性影响，实际并未缴纳出资额，仅仅是认缴，不属于财产的抗辩，且是否实际出资也不影响本案的实体处理。在黄某、徐某离婚时没有涉及该笔财产，应为夫妻共同财产。

【基本案情】

黄某与徐某原系夫妻。2015年8月7日A公司登记成立，徐某持有该公司40%股权（据工商登记显示）。2015年12月，徐某将40%股权转让给徐某2（系徐某亲姐姐）。后黄某、徐某因感情破裂，双方协议离婚，对夫妻共同财产（不包括案涉财产）进行分割，于2016年1月7日在民政局办理了离婚登记。2016年1月

19日，徐某2又将该公司40%股权无偿转让给徐某。另外，A公司另一股东徐某3（系徐某哥哥）提供放弃优先购买权声明，明确若法院判决徐某分割股份给黄某，自愿放弃该分割股份的优先购买权。2016年9月，黄某诉至法院，要求对徐某在与黄某婚姻关系存续期间持有的A公司40%的股权进行分割（即黄某、徐某对A公司40%的股权各半享有）。

一审宣判后，徐某不服，上诉称：一、原判认定事实错误。1. 股份分为实缴和认缴，只有实缴后的股份才是财产，上诉人在婚姻存续期间只是认缴了A公司40%的出资额，并未实际缴纳出资。认缴只是一种需要向公司缴存资金的行为，不具有收益，根本称不上是财产，更不是夫妻共同财产，其本质上没有任何个人财产或者夫妻共同财产在形态上的转换。如果说财产是一种权利，那么认缴则是一种义务，不能分割也无法分割。其次，该公司设立至今一直处于亏损状态，上诉人未取得任何收益。2. 根据《婚姻法》第四十七条之规定，只有夫妻共同财产才能起诉至法院，要求分割。既然上诉人认缴的40%出资额连财产都不是，那更不是夫妻共同财产，上诉人离婚前转让、离婚后转入的行为，称不上是隐瞒财产的行为，被上诉人没有请求分割的请求权基础。二、原判举证责任分配错误，明显有失公正。1. 被上诉人一审中只提交了《离婚证》、《离婚协议书》、A公司工商登记材料。前两份证据对案涉股份没有任何证明力，而工商登记材料仅能证明上诉人认缴了40%的股份份额，根本不能证明上诉人已经实际缴纳了出资。上诉人一审提交了A公司出具的情况说明、银行开户许可证、中国建设银行股份有限公司活期存款明细账、企业实缴出资查询信息共4份证据，用来证明上诉人自2015年8月7日至2016年1月10日未向A公司缴纳认缴出资额。根据谁主张谁举证的原则，被上诉人应提供上诉人有实际出资事实的证据，在没有提交实际出资证据的情况下，就应该被驳回诉讼请求。2. 2014年新修订的《公司法》取消了关于公司股东应自公司成立之日起两年内缴足出资的规定，转而采取公司股东自主约定认缴出资额、出资期限；公司股东认缴出资额、公司实收资本不再作为登记事项；公司登记时，不需要提交验资报告。被上诉人提交的A公司工商登记材料中《投资者出资情况表》和《公司章程》均明确载明出资日期为2060年8月3日前。被上诉人一审质证时也提出“公司进行设立登记时无须提供股东进行出资的验资报告，经工商部门窗口和网站平台均无法查询到公司股东是否实际出资的信息”。既然工商部门不再对公司的实际出资进行审核、管理和监督，原审法院对被上诉人关于“工商部门无法查询到公司股东是否实际出资”的质证意见也全部认可，却一再要求上诉人提供由工商部门出具的没有实际出资的证明，显然是自相矛盾，强人所难。综上所述，请求撤销原判，改判驳回被上诉人一审的全部诉讼请求，本案诉讼费由被上诉人承担。

二审调查中，徐某补充上诉理由称：原判第5页倒数第6行“仅凭借该证据不足以说明打印错误”，表明一审法院认定上诉人徐某转让股份给徐某2，徐某2又转让给徐某，两份转让协议的签订时间均在2015年12月3日，而上诉人徐某和被上诉人黄某签订离婚协议是在2016年1月5日，办理离婚登记的时间为2016年1月7日，即一审法院认定上诉人转出股份和转入股份的时间均在离婚之前。同时原判第7页第2行写道“被告离婚前转让和离婚后转入，显为隐瞒财产的行为”，说明一审法院实际认为股份转入时间发生在离婚之后，转出的时间在离婚之前。原判前后两处认定的事实相反，说明其完全没有公正审理。

被上诉人黄某答辩称：一、原审判决认定事实清楚，适用法律正确。股权是一种财产，这是一个公认无须证明的事实。股权可以质押、查封和转让，在企业财务报表中，企业所持的其他公司的股权以“长期股权投资”等科目列在资产一栏。以上均说明公司的股权是一种财产，股东是否实际出资不影响股权的财产属性。双方当事人离婚时签订的离婚协议并不包括案涉财产，而上诉人在双方离婚前夕将该股权转让给其亲姐姐徐某2，离婚后又立即将该股权转入。配合该股权转出转入公司的另一股东徐某3是上诉人的亲哥哥。上诉人的上述行为明显为隐瞒夫妻共同财产的行为。一审中，另一股东也自愿放弃该分割股权的优先购买权。一审根据《婚姻法》第四十七条及《婚姻法司法解释（二）》第十六条的规定，判决案涉股权由双方当事人各半分割，事实认定清楚、适用法律正确。二、一审中，上诉人提出其未实际出资。根据谁主张谁举证的原则，上诉人应当就其主张提供证据证明，而不是由被上诉人提供。且如前所述，股东是否实际出资并不影响股权的财产属性，也不影响本案的实体处理。原判的举证责任分配并无不当。综上所述，希望二审法院驳回上诉人的上诉请求，维持原审判决。

另外，针对上诉人补充事实和理由，徐某答辩如下：原判第5页所述内容是一审法院对第3份证据的一个认证意见，认为证据3不能证明是打印错误，和后面判决的内容不存在矛盾。

二审中，双方当事人均未提供新证据。

【法院裁判】

一审法院判决：徐某在A公司享有40%股权（认缴出资额400万元）中，由黄某和徐某各半分割。

一审法院认为：据工商登记显示，徐某持有 A 公司 40% 股权。黄某、徐某离婚时没有涉及该笔财产，应为夫妻共同财产。徐某提出的离婚协议未分割不等于不明知，并不是隐瞒财产，因离婚协议的内容未包括案涉财产，且徐某离婚前转让和离婚后的转入，显为隐瞒财产的行为。徐某还提出实际并未缴纳出资额，仅仅是认缴，不属于财产的抗辩，因徐某提供的证据不足以证明其未实际出资，且是否实际出资也不影响本案的实体处理。故一审法院对其这一抗辩不予采纳。据《婚姻法》第四十七条规定，离婚时，一方隐藏、转卖、变卖、毁损夫妻共同财产，离婚后，另一方发现有上述行为的可以向人民法院提起诉讼，请求再次分割夫妻共同财产。徐某作为 A 公司股东，以实际未出资为由不同意分割，视为同意转让。另一股东自愿放弃该分割股份的优先购买权，黄某要求分割该公司的徐某持有的 40% 股权，一审法院予以支持。至于徐某提出该公司亏损状态与本案的实体处理无关。

二审法院判决：驳回上诉，维持原判。

二审法院认为：股份作为一种财产形式，股东是否已经实缴注册资本对股东参与决策，分红，转让、质押股权等权利没有实质性影响，故上诉人以自己未实际出资为由否认股份的财产属性，法院不予支持。根据 A 公司的章程，徐某 2、徐某之间的两份股权转让协议以及二审中徐某的自认，徐某持有 A 公司 40% 股权，并在离婚前将该股权转让给徐某 2，离婚后又从徐某 2 处转入。徐某对离婚前后自己转出、转入案涉股权的行为未作合理解释，一审认定此行为系隐瞒财产并无不当。在 A 公司另一股东自愿放弃案涉分割股份的优先购买权的情况下，一审支持被上诉人分割上诉人持有的 40% 股权正确。A 公司经营是否亏损与本案实体处理亦无关。

【裁判解析】

本案涉及三个法律问题。其一，徐某取得的 40% 股权是否属于夫妻共同财产；其二，徐某提出股权仅仅是认缴，并未实际出资，故不同意股权分割的抗辩是否成立；其三，在徐某不同意股权分割的情况下，法院判决是否合理。

关于第一个问题，徐某取得的 40% 股权是否属于夫妻共同财产。我国《婚姻法》规定，夫妻在婚姻关系存续期间所得的财产，归夫妻共同所有。徐某在 A 公司登记成立时取得 40% 的股权，属于股权的原始取得。股权取得发生在其与黄某夫妻关系存续期间，且双方没有对婚内取得财产的特别约定，故该股权应归夫妻共同所有。

关于第二个问题，徐某提出股权仅仅是认缴，并未实际出资，故不同意股权分割的抗辩是否成立。2014 年 2 月 7 日，国务院颁布《关于印发注册资本登记制度改革方案的通知》，实行注册资本认缴登记制，公司股东（发起人）应当对其认缴出资额、出资方式、出资期限等自主约定，并记载于公司章程。自此，公司股东可以认缴股份并在公司章程中自主约定缴纳期限。如果股权缴纳期限未届期，并不影响股东资格的认定，股东资格与实缴出资并不一一对应，发起人完全可以在不实际出资的情况下设立公司，但根据公司章程或者股东会决议可以对尚未实缴出资的股东的利润分配请求权、新股优先认购权、剩余财产分配请求权等作出合理限制。另外，股权作为夫妻共同财产，具有财产属性，其财产价值体现在会计财务报表中为"所有者权益"，所有者权益是企业过去形成应该归属所有者享有的经济利益，包括实收资本、资本公积、盈余公积和未分配利润。显然，是否实际出资只影响实收资本，资本公积、盈余公积和未分配利润与是否实缴资本无关。因此，股权尚未实际出资并不影响股权为夫妻共同财产的属性，徐某的抗辩不能成立。

关于第三个问题，本案中黄某主张取得股权，徐某以股权未出资为由不同意分割，法院判决股权各半分割是否合理。《婚姻法司法解释（二）》第十六条规定："人民法院审理离婚案件，涉及分割夫妻共同财产中以一方名义在有限责任公司的出资额，另一方不是该公司股东的，按以下情形分别处理：（一）夫妻双方协商一致将出资额部分或者全部转让给该股东的配偶，过半数股东同意、其他股东明确表示放弃优先购买权的，该股东的配偶可以成为该公司股东；（二）夫妻双方就出资额转让份额和转让价格等事项协商一致后，过半数股东不同意转让，但愿意以同等价格购买该出资额的，人民法院可以对转让出资所得财产进行分割。过半数股东不同意转让，也不愿意以同等价格购买该出资额的，视为其同意转让，该股东的配偶可以成为该公司股东。用于证明前款规定的过半数股东同意的证据，可以是股东会决议，也可以是当事人通过其他合法途径取得的股东的书面声明材料。"本条规定的是夫妻双方协商一致的情形下的处理，不能适用于本案。根据《最高人民法院关于人民法院审理离婚案件处理财产分割问题的若干具体意见》的规定："人民法院审理离婚案件对夫妻共同财产的处理，应当依照《中华人民共和国婚姻法》、《中华人民共和国妇女权益保障法》及有关法律规定，分清个人财产、夫妻共同财产和家庭共同财产，坚持男女平等，保护妇女、儿童的合法权益，照顾无过错方，尊重当事人意愿，有利生产、方便生活的原则，合情合理地予以解决。"结合本案实际情况，在黄某明确要求对 A 公司 40% 的股权各半享有，且 A 公司另一股东徐某 3 声明自愿放弃分割股份的优先购买权的情况下，股权在黄某与徐某之间按比例分割已不存在法律障碍，法院按照离婚案件财产分割的原则判决股权各半分割是合理的。

二、婚前成立一人有限责任公司，婚后转增资本，股权是否属于夫妻共同财产？

案件来源：上海市长宁区人民法院（2011）长民一（民）初字第3827号判决魏某a与孔某某离婚纠纷案

裁判日期：2013年9月25日

案件要旨：J公司在原、被告婚后转增资本，鉴于原告取得股权的时间是在婚前，故转增资本虽然占用了公司在原、被告婚姻期间产生的部分未分配利润，但增资行为并不改变股权的属性，仅仅使股权对应的净资产价值增值，股权仍然属于原告的婚前个人财产。但J公司在原、被告婚姻期间的净资产增值，均属于夫妻共同财产，被告均有权主张。

【基本案情】

魏某a、孔某某于2001年初经人介绍相识恋爱，2003年4月18日登记结婚，双方均系再婚。魏某a、孔某某在恋爱及婚后初期关系尚可，近年来，因在子女教育的观念和方式上存在分歧，致夫妻关系不睦。2010年8月，魏某a向法院起诉要求离婚，自此魏某a再未至孔某某处，双方分居至今。同年10月9日，法院判决驳回魏某a要求离婚的诉讼请求。判决后，魏某a不服提出上诉，同年12月7日，法院判决驳回上诉，维持原判。二审判决后，双方关系没有改善。

现原告魏某a诉至法院，要求判令：解除原、被告间婚姻关系；依法分割夫妻共同财产，且由原告多分。

被告孔某某辩称不认可与原告曾有关于夫妻财产的特别约定，要求依法分割夫妻共同财产。

J公司成立于1997年11月6日，系外国自然人独资的有限责任公司，公司法定代表人及唯一股东系原告。

某会计师事务所出具的《司法会计鉴定意见书》，对J公司自2003年4月至

2012年6月30日的可分配利润、以婚后产生的未分配利润转增资本后对应的股权份额或等值现金、婚姻期间公司的净资产增值等进行鉴定，鉴定情况摘要如下：

本次审计期间为自2003年4月1日至2012年6月30日。J公司2003年4月账表反映当月净利润为人民币53,656.96元。

公司成立时注册资本为500,000美元，2004年6月8日转增股本100,000美元（折合人民币827,670元），2007年6月21日转增股本900,000美元（折合人民币6,858,720元），合计人民币7,686,390元，两次转增注册资本均系以累计未分配利润为来源且经验证确认，J公司2003年3月末账面反映累计未分配利润为人民币3,006,738.14元。结合两次增资所使用的累计未分配利润数额，如按形成累计未分配利润的先后顺序，则上述转增股本合计数所占用2003年4月至2012年6月的公司净利润数额为人民币4,679,651.86元。

J公司资产中涉及的固定资产房屋及建筑物，账面列示原值为人民币14,298,699.68元，其中土地使用权5,400,000元，房屋建筑物（厂房及办公用房等）8,898,699.68元。J公司于2002年8月22日与某公司签订《地块土地开发、出让委托合同》，2002年10月23日取得《建设用地规划许可证》，之后取得《上海市房地产权证》。

J公司经营情况中管理费用一栏包含工资的项目。

鉴定意见为：(1) 截至2012年6月30日J公司所有者权益（净资产）为人民币21,767,103.73元，其中：实收资本人民币11,825,013元，盈余公积人民币1,889,269.13元，未分配利润人民币8,052,821.60元。按2003年3月30日J公司账面反映（非鉴定范围）的净资产人民币7,145,361.14元为基准，2003年4月至2012年6月间该公司所有者权益增加人民币14,621,742.59元。

(2) J公司2003年4月至2012年6月实现的累计净利润为人民币14,621,742.59元，与J公司上述期间的所有者权益增加数一致。按现行有关规定，公司应据此计提10%法定盈余公积，计人民币1,462,174.26元；结合两次增资所使用的累计未分配利润数额，如按形成累计未分配利润的先后顺序，扣除此间公司以未分配利润转增注册资本所占用的数额人民币4,679,651.86元，则此间J公司实现的可分配利润为人民币8,479,916.47元。

审理中，双方均同意：以转增股本的未分配利润数额优先占用2003年4月至2007年5月间J公司实现的净利润，并依此口径计算其他各项数据。

某会计师事务所根据双方上述意见出具的《补充报告》载明：

（1）根据原、被告双方在庭审中达成一致的意见及法院要求，以转增股本的未分配利润数额优先占用2003年4月至2007年5月间J公司实现的净利润为基础口径调整计算结果：此间J公司可用于转增股本的未分配利润数额为人民币6,948,289.10元。按此口径，J公司2004年、2007年先后两次以未分配利润转增股本的金额人民币7,686,390元，占用2003年4月之前的未分配利润为人民币738,100.90元。

（2）2003年4月至2012年6月间，未见J公司向股东分配过利润。

（3）J公司账面列示2003年4月18日之后入账反映发生的土地出让款合计为人民币3,299,000元，厂房等建造款为人民币8,898,699.68元，共计人民币12,197,699.68元。

（4）以前述变动为前提，调整计算如下：J公司2004年、2007年两次以未分配利润转增股本，占用2003年4月1日至2007年5月31日间公司实现的净利润数额为人民币6,948,289.10元，若扣减此增资占用数额，则2003年4月1日至2012年6月30日J公司的可分配利润相应为人民币6,211,279.23元。

审理中，因双方均同意J公司2003年4月实现的净利润按婚前、婚后各占50%划分，某会计师事务所另于2013年8月16日出具一份书面回复，其中提到：J公司账面反映此间已支付的土地出让款、厂房建造款，都是公司资金支付；依庭审中当事人提出的要求，J公司2003年4月实现的净利润如按婚前、婚后各占50%划分，依此口径计算，则J公司2003年4月18日至2012年6月30日间实现的累计净利润为人民币14,594,914.11元，此期间J公司所有者权益增加数亦为人民币14,594,914.11元，须相应计提的盈余公积为人民币1,459,491.41元；J公司2004年、2007年先后两次以未分配利润转增股本的金额为人民币7,686,390元，占用2003年4月18日至2012年6月30日间的未分配利润数额为人民币6,924,143.47元，占用2003年4月18日之前的未分配利润为762,246.53元，则2003年4月18日至2012年6月30日J公司的可分配利润相应为6,211,279.23元。

另查明，J公司于2003年3月底在A银行、B银行、C银行共计现金存款有人民币3,986,637.63元。

原告认为，J公司净资产只有在企业倒闭、股东变化等情况下经国家同意才能分割，离婚不能分割。

被告主张，对2003年4月至2012年6月间J公司所有者权益（净资产）增值的鉴定数额不认可，因2012年6月时间节点的净资产中涉及的土地厂房并未以现有价值审计，而系以账面所列原值计算，故申请对土地厂房在2003年4月17日的价值和在2013年6月30日的价值进行评估。

被告同时主张分割原告在J公司享有的股权、股权在婚后产生的收益、J公司在婚后的净资产增值，并表示其主张的内容可能有重复，由法院依法处理。

【法院裁判】

法院判决：截至2012年6月30日，原告魏某a在J公司所应享有的财产性权益归原告魏某a所有；原告魏某a应于本判决生效之日起30日内一次性给付被告孔某某补偿款人民币6,520,000元。

法院认为，J公司是企业法人，公司的原始资产由股东的出资构成，股东一旦履行了出资义务，其出资的财产权即转移至公司，构成公司的财产，公司享有独立的法人财产权，故J公司名下的财产不能在离婚中直接分割。

原告在婚前已取得J公司全部股权，取得的股权系其个人财产出资所得对价，实际是其个人财产的财产形态转化，股权仍属于其婚前个人所有，故被告无权主张分割原告在J公司中享有的股权，其该项主张，法院不予支持。

根据法律规定，夫妻一方个人财产在婚后产生的收益，除孳息和自然增值外，应认定为夫妻共同财产。另外，一人公司中，股权收益既依股权自然属性及法律规定取得，又与股东的经营行为有关，故股权收益属于投资性的生产经营收益，婚后产生的收益应归夫妻共同所有。本案中原告对J公司享有的股权虽系其个人财产，但该股权在婚后产生的收益，即原告作为J公司股东根据其股份比例在婚姻期间应得的所有未分配利润应属于夫妻共同财产。J公司在原、被告婚后转增资本，鉴于原告取得股权的时间是在婚前，故转增资本虽然占用了公司在原、被告婚姻期间产生的部分未分配利润即使用了夫妻共同财产，但增资行为并不改变股权的属性，仅仅使股权对应的净资产价值增值，股权仍然属于原告的婚前个人财产。但占用夫妻共同财产转增的股本对应的净资产增值应属于夫妻共同财产，被告有权主张。鉴于J公司在原、被告婚姻关系期间的净资产增值中除去上述属于夫妻共同财产部分外，剩余均为原告婚前个人财产及婚后占用婚前未分配利润出资的股权在婚后产生的收益，按前文阐述，也应归夫妻共同所有。综上所述，J公司在婚姻期间的净资产增值，均属于夫妻共同财产，被告均有权主张。

鉴于J公司婚姻期间净资产中已包含了未分配利润，故法院在按上述方式对净资产处理后，不再重复处理未分配利润，被告主张再行分割未分配利润的请求，法院不予支持。

关于婚姻期间净资产的增值数额，应以审计报告载明为准。鉴于双方均同意J公司2003年4月实现的净利润按婚前、婚后各占50%划分，以及婚后公司转增股本优先占用婚后的未分配利润为口径计算各项数据，该意思表示与法不悖，法院予以照准，据此采用司法会计鉴定意见书、补充报告和书面回复中的相应数据。

被告质疑审计单位对土地、厂房计算采集的数据而得出的净资产增值结果，其主张净资产增值应以土地、厂房的现值计算，但其未提供如此计算的相关法律依据，且从现有证据加以判断，J公司在原、被告婚前即已取得土地使用权并支付出让款人民币2,101,000元，虽然婚后又支付了人民币3,299,000元，但从J公司在原、被告婚前已拥有的净资产数额以及当时公司账户上的现金存款数额来看，J公司在原、被告婚前即已具备了付款能力，故法院认定土地使用权为J公司在双方婚前取得并用婚前公司资产支付，即使土地发生增值，被告也不能主张；关于厂房，应以审计单位的鉴定意见为依据。另外，公司建造厂房、支付土地出让款，只是公司资产形式的变化，造成公司实物资产增加而货币资产减少。故对被告的主张法院不予采信。

综上所述，J公司在2003年4月18日至2012年6月30日间所有者权益增加数为人民币14,594,914.11元，该净资产增值为夫妻共同财产。

关于夫妻共同财产的具体分割方案。法院认为，根据本案查明的财产具体情况，从有利于生产和生活需要，不损害财产效用以及方便当事人的角度，判归本案中双方主张分割的财产中，已查明的各自名下财产及可享有的财产性权益归各自所有，并根据各自实际可分割的夫妻共同财产数额，由原告给付被告相应补偿款。

关于补偿款的数额。法院考虑到J公司系由原告负责经营，被告并未举证其也实际参与经营，故根据双方对财产取得的贡献度来看，原告应予以多分，具体金额由法院依据法律规定及本案相关情况予以酌定。

【裁判解析】

一、被告孔某某主张分割J公司净资产在婚后的增值部分，能否得到支持？依照《公司法》第三条的规定："公司是企业法人，有独立的法人财产，享有法人财产权。"原告魏某a设立J公司，出资J公司的财产投入到J公司后，财产的所有权转移至公司，J公司享有独立的法人财产权，相应地，原告魏某a取得J公司的股权。因此J公司名下的财产不能在离婚案件中直接分割。

二、关于J公司的股权。J公司成立于1997年11月6日，系外国自然人独资的有限责任公司，公司法定代表人及唯一股东系原告魏某a。魏某a与孔某某于

2003年4月18日登记结婚。从时间上看J公司成立于双方婚前，魏某a名下的股权应归其个人所有，孔某某无权主张分割。

三、关于股权在婚后产生的收益和婚后转增资本。取得股权属于投资行为，股权收益属于投资性的生产经营收益，依据《婚姻法司法解释（二）》第十一条的规定，一方以个人财产投资取得的收益属于婚姻法第十七条规定的“其他应当归共同所有的财产”。因此，J公司股权虽然是魏某a婚前个人财产，但股权在婚后取得的收益应归夫妻共同所有。关于婚后转增资本，转增资本的资金部分来源于公司在双方婚姻关系存续期间产生的未分配利润，依前所述，该笔资金属于夫妻共同财产，因股权取得于婚前，以共同财产转增资本不会改变股权为原告婚前个人财产的属性。但是，转增资本使公司净资产增加，因此转增资本对应的该部分增加的净资产属于夫妻共同财产，被告有权分割。

三、婚前持有上市公司股份以及增值的部分如何认定？

案件来源： 怀化市中级人民法院（2017）湘12民终503号判决向某与吴某离婚纠纷案

裁判日期： 2017年8月4日

案件要旨： 吴某在婚后对所持有的股票有买入和卖出的行为，这种买入和卖出相对于我们通常所理解的通过对市场行情的分析和比较对上市股票进行操作而获得增值而言，更多的是对股票权利进行的处分，不能直接达到股票在公司上市后出现的增值规模和效果。故吴某婚前所持有股份以及增值部分应当作为其个人财产，而不能作为夫妻共同财产进行分配。

【基本案情】

向某与吴某于2009年初经人介绍相识，同年3月向某随吴某到A公司打工并同居生活，后在民政局登记结婚。婚初感情一般，后在共同生活期间，双方矛盾逐渐激化。向某以夫妻感情破裂为由诉至法院，请求判决其与吴某离婚，对吴某名下所持的 A 公司股份等共同财产共同分割。

一审法院查明，吴某自 2002 年 9 月进入 A 公司打工，2005 年成为该公司的财务负责人，2008 年 12 月 31 日前吴某持有 A 公司股份 77,283 股，2009 年 4 月 3 日公司根据 2008 年度的利润分配情况向全体股东派股，每 10 股送 2 股，2009 年 6 月 11 日吴某花 33,550 元购进 A 公司股份 5,500 股，至 2009 年 12 月 31 日吴某持有 A 公司股份增加至 98,239 股。向某起诉后，根据其申请，法院依法查询吴某持有 A 公司原始股份为 113,479 股，法院依法采取保全措施，将所有股票予以冻结。因 A 公司股票已于 2015 年 11 月 2 日正式上市，向某起诉时，吴某所持有的全部股份市值约为 4,110,209.38 元。

一审判决后，向某上诉请求依法撤销一审民事判决，改判吴某名下所持 A 公司上市股份 113,479 股中，向某拥有 68,087 股（占 60%），吴某拥有 45,392 股（占 40%）。事实及理由：原判决适用法律错误。（一）吴某所持有的 A 公司的股份，婚后增值部分应按夫妻共同财产进行分配。截至一审起诉时，吴某婚前所持股票实际增加至 113,479 股。这种增加不是吴某婚前 77,283 股的自然增值，而是二人共同进行了积极的管理和操作，婚后又以双方共同财产进行了追加投入，而且最大的增值来源于婚后股票的上市。故本案除吴某最初购买 77,283 股的股本金以外的其他股本金和所有股份增值部分，均应按夫妻共同财产进行分配。（二）吴某伪造 7 笔债务金额达 153 万元，伪造 2 位虚假出资人，企图转移所持有的 A 公司股份 3,641 股，擅自变卖夫妻共有住房一套，并在这些年实际控制和占有 A 公司股份的股息和分红，此类行为根据《婚姻法》第四十七条的规定，应当少分或不分。（三）吴某于 2014 年 4 月 8 日在广西桂林出租屋内将向某打成轻伤，构成家庭暴力，其对向某进行精神损害赔偿。

吴某辩称：（一）其婚前持有的 A 公司股份 98,239 股，2010 年 1 月至 2012 年 7 月股票变动 12 次，其中 4 次是公司配送股份共 58,309 股，并不是个人交易，增加的股份系自然孳息，依法应认定为婚前个人财产。另有 5 次卖出股票计 66,800 股，买入 23,731 股是应公司的鼓励政策，价格由公司确定。（二）买入股票和卖出股份的行为向某并不知情，不存在共同操作。且卖出的股票比买入的股票多 43,069 股，是吴某用个人婚前财产支付了结婚和其他生活开支。且买入的股份是吴某卖出股票所得现金开支后用余额购入，也应认定为个人婚前财产。（三）2010 年 1 月至 2012 年 7 月婚前的 98,239 股的数量从未发生过交易，嗣后买入和卖出的股票均在婚后进行，与婚前购买的98,239股并未混同。

二审期间，上诉人向某向法院申请对吴某所持有A公司原始股份的交易明细进行调查取证，拟证明吴某对原始股份有买入和卖出的情况，是夫妻共同对股票进行管理，股票的增值收益属于夫妻共同财产。法院依申请对吴某所持有的该集团原始股份的交易情况进行调查，该集团向法院出具了“吴某股票交易记录”。经当庭质证，吴某质证对该记录的真实性无异议，对证明目的有异议，认为该记录可以反映其婚前持有的原始股份为98,239股，反映出婚前持有与婚后增加的股份并没有发生混同。法院认证认为吴某对该证据的真实性无异议，并当庭对该记录记载的交易情况进行了详细说明，法院对该证据予以采信，并对吴某对于该记录自认的详细情况予以采信。

被上诉人吴某提交两份证据：一是其二人于2012年8月28日签署离婚协议一份，拟证明其二人曾在2012年协议离婚时向某对吴某所持股票尚不知情，不存在夫妻共同管理的情形；二是A公司分公司证明一份，拟证明向某2009年6月才去广西，之前不存在同居。向某质证认为：对证据一的真实性无异议，但协议内容虽未涉及股票的分割，但不能证明向某不知情；证据二为复印件，且工作时间不等于同居时间，对该证据的真实性、合法性和关联性均有异议。法院对向某的质证意见予以认同，对该两份证据均不予采信。

此外，法院依职权向A公司对吴某在该集团持股及交易的相关情况进行了调查。结合上述举证、质证情况，对二审争议的事实，法院认定如下：吴某所持A公司的股份为员工股，也是原始股。公司未上市前员工股登记在该集团工会名下（工会代持），吴某以员工股东身份以及其持有的股份数额均在公司内部股东名册上予以登记。员工股份的增加，是公司不定期向股东送股或以公司资本公积转增股本（配股），或员工股东以自有资金受让其他股东股份形成。公司会向员工提供类似的信息平台，当有员工股东之间进行股份转让时，公司将股份变更后的情况在股东名册上进行登记。公司每月会将公司的净资产情况（未经审计）进行公布，给员工股东之间的股份交易提供价格参考。公司对员工股东之间股份的交易不收取费用，但不允许对外交易。

吴某自认在2009年4月3日增加的15,456股系公司配股（以下述称配股均为资本公积转增股本），2009年6月11日买入5,500股，2010年3月10日买入5,000股，2010年4月3日公司配股10,323股，2010年9月14日公司配股11,356股，2010年11月18日买入10,000股，2010年12月14日卖出6,800股，2011年2月

17日卖出10,000股，2011年4月3日配股17,717股；2012年2月29日卖出20,000股，2012年3月29日公司年终奖送红股8,731股，2012年6月28日卖出10,000股，2012年7月19日卖出20,000股，最后交易持股总额为94,566股。A公司于2015年11月2日上市，之后又进行了配股，目前吴某所持股份总额为113,479股。2015年11月A公司上市后，吴某所持股票根据《公司法》的相关规定自公司股票在证券交易所上市交易之日起一年内不得转让，诉讼期间一审法院对其账户进行了冻结。由于股票价格随市场行情变化，目前争议的全部股票市值不详。

【法院裁判】

一审法院判决：准予向某与吴某离婚；吴某所持有的A公司股份113,479股，其中16,002股归向某所有，剩余的股份归吴某所有。

一审法院认为，关于向某、吴某婚姻关系存续期间共同财产的认定和分割问题。本案中争议的财产主要是吴某所持有的A公司股份。吴某认识向某前一直是A公司的员工，在2008年12月31日前已经持有A公司股份77,283股，向某自2009年初经他人介绍与吴某相识后，于同年3月随吴某到A公司务工，双方开始同居生活，向某未婚先孕，至双方登记结婚时，因公司派股和吴某新购股份，吴某持有的A公司股份已增至98,239股，比同居前增加了20,956股，在此期间增加的股份应视为双方的共有财产，考虑到双方的收入状况和公司的派股情况，法院酌定向某享有增加部分的40%份额为8,382股；吴某享有增加部分的60%份额为12,574股。

截至向某起诉前，吴某所持A公司股份为113,479股，比登记结婚前增加了15,240股，此增加部分应为婚后夫妻共同财产，双方应各占50%的份额为7,620股。因此，吴某名下所持A公司股份113,479股中向某应享有的股份份额为16,002股（8,382股+7,620股），吴某享有的份额为97,477股（113,479股－16,002股）。

《婚姻法司法解释（三）》第五条规定，夫妻一方个人财产在婚后产生的收益，除孳息和自然增值外，应认定为夫妻共同财产。吴某所持有的A公司股份上市后，从未有过买进或卖出的交易记录，故不产生任何收益，现在的市值纯属原始股票的自然增值，婚前个人财产的自然增值部分显然不属于夫妻共同财产，故向某所诉吴某所持全部股票的增值部分应为夫妻共同财产的理由，法院不予采纳。因向某、吴某同居期间和登记结婚后吴某所持A公司股份的股数均有增加，故吴某辩称所有股票均为其婚前个人财产的理由，法院亦不予采纳。

二审法院判决：驳回上诉，维持原判。

二审法院认为，本案系离婚纠纷，鉴于双方对于离婚无异议，故本案的主要争议焦点在于对吴某婚前持有的原始股份如何认定，原审判决对股票的分割是否合理合法；吴某是否应对向某因其暴力行为承担精神损害赔偿。现分述如下：

（一）关于吴某婚前所持有的原始股份以及公司上市后的增值部分如何认定。

《婚姻法司法解释（三）》第五条规定："夫妻一方个人财产在婚后产生的收益，除孳息和自然增值外，应认定为夫妻共同财产"。故夫或妻一方婚前持有的个人财产，在婚姻存续期间的自然增值，即该增值发生的原因是由于市场行情的变化所致，与夫妻一方或双方是否为该财产投入物资、劳动和管理等无关的应属于个人财产；反之，如果物或权利价值的提升是人为原因产生，则不属于自然增值，应列为夫妻共同财产。

本案所争议的主要财产为吴某所持有的股票以及婚后增值部分。股票是股份有限公司签发的，用以证明出资人的股东身份和权利，并根据持有人所持有的股份数，享有权益及承担义务的凭证。在公司上市之前所发行的股票就是原始股。通常来说股票的增值是指价值、价格的上涨，这与股票数值的增加不是同一概念。

根据查明的事实，吴某自 2002 年 9 月进入 A 公司务工，与向某于 2009 年 3 月份同居，后登记结婚。截至 2008 年 12 月 31 日吴某持有的 A 公司原始股份为 77, 283 股。婚后，经过公司派股、受让及售出股票的情形之后，在 A 公司上市之前，吴某持有的股份总量为 94, 566 股；在 A 公司上市后又经过公司配股最后增加至 113, 479 股。在 A 公司上市之前，公司每月会将净资产情况（未经审计）进行公布，给员工股东之间的股份交易提供价格参考，并不定期向股东送股或以公司资本公积转增股本。足见吴某所持原始股其特点不同于上市公司股票：一是从公司初创发行股票到最后公司上市过程中，持股时间长，不能在证券市场上对外公开交易；二是交易价格因公司的净资产变化而波动，不存在人为操作导致股票增值；三是股票的增加和增值时间节点清晰，二者并未发生混同；四是股票增值主要依赖于公司上市，属于市场行情变化，而非通过主动投入劳动和管理所能实现。虽然吴某在婚后对所持有的股票有买入和卖出的行为，这种买入和卖出相对于我们通常所理解的通过对市场行情的分析和比较对上市股票进行操作而获得增值而言，更多的是对股票权利进行的处分，不能直接达到股票在公司上市后出现的增值规模和效果。故吴某婚前所持有股份以及增值部分应当作为其个人财产，而不能作为夫妻共同财产进行分配。向某的该项上诉主张不能成立，法院不予支持。

对于向某提出吴某在持股期间进行交易的收益应认定为夫妻共同财产的主张，向某在诉讼中未提出证据证明收益的数额，亦不能证明该收益未用于夫妻共同生活，其认为吴某擅自处分股票，应用卖出股份的数额来折抵其婚前股份数的主张不能成立，法院不予支持。

（二）原判决对于股票分割是否合理。

就本案而言，其一，吴某所持股票婚前持有和婚后增加非常清楚，没有发生混同；其二，股票增加与增值的时间节点十分清晰，二者未予混同；其三，不同于上市公司股票交易在同一账户内同时存在股票与个人资金的情况，吴某所持原始股发生变化时，公司将其变更后的情况登记在股东名册之上，其持股与其个人资金并未混同。故原判决将其婚前所持股份与婚后增加股份进行区分且按比例进行划定并无不当。

（三）关于向某在二审期间提出要求吴某对其暴力行为承担精神损害赔偿的诉请，属于新增加的诉讼请求。

根据《民事诉讼法司法解释》第三百二十八条关于在第二审程序中，原审原告增加独立的诉讼请求，第二审人民法院可以根据当事人自愿的原则就新增加的诉讼请求进行调解；调解不成的，告知当事人另行起诉的规定，法院对该新增加的诉讼请求不予审理。

综上所述，上诉人向某的上诉请求不能成立，应予驳回；一审判决认定事实清楚，适用法律正确，应予维持。

【裁判解析】

一、关于向某与吴某非婚同居期间，吴某取得的 A 公司 20, 956 股股份如何分割。吴某在认识向某前一直是 A 公司的员工，在 2008 年 12 月 31 日前已经持有 A 公司股份 77, 283 股，双方同居后至登记结婚时，A 公司每 10 股送 2 股向全体股东派股一次、吴某新购 A 公司股份一次，吴某持有的 A 公司的股份增加了 20, 956 股。根据《最高人民法院关于人民法院审理未办结婚登记而以夫妻名义同居生活案件的若干意见》，自民政部新的婚姻登记管理条例施行之日起，未办结婚登记即以夫妻名义同居生活，按非法同居关系对待。解除非法同居关系时，同居生活期间双方共同所得的收入和购置的财产，按一般共有财产处理。可见，非婚同居的共同财产包括“共同劳动所得、共同出资和为共同生活需要购置的财产”，但我国民法理论中并无“一般共有”概念，此处的一般共有应为按份共有。[①] 向某与吴某以夫妻名义长期共同生活，对同居过程中形成的财产以不同方式均做出贡献，双方对同居期间共有财产的分割没有协议约定，故一审法院在考虑双方的收入状况和 A 公司派股的情况后，酌定向某享有 20956 股中的 40% 份额，吴某享有 60% 份额。

二、关于吴某在婚前所持有的 A 公司股份以及公司上市后的增值部分如何认定。《婚姻法司法解释（三）》第五条规定：“夫妻一方个人财产在婚后产生的收益，除孳息和自然增值外，应认定为夫妻共同财产。”本案中，截至 2008 年 12 月 31 日前，吴某持有的 A 公司原始股份为 77, 283 股，与向某结婚后，经过 A 公司派股、受让和售出股票后，在 A 公司上市之前，吴某持有的 A 公司 94, 566 股，在 A 公司上市后又经过公司配股最后持有 113, 479 股。依据法院依职权向 A 公司调查的情况可知，A 公司会向员工提供股份交易参考价格和交易信息平台，当有员工股东之间进行股份转让时，可以据此确定交易价格，最后由公司将股份变更后的情况在股东名册上进行登记。A 公司对员工股东之间股份的交易不收取费用，但不允许对外交易。可见此类交易不同于证券市场的公开交易，价格由公司净资产决定，股票增值依赖于公司上市，并非吴某或向某主动投入劳动、努力和管理所能实现。所以，股票增值属于自然增值，应当作为吴某个人财产，而不能作为夫妻共同财产进行分配。

三、关于向某在二审期间提出精神损害赔偿的诉请，属于新增加的诉讼请求。根据《民事诉讼法司法解释》第三百二十八条规定：“在第二审程序中，原审原告增加独立的诉讼请求或者原审被告提出反诉的，第二审人民法院可以根据当事人自愿的原则就新增加的诉讼请求或者反诉进行调解；调解不成的，告知当事人另行起诉。”法院对该新增加的诉讼请求不予审理。

---

① 王林清、杨心忠、赵蕾：《婚姻家庭纠纷裁判精要与规则适用》，北京大学出版社 2014 年版，第 366 ~ 368 页。

第三节　股权的出资来源与夫妻共同财产的认定

一、婚内借款出资是否影响股权作为夫妻共同财产的认定？

案件来源：江苏省苏州市中级人民法院（2014）苏中民终字第2038号判决赵某与陈某离婚后财产纠纷案

裁判日期：2014年9月2日

案件要旨：夫妻可以约定婚姻关系存续期间所得的财产以及婚前财产归各自所有、共同所有或部分各自所有、部分共同所有；在无约定或者约定不明确、约定无效的情况下婚姻关系存续期间的夫妻所得除个人特有财产外，均为夫妻共同财产。赵某认为该股权转让款不是夫妻共同财产，应承担相应举证责任，至于投资该60万元股权的资金来源是否由案外第三人出借形成，属于另一债权法律关系，本案不予理涉。

【基本案情】

赵某与陈某于××××年××月××日在民政局登记结婚，2011年11月25日经法院判决离婚。

昆山市A公司2009年3月22日的股东会决议显示，增加赵某为该公司股东，验资报告显示赵某于2009年3月30日实缴资本为货币60万元。2009年12月3日，赵某与朱某某签订股权转让协议，将赵某在昆山市A公司的60万元股权转给朱某某，转让金60万元。

陈某、赵某离婚纠纷一案中，关于赵某转让的昆山市A公司的60万元股权转让金的分割，因陈某提出股权出资系向其父母所借，赵某称该款是其父母操作，并未出资，以该款可能涉及第三人利益为由，未予处理。

本案陈某在一审中请求依法分割股权转让款60万元。

宣判后，赵某不服一审法院民事判决，提起上诉称：第一，陈某所称交赵某60万元股权作为夫妻共同财产分割证据不足。陈某要证明出资60万元股权，应提供以下三方面证据：1. 60万元资金来源；2. 60万元交付赵某的证据；3. 60万元入股A公司。而事实上，陈某并无充分证据证明向其父亲借了60万元作为资金来源，也无证据证明将60万元交给赵某入股，故陈某所举60万元来源证据，均存在瑕疵，应当不予认定。第二，陈某所主张60万元入股夫妻共同财产与赵某入股60万元是两个概念，不是同一笔款项，现陈某只主张向其父亲借得60万元交赵某入股，作为夫妻共同财产60万元进行分割，因此本案只能审理陈某起诉事实及60万元现金来源证据是否成立，60万元交付上诉人是否有证据。综上所述，请求二审法院查明事实，依法改判。

陈某答辩称：一审判决正确，希望二审法院维持原审判决。陈某已经提供了充分的证据证实了陈某与赵某在婚姻存续期间以赵某的名义投资入股了60万元，在2009年12月赵某与其母亲签订了股权转让协议，取得了股权转让款60万元，并且陈某已经提供充分证据证实了60万元出资来源，所以一审判决对60万元的处理是正确的。

【法院裁判】

一审法院判决：股权转让金由陈某、赵某各半分割。

一审法院认为：本案争议焦点为赵某转让的昆山市A公司的60万元股权转让金是否为夫妻共同财产。关于60万元股权转让款，陈某认为60万元股权出资款系其向父母借来的，赵某在婚姻关系存续期间内擅自将该股权按照60万元转让给其母朱某某，该60万元股权转让款应作为夫妻共同财产予以分割；赵某认为，根据陈某、赵某的收入状况，陈某、赵某根本没有出资60万元的能力，昆山市A公司是家族企业，60万元股权资金系赵某任出纳会计期间公司暂存赵某名下的，故相应60万元股权转让款不是夫妻共同财产。一审法院认为，夫妻可以约定婚姻关系存续期间所得的财产以及婚前财产归各自所有、共同所有或部分各自所有、部分共同所有；在无约定或者约定不明确、约定无效的情况下婚姻关系存续期间的夫妻所得除个人特有财产外，均为夫妻共同财产。本案中，陈某、赵某对双方财产并未进行约定，而60万元股权的出资及转让均发生在夫妻关系存续期间，且陈某就出资款项的来源进行了举证，可以认为该60万元股权转让款系夫妻关系存续期间所得财产。赵某认为该股权转让款不是夫妻共同财产，应承担相应举证责任，但赵某针对自己的辩称未提交证据证明，故法院认定赵某转让的昆山市A公司的股权转让金

60 万元为陈某、赵某夫妻共同财产，应当依法予以分割。

二审法院判决：驳回上诉，维持原判。

二审法院认为：本案争议焦点为赵某转让的昆山市 A 公司的 60 万元股权转让金是否为夫妻共同财产。《婚姻法》规定，夫妻可以约定婚姻关系存续期间所得的财产以及婚前财产归各自所有、共同所有或部分各自所有、部分共同所有；没有约定或者约定不明确的，夫妻在婚姻关系存续期间所得的财产一般均为夫妻共同财产。

本案中，双方一致认可赵某于夫妻婚姻存续期间取得了昆山市 A 公司的 60 万元股权，陈某、赵某对该 60 万元股权并未进行特别约定，且双方亦均未能提供证据证明该 60 万元股权系夫或妻一方个人财产，因此，该 60 万元股权应当作为夫妻婚姻存续期间的共同财产予以分割。至于投资该 60 万元股权的资金来源是否由案外第三人出借形成，属于另一债权法律关系，本案不予理涉，相关权利人可另案主张。其后，赵某于 2009 年 12 月 3 日将 60 万元股权转让给其母亲朱某某获得股权转让金 60 万元，该股权转让金 60 万元系昆山市 A 公司 60 万元股权的转化物，理应作为陈某与赵某的夫妻共同财产予以分割。陈某在一审诉讼请求中明确主张按照夫妻共同财产依法分割股权转让金 60 万元，于法有据，二审法院予以支持。

【裁判解析】

本案涉及两个法律问题，一是陈某能否起诉分割昆山市 A 公司 60 万元股权转让款；二是该股权转让款是否为夫妻共同财产。

关于第一个问题，陈某能否起诉分割昆山市 A 公司 60 万元股权转让款？根据《婚姻法司法解释（三）》第十八条的规定："离婚后，一方以尚有夫妻共同财产未处理为由向人民法院起诉请求分割的，经审查该财产确属离婚时未涉及的夫妻共同财产，人民法院应当依法予以分割。"在赵某、陈某离婚纠纷案中因股权转让款可能涉及第三人利益，法院未予处理。陈某在离婚后另案起诉请求分割 60 万元股权转让款，因股权转让款属于双方离婚时未涉及的夫妻共同财产，陈某的起诉符合上述法律规定。

关于第二个问题，昆山市 A 公司 60 万元股权转让款是否为夫妻共同财产？昆山市 A 公司的工商登记资料显示，2009 年 3 月 22 日经公司股东会决议"增加赵某为该公司股东"，赵某于 2009 年 3 月 30 日实缴货币资本 60 万元并有验资报告验证。根据《婚姻法》的规定，夫妻可以约定婚姻关系存续期间所得的财产以及婚前财产归各自所有、共同所有或部分各自所有、部分共同所有；在无约定或者约定不明确、约定无效的情况下，婚姻关系存续期间双方或一方取得的财产除个人特有财产外，均为夫妻共同财产。本案中，赵某主张股权转让款不是夫妻共同财产，赵某对其主张所依据的事实有责任举证证明。赵某称60万元股权资金系赵某任出纳会计期间公司暂存赵某名下的，故相应60万元股权转让款不是夫妻共同财产，但验资报告显示赵某于2009年3月30日实缴资本为货币60万元，除非有确凿的证据推翻验资报告的结论，否则赵某的说法难以成立。陈某认为60万元股权出资款系其向父母的借款，因借款属于婚内财产所得，即已承认股权出资源自夫妻共同财产，至于其与父母之间形成的借贷关系属于另外的法律关系，不影响股权为夫妻共同财产的认定。在此情况下，任何一方都不能证明股权为一方个人财产。因此，法院认定股权为夫妻共同财产，而股权转让金60万元系昆山市A公司60万元股权的转化物，应作为夫妻共同财产依法分割。

二、婚姻存续期间取得的专利，离婚后投入公司取得的股权是否属于夫妻共同财产？

案件来源： 北京市第二中级人民法院（2017）京02民终6962号判决李某与陈某离婚后财产纠纷案

裁判日期： 2017年10月31日

案件要旨： 1. 婚姻存续期间内，以陈某名义投入H公司的25.5万元为陈某、李某夫妻共同财产。双方离婚后，25.5万元对应的股权价值已发生变动，即出现升值，但这些升值均因陈某离婚后的投资或经营行为所产生，并非自然升值，与李某无关。2. 诉争知识产权系陈某在与李某夫妻关系存续期间所取得，故应以其收益是否实际取得或已经明确可以取得为界定判断的进一步考量。根据目前证据所证事实，陈某系在与李某结婚后以该知识产权入股，在离婚这一时间节点到来之时，双方并未获得该知识产权在涉诉公司的股份与收益，故认缴的股权归陈某所有。

【基本案情】

陈某、李某于1996年4月9日登记结婚，2001年7月21日生育一女。2007年3月22日，北京市朝阳区人民法院出具（2006）朝民初字第17619号民事调解书，就陈某、李某离婚及子女抚养、住房分配、共同财产分割以及B公司股权买断等达成的协议进行确认，其中与公司股权买断相关的协议内容为：李某在B公司中享有的股权由陈某以420万元买断，李某不再担任该公司股东。双方离婚后，李某未参与W公司的经营。

200420003557.2专利和03277211.4专利为双方婚姻存续期间取得，原权利人为陈某。

2006年8月31日，H公司注册成立，注册资本50万元，原法定代表人为朱某，朱某出资24.5万元，陈某出资25.5万元。2007年7月，朱某将其24.5万元出资转让给杨某。2008年8月，H公司名称变更为W公司。2010年8月，W公司注册资本由50万元增至500万元，在新增的450万元注册资本中，陈某认缴350万元，出资方式为以前述200420003557.2专利和03277211.4专利投入，上述两项专利经评估价值为353万元，其中350万元用于增加注册资本，3万元记入资本公积；B公司认缴100万元，出资方式为货币。前述两项专利的权利人变更为W公司。2010年12月，W公司注册资本由500万元增至1,500万元，新增的1,000万元注册资本均由陈某以货币方式认缴。此后，W公司历经多次增资及股权变更。2015年2月，W公司整体变更为股份有限公司，公司名称变更为W股份有限公司，注册资本由2,079.8948万元变更为6,000万元，公司股份总数为6,000万股，均为普通股，每股面值1元，陈某持股比例仍为63.6604%，持股数量为3,819.624万股。诉讼中，经陈某申请，一审法院委托某资产评估事务所对25.5万元出资额对应的H公司2007年3月31日的市场价值进行评估，评估结果为24.51万元。陈某垫付评估费18万元。陈某对该评估报告无异议，李某对评估报告不认可。

一审诉讼中，经李某申请，一审法院委托某资产评估有限责任公司对W公司2016年9月30日的资产价值进行评估，评估结果为：净资产27,676.70万元。评估费248,400元由李某垫付。陈某对该评估报告真实性无异议，对关联性不认可。李某对该评估报告提出异议并申请评估人出庭，对评估结果不予认可，认为涉诉的两项专利已作价入股，但评估中并未显示出价值，且对土地使用权的评估存在问题。

一审诉讼中，陈某表示，从法律规定角度而言，李某应分得的部分是离婚时共同财产的一半，即25.5万元的一半，即12.75万元，考虑到陈某、李某曾经的夫妻关系及抚养子女等因素，愿意给予李某额外补偿，即共给予李某169.55万元，但需分三期支付，即判决生效后3个月内支付50万元、判决生效后次年的7月31日前支付50万元、判决生效后第3年的7月31日前支付69.55万元。

【法院裁判】

一审法院判决：一、2007年3月22日登记在陈某名下的原H公司25.5万元出资额对应的W股份有限公司的股权归陈某所有；“一种用于机械工具的表面金属化的金刚石坯料”专利技术和“一种混合型砂轮修整工具”专利技术投入认缴原W有限公司的350万元出资额对应的W股份有限公司的股权归陈某所有。二、陈某给予李某经济补偿共计169.55万元，给付方式为：判决生效后3个月内给付50万元；判决生效后次年的7月31日前给付50万元；判决生效后第3年的7月31日前给付69.55万元。

一审法院认为：婚姻存续期间内，以陈某名义投入H公司的25.5万元为陈某、李某夫妻共同财产，陈某、李某于2007年3月22日经法院调解离婚，并就子女抚养、住房分配、共同财产分割以及B公司股权买断等达成协议，但并未就上述财产进行处理，现应当予以分割。双方离婚后，H公司历经增资、股权变动、改制等过程，李某并未参与，亦未参与公司经营，双方离婚至今，25.5万元对应的股权价值已发生变动，即出现升值，但这些升值均因陈某离婚后的投资或经营行为所产生，并非自然升值，与李某无关，因此，李某可分割的利益范围应为双方离婚时25.5万元对应的股权价值，即24.51万元。现陈某主张25.5万元对应的股权份额归陈某所有并按照离婚时25.5万元出资额对应的股权价值给予李某一半的补偿及同期银行存款利息的诉讼请求于法有据，法院予以支持。李某所称的陈某私自出资成立H公司并进行股权转移、50万元注册资本都是夫妻共同财产，陈某故意隐藏、转移夫妻共同财产，过错特别严重，对其所隐藏、转移的财产应当不分或少分的答辩意见，证据不足，法院不予采信。李某主张25.5万元出资额对应的收益应以原朱某名下的24.5万元出资额对应的股权及收益，即H公司50万元出资额现所对应W公司的股权及9年来产生的收益全部归李某所有的主张，缺乏事实及法律依据，法院不予支持。

夫妻在婚姻关系存续期间所得的知识产权的收益归夫妻共同所有。涉诉的两项专利为陈某、李某婚姻存续期间取得，在双方离婚后的2010年8月上述两项专利经评估作价为350万元投入H公司，不属于双方婚姻关系存续期间所得的收益，与李某无关，应为陈某个人财产。陈某请求确认以上述两项专利投入认缴 W 公司的 350 万元出资额及其对应的股权归陈某所有的诉讼请求于法有据，法院予以支持。李某所称陈某将两项专利故意拖到离婚后才作价投资入股的行为是隐藏、转移夫妻共同财产，主张两项专利技术投资入股形成的股权及收益归李某所有的主张缺乏事实及法律依据，法院不予采信及支持。

李某所称签署离婚协议时，陈某以 420 万元买断股权的分割方式不公平，侵犯了李某的合法权益，因此要求将陈某给李某少算的 30% 股权以及从 2000 年至今所产生的收益判归李某所有的主张依据不足，法院不予支持。

对于陈某表示考虑到陈某、李某曾经的夫妻关系及抚养子女等因素，愿意在法定基础上给予李某额外补偿，即共给予李某 169.55 万元的意见，法院不持异议。

二审法院判决：驳回上诉，维持原判。

二审法院认为：本案双方争议之焦点在于李某所主张的诉争财产是否系夫妻共同财产及应如何分割。

首先，根据《婚姻法》第十七条之规定，夫妻在婚姻关系存续期间所得的下列财产，归夫妻共同所有：（一）工资、奖金；（二）生产、经营的收益；（三）知识产权的收益；（四）继承或赠与所得的财产，但本法第十八条第三项规定的除外；（五）其他应当归共同所有的财产。第十八条规定，有下列情形之一的，为夫妻一方的财产：（一）一方的婚前财产；（二）一方因身体受到伤害获得的医疗费、残疾人生活补助费等费用；（三）遗嘱或赠与合同中确定只归夫或妻一方的财产；（四）一方专用的生活用品；（五）其他应当归一方的财产。《婚姻法司法解释（一）》第三十一条规定，当事人依据《婚姻法》第四十七条的规定向人民法院提起诉讼，请求再次分割夫妻共同财产的诉讼时效为两年，从当事人发现之次日起计算。《婚姻法司法解释（二）》第十一条规定，婚姻关系存续期间，下列财产属于《婚姻法》第十七条规定的“其他应当归共同所有的财产”：（一）一方以个人财产投资取得的收益；（二）男女双方实际取得或者应当取得的住房补贴、住房公积金；（三）男女双方实际取得或者应当取得的养老保险金、破产安置补偿费。第十二条规定，婚姻法第十七条第三项规定的“知识产权的收益”，是指婚姻关系存续期间，实际取得或者已经明确可以取得的财产性收益。《婚姻法司法解释（三）》第四条规定，婚姻关系存续期间，夫妻一方请求分割共同财产的，人民法院不予支持，但有下列重大理由且不损害债权人利益的除外：（一）一方有隐藏、转移、变卖、毁损、挥霍夫妻共同财产或者伪造夫妻共同债务等严重损害夫妻共同财产利益行为的；（二）一方负有法定扶养义务的人患重大疾病需要医治，另一方不同意支付相关医疗费用的。第五条规定，夫妻一方个人财产在婚后产生的收益，除孳息和自然增值外，应认定为夫妻共同财产。第十八条规定，离婚后，一方以尚有夫妻共同财产未处理为由向人民法院起诉请求分割的，经审查该财产确属离婚时未涉及的夫妻共同财产，人民法院应当依法予以分割。

上述司法解释还规定，人民法院审理离婚案件，涉及分割夫妻共同财产中以一方名义在有限责任公司的出资额，另一方不是该公司股东的，按以下情形分别处理：（一）夫妻双方协商一致将出资额部分或者全部转让给该股东的配偶，过半数股东同意、其他股东明确表示放弃优先购买权的，该股东的配偶可以成为该公司股东；（二）夫妻双方就出资额转让份额和转让价格等事项协商一致后，过半数股东不同意转让，但愿意以同等价格购买该出资额的，人民法院可以对转让出资所得财产进行分割。过半数股东不同意转让，也不愿意以同等价格购买该出资额的，视为其同意转让，该股东的配偶可以成为该公司股东。用于证明前款规定的过半数股东同意的证据，可以是股东会决议，也可以是当事人通过其他合法途径取得的股东的书面声明材料。

本案中，欲正确适用相关法律之规定，则须厘清双方的诉讼主张所涉及的知识产权、知识产权之收益在夫妻离婚后财产分割领域的立法本义。本案争议缘于陈某在与李某婚姻关系存续期间所取得的两项个人专利，因知识产权是基于智力的创造性所产生的权利，即其应当是法律赋予知识产品所有人对其智力创造成果所享有的某种专有权利。而知识产权的收益则应指作品在出版、上演、播映后而取得的报酬，或允许他人使用而获得的报酬、专利权人转让专利权或许可他人使用其专利所取得的报酬。基于知识产权本身所具有的来源于智力成果形成的人身性，故上述法律规定之义即知识产权权利本归一方专有。同时，知识产权收益应当包括已得收益、期待得到的收益。

其次，经审查，诉争知识产权确系陈某在与李某夫妻关系存续期间所取得，故应以其收益是否实际取得或已经明确可以取得为界定判断的进一步考量。根据目前证据所证事实，陈某系在与李某结婚后以该知识产权入股，在离婚这一时间节点到来之时，双方并未获得该知识产权在涉诉公司的股份与收益。李某在与陈某离婚之时未就此专利对应的实际利益直接主张，在双方财产处理权利平等的情况下，“买断”的处理方式并不完全直接等同于回避、隐匿，财产取得的现实性亦不同于存款之类财产的自然孳息。且现亦无证据证明在离婚之时陈某已与后来投资的公司签订协议而形成股份分配之实，李某亦未能证实在二人离婚后其就知识产权入股和收益一节达成进一步协商意见，未能证明该股份所对应的收益与婚姻关系存续期间的婚姻生活直接相关，亦未证实系通过二人在离婚后所付出的共同劳动等取得，兼因在涉诉公司经营中亦存在其他具有一定决策权和经营管理权利的案外主体，就目前证据材料所证事实难以直接排除上述主体对公司之贡献与作用，亦无法直接限定上述主体对公司股份处理的相关权利。即目前的事实要素无法必然产生其主张的唯一法律后果。加之在一审中已就相关股份进行评估，一审的评估系综合双方意见基础上进行的相关程序，对于诉争标的物价值金额的厘清乃为必需，故在双方不能提供效力更高的其他证据对评估结果予以替代或提供相反证据推翻以上结论的情况下，法院认为，李某在本案中上诉主张的与前述法律规定所要求的“婚姻关系存续期间，实际取得或者已经明确可以取得的财产性收益”之规定不符，其上诉缺乏充分的事实和法律依据支持。综合以上情况来看，一审法院在审度财产价值的基础上根据双方夫妻关系曾经存续之事实和抚养子女之需要，结合当事人补偿之自愿所作判决合法有据。

最后，李某在法院二审中上诉提出原登记于陈某名下的涉诉两项知识产权所有权及 H 公司股权之所有权亦应作为共同财产分割并主张归其所有一节，鉴于李某上诉请求与一审中提出的诉讼主张不相一致，且经询，陈某明确表示不同意就此问题在本案中一并解决，在庭审中法院组织调解亦未果，故为保障当事人诉讼权利的行使，法院依法不宜直接处理一审审理范围之外的财产争议问题，双方可另行起诉解决。

综上所述，李某的上诉请求不能成立，应予驳回；一审判决应予维持。

【裁判解析】

陈某与李某通过法院调解的方式解除婚姻关系，其中李某在 B 公司中享有的股权，由陈某以 420 万元买断，李某不再担任该公司股东。李某在庭审中称签署离婚协议时，陈某以 420 万元买断股权的分割方式不公平，侵犯了李某的合法权益。那么，股权买断的条款是否有效，李某所称分割方式不公平的理由能否成立呢？

我国《婚姻法》第三十九条规定：“离婚时，夫妻的共同财产由双方协议处理；协议不成时，由人民法院根据财产的具体情况，照顾子女和女方权益的原则判决。”同时《婚姻法司法解释（二）》第九条规定：“男女双方协议离婚后一年内就财产分割问题反悔，请求变更或者撤销财产分割协议的，人民法院应当受理。人民法院审理后，未发现订立财产分割协议时存在欺诈、胁迫等情形的，应当依法驳回当事人的诉讼请求。”可见，陈某与李某离婚时可以通过协议的方式自行约定财产归属，以420万元由陈某买断李某在B公司股权的方式，该约定并未损害社会公共利益，也不违反法律法规的强制性规定，应属合法有效。李某认为分割方式显失公平，应对其提出的主张所依据的事实加以证明。另外，陈某与李某通过法院调解方式达成离婚协议，不同于双方在婚姻登记机关办理离婚手续，两者有本质区别。在诉讼中达成的离婚协议，是在法官的主持调解下进行，调解协议内容经法官审查，也就是说有国家司法机关的审查来保证双方当事人意思表示的真实性和协议内容的合法性。① 因此，本案不能适用《婚姻法司法解释（二）》第九条的规定。

关于登记在陈某名下的原H公司25.5万元出资额。该出资系陈某在婚姻关系存续期间投入，登记在陈某名下，为夫妻共同财产。李某有权分割离婚时股权对应的财产价值。陈某与李某于2007年3月22日调解离婚，应陈某申请，某资产评估事务所对25.5万元出资额对应的H公司2007年3月31日的市场价值进行评估，评估结果为24.51万元。陈某对该评估报告无异议，李某对评估报告不认可。根据《民事诉讼证据规定》的规定②，李某对评估报告不认可的，应提出足以反驳的相反证据或理由，否则难以得到法庭采信。因李某未能提供证据证明其主张，最终法院以原H公司25.5万元出资额价值24.51万元予以认定。

那么，李某主张25.5万元出资额对应的收益即对应W公司的股权及9年来产生的收益全部归李某所有的主张能否成立？在婚姻存续期间内，以陈某名义投入H公司的25.5万元为陈某、李某夫妻共同财产，自双方离婚之日起，该25.5万元对应的股权价值出现大幅升值。股权的增值分为自然增值和主动增值，其中自然增值与夫妻一方或双方是否为该财产投入物资、劳动、努力、投资、管理等无关。主动增值发生的原因与自然增值正好相反。李某的上述主张实为分割婚内夫妻共同财产在离婚后的增值。根据前述分析，双方离婚后，H公司更名为W公司，历经增资、股权变动、改制等过程，整个过程陈某全程参与，投入其个人的劳动、努力、管理

---

① 最高人民法院民事审判第一庭编著：《最高人民法院婚姻法司法解释（二）的理解与适用》，人民法院出版社2015年版，第126页。

② 参见《最高人民法院关于民事诉讼证据的若干规定》第二十七条，该条规定：当事人对人民法院委托的鉴定部门作出的鉴定结论有异议申请重新鉴定，提出证据证明存在下列情形之一的，人民法院应予准许：（一）鉴定机构或者鉴定人员不具备相关的鉴定资格的；（二）鉴定程序严重违法的；（三）鉴定结论明显依据不足的；（四）经过质证认定不能作为证据使用的其他情形。对有缺陷的鉴定结论，可以通过补充鉴定、重新质证或者补充质证等方法解决的，不予重新鉴定。第七十一条，该条规定：人民法院委托鉴定部门作出的鉴定结论，当事人没有足以反驳的相反证据和理由的，可以认定其证明力。

等，而李某并未参与，亦未参与 W 公司经营。因此，该部分股权增值乃因陈某离婚后的个人投资、努力、经营行为所产生，不属于自然升值，而应归为主动增值，应属于陈某的个人财产，与李某无关，李某无权主张该 25.5 万元出资对应 W 公司的股权及 9 年来产生的收益。

关于在婚姻关系存续期间，权利人为陈某的两项专利，在离婚后经评估价值 353 万元投入 H 公司的归属。依据《婚姻法》的规定，夫妻在婚姻关系存续期间所得的知识产权收益归夫妻共同所有。《婚姻法司法解释（二）》第十二条规定："婚姻法第十七条第三项规定的'知识产权的收益'，是指婚姻关系存续期间，实际取得或者已经明确可以取得的财产性收益。"知识产权作为一种智力成果权，它既是一种财产权，也是一种人身权，具有很强的人身性，与人身不可分离。婚后一方取得的知识产权权利本身归一方专有，权利也仅归权利人行使，权利人的配偶无权行使。但是，由知识产权取得的经济利益，则属于夫妻共同财产。由上述规定可知，归夫妻共同所有的"知识产权的收益"分为两种情形，一是在婚姻关系存续期间已实际取得，二是在婚姻关系存续期间已经明确可以取得。两种情形都以"婚姻关系存续期间"作为时间点，结婚前或离婚后的知识产权收益不在本条规定的范围内。在陈某、李某婚后，两项专利并没有实际取得收益，李某也没有证据证明在婚姻关系存续期间存在已经确定将来可以取得的收益。而陈某在离婚后将上述两项专利投入 H 公司，因发生在离婚后，与李某无关，取得的收益应为陈某个人所有。

至于李某主张陈某将两项专利故意拖到离婚后才作价投资入股的行为是隐藏、转移夫妻共同财产，主张两项专利技术投资入股形成的股权及收益归李某所有。基于上述分析已知，两项专利本身非夫妻共同财产，且投资入股发生在离婚后，形成的股权及收益与李某无关。根据《民事诉讼证据规定》第二条的规定："当事人对自己提出的诉讼请求所依据的事实或者反驳对方诉讼请求所依据的事实有责任提供证据加以证明。没有证据或者证据不足以证明当事人的事实主张的，由负有举证责任的当事人承担不利后果。"李某未能就自己的主张提供证据加以证明，只能承担不利的法律后果。

第四节　股权转让协议与夫妻共同财产的认定

一、股权转让协议未实际履行，股权可否作为夫妻共同财产分割?

案件来源： 上海市奉贤区人民法院（2012）奉民一（民）初字第4088号判决李某诉黄某离婚纠纷案

裁判日期： 2012年11月26日

案件要旨： 上海××实业有限公司的股权分割问题，虽原告已将其占有的51%的股权进行了转让，但经查实，该股权转让协议并未实际履行，故可以作为夫妻共同财产予以分割。

【基本案情】

李某、黄某于1999年4月5日办理了结婚登记手续。婚后，双方关系尚可，但随时间推移，双方经常为生活琐事发生争吵，致感情不睦。2009年、2010年，原告李某两次提起过离婚诉讼，均未获法院支持，现在李某再次诉讼到法院。黄某辩称，对共同财产依法分割，由于原告李某故意转移财产，希望法院在调查了原告李某的财产后，照顾女方的权益，对原告李某少分或不分。

庭审中，被告黄某提出原告李某将其在上海××实业有限公司的股权恶意转让，要求法院对此股权予以处理。为此，法院对股东李某制作了谈话笔录，李某表示：原告原占有公司的51%的股份，虽股权已转让给了李某1，但当初的股权转让协议没有实际履行，李某1也没有支付7,600,000元的对价，现在公司仅系空壳，实际已经不经营了，也没有什么固定资产。另，公司的其余股东龚某、张某均出具书面申明，表示放弃公司股份的优先购买权。经庭审质证，被告对原告的说法有异议，认为公司运转良好，该证据能反映原告恶意转移资产的行为。

【法院裁判】

对上海××实业有限公司的股权分割问题，虽原告已将其占有的51%的股权进行了转让，但经查实，该股权转让协议并未实际履行，故可以作为夫妻共同财产予以分割。但被告坚持股权以7,600,000元的价值予以分割，虽经法院释明，其仍未及时向法院提出对公司资产进行评估，也不同意分割股权份额，故法院对此股权在本案中不予处理。

【裁判解析】

本案中原告李某持有上海××实业有限公司51%的股权，虽然原告已经将股权进行了转让，但根据法院对李某制作的谈话笔录，股权转让协议没有实际履行，受让方也没有支付7,600,000元的对价。股权仍登记在原告名下，属于夫妻共同财产，可以作为夫妻共同财产依法分割。

至于该51%股权的分割方式，被告无意直接分割股权成为公司股东，主张以7,600,000元的价值予以分割，但被告主张的金额缺乏依据。7,600,000元乃原告与案外人签订的股权转让协议的合同价格，且该协议并未实际履行，原告也没有取得股权转让款，因此该价格不能视同股权的实际财产价值。鉴于公司的其他股东龚某、张某均出具书面申明放弃优先购买权，此时被告有两种选择，一是选择股权按比例分割，成为公司股东，二是向法院提出申请对股权财产价值司法鉴定，并依鉴定结论主张相应的股权折价款。

根据《上海市高级人民法院关于适用最高人民法院婚姻法司法解释（二）若干问题的解答（二）》第七条的规定："在夫妻一方不要求持有有限公司出资额，成为股东的情况下，如何处理此部分的夫妻共同财产？答：夫妻一方以个人名义以共同财产投资于有限公司，此部分共同财产已转为了公司财产，由公司所有，离婚时不能直接分割。当夫妻协商同意由非公司股东的一方取得相应出资额成为股东的情况下，人民法院可依照司法解释（二）第十六条的规定进行处理。若该方不愿意承受出资额外负担成为股东，则可评估公司现有净资产。公司净资产为正值的，按夫妻一方出资比例计算出相应的净资产价值，再按共同财产分割原则由取得出资额外负担的一方给付另一方应得的钱款或财产。评估费用由主张评估一方预付，或双方各半预付。当事人均不愿意进行评估的，则人民法院可对此部分共同财产在离婚案件中不予处理。"由此可见，本案被告在坚持要求股权折价款的情况下，应及时向法院提出对公司净资产进行评估，否则法院将不予处理。当然，即便法院依上述规定对股权不予处理，被告在离婚后，仍可以依据《婚姻法司法解释（三）》第十八条的规定，以尚有夫妻共同财产未分割为由向人民法院起诉请求分割。

二、公司股权回购涉及第三人利益时，股权折价款能否在离婚案件中处理？

案件来源： 北京市第三中级人民法院（2015）三中民终字第08275号判决李×与马×离婚纠纷案

裁判日期： 2015年11月14日

案件要旨： 公司股权回购事宜的出现确有可能涉及其他公司的相应利益，故在双方离婚诉讼中，涉及公司股权折价款部分不宜予以处理，双方当事人可另行予以解决。

【基本案情】

马×与李×于2010年5月10日登记结婚。2013年4月，马×诉至法院，要求解除婚姻关系，依法分割夫妻共同财产。

经北京某会计师事务所审计，李×在A公司认缴出资额1,123.992万元（李×婚前认缴出资额为50万元），出资比例为48.24%，该公司净资产总额为44,950,878.20元；A北京分公司净资产总额为-4,959,138.32元；李×在B公司认缴出资额70万元，出资比例为35%，净资产为-23,534,128.95元。

一审判决后李×不服，上诉认为一审判决将A公司的资产作为夫妻共同财产分割没有经过过半数股东同意，程序违法；公司资产中认定的夫妻共同财产范围有误。一审判决认定A公司认缴出资额为1,123.992万元（婚前认缴出资额为50万元）。该资产不是李×个人财产，是投资者C企业（以下简称C基金）、D企业（以下简称D基金）对A公司的投资行为，投入的资金具有不确定性。2012年9月17日，三方签订了投资协议，C基金和D基金向A公司注入资金2,280万元，并约定：如果A公司未能在2014年12月31日前完成股份制改造，或未能在2016年12月31日前实现上市，或公司存在重大的上市障碍，或公司原始股东构成投资协议项下的重大违约，投资人有权要求公司或原始股东回购或购买投资人当时所持有的部分或全部股权。审计报告中也明确了该部分内容，也就是说A公司的资产数额不确定，不能被纳入夫妻共同财产分割的范围。

马×同意一审判决，不同意李×的上诉请求及所述事实理由。

李×一方曾向法院提交2014年12月25日D基金出具的回购权行使书面通知一份，该通知内容为："D（天津）股权投资基金合伙企业（有限合伙）（'本合伙企业'）于2012年9月17日与A公司（'贵公司'）、李×、谌××以及其他方签署了A公司之投资协议（'投资协议'），根据投资协议的约定，本合伙企业特此向贵公司、李×以及谌××发出本书面通知以行驶回购权。鉴于贵公司未能在2014年12月31日前完成股份制改造，本合伙企业有权利将持有的贵公司全部股权转让给李×以及谌××。本合伙企业特此书面通知贵公司、李×以及谌××按照如下条款以及条件办理本合伙企业将持有的贵公司股份转让给李×以及谌××事宜。1. 购买价格。投资人认购价格×（1+12%）（T/365），T为自2012年9月17日起至李×以及谌××实际支付全部购买价款之日止的总天数。2. 李×以及谌××应在接到本书面通知后的30个工作日内按照上述回购价格完成回购价款划入本合伙企业指定的银行账户。3. 李×以及谌××可以委托或指定任何第三方以上述购买价格购买本合伙企业持有的贵公司全部股权。"

就此通知书中所涉及2012年9月17日投资协议，李×一方向法院提交了相应复印件，据该投资协议显示，D基金和C基金作为投资人与原始股东李×、谌××以及持股公司无锡E文化发展有限公司（以下简称E公司）签订。该协议约定投资人拟按照本协议的条款和条件对公司（A公司）进行增资，公司、原始股东拟按照本协议的条款和条件接受投资人对公司的增资。根据该协议显示，在投资人增资之前，A公司的股东包括李×、谌××、E公司，对应的出资额分别为301,500元、148,500元、50,000元，对应的股权比例分别为60.3%、29.7%、10%。协议约定，受限于本协议相关约定，投资人同意以1,680万元人民币认购公司新增注册资本93,750元，获得增资后公司15.79%的股权，其中D基金增资款总计人民币1,100百万元，D基金增资款中62,500元计入公司注册资本，剩余部分计入公司资本公积，C基金增资款总计人民币580万元，C基金增资款中31,250元人民币计入公司注册资本，剩余部分计入公司资本公积。第一次增资后A公司的股东包括李×、谌××、E公司、D基金、C基金，对应的出资额分别为301,500元、148,500元、50,000元、62,500元、31,250元，对应的股权比例分别为：50.78%、

25.01%、8.42%、10.53%、5.26%。该协议显示：在本协议签署之后并在经过D的投资委员会批准之后，D将在2012年10月25日（“D二次增资交割日”）前以人民币600万元认购公司本次增资后5%的股权，其中人民币31,250元计入公司注册资本，其余计入资本公积金……。D二次增资完成后，公司的股东包括：李×、谌××、E公司、D基金、C基金，对应的出资额分别为：301,500元、148,500元、50,000元、93,750元、31,250元，对应的股权比例分别为48.24%、23.76%、8%、15%、5%。该协议附件一第四项显示：如果公司未能在2014年12月31日前完成股份制改造；或未能在2016年12月31日前实现上市；或公司存在重大的上市障碍；或者公司、原始股东任一方构成本协议项下重大违约，投资人有权要求公司或原始股东回购或者购买投资人当时所持有部分或全部股权（份）。公司以及原始股东在本条项下承担连带责任。回购价格按照以下公式进行计算：回购价格＝投资人各自认购价格×（1+12%）(T/365)，以上公式中，T为自投资人将本次股权增资款划入公司指定的账户之日起直至公司或者原始股东实际支付全部回购价格款款项之日止的总天数。投资者同意，在公司、原始股东不能通过上述方式回购投资人持有的公司股权的情况下，如果公司、原始股东能够委托或指定任何第三方以回购价格成功购买投资人持有的公司股权，应视为公司、原始股东适当履行了其在本回购权部分第一条项下的义务。

二审庭审中，李×一方向法院提交其自工商行政管理局调取的A公司相关档案材料，其中2015年1月1日谌××与无锡S公司（以下简称S公司）签订股权转让协议，内容为：“经甲（谌××）、乙（S公司）双方协商同意，甲方将其在A公司的23.76%的股权转让给乙方，并达成如下协议：1. 甲方将在A公司的23.76%的股权计553.608万元以199.01万元的价格转让给乙方。2. 本协议经甲、乙双方签字（盖章）后生效。自本协议生效之日起，甲方在A公司所持有的上述股权相对应的权利义务由乙方承继……”2015年1月1日，D基金与S公司签订股权转让协议，内容为：“经甲（D基金）、乙（S公司）双方协商同意，甲方将其在A公司的15%的股权转让给乙方，并达成如下协议：1. 甲方将在A公司的15%的股权计349.5万元以2,199万元的价格转让给乙方。2. 本协议经甲、乙双方签字（盖章）生效。自本协议生效之日起，甲方在A公司所持有的上述股权相对应的权利义务由乙方承继……”2011年1月1日，A公司达成股东会决议，内容为：“……全体股东一致通过如下决议：1. 同意谌××将其在公司占23.76%的股权计553.608万元以199.01万元的价格转让给无锡S投资有限公司。同意D（天津）股权投资基金合伙企业（有限合伙）将其在公司占15%的股权计349.5万元以2,199万元的价格转让给无锡S投资有限公司。2. 股权转让后，股东出资情况如下：李×认缴出资1,123.992万元，占注册资本的48.24%；无锡S公司认缴出资903.108万元，占注册资本的38.76%；无锡E公司认缴出资186.4万元，占注册资本的8%；C（天津）股权投资基金合伙企业（有限合伙）认缴出资116.5万元，占注册资本的5%。3. 免去李×、谌××、李××公司董事职务。4. 免去张××监事职务。”2015年4月17日，李×、E公司分别与S公司签订股权转让协议，其中约定李×将其在A公司48.24%的股权计1,123.992万元以1,123.992万元的价格转让给S公司，李×在A公司所持有的上述股权相对应的权利义务由S公司承继。E公司将在A公司的8%的股权计186.4万元以186.4万元的价格转让给S公司，E公司在A公司所持有的上述股权相对应的权利义务由S公司承继。2015年4月7日，A公司达成股东会决议，内容为：“……全体股东一致通过如下决议：1. 同意李×将其在公司占48.24%的股权计1,123.992万元以1,123.992万元的价格转让给无锡S公司投资有限公司。同意无锡E公司将其在公司占8%的股权计186.4万元以186.4万元的价格转让给无锡S公司。2. 股权转让后，股东出资情况如下：无锡S公司认缴出资2,213.5万元，占注册资本的95%；C（天津）股权投资基金合伙企业（有限合伙）认缴出资116.5万元，占注册资本的5%。3. 免去李×、苏××、贾××公司董事职务。4. 免去张××监事职务。”2015年4月17日，无锡市滨湖工商行政管理局出具公司准予变更登记通知书，内容为：“……公司变更已经我局登记。现主要变更事项如下：原法定代表人姓名：李×。原股东/发起人名称：李×、无锡E文化发展有限公司、无锡S投资有限公司、C（天津）股权投资基金合伙企业（有限合伙）。现法定代表人姓名：贾××。现股东/发起人名称：无锡S投资有限公司、C（天津）股权投资基金合伙企业（有限合伙）。同时，下列事项已经我局备案……”

【法院裁判】

关于财产部分，一审法院判决：李×在A公司、A北京分公司、B公司认缴出资额及相应权利义务归李×所有，李×于判决书生效后60日内给付马×折价款600万元整。

一审法院经审理认为：李×在A公司、A北京分公司、B公司认缴出资额及相应权利义务归李×所有，根据审计报告意见及本案具体情况，法院酌定李×给付马×折价款600万元整。

二审法院判决：撤销一审判决，驳回马×的诉讼请求。

二审法院认为：对于股份折价款的分配问题，北京某会计师事务所出具的审计报告中第八项，该部分特别提及投资协议关于回购权的表述。且一审法院2014年12月2日谈话笔录以及2015年3月30日开庭笔录中，李×一方均特别提及股权回购事宜的存在对夫妻共同财产分割的影响，根据李×一方所提交的证据材料显示，涉及李×A公司股权回购事宜的出现确有可能涉及其他公司的相应利益，而一审在离婚诉讼中将该部分财产与A公司北京分公司、B公司一并处理并酌定折款600万元给付马×实际上确有可能涉及了他人的财产权益。故在双方离婚诉讼中，涉及公司股权折价款部分不宜予以处理，双方当事人可另行予以解决。一审法院将此部分款项在离婚诉讼中一并折价予以处理不妥，二审法院对此予以改判。

【裁判解析】

根据我国《民事诉讼法》第五十六条的规定："对当事人双方的诉讼标的，第三人认为有独立请求权的，有权提起诉讼。对当事人双方的诉讼标的，第三人虽然没有独立请求权，但案件处理结果同他有法律上的利害关系的，可以申请参加诉讼，或者由人民法院通知他参加诉讼。"民事诉讼第三人制度具有有效保护第三人合法权益、简化诉讼程序、节约诉讼成本和避免相互牵连的裁判出现矛盾的功能。

离婚诉讼也属民事诉讼，但离婚诉讼有其特殊性。离婚诉讼是复合诉讼，需要解决夫妻身份关系、共同财产分割和子女抚养三方面问题，其中首要解决的是夫妻身份关系问题，而夫妻关系可能涉及当事人隐私，根据《民事诉讼法》第一百三十四条第二款的规定："离婚案件，涉及商业秘密的案件，当事人申请不公开审理的，可以不公开审理。"《最高人民法院关于严格执行公开审判制度的若干规定》第二条也规定："人民法院对于第一审案件，除下列案件外，应当依法一律公开审理：……（五）经当事人申请，人民法院决定不公开审理的离婚案件；……"由于离婚诉讼的特殊人身属性，因此，除非法律或司法解释明确规定，比如《婚姻法司法解释（二）》中对夫妻一方在有限责任公司的出资额、合伙企业的出资、在独资企业的共同财产的分割，一般不宜允许第三人参加到离婚案件的审理中。

如果离婚案件处理结果与第三人存在法律上利害关系的，在离婚案件中将不作处理，而由当事人另行处理解决。《最高人民法院关于人民法院审理离婚案件处理财产分割问题的若干具体意见》第二十条规定："离婚时夫妻共同财产未从家庭共同财产中析出，一方要求析产的，可先就离婚和已查清的财产问题进行处理，对一时确实难以查清的财产的分割问题可告知当事人另案处理；或者中止离婚诉讼，待析产案件审结后再恢复离婚诉讼。”这是针对夫妻共同财产未从家庭共同财产中析出的处理，可见对于离婚案件中财产的分割是可以暂时不予处理，待争议明确后再另行处理的。另外，《北京市高级人民法院关于审理婚姻纠纷案件若干疑难问题的参考意见》第十九条规定：“离婚案件涉分割公司股权的，一般应当在离婚案件中予以处理；确因股权与案外人存在争议难以确定的，可另案予以处理。离婚诉讼中一方主张另一方为隐名股东并要求分割相应财产权益的，参照上款处理。”本案中，股权回购事宜的出现确有可能涉及其他公司的相关利益，判决由双方当事人另行予以解决是正确的。对马×而言，可以再行收集证据，协商解决或另案向法院起诉，以维护自身的合法权益。

第五节 股权比例与夫妻共同财产的认定

一、持有公司股权的比例，是否可以作为夫妻对财产分割的约定?

案件来源： 湖北省武汉市中级人民法院（2016）鄂01民终4345号判决潘某与晏某、A公司离婚后财产纠纷案

裁判日期： 2016年9月5日

案件要旨： 晏某、潘某在婚姻关系存续期间合计持有A公司100%股权，该股权属于夫妻共同财产，依法由双方共同共有，而非按份共有。晏某称离婚协议没有写股权分割是对实际持有股权比例的认可，不应再进行分割的上诉理由缺乏事实和法律依据，法院不予支持。潘某有权主张对离婚时未处理的A公司股权进行分割。依法确定双方应各持有该公司全部股权的50%。

【基本案情】

××××年××月××日，潘某与晏某在民政局登记结婚。2010年3月，晏某

以夫妻共同财产出资18万元（占总资本的60%）、张某某出资12万元（占总资本的40%）成立了A公司。2011年1月24日起潘某名下持有该公司40%股权（对应出资额12万元），晏某名下持有60%股权（对应出资额18万元）。

2015年10月15日，潘某、晏某协议离婚并在民政局办理离婚手续，但双方未对该公司股权进行分割处理。

2016年1月14日，潘某向一审法院起诉，请求判令：1. 确认晏某持有A公司的全部股权的50%（9万元）归潘某所有；2. 晏某、A公司协助办理股权变更的工商登记手续；3. 本案诉讼费由晏某承担。

一审判决后，晏某不服，向法院提起上诉，请求撤销一审判决，依法改判。理由：1. 潘某、晏某离婚时均明知股权享有比例，离婚协议没有写股权分割是对实际持有股权比例的认可，不应再进行分割。2. 一审判决超出了潘某的诉讼请求范围，违反了不告不理的原则。晏某持有A公司60%股权，潘某的诉讼请求是确认享有晏某持有的A公司股权的50%，并非A公司100%股权的50%。

被上诉人潘某辩称，潘某、晏某持有A公司的股权依法均属于其夫妻共同财产，潘某、晏某在离婚时对共同财产的分割并未涉及该股权，潘某请求分割符合法律规定，其诉讼请求就是要求依法分割A公司股权，一审判决潘某、晏某各享有A公司50%股权，符合法律规定，并未超出潘某的诉请，请求维持原判。

被告A公司在一审中答辩与晏某的辩称意见一致，二审中A公司未到庭发表意见。

【法院裁判】

一审法院判决：一、潘某和晏某各享有A公司50%（即对应出资额15万元）股权；二、晏某、A公司于本判决生效之日起10日内协助将晏某名下对应出资额3万元（占全部股权10%）的股权转移登记至潘某名下。

一审法院认为，晏某在与潘某婚姻关系存续期间以夫妻共同财产出资成立了A公司且持有60%股权，潘某持有A公司40%股权，该股权依法均属于夫妻共同财产，而潘某与晏某在离婚时对共同财产的分割并未涉及该股权。因此，潘某要求离婚后进行分割符合法律规定，依法确定双方应各持有该公司全部股权的50%，并根据双方持股情况，确定由晏某、A公司协助办理手续，将晏某名下对应出资额为3万元（占全部股权10%）的股权转移登记至潘某名下。对晏某提出涉案股权不属于法律规定的分割夫妻共同财产时"未涉及"的共同财产，请求驳回潘某诉讼请求的主张，与事实不符、与法律规定相悖，不予支持。

二审法院判决：驳回上诉，维持原判。

二审法院认为，晏某、潘某在婚姻关系存续期间合计持有A公司100%股权，该股权属于夫妻共同财产，依法由双方共同共有，而非按份共有，晏某称离婚协议没有写股权分割是对实际持有股权比例的认可，不应再进行分割的上诉理由缺乏事实和法律依据，法院不予支持。潘某有权主张对离婚时未处理的A公司股权进行分割。潘某请求分割晏某持有A公司的股权的50%即A公司30%股权，加上潘某名下的40%股权，合计为70%股权，而一审依法判决潘某享有A公司50%股权，并未超出潘某的诉讼请求。综上所述，上诉人晏某的上诉理由不能成立，其上诉请求法院不予支持。一审判决认定事实清楚，适用法律正确。

【裁判解析】

依据《婚姻法》第十七条的规定："夫妻在婚姻关系存续期间所得的下列财产，归夫妻共同所有：（一）工资、奖金；（二）生产、经营的收益；（三）知识产权的收益；（四）继承或赠与所得的财产，但本法第十八条第三项规定的除外；（五）其他应当归共同所有的财产。夫妻对共同所有的财产，有平等的处理权。"第十八条规定："有下列情形之一的，为夫妻一方的财产：（一）一方的婚前财产；（二）一方因身体受到伤害获得的医疗费、残疾人生活补助费等费用；（三）遗嘱或赠与合同中确定只归夫或妻一方的财产；（四）一方专用的生活用品；（五）其他应当归一方的财产。"第十九条第一款规定："夫妻可以约定婚姻关系存续期间所得的财产以及婚前财产归各自所有、共同所有或部分各自所有、部分共同所有。约定应当采用书面形式。没有约定或约定不明确的，适用本法第十七条、第十八条的规定。"潘某与晏某在婚姻关系存续期间以夫妻共同财产出资设立A公司，潘某名下持有公司40%股权（对应出资额12万元），晏某名下持有60%股权（对应出资额18万元），上述股权属于潘某与晏某的夫妻共同财产。根据《婚姻法司法解释（三）》第十八条规定："离婚后，一方以尚有夫妻共同财产未处理为由向人民法院起诉请求分割的，经审查该财产确属离婚时未涉及的夫妻共同财产，人民法院应当依法予以分割。"本案中，潘某、晏某离婚时未对A公司股权进行分割处理，因此，潘某在离婚后起诉法院分割A公司股权符合上述规定。

潘某的诉讼请求要求均分股权，而不按登记的股权比例分割，那么，在夫妻共同财产分割时工商登记的股权比例是否可以作为分割的依据呢？关于这个问题，需要在不同的法律调整范围区别对待。工商登记的股权比例是股东享有权利承担义务的依据，属于《公司法》调整的范围，工商登记对外具有公示和公信力，但工商登记系证权性登记，不具有创设权利的功能。涉及夫妻财产分割时，需要以《婚姻法》的相关规定加以考察。如无特别约定或约定无效，除专属于个人的财产外，婚姻关系存续期间取得的财产都属于夫妻共同财产。作为共有人，夫或妻对共同所有的财产享有平等的占有、使用、收益和处分的权利。在离婚分割财产时应以《婚姻法》的规定为依据，而工商登记的夫妻股权比例仅为公司设立和登记的需要，满足工商行政管理部门的要求。在工商登记中显示的投资比例并不是夫妻对共同财产作出的改变或分割，不能将其视为夫妻之间对共同财产所作的处理决定。本案中，虽然潘某和晏某的股权比例不同，但这些股权出资均来源于夫妻共同财产，股权应归夫妻共同所有。根据《婚姻法》第三十九条的规定："离婚时，夫妻的共同财产由双方协议处理；协议不成时，由人民法院根据财产的具体情况，照顾子女和女方权益的原则判决。"以及《最高人民法院关于人民法院审理离婚案件处理财产分割问题的若干具体意见》第八条规定："夫妻共同财产，原则上均等分割。根据生产、生活的实际需要和财产的来源等情况，具体处理时也可以有所差别。属于个人专用的物品，一般归个人所有。"法院判决夫妻各享有 A 公司 50% 股权完全正确。

二、婚后股权比例发生变化，持股比例视为双方对公司股权的特别约定

案件来源： 广东省深圳市中级人民法院（2014）深中法民终字第 1622 号判决上诉人郭某甲与被上诉人戚某离婚纠纷案

裁判日期： 2014 年 8 月 29 日

案件要旨： 郭某甲借款 30 万元收购原股东李某、曾某的股权，并将公司股权变更为郭某甲持有 91%、戚某持有 9%，应视为双方对该公司股权的特别约定，郭某甲将其婚前房产的售房款 455,000 元用于公司增资，并向戚某汇款 45,000 元用于公司增资，双方增资比例亦符合 91%、9% 的股权特别约定，故双方名下的涉案公司股权应归各自所有。

【基本案情】

郭某甲与戚某于2005年经人介绍相识，于××××年××月××日登记结婚，婚后生育女儿郭某某。婚后双方感情一般，由于性格、生活习惯、价值观念、教育理念差异，常因家庭琐事发生争执。

A公司成立于2009年5月31日，注册资本1,000,000元，实际出资200,000元，公司股东为郭某甲、李某、曾某，分别占51%、9%、40%的份额。郭某甲称该司主要经营甘肃莫高酒生意，其在这方面有人脉资源，取得该酒厂在深圳的代理权，故其与李某均未实际出资，而仅由曾某实际出资200,000元。2009年8月11日，该司股东变更为郭某甲、戚某，双方分别占有91%、9%的股份。关于股东变更经过，郭某甲称因经营理念分歧，该公司的原股东李某、曾某退出公司，郭某甲从其父亲郭某乙处借款300,000元，并于2009年7月26日、7月27日分别向李某、曾某支付退股款90,000元、200,000元。鉴于该公司原股东退出后仅有郭某甲一名股东，而郭某甲父母又在外地，遂让戚某代为持有公司股份。

2009年7月24日郭某乙向郭某甲在中国某银行的尾号6917账户汇款306,000元，郭某甲于7月26日将其中200,000元汇入其在招商银行尾号6680账户，郭某甲于当日向李某汇款90,000元，7月27日分两次向曾某汇款200,000元。

该司董事成员于2010年1月8日变更为李某、黄某（原告之母）、郭某甲，黄某担任法定代表人。

被告郭某甲于2010年3月份将其婚前所有的房产出售，2010年5月1日，被告将其出售款621,000元转入其招商银行尾号6680的账户。2010年8月31日，被告向原告汇款45,000元，用于公司增资；2010年9月20日，郭某甲向A公司注资455,000元，用于公司增资，合计实际增资50万元。

一审诉讼中，原告戚某请求A公司50%股份归其所有。

庭审时，被告郭某甲向法院主张其向其父亲郭某乙借款，用于公司投资，原告对此不予确认。

一审宣判后，郭某甲不服一审判决，向法院提起上诉，请求改判A公司中登记在被上诉人戚某名下9%股份归还上诉人郭某甲。其事实与理由为：关于公司股权，原审认定上诉人赠与被上诉人股权有误，因该公司资金及增资均来源于上诉人婚前个人财产。上诉人之所以同意将公司9%的股份登记在被上诉人名下，系因当时《公司法》不允许个人设立独资公司，为此才让被上诉人代为持有股权。

被上诉人戚某答辩称，一审判决认定事实清楚，适用法律正确，请求驳回上诉，维持原判。

【法院裁判】

关于夫妻共同财产中的A公司部分，一审法院判决：A公司中登记在原告戚某名下的9%股份归原告戚某所有，登记在被告郭某甲名下的91%股份归被告郭某甲所有，原、被告双方无须就此向对方补偿。

一审法院认为，关于财产分割问题，根据适当照顾子女和女方权益的原则，并考虑被告对婚姻的破裂存在过错，法院酌情判令原、被告按3:7的比例分割夫妻共同财产，关于公司股权，具体作如下处理：A公司系婚后成立，被告主张其在公司成立之初并未出资，原告未对此举证予以否定，结合被告此后向曾某、李某退还股东款的事实，法院予以采信。依据被告举证，向公司注资的资金由两部分组成：一是被告向其父郭某乙借款300,000元，其于2009年7月份向原公司股东李某、曾某退还投资款，并由原告承接李某的9%股份。二是被告将其婚前所有的房产出售，所得房屋出售款用于公司增资，其中以原告名义增资45,000元，以被告名义增资455,000元，合计增资500,000元。也即，被告向该司的实际出资，部分来自其向父亲的个人借款，部分属于被告婚前财产，因而，A公司不属于夫妻共同财产，故原告要求取得该司另外41%的股份，于法无据，法院不予支持。至于原告持有该司9%的股份，原告虽未对公司实际出资，但考虑到当时原、被告关系尚比较融洽，原告母亲黄某亦在该司任职，说明被告对由原告持有公司9%的股份系其真实意思表示，从公司增资时亦未对股份作出改变亦可佐证。从法律上讲，原告持有A公司9%的股份应视为被告对原告的赠与。被告认为原告无权持有该司股份，并主张原告退回公司股份，法院不予支持。因此，法院对A公司的现有股权结构予以确认，不再对公司股份进行分割，原、被告亦无须向对方补偿。

关于原告主张被告擅自转移公司财产，由于原告本身即是该司股东，其可另循法律途径解决，法院对此不予处理。

二审法院判决：维持一审关于公司部分的判决。

二审法院认为：本案二审争议焦点为涉案股权应如何认定。

上诉人主张A公司资金来源于其婚前个人财产以及借款，应属于上诉人个人财产，被上诉人应将其名下9%的公司股份退还给上诉人，对此，法院认为，A公司系上诉人婚后与他人共同设立且上诉人持有该公司51%的股份，因上诉人在公司设立之初并未实际出资，故该51%股份应属上诉人和被上诉人的夫妻共同财产。上诉人于2009年向其父亲借款300,000万元收购原股东李某、曾某的股权，并将公司股权变更为上诉人持有91%、被上诉人持有9%，应视为双方对该公司股权的特别约定，上诉人2010年将其婚前房产的售房款455,000元用于公司增资，并向被上诉人汇款45,000元用于公司增资，双方增资比例亦符合91%、9%的股权特别约定，故双方名下的涉案公司股权应归各自所有。上诉人主张前述公司属于其个人财产，被上诉人应将其名下9%的公司股权予以退还，缺乏事实和法律依据，法院不予支持。

【裁判解析】

本案涉及两个方面的法律问题：一、A公司的股权是夫妻共同财产还是郭某甲的个人财产；二、郭某甲与戚某在A公司91%、9%的持股比例如何认定。

关于第一个问题，A公司的股权是夫妻共同财产还是郭某甲的个人财产。根据《婚姻法》第十七条的规定："夫妻在婚姻关系存续期间所得的下列财产，归夫妻共同所有：（一）工资、奖金；（二）生产、经营的收益；（三）知识产权的收益；（四）继承或赠与所得的财产，但本法第十八条第三项规定的除外；（五）其他应当归共同所有的财产。夫妻对共同所有的财产，有平等的处理权。"第十八条规定："有下列情形之一的，为夫妻一方的财产：（一）一方的婚前财产；（二）一方因身体受到伤害获得的医疗费、残疾人生活补助费等费用；（三）遗嘱或赠与合同中确定只归夫或妻一方的财产；（四）一方专用的生活用品；（五）其他应当归一方的财产。"因此，除夫妻双方另有约定外，婚姻关系存续期间双方或一方取得的财产应为夫妻共同财产。股权的取得时间和出资来源为判断股权财产归属的两个标准，婚后夫妻以共同财产出资取得的股权，应归夫妻共同所有。股权取得于婚后，但以一方个人财产出资，股权只是个人财产形式的转化物，仍归一方个人所有。根据《最高人民法院关于人民法院审理离婚案件处理财产分割问题的若干具体意见》第七条规定："对个人财产还是夫妻共同财产难以确定的，主张权利的一方有责任举证。当事人举不出有力证据，人民法院又无法查实的，按夫妻共同财产处理。"结合本案A公司股权，A公司成立于2009年5月31日，当时公司原始股东为郭某甲、李某、曾某三人，持股比例分别为51%、9%、40%，股权取得于郭某甲、戚某婚后，按出资来源分为两部分。第一部分出资，是郭某甲收购原股东李某、曾某的股权，并由原告承接李某的9%股权，这部分股权取得于婚后，股权收购款来源于郭某甲向其父亲的借款。本案中郭某甲主张向其父亲借款用于公司投资，戚某对此未予确认。但通过银行转账记录，能够证实郭某乙向郭某甲的账户汇款306,000元，后该款项分别支付原股东李某和曾某股权转让款的事实。因戚某对郭某甲向郭某乙借款不予确认，法院认定该笔借款为郭某甲的个人借款，故以该笔借款收购A公司股权应为郭某甲的个人财产。第二部分是A公司增资，资金全部来源于郭某甲婚前房产的出售款，其中以戚某名义增资45,000元，以郭某甲名义增资455,000元，合计增资500,000元。因此，A公司股权不能认定为夫妻共同财产。

关于第二个问题，郭某甲与戚某在A公司的持股比例如何认定。根据《婚姻法》第十九条的规定："夫妻可以约定婚姻关系存续期间所得的财产以及婚前财产归各自所有、共同所有或部分各自所有、部分共同所有。约定应当采用书面形式。没有约定或约定不明确的，适用本法第十七条、第十八条的规定。夫妻对婚姻关系存续期间所得的财产以及婚前财产的约定，对双方具有约束力。"夫妻对婚姻关系存续期间所得的财产以及婚前财产的约定，应满足民事行为的生效要件，《民法总则》第一百四十三条规定："具备下列条件的民事法律行为有效：（一）行为人具有相应的民事行为能力；（二）意思表示真实；（三）不违反法律、行政法规的强制性规定，不违背公序良俗。"本案中，郭某甲以个人财产收购原股东李某、曾某的股权后，A公司股权归其个人所有，但A公司股东变更为郭某甲、戚某两人，双方分别占有91%、9%的股份。郭某甲在原三名股东减少为其一人的情况下，接纳戚某成为公司新股东，对于该股权安排，应为双方的真实意思，且该股权安排不违反法律法规的强制性规定，不违背公序良俗。戚某得到的9%的股权应认定为郭某甲对戚某的赠与。之后的公司增资，亦符合91%、9%的股权比例，戚某名下9%股份的增资亦为郭某甲对戚某的赠与。故法院在结合案件具体情况，综合判断双方提供证据的证明力后，认定持股比例为双方对该A公司股权的特别约定，双方名下的公司股权应归各自所有，双方无须就此向对方补偿。

第六节　举证责任的分配

一、婚内投资取得的股权是个人财产还是夫妻共同财产？

案件来源：金华市金东区人民法院（2011）金东孝民初字第95号判决何某与朱某离婚后财产纠纷案

裁判日期：2012年5月11日

案件要旨：1. 被告在举证期间内向法院提供的证据无法证明用于投资B公司所取得的资产系个人财产，被告应承担举证不能的责任。故被告朱某投资B公司所取得的股权应认定是在与原告何某婚姻关系存续期间生产、经营所取得的收益，归原、被告共同所有，应当依法予以分割。2. 被告称股权转让款已全部用于归还借款、支付工程款及房屋贷款利息，被告应承担举证责任。

【基本案情】

何某与朱某原系夫妻。2010年7月8日，朱某起诉要求与何某离婚。法院审理后作出（2010）金东孝民初字第123号民事判决书，判决准予朱某与何某离婚，并对已查清的夫妻共同财产及双方婚生女儿何A的抚养问题作出了处理。朱某不服该判决，向浙江省金华市中级人民法院提起上诉。2011年4月13日，朱某申请撤回上诉。同日，浙江省金华市中级人民法院作出（2011）浙金民终字第184号民事裁定书，裁定准许朱某撤回上诉。

现原告何某诉至法院称，2007年7月18日，被告与叶A（系被告与前夫叶某之子）以2,498,000元的价格购买了B公司的股份，其中被告占有51%的股权，叶A占有49%的股权。2010年7月8日，被告诉至法院要求与原告离婚，在庭审中被告称于2010年3月10日以20.5万元的价格将其所有的41%的B公司股权转让给了叶A，对此原告不予认可，要求提出撤销权之诉。法院于2010年12月20日判决准予原、被告离婚，因涉及股权转让撤销权，法院在离婚案件中未对股权作出处理。判决后，被告不服，上诉至金华市中级人民法院，庭审后又撤回上诉。原告于2011年1月向金东区人民法院提起了股权转让撤销权诉讼，因庭审中被告又提出B公司41%的股权是以190万元的价格转让的协议和收条，对此原告只能撤回撤销权之诉。原告认为，B公司51%的股份是在原、被告夫妻关系存续期间所购买的，该股权应属于夫妻共同财产。被告为了转移夫妻共同财产，故意在离婚前几个月转让41%的股权，在离婚案件庭审中又故意隐瞒实际转让价，目的是不让原告分到B公司股份的夫妻共同财产。为了维护原告的合法权益，现请求判令分割被告朱某在B公司10%的股权、41%的股权转让款，两项合计236万元，被告朱某应支付原告何某118万元（后变更为要求被告支付股权转让款人民币117.5万元），本案诉讼费用由被告承担。

被告朱某辩称：1. B公司51%的股权是被告个人财产而非夫妻共同财产，原告无权要求分割。1995年7月30日，被告与前夫叶某离婚后，分得9430号、9431号商位使用权，后9430号商位更名为C2－4576B号商位。2006年9月4日，被告将该商位转让给案外人郑某，并于第二日用转让款购得了E3－8906商位。2007年7月15日，被告将E3－8906商位转让给案外人王某，并用转让款购买了B公司的股权。从以上转让过程看，被告所有的B公司的股权系被告个人财产。2. 被告将B公司51%的股权转让后所得转让款已全部用于归还借款及支付工程款，该转让款现已不存在。综上所述，请求法院驳回原告的诉讼请求。

法院查明，1995年7月30日，朱某与前夫叶某协议离婚，约定义乌小商品世界9430号摊位归朱某所有。××××年××月××日，朱某与何某登记结婚，婚后于2001年7月2日以12万元价格购买了中国小商品城篁园市场11122号摊位。2002年10月30日，中国小商品城篁园市场9430号摊位变更为中国小商品城国际商贸城C2－4576B号商位，11122号摊位变更为中国小商品城国际商贸城D2－5225A号商位。2002年11月2日，D2－5225A号商位与人对换变更为中国小商品城国际商贸城C2－4576A号商位。2006年10月17日，朱某将C2－4576A号、C2－4576B号商位的使用权转让，各得转让款145万元，合计290万元。以上两商位转让定金各25万元合计50万元受让人于2006年9月4日支付。2006年9月25日，朱某以105万元购买了国际商贸城一期市场E3－8906号商位，其中定金15万元于2006年9月5日支付。2007年5月15日，朱某与叶A以2,498,000元的价格购买了B公司的股权，其中朱某占51%的股权，叶A占49%的股权，同日朱某支付购买股权定金50万元。2007年7月18日，朱某以138万元的价格将E3－8906号商位转让，其中定金20万元于2007年7月15日支付。2010年3月2日，朱某与叶A签订《股份转让合同》，约定朱某将其持有的B公司41%的股权以190万元转让给叶A。同日，叶A支付定金20万元。2010年3月16日，叶A支付股权转让款90万元，6月23日，叶A支付股权转让款80万元。庭审中，被告朱某陈述其持有的B公司其余10%股权已于2011年3月25日转让，转让款为45万元，转让款用于归还欠朱某某的借款。原告何某认可该股权转让款的数额。在双方离婚案件审理中，朱某陈述B公司向银行贷款200万元用于建造厂房。

法院又查明，2007年7月3日，张某英将150万元转入被告朱某账户。2007年12月27日，被告将70万元转入张某英账户。2008年12月18日，朱某菊取款50万元，同日，朱某菊将50万元存入被告朱某账户。2009年4月22日，B公司与某建筑工程公司签订《厂房工程施工承包合同》一份，同日，双方又签订《补充协议》一份。B公司支付工程款共计160.5万元，其中2009年6月8日支付10万元、6月30日支付15万元、7月15日支付10万元、8月10日支付10万元、9月15日支付10万元、11月29日支付20万元、2010年2月9日支付15万元、2010年6月2日支付20万元、2010年6月24日支付45万元、2010年7月29日支付5.5万元。2009年7月31日，朱某菊将14万元存入被告朱某账户。2010年1月25日，B公司向某银行借款200万元，并于同年7月6日归还。2010年2月1日，B公司将200万元转入被告朱某账户。2010年2月2日，被告将74.9万元转入朱某菊账户。2010年2月3日，被告将100万元转入张某英账户。2010年7月5日，叶某贞的丈夫张某六将80万元转入被告账户。2011年3月3日，朱某某将200万元转入被告账户。2011年3月4日，被告将80万元转入叶某贞账户，将120万元转入朱某菊账户。被告分别于2010年3月21日、6月21日、9月21日、12月21日及2011年3月21日支付某银行贷款利息21,060元、21,528元、21,528元、21,632元及22,977.5元，合计108,725.5元。

【法院裁判】

法院判决：被告朱某于本判决生效后10日内支付原告何某夫妻共同财产股权转让款人民币1,175,000元。

法院认为，对于离婚时未处理的夫妻共同财产，在离婚后，一方起诉要求分割的，应予准许。本案的争议焦点在于以被告朱某个人名义持有的B公司51%的股权是否为原、被告夫妻共同财产，股权如何分割以及被告是否存在转移、隐藏夫妻共同财产的行为。一、以被告朱某个人名义持有的B公司51%的股权是否为原、被告夫妻共同财产。法院认为，该股权是原、被告夫妻共同财产而非被告个人财产。被告朱某系在双方夫妻关系存续期间投资B公司，被告欲证明系个人财产出资取得该股权，应负举证责任。庭审中，被告朱某辩称，其于2006年9月将其婚前个人财产义乌国际商贸城C2－4576B号商位使用权转让后，用该转让款购得义乌国际商贸城E3－8906号商位使用权，因E3－8906号商位使用权的购买资金为被告婚前个人财产，故E3－8906号商位使用权应当为被告个人财产。后被告用E3－8906号商位使用权转让款购得的B公司51%的股权也应当为被告个人财产而非夫妻共同财产。对此，法院认为，首先，朱某签订购买B公司股权转让合同及支付购买股权定金50万元均是在2007年5月15日，在转让E3－8906号商位使用权之前。其次，根据在（2010）金东孝民初字第123号案件中查明的事实，2006年9月，原、被告除了将被告婚前个人财产义乌国际商贸城C2－4576B号商位使用权转让外，还将夫妻共同财产义乌国际商贸城C2－4576A号商位使用权转让，有两笔转让款，故不能认定E3－8906号商位使用权的购买资金仅为被告个人财产C2－4576B号商位使用权的转让款，E3－8906号商位不能认定为被告个人财产。综上所述，被告在举证期间内向法院提供的证据无法证明用于投资B公司所取得的资产系个人财产，被告应承担举证不能的责任。故被告朱某投资B公司所取得的股权应认定是在与原告何某婚姻关系存续期间生产、经营所取得的收益，归原、被告共同所有，应当依法予以分割。二、股权如何分割。被告称其原持有的B公司51%的股权已以235万元的价格转让给他人，原告对该转让价格予以认可并请求分割该转让款，故可对股权转让款235万元进行分割。被告辩称该转让款已全部用于归还借款、支付工程款及房屋贷款利息，现已不存在。法院对被告的辩解不予采信，理由如下：（一）关于用于支付工程款。从工程款的支付主体看，B公司厂房工程款的支付主体应为B公司，被告在（2010）金东孝民初字第123号案件的庭审中也曾陈述B公司向成泰孝顺支行借款200万元用于建造厂房，故不存在由被告个人以股权转让款支付B公司工程款的情形。（二）关于用于归还借款。1. 被告于2010年2月2日归还朱某菊借款74.9万元，2010年2月3日归还张某英借款100万元，还款时间均在被告收到首笔股权转让款的时间2010年3月2日之前，不存在以股权转让款归还上述借款。2. 被告称其向B公司借款200万元，后被告以股权转让款归还其欠B公司的借款200万元。对此，法院认为，被告虽向法院提交了其与B公司的款项来往凭证，但汇款行为本身可基于多种法律关系，其本身仅能证明双方之间存在款项的往来，并不能证明借贷关系的存在。被告称其于 2010 年 2 月 1 日向 B 公司借款 200 万元，但在被告与叶 A 于 2010 年 3 月 2 日所签订的《股份转让合同》中，却并未载明 B 公司拥有对被告的债权 200 万元。被告在庭审中称被告向他人借款用于 B 公司建造厂房，而后向公司借款 200 万元用于归还建造厂房的借款。法院认为，因 B 公司建造厂房工程款的支付主体应是 B 公司，故 B 公司将 200 万元借款转入被告账户用以归还建造厂房借款的行为，应认定为 B 公司通过被告归还公司债务的行为，不能认定为是 B 公司借款给被告。综上所述，被告与 B 公司之间并不存在借款关系，对被告以股权转让款归还其欠 B 公司借款的辩称意见，法院不予采信。3. 被告称以 10% 的股权转让款 45 万元归还欠朱某某的借款。法院认为，朱某某汇款给被告的时间为 2011 年 3 月 3 日，此时原、被告早已分居并经法院一审判决准予双方离婚，朱某不服一审判决上诉至金华市中级人民法院，被告此时向朱某某的借款系被告个人债务，不宜认定为夫妻双方共同债务，其以夫妻共同财产股权转让款归还个人债务于法无据，法院不予认可。（三）用于归还房屋贷款利息。原告在庭审辩论中认可支付房屋贷款利息属于归还夫妻共同债务，故其数额 108, 725. 5 元可在分割夫妻共同财产时予以扣除。三、被告是否存在转移、隐藏夫妻共同财产的行为。被告于 2010 年 3 月 2 日将其持有的 B 公司 41% 的股权以 190 万元的价格转让，但在（2010）金东孝民初字第 123 号离婚纠纷案件的庭审过程中，被告始终陈述转让价格为 20. 5 万元，直到原告提起诉讼主张撤销该股权转让，被告才告知转让价为 190 万元。综合以上行为，可认定被告存在隐藏夫妻共同财产的行为。至于被告辩称因其认为所持有的 B 公司股权为个人财产而非夫妻共同财产，故不存在转移、隐藏夫妻共同财产的问题，法院认为，在原、被告双方离婚纠纷案件的审理中，判断财产是夫妻共同财产还是一方个人财产是法院的职权，被告身为当事人，具有如实陈述财产客观情况的义务。但被告却并未如实陈述股权的实际转让所得，应认定其有隐藏夫妻共同财产的行为，对被告的该项辩解，法院不予采信。依照法律规定，离婚时，一方隐藏夫妻共同财产的，分割夫妻共同财产时，对隐藏夫妻共同财产的一方，可以少分或不分。本案股权转让款为 235 万元，扣除已用于支付房屋贷款利息的 108, 725. 5 元，余款应依法予以分割。但因被告存在隐藏夫妻共同财产的行为，分割夫妻共同财产时，可以少分或者不分，故对原告主张的由被告支付股权转让款 117. 5 万元的诉讼请求，法院依法予以支持。

【裁判解析】

根据《婚姻法》的规定，夫妻在婚姻关系存续期间取得的财产，归夫妻共同所有。夫妻可以约定婚姻关系存续期间所得的财产以及婚前财产归各自所有、共同所有或部分各自所有、部分共同所有。本案中，投资B公司股权发生在何某和朱某夫妻关系存续期间，双方并无关于婚内及婚前财产的约定，股权优先推定为夫妻共同财产。朱某抗辩投资股权的款项来源于其婚前商位的转让款，股权应属于朱某个人财产，应对其主张所依据的事实提供证据加以证明。

本案涉及的商位有两个，分别为朱某婚前的9430号商位和婚后购买的11122号商位，后9430号变更为C2－4576B号商位，11122号变更和对换为C2－4576A号商位。2006年10月17日，朱某将上述两个商位的使用权转让，共得款290万元，其中定金50万元于2006年9月4日收取。9430号商位是朱某与前夫离婚时财产分割所得，属于朱某的个人婚前财产，C2－4576B号商位转让款乃朱某个人婚前财产的转化，仍属于朱某个人财产，财产形式由商位转化为现金。C2－4576A号商位系朱某与何某登记结婚后以12万元价格购买，商位转让款应属于夫妻共同所有。在未加区分的情况下，货币作为种类物极易发生混同。2006年9月25日朱某购买E3－8906号商位，其中定金15万元于9月5日支付，2007年7月18日，朱某又将此商位转让。2007年5月15日，朱某与叶A以2,498,000元购买B公司的股权，其中朱某占51%法人股权，叶A占49%的股权。从时间上看，首先，朱某在购买E3－8906号商位前其个人财产与夫妻共同财产已经混同，E3－8906号商位不能认定为其个人财产；其次，股权投资发生于2007年5月15日，早于E3－8906号商位的转让，款项不可能来源于E3－8906号商位转让款，《最高人民法院关于人民法院审理离婚案件处理财产分割问题的若干具体意见》第七条规定："对个人财产还是夫妻共同财产难以确定的，主张权利的一方有责任举证。当事人举不出有力证据，人民法院又无法查实的，按夫妻共同财产处理。"由此可见，举证责任在朱某，在朱某未能举证证明股权投资款来源于其个人财产的情况下，应当认定投资B公司的股权对应的财产权益属于夫妻共同财产，应依法予以分割。

朱某在庭审中称以20.5万元价格将41%的股权转让给叶A，在何某对涉案股权提起撤销权诉讼后又提出股权是以190万元的价格转让的协议和收条，后被告又辩称股权转让款已全部用于归还借款、支付工程款、房屋贷款利息等，款项已不存在，依据《婚姻法》第四十七条的规定："离婚时，一方隐藏、转移、变卖、毁损夫妻共同财产，或伪造债务企图侵占另一方财产的，分割夫妻共同财产时，对隐藏、转移、变卖、毁损夫妻共同财产或伪造债务的一方，可以少分或不分……”据此，法院依法支持原告主张的诉讼请求，认定朱某存在隐藏夫妻共同财产的行为，并在此基础上，对本案股权转让款235万元在扣除已用于支付房屋贷款利息的108,725.5元后，由被告支付原告股权转让款117.5万元。

二、股权收益的举证责任如何分配?

案件来源：上海市闵行区人民法院（2013）闵民一（民）初字第17569号判决王某某与陈甲离婚纠纷案

裁判日期：2015年9月25日

案件要旨：原告的证据能证明存在股权收益，而该财产部分属于夫妻共同财产，原告亦有知情及处分的权利，被告有义务进行披露，且由于该股权变动等具体情况均由被告参与并掌控，该证据距被告较近，故被告应当就上述作进一步的举证和说明，被告作否认抗辩的情况下，根据证据规则，被告应就其意见承担不利的法律后果。

【基本案情】

王某某与陈甲于2007年5月登记结婚，双方未共同生育子女，陈甲婚前与他人生育儿子陈某乙。因夫妻关系失和，陈甲于2009年9月搬出在外居住。

2006年7月26日，陈甲与他人一起设立了位于开曼群岛的b网络集团有限公司。2007年11月1日，该公司在美国纽约证交所上市，股票代码为ga（以下简称ga公司），2014年7月18日，该公司私有化退市。

原告王某某诉称，原、被告于2000年相识，2001年7月22日确立恋爱关系后即在一起同居生活，2007年5月1日登记结婚，婚后未共同生育子女，但被告婚前另有一子。2009年9月被告突然离家租房在外居住，双方开始分居。2011年5月，被告提出离婚，原告表示挽回时被告即采取种种威逼利诱的方式。现被告的种种行为让原告心灰意冷，也不愿意再维持这种名存实亡的婚姻，但被告系公司高管，掌控巨额夫妻共同财产却始终对原告隐瞒，致离婚事宜一再拖延。故原告只得起诉至法院，要求与被告离婚，并分割夫妻共同财产。

被告陈甲辩称，原、被告是自由恋爱，婚后虽然没有子女，但是夫妻之间不存在不可调和的矛盾，被告虽然之前思想上对于是否离婚有过波折，但现在明确下来还是不同意离婚，故希望法院给予一次机会。如果法院判决离婚，原告所述的其处存在巨额夫妻共同财产也不属实，倒是原告婚后基本不工作，而其承担了家庭的全部开销及原告的生活费用，甚至在双方产生矛盾期间仍不断满足原告的经济需要，包括出资为原告开公司等，故要求法院考虑被告对夫妻共同财产做出了巨大贡献，而造成夫妻矛盾的主要原因在于原告对被告、被告父母及被告之子未尽到义务，同时在个人道德品质上有巨大错误，处心积虑妄图达到离婚和多分财产之目的等因素，合理分割双方实际拥有的夫妻共同财产。

原告王某某认为，根据ga公司在美国证监会网站上的招股说明书、公司年报等公开披露材料，能证明被告持有上海b网络科技有限公司0.75%的股份，同时也是ga公司的股东，而被告在两公司内的持股比例是一致的，故2006年7月，被告在ga公司持股30股，每股对价为0.01美元。2007年7月，ga公司进行了1∶1000股的拆股，2007年9月，ga公司又进行了1∶50的拆股，两次拆股后，被告持有ga公司1,500,000股，退市时以每股12美元收购价格计算，以当时的汇率1∶6.1344折算成人民币为110,419,200元；同时，2007年8月至2013年12月期间，ga公司共进行了9次分红，总计按每股5.009美元再折算成人民币为48,529,679元，前后两项合计被告在ga公司的退股款及分红收益为人民币158,948,849元，本案中要求分割，特别是被告在离婚期间曾承认此笔巨款但在诉讼后否认，故被告应予以少分；被告认为其在上海b网络科技有限公司中仅持0.55%的股权，且该股权于2005年形成，属于被告个人的婚前财产。而ga公司在境外的股份均是通过公司形式持股，公司不存在自然人股东，被告也并没有以自然人身份持有该公司股权，故原告上述均是推定，证据也存在缺陷，不予认可。

诉讼中，原告提供2011年1月至2014年2月期间的录音，其中2012年9月28日录音中，被告陈述"我不跟你讲过了嘛，初始是0.75，后来上市又发行股票，发行期权，多少我怎么知道?"；2014年2月8日录音中，被告陈述"最初的原始是150万（股），中间还处理掉10%，也就135万（股）。……135万（股）里36万（股）是我妹妹的，我就有99万（股）"。对于录音，原告认为均如实反映当时双方从谈离婚至诉讼的整个真实过程，特别是关于被告拥有ga公司股权一节，被告始终是认可的，仅是因为具体股价未达成一致，致协商未成；而被告认为录音存在非法录制、剪辑等，故不予认可。被告在诉讼期间曾申请对录音的完整性进行鉴定，法院于2014年11月委托鉴定机构进行鉴定，2014年12月，鉴定机构以被告未按期支付鉴定费用为由退回。

【法院裁判】

法院认为，对于夫妻共同财产，因双方协商不一致，法院在均分的基础上本着照顾女方的权益予以处理。本案中原告主张被告处存在ga公司巨大股权收益一节，相较双方各自提供的证据，目前原告的证据能证明存在该股权收益，而该财产部分属于夫妻共同财产，原告亦有知情及处分的权利，被告有义务进行披露，且由于该股权变动等具体情况均由被告参与并掌控，该证据距被告较近，故被告应当就上述作进一步的举证和说明，现在目前被告作否认抗辩的情况下，根据证据规则，被告应就其意见承担不利的法律后果，故法院对原告主张的合理部分予以采信，但在分割时参照原告的计算方式，并考虑此系被告婚前财产在婚后产生的巨大收益，在被告需支付原告的折价款时根据双方各自的贡献、参照双方结婚年限等因素酌定。

【裁判解析】

本案涉及两个问题，分别为被告取得的股权和股权收益是否属于夫妻共同财产，以及相应的举证责任如何承担。

王某某与陈甲登记结婚的时间是2007年5月，依据王某某的主张，陈甲2006年7月取得ga公司股份30股，2007年7月和2007年9月ga公司进行了两次拆股，两次拆股后，陈甲持有ga公司股份1,500,000股，在2007年8月至2013年12月期间，ga公司还进行了9次分红。原告主张分割被告在ga公司的退股款及分红收益。《婚姻法》第十七条规定："夫妻在婚姻关系存续期间所得的下列财产，归夫妻共同所有：（一）工资、奖金；（二）生产、经营的收益；（三）知识产权的收益；（四）继承或赠与所得的财产，但本法第十八条第三项规定的除外；（五）其他应当归共同所有的财产。夫妻对共同所有的财产，有平等的处理权。"《婚姻法司法解释（三）》第五条规定："夫妻一方个人财产在婚后产生的收益，除孳息和自然增值外，应认定为夫妻共同财产。"由上述法律、司法解释规定可知，陈甲在婚后取得的股权以及婚前个人所有的股权在婚后取得的收益，都属于夫妻共同财产。在夫妻关系存续期间，只要属于夫妻共同财产，不论其对取得财产收益所做贡献的大小，夫妻任何一方都有平等占有、使用、收益、处分的权利。

关于举证责任的分担。王某某举证的档案机读材料、营业执照及注销证明、美国证监会官网的招股说明书及上市公司年报和公证、认证文件及翻译件等，能够证明陈甲处存在ga公司的股权收益。根据《民事诉讼证据规定》第七条的规定："在法律没有具体规定，依本规定及其他司法解释无法确定举证责任承担时，人民法院可以根据公平原则和诚实信用原则，综合当事人举证能力等因素确定举证责任的承担。"从该规定可知，举证责任分配的依据依次是法律规定、《民事诉讼证据规定》和司法解释规定以及法官自由裁量权，举证责任分配的司法自由裁量权考虑的因素分别为公平原则、诚实信用原则和当事人的举证能力。本案中，王某某并非ga公司的股东，也不参与公司的经营，与陈甲相比，其距离证据较远，接近证据较难，举证能力相对有限。在法律和司法解释都没有规定的情况下，法院依照自由裁量权将举证责任分配给被告陈甲是正确的。

第二章　不同类型公司、企业的股权分割方式

第一节　有限责任公司的股权分割

一、双方对股权分割方式不能达成一致如何处理?

案件来源： 北京市大兴区人民法院（2016）京0115民初8683号判决李某与孙某离婚纠纷案

裁判日期： 2016年9月2日

案件要旨： 离婚时，夫妻的共同财产由双方协议处理；协议不成时，由人民法院根据财产的具体情况，按照照顾子女和女方权益的原则判决。被告孙某在A公司的股权系夫妻共同财产，原告李某并非该公司股东，其不要求取得股权，而主张取得折价款，法院酌情确定被告孙某在该公司股权仍由被告孙某享有，被告孙某给付原告李某股权折价款。

【基本案情】

原告李某与被告孙某于2007年6月1日登记结婚。原告李某于2015年4月诉至法院，要求判决其与被告孙某离婚，并处理子女抚养及共同财产分割等事宜；法院于2015年9月6日判决驳回原告李某的全部诉讼请求。因原、被告和好无望，原告李某再次诉至法院。在诉讼请求中，原告李某要求分割的夫妻共同财产包括被告孙某在A公司的股权。被告孙某辩称：A公司有2名股东，其一是被告孙某，另

一名系案外人陈某，公司注册资本是50万元，被告孙某出资45万元，陈某出资5万元，但当时是找的注册公司办的注资，根本就没有那么多财产，公司现在没有资产，只有负债，不同意给原告李某股权折价款，可以将被告孙某名下股权转给原告李某。

A公司由被告孙某与陈某于2011年7月15日共同设立，该公司的注册资本为50万元，其中被告孙某认缴出资45万元，陈某认缴出资5万元，该公司的法定代表人为被告孙某；2013年度的年检报告显示，A公司资产总额为605,300元，销售总额为727,200元，利润总额为3,600元，净利润为2,700元，负债总额为94,700元；2014年度的年检报告显示，其资产总额为731,100元，销售总额为580,700元，利润总额为2,000元，净利润为1,800元，负债总额为218,200元；2015年度的年检报告显示，其资产总额为597,400元，销售总额为603,200元、利润总额为-383,000元，净利润为-383,000元，负债总额为467,500元；2016年8月，A公司出具证明，证明载明A公司在2016年1月至2016年7月的经营收入累计为172,691.78元，累计经营利润为-71,016.54元。原告李某主张被告孙某在A公司的公司股权归被告孙某享有，由被告孙某给付原告李某折价款50,000元至60,000元，被告孙某不同意分割上述公司股权，并主张可以确认上述公司股权归原告李某享有。经释明，原、被告均不要求对上述公司资产进行审计，要求法院酌情分割。

【法院裁判】

法院判决：被告孙某在A公司的股权由被告孙某享有，被告孙某给付原告李某股权折价款30,000元（于本判决生效后10日内履行）。

法院认为，离婚时，夫妻的共同财产由双方协议处理；协议不成时，由人民法院根据财产的具体情况，按照照顾子女和女方权益的原则判决。被告孙某在A公司的股权系夫妻共同财产，原告李某并非该公司股东，其不要求取得股权，而主张取得折价款，双方均不要求对公司资产进行审计，综合考虑企业年检记录等信息，法院酌情确定被告孙某在该公司股权仍由被告孙某享有，被告孙某给付原告李某股权折价款30,000元。

【裁判解析】

本案中关于股权分割方式，原告主张股权归被告享有，由被告给付原告股权折价款，被告不同意支付原告股权折价款，但可以将被告名下股权转给原告。在双方对股权分割方式未能达成一致意见，但要求法院酌情分割的情况下，法院该如何处理？

《婚姻法司法解释（二）》第十六条规定："人民法院审理离婚案件，涉及分割夫妻共同财产中以一方名义在有限责任公司的出资额，另一方不是该公司股东的，按以下情形分别处理：（一）夫妻双方协商一致将出资额部分或者全部转让给该股东的配偶，过半数股东同意、其他股东明确表示放弃优先购买权的，该股东的配偶可以成为该公司股东；（二）夫妻双方就出资额转让份额和转让价格等事项协商一致后，过半数股东不同意转让，但愿意以同等价格购买该出资额的，人民法院可以对转让出资所得财产进行分割。过半数股东不同意转让，也不愿意以同等价格购买该出资额的，视为其同意转让，该股东的配偶可以成为该公司股东。用于证明前款规定的过半数股东同意的证据，可以是股东会决议，也可以是当事人通过其他合法途径取得的股东的书面声明材料。"该司法解释的规定以夫妻双方对出资额转让份额和转让价格等事项协商一致为条件，本案原被告双方在不能取得一致意见的情形下，不能适用本条的规定。

那么，股权分割方式不能达成一致意见时该如何处理呢？离婚中的股权分割涉及公司法和婚姻法的交叉运用。有限公司具有很强的人合性，股东基于彼此间的信赖共同经营管理公司，人合性决定了有限公司不允许外部非股东随意进入公司，从而保持公司的稳定和发展。同时，夫妻关系存续期间取得的股权归夫妻共同所有，但共有的是股权的财产价值而非股东权利，未登记在册的配偶在离婚时分得股权，不符合公司法股权转让的规则，势必损害其他股东的优先购买权。① 因此，夫妻双方对股权分割不能达成协议时，法院不宜对夫妻股权强行分割，在判决分割股权时除照顾夫妻双方利益外，还应遵守公司法的其他股东的同意权和优先购买权。②

《北京市高级人民法院关于审理婚姻纠纷案件若干疑难问题的参考意见》第二十四条规定："离婚诉讼中有限责任公司为夫妻中一人及其他股东，夫妻双方就股权分割无法协商一致时。双方均主张股权，原则上可判决归股东一方所有，并给予非股东一方相应的经济补偿；非股东配偶放弃股权主张补偿款的，应在对公司股权价值确定基础上由股东配偶给予另一方相应的经济补偿；股东配偶放弃股权，应在对公司股权价值确定基础上由取得股权方给予另一方相应的经济补偿，但应经其他股东过半数同意且明确表示放弃优先购买权；双方均不愿意取得公司股权的，可以释明当事人另行按照《公司法》将股权变现，并对价款依法分割。"结合本案，原

---

① 王林清、杨心忠、赵蕾：《婚姻家庭纠纷裁判精要与规则适用》，北京大学出版社 2014 年版，第 95 ~ 99 页。

② 参见余艳清：《论离婚案件中夫妻共有股权的分割》，载《哈尔滨学院学报》2013 年第 12 期。

被告双方对股权分割方式未能达成一致意见，原告主张取得股权折价款而不主张取得股权，而且双方均不要求对公司资产进行审计，要求法院酌情分割。据此，法院依照上述规定确定被告在A公司股权仍由被告享有，被告酌情给付原告股权折价款30,000元。

二、双方对股权分割方式以折价款补偿达成一致后，折价款金额如何确定？

案件来源： 上海市闵行区人民法院（2013）闵民一（民）初字第5727号判决陈某甲与章某某离婚后财产纠纷案

裁判日期： 2015年3月25日

案件要旨： 1. 鉴于双方对于股权分割方式已达成一致，且于法不悖，法院予以确认，即系争股权归被告所有，被告支付原告股权价值一半的折价款。2. 关于折价款的确定，上海某会计师事务所有限公司系具有相关资质的审计单位，其经法院委托，根据原、被告所确定的审计期间，按照法定程序，对某公司的经营状况进行了审计，所出具的某公司所有者权益的鉴定意见具有权威性，法院予以采信。

【基本案情】

陈某甲与章某某原系夫妻，双方于××××年×月×日登记结婚，后因夫妻感情破裂，法院于2012年11月12日判决双方离婚。后陈某甲不服，提出上诉，法院于2013年3月5日判决驳回上诉，维持原判。

现原告陈某甲诉称，在该案生效判决中，一、二审法院在征得原、被告同意的情况下，并未对被告在婚姻关系存续期间所获得的上海某通信科技有限公司（以下简称某公司）50%的股权进行分割。某公司成立于2006年11月7日。2012年6月5日，被告通过受让股权的方式取得某公司50%的股权，出资额为750万元（人民币，下同），即该股权受让行为发生在原、被告婚姻关系存续期间。根据《婚姻法》规定，系争股权虽然登记在被告一人名下，但应当属于夫妻共同财产。原告现起诉请求判令分割被告持有的某公司50%股权，或分割股权或获得相应的折价款，价值暂估375万元。诉讼中，原告明确股权分割方式为被告取得系争股权，支付原告该股权价值一半的折价款。

被告章某某辩称，同意原告要求分割某公司股权的诉讼请求，同意取得系争股权，并支付原告一半的折价款。但对于具体金额不认可，目前公司经营状况不能反映公司股价。折价款的计算应以审计报告的评估结论为依据，现评估结论只是初步意见，不能反映真实的价值，申请对509万元的成本进行专项补充审计，并进行股权价值评估。

某公司于2006年11月7日成立，注册资本为1,500万元，公司类型为有限责任公司（国内合资）。2012年2月，上海某资产评估有限公司对某公司净资产进行了评估，结论为截至2012年1月31日，某公司净资产重置价格为15,523,200元。2012年6月5日，某公司股东会决议：上海某信息科技有限公司将持有的某公司50%股权转让给李某某，另50%股权转让给章某某；本次股权转让后，公司股东持股情况如下：李某某出资额750万元，出资比例50%；章某某出资额750万元，出资比例50%。现某公司股东登记情况为：李某某，出资额750万元；章某某，出资额750万元。诉讼中，对于系争股权，原、被告双方曾在2013年5月8日的庭审中对系争股权的分割方式达成一致，即原告取得某公司25%的股权。法院通知某公司股东李某某于2013年6月3日到庭谈话，李某某表示不同意原告成为公司股东，且不放弃优先购买权。

嗣后，原、被告均同意对某公司自2012年6月1日至2013年11月30日止的资产和负债情况进行审计。根据原告申请，法院委托上海某会计师事务所有限公司对某公司上述期间的财务报表及经营状况进行审计。

2014年9月5日，审计单位出具了司法会计鉴定意见书，鉴定意见为：截至2012年5月31日资产负债表表列所有者权益合计13,246,042.61元，经审计，某公司2012年6月1日至2013年11月30日期间，某公司实收资本、资本公积及盈余公积均未发生增减变动，净利润当期为-6,832,865.14元，截至2013年11月30日，某公司所有者权益合计6,413,177.47元。

在本次审计中，涉及属于非2012年6月1日至2013年11月30日期间的经营活动事项调整而增加当期净利润5,095,416.93元，本次审计将该笔金额从当期主营业务成本中转出。对此，审计单位在司法会计鉴定意见书后附《审计调整事项中涉及属于非2012年6月1日至2013年11月30日期间的经营活动调整事项说明》，主要内容为：上述期间，某公司主要以购入并领用负荷监测仪、采集器的名义列支成本合计5,095,416.93元，经审计，上述期间无相对应的销售收入发生，故本次审计将该笔金额从当期主营业务成本中转出。鉴于：1. 据某公司工作人员称，公司自2009年起即向上海市某公司销售负荷监测仪、采集器产品。因本次审计无法从上述产品销售业务源头开始进行逐笔查核，故无法证明上述某公司提供的收入凭证复印件的内容与前述5,095,416.93元成本存在一一对应的关系。2. 根据陈某甲提供的某公司2011年度利润表列示的收入、成本数据经计算，毛利率为45%。若将前述少计成本5,095,416.93元调整入2011年度，调整后毛利率下降为29%，与2012年6月至2013年11月期间的毛利率36.64%亦相差7.64%。3. 某公司截至2012年1月31日的净资产已经审计并评估确认，且评估值已作为国有股权转让时的股权转让价。故本次审计将该笔5,095,416.93元成本从当期主营业务成本中转出并单独列示。

2014年9月25日，法院组织双方当事人及审计人员对该鉴定意见书进行质证，审计人员接受了质询。原告认为审计期限是双方自愿确定，经过被告的认可，故坚决不同意任意延长或更改审计期间；上述鉴定意见书中涉及的部分项目系被告向审计单位虚假陈述的内容，导致审计单位在缺乏真实资料的情况下作出了不恰当的结论，希望法院结合相关事实作出客观判断。被告认为上述5,095,416.93元成本实际发生，与审计期初数直接关联，未列入审计范围，导致审计报告不能真实反映某公司的资产状况，故对上述鉴定意见书不予认可，并申请对上述成本作专项补充审计。

【法院裁判】

法院判决：被告章某某在某公司持有的50%股权归被告所有；被告章某某于本判决生效之日起15日内支付原告陈某甲股权折价款1,603,294.37元。

法院认为，被告在某公司持有的50%股权，取得于原、被告婚姻关系存续期间，根据《婚姻法》规定，应属夫妻共同财产。现原、被告已经离婚，原告有权主张对系争股权进行分割。鉴于双方对于股权分割方式已达成一致，且于法不悖，法院予以确认，即系争股权归被告所有，被告支付原告股权价值一半的折价款。

关于折价款的确定，上海某会计师事务所有限公司系具有相关资质的审计单位，其经法院委托，根据原、被告所确定的审计期间，按照法定程序，对某公司的经营状况进行了审计，所出具的某公司所有者权益的鉴定意见具有权威性，法院予以采信。针对双方存在主要争议的某公司在2012年6月1日至2013年11月30日期间以购入并领用负荷监测仪、采集器的名义列支成本合计5,095,416.93元的问题，审计单位对该笔款项从当期主营业务成本中转出，并对此从收支配比、毛利率比较等方面进行了充分说明，理由充足，法院予以认可。现被告并未提供足以推翻上述意见的充足的证据，且审计期间系经双方当事人协议确定，另从某公司股权变更及实际经营过程分析，某公司截至2012年1月31日的净资产重置价格为15,523,200元，至2012年5月31日表列所有者权益合计13,246,042.61元，至2013年11月30日所有者权益合计6,413,177.47元，上述各项数字所反映的公司经营情况也较为符合市场规律，故法院对被告要求调整审计期初数的意见不予采纳，对其申请专项补充审计不予准许。根据某公司经营状况、股东组成及股份持有等情况，法院认为本次审计所确定的某公司所有者权益能够反映公司股权价值，再作股权价值评估已无必要，徒增当事人的诉讼成本，故法院不予准许。现根据鉴定意见，某公司截至2013年11月30日的所有者权益合计6,413,177.47元，结合被告持有50%股权的实际和双方的分割意见，法院确定被告应支付原告股权折价款为1,603,294.37元。

【裁判解析】

《婚姻法司法解释（二）》第十六条规定了人民法院审理离婚案件，涉及分割夫妻共同财产中以一方名义在有限责任公司的出资额，另一方不是该公司股东时的处理。需要注意的是，该条适用的前提是夫妻双方在就股权转让过程中的转让份额和转让价格等具体问题协商一致的情形。本条所能解决的，只是夫妻内部对这类财产的分割处理已经达成共识，尚需要人民法院依法为其做进一步努力和必要的工作。[①] 所以，该条款重点在夫妻双方协商一致后与有限公司其他股东利益之间的协调。

本案中，原告明确股权分割方式为分割被告持有的某公司50%股权，或被告取得系争股权，支付原告该股权价值一半的折价款。被告章某某同意原告要求分割某公司股权的诉讼请求，也同意取得系争股权，并支付原告一半的折价款。所以，本案原被告对涉案股权的分割已达成一致意见，可以是直接分割股权，也可以是被告取得股权并支付原告相应的股权折价款，符合适用《婚姻法司法解释（二）》第十

① 最高人民法院民事审判第一庭编著：《最高人民法院婚姻法司法解释（二）的理解与适用》，人民法院出版社2015年版，第188页。

六条的条件。但是原告欲成为某公司的股东还需遵循《公司法》关于向股东以外的人转让股权的规定。公司其他股东的利益与夫妻非显名一方的利益产生冲突时应优先保护股东利益，因此在夫妻股权分割发生股权转让时仍须征得其他股东的同意。我国《公司法》第七十一条规定："……股东向股东以外的人转让股权，应当经其他股东过半数同意。股东应就其股权转让事项书面通知其他股东征求同意，其他股东自接到书面通知之日起满三十日未答复的，视为同意转让。其他股东半数以上不同意转让的，不同意的股东应当购买该转让的股权；不购买的，视为同意转让……"因此，在某公司另一股东李某某明确表示不同意原告成为公司股东且不放弃优先购买权的情况下，强行分割股权并由原告成为某公司股东势必破坏公司人合性、损害原股东的利益，这种方式显然不可行。

另外以被告补偿原告股权折价款的方式，则需要确定股权折价款的金额。具体操作中，可以由双方协商确定或在人民法院主持调解下确定股权折价款的金额，只要双方达成的一致意见不违反法律规定和社会公德，且有利于案件矛盾解决，一般都可以为法院所认可。如不能达成一致意见的，还可以委托第三方专业机构进行司法鉴定以确定股权的财产价值。[①] 本案中，原、被告均同意对某公司自 2012 年 6 月 1 日至 2013 年 11 月 30 日止的资产和负债情况进行审计。根据原告的申请，法院委托专业第三方机构对某公司上述期间的财务报表及经营状况进行审计并出具了司法会计鉴定意见书，鉴定意见载明截至 2013 年 11 月 30 日，某公司所有者权益合计 6, 413, 177. 47 元。

所有者权益，是企业资产扣除负债后，由所有者享有的剩余权益，也是公司股东享有的股东权益。所有者权益是确定股权价值的重要依据，本案法院也据此确定被告应支付原告的股权折价款金额。

至于被告申请对 509 万元的成本进行专项补充审计，被告对自己提出的主张，有责任提供证据。关于司法鉴定，上海市高级人民法院 2005 年颁布的《上海法院司法鉴定委托工作规则（试行）》（以下称《工作规则》）为离婚案件中的财务审计提供了法律依据。根据《工作规则》的规定，案件当事人可以申请司法鉴定，法院

---

① 《全国人大常委会关于司法鉴定管理问题的决定》（2015 年修正）第一条：司法鉴定是指在诉讼活动中鉴定人运用科学技术或者专门知识对诉讼涉及的专门性问题进行鉴别和判断并提供鉴定意见的活动。上海市高级人民法院《上海法院司法鉴定委托工作规则（试行）》第一条第二款规定：本规则所称司法鉴定，仅指法院在案件审理、执行中委托社会专业机构所作的财务审计、工程审价、资产评估和房地产评估。因此，涉及股权财产价值的司法鉴定应属于司法鉴定中的财务审计。

也可以依职权提出委托。根据《民事诉讼证据规定》第二十七条的规定：“当事人对人民法院委托的鉴定部门作出的鉴定结论有异议申请重新鉴定，提出证据证明存在下列情形之一的，人民法院应予准许：（一）鉴定机构或者鉴定人员不具备相关的鉴定资格的；（二）鉴定程序严重违法的；（三）鉴定结论明显依据不足的；（四）经过质证认定不能作为证据使用的其他情形。对有缺陷的鉴定结论，可以通过补充鉴定、重新质证或者补充质证等方法解决的，不予重新鉴定。”第七十一条的规定：“人民法院委托鉴定部门作出的鉴定结论，当事人没有足以反驳的相反证据和理由的，可以认定其证明力。”本案被告虽然认为审计报告不能真实反映某公司的资产状况，但并未提供足以推翻鉴定意见的充足证据。因此，法院最终采信了鉴定结论并依鉴定意见判决。

三、公司的资产（含未分割利润）、债权债务在未经法定清算前，能否作为夫妻共同财产分割？

案件来源：北京市第三中级人民法院（2016）京 03 民再 26 号判决吴某与张某离婚纠纷案

裁判日期：2016 年 6 月 30 日

案件要旨：1. 家庭财产和公司财产混同只是认定行为要件中符合公司法人格形骸化这一要件的事实，并不构成公司法人人格否认的主体要件和结果要件，因此不能认定存在公司法人人格否定。2. 未经法定程序处理前，A 公司在夫妻关系存续期间经营所得的资产（含未分割利润）、债权债务不属于夫妻共同财产，而是公司财产，不能在离婚纠纷中直接进行分割处理。3. 原审综合双方在夫妻关系存续期间的过错程度、财产分割状况和子女抚养等问题，判决张某给付吴某折价款 20 万元，法院视其为在夫妻财产价值尚未确定的前提下所作的先行给付的数额，该判决结果并无不当。

【基本案情】

张某与吴某于1995年2月21日登记结婚，1997年5月3日生育长女张某3，2004年10月4日生育次女张某4。婚姻关系存续期间，双方于2003年6月创办A公司，公司的财务与家庭收支不分。原始注册资本为10万元，股东张某和吴某各占50%。截至2010年12月31日，涉案公司的股权状况是，股东张某以货币方式出资25万元，占公司注册资本总额的50%；股东吴某以货币方式出资25万元，占公司注册资本总额的50%。2011年10月13日，工商行政管理局出具行政处罚决定书，吊销了A公司的营业执照。该决定书明确要求，当事人的债权债务由股东组成清算组负责清算，并到原登记机关办理注销登记。

2011年9月5日，原告张某曾诉至法院，要求与被告吴某离婚并依法分割共同财产。法院经审理后作出（2011）平民初字第5307号民事判决准予原告张某与被告吴某离婚；A公司的汽车、机器设备和办公用品等资产，A公司的债权债务归原告张某所有及享有；原告张某于本判决生效后30日内，补偿被告吴某共同财产折价款20万元；原告张某于本判决生效后30日内，赔偿被告吴某精神损害抚慰金5万元。

原一审判决作出后，吴某不服，上诉于北京市第二中级人民法院。双方当事人在二审庭审中认可A公司未作出过利润分割的股东会决议，亦未向法院提交一致同意分割公司利润的书面文件。北京市第二中级人民法院于2013年4月24日作出（2013）二中民终字第03715号民事判决，判决驳回上诉、维持原判。

原一、二审法律文书生效后，吴某随即向一审法院提出执行申请，该院对（2011）平民初字第5307号民事判决中涉及财产内容的判项，全部给予了执行。嗣后，吴某以不服北京市第二中级人民法院（2013）二中民终字第03715号民事判决为由，向北京市高级人民法院申请再审，此间，吴某向北京市高级人民法院提供了北京某会计师事务所有限责任公司针对A公司作出的专项审计报告（以下简称审计报告）。北京市高级人民法院再审期间，吴某称应对其与张某共同开办的A公司债权债务相关的证据材料进行审计，依据审计结论将上述债权债务作为夫妻共同财产重新分配。张某同意原判。北京市高级人民法院于2014年11月25日作出（2014）高民申字第01188号民事裁定，指令北京市第二中级人民法院再审。2014年5月20日北京市第二中级人民法院作出（2015）二中民再终字第04601号民事裁定：1. 撤销法院（2013）二中民终字第03715号民事判决及北京市平谷区人民法院（2011）平民初字第5307号民事判决中关于财产分割部分的处理；2. 本案就财产分割部分发回北京市平谷区人民法院重审。

本案重审一审审理过程中，吴某向法院提供了审计报告，该审计报告显示针对A公司2004年1月31日至2010年12月31日企业财务列支情况审计结论为：A公司的收入总额26,534,871.93元，费用总额9,617,528.01元，利润总额16,917,343.92元。吴某据此称，A公司尚有利润总额16,917,343.92元，属于未分割的夫妻共同财产。张某对审计报告的真实性、合法性不予认可，不认可A公司尚有利润16,917,343.92元在离婚时未分割。张某同时称原审判决主文中“张某补偿吴某共同财产折价款20万元”，应当考虑了A公司的债权债务，但没有证据证实。

本案重审一审第一次庭审中，吴某称如果本案审理中涉及A公司尚有利润未分配的内容，吴某申请鉴定，但要求张某提交相关的合同票据。张某同意以摇号的方式确定审计公司进行审计。为此，法院通过摇号的方式确定北京某会计师事务所对A公司财务列支情况进行审计。在法院组织北京某会计师事务所向张某、吴某了解A公司的财务列支情况时，张某中途提出不同意审计；吴某同意审计，但称经济困难无法预交审计费。由于当事人双方均未向法院提交鉴定申请，且均不能预交鉴定费，至此审计程序无法继续进行。

一审判决后，吴某不服一审判决，提起上诉。上诉理由为：1. 一审判决认为“实质上不是对原审判决中的已有判项不服，而是以二人共同经营的A公司尚有属于夫妻共同财产的利润未分割为由，要求法院对此部分待证财产予以分割”。我方在对方起诉离婚时，就提出要求分割夫妻共同财产，其中包括诉争的A公司的债权债务及资产，并在一、二审中均提出要求进行审计，但法院置之不理，造成夫妻共同财产并未分割，北京市高级人民法院据此指令再审。2. 一审判决认为“由于吴某向法院提交的审计报告，系其单方委托评估，张某对此又不予认可，故法院对此证据不予采信。法院针对A公司是否尚有属于夫妻共同财产的利润未分割，依法委托了专业的审计公司欲进行评估，但由于当事人双方的原因致审计程序无法进行，进而造成待证事实无法查清”。该认定与事实和法律不符。首先，我方单方委托审计的原因是在原审程序中法院不予理睬。其次，该审计报告系具有资质的专业审计机构出具的，内容合法、真实，应当作为证据采信；再次，我方已经完成了举证责任，对方应当提出证据予以反驳，在未提交证据反驳的情况下，对方应当承担不利后果；最后，法院认定系双方原因导致审计程序无法进行是错误的。是因为对方拒绝鉴定导致审计程序无法进行。综上所述，我方认为一审判决认定事实及适用法律明显有误，请求二审法院查明事实，依法改判。

张某同意一审判决，不同意吴某的上诉意见。主要理由如下：1. 被上诉人不认可上诉理由，一审法院认定事实适用法律正确，请求驳回上诉。2. 上诉人的理由不能成立，上诉人主张的对公司债权债务分割，该债权债务在原审中分割处理并执行完毕，本案不存在公司债权债务的遗留问题。另外，离婚案件处理的是夫妻名下财产，上诉人诉求的债权是在公司名下，不应当在离婚案件中解决，上诉人可以按公司法规定以股东身份提起诉讼。即使存在公司的债权问题，债权在上诉人还是被上诉人还未确定，不代表说公司资产都是由被上诉人支配，公司账目是混乱的，上诉人认可公司有两本账，对公司的债权债务利润无法查明，所以上诉人诉求的公司资产问题没有依据。关于鉴定问题，平谷法院在原一审和再审阶段对鉴定问题启动了相关鉴定程序，原一审由于公司账目不完整不具备条件而未予鉴定，再审是由于双方没有申请鉴定也没有预交鉴定费，被上诉人不同意鉴定是由于没有鉴定的可行性，原审法院对本案的事实认定是属实的。被上诉人请求法院驳回上诉，维持原判。

【法院裁判】

一审判决：A 公司的汽车、机器设备和办公用品等资产，A 公司的债权债务，双方对柳×、张某 2 的债权归原告张某所有及享有（已执行）；原告张某于本判决生效后 30 日内，补偿被告吴某共同财产折价款人民币 20 万元（已执行）；原告张某于本判决生效后 30 日内，赔偿被告吴某精神损害抚慰金人民币 5 万元（已执行）；驳回原告张某以及被告吴某的其他诉讼请求。

一审法院经审理认为，吴某在法院作出（2011）平民初字第 5307 号民事判决、北京市第二中级人民法院作出（2013）二中民终字第 03715 号民事判决后，虽称不服并向北京市高级人民法院申请再审，但吴某提出的主张，实质上不是对原审判决中的已有判项不服，而是以二人共同经营的 A 公司尚有属于夫妻共同财产的利润未分割为由，要求法院对此部分待证财产予以分割。由于吴某向法院提交的审计报告，系其单方委托评估，张某对此又不予认可，故法院对此证据不予采信。法院针对 A 公司是否尚有属于夫妻共同财产的利润未分割，依法委托了专业的审计公司欲进行评估，但由于当事人双方的原因致审计程序无法进行，进而造成待证事实无法查清。所以，张某认为 A 公司债权债务已分割完毕、吴某认为 A 公司尚有债权未分割，双方为此产生的纠纷，可另案解决。原审判决系依已经查证的事实为依据作出的，此间针对双方财产部分内容所作出的判项并无不当。

二审法院判决：变更一审民事判决为双方对柳×、张某 2 的债权归张某所有及享有（已执行）；驳回张某以及吴某的其他诉讼请求；驳回吴某的其他上诉请求。

二审法院认为，综合双方当事人的上诉请求和答辩意见，本案争议的焦点问题是 A 公司的资产、利润、债权债务是否可以认定为夫妻共同财产进而在离婚诉讼中进行分割。

针对 A 公司的资产（含未分割利润）以及债权债务是否可以认定为夫妻共同财产的问题，法院的结论为，该公司的资产（含未分割利润）、债权债务在未经法定程序分割处理前，上述财产不属于夫妻共同财产。理由如下：

1. A 公司的法人人格不能否认。本案中诉争的 A 公司系张某、吴某二人作为股东的有限责任公司，即俗称的“夫妻公司”。有限责任公司的法人人格系公司法所明定，并不因股东之间的身份关系而有所不同。本案特殊之处在于双方当事人均认可该公司财产和家庭财产形成了混同，该情况是否会导致公司法人人格的否定需要进一步分析。就该问题，《公司法》第二十条第三款规定：“公司股东滥用公司法人独立地位和股东有限责任，逃避债务，严重损害公司债权人利益的，应当对公司债务承担连带责任。”本案中存在家庭财产和公司财产混同的行为，该行为只是认定行为要件中符合公司法人人格形骸化这一要件的事实，并不构成公司法人人格否认的主体要件和结果要件，因此不能认定存在公司法人人格否定。

2. 在未经法定程序分割处理前，“夫妻公司”在夫妻关系存续期间经营所得资产（含未分割利润）、债权债务不属于夫妻共同财产。首先，在不能否认 A 公司法人人格的情况下，该公司在张某、吴某夫妻关系存续期间的利润未经法定程序分割前不属于夫妻共同财产，不可在离婚诉讼中分割。根据《公司法》的相关规定，有限责任公司利润分配方案应由公司董事会制定并由公司股东会审议批准或公司股东书面一致同意。在公司董事会、股东会未就公司利润分配方案进行决议之前，公司股东直接向人民法院起诉请求判令公司向股东分配利润缺乏法律依据。举重以明轻，在“夫妻公司”中，未经过公司利润分配方案的公司决议或公司股东书面一致同意前，相关公司利润属于公司法人财产范畴，而非夫妻共同财产。因此，即使存在公司财产与家庭财产的混同情形，也不能径行认定公司利润属于夫妻共同财产。本案中，在双方当事人均认可 A 公司从未作出股东会决议分割公司利润的情况下，且未提交一致同意分割公司利润的书面文件，该公司的经营利润及资产问题应当另行解决。其次，对于 A 公司的债权债务问题，同样属于公司法人财产制的范畴，双方当事人可另行解决。综上二点，法院认为，未经法定程序处理前，A 公司在夫妻关系存续期间经营所得的资产（含未分割利润）、债权债务不属于夫妻共同财产，而是公司财产，不能在离婚纠纷中直接进行分割处理。原审判决将A公司的汽车、机器设备和办公用品等资产，A公司的债权债务判归张某所有及享有错误，法院二审予以纠正。

关于张某提出的A公司资产、债权债务在原审中分割处理并执行完毕的问题。该问题的实质为，张某一方认为原审判决张某给付吴某20万元中已经折抵了A公司资产、债权债务的价值，因此不存在另行解决的问题。就该问题，法院认为，因夫妻共同财产的价值并未最终确定，原审综合双方在夫妻关系存续期间的过错程度、财产分割状况和子女抚养等问题，判决张某给付吴某折价款20万元，法院视其为在夫妻财产价值尚未确定的前提下所作的先行给付的数额，该判决结果并无不当，法院应予维持。就A公司的资产、债权债务因不属于夫妻共同财产，双方当事人可另行解决，本案不予处理。

综上所述，一审法院将不应在本案中处理的A公司的债权债务及资产进行处理错误，法院予以纠正。

【裁判解析】

首先，张某与吴某均承认公司财产与家庭财产混同，能否否认A公司的法人人格?《公司法》第二十条第三款规定："公司股东滥用公司法人独立地位和股东有限责任，逃避债务，严重损害公司债权人利益的，应当对公司债务承担连带责任。"该条规定是判断法人人格否认的依据。具体而言，适用公司法人人格否认制度需要满足以下几个条件：1. 法人人格合法存在；2. 股东有滥用公司法人独立人格和股东有限责任、逃避公司债务的行为；3. 该行为对债权人利益造成损害；4. 滥用人格行为与损害结果间有因果关系；5. 行为人主观上有过错；6. 公司财产不足以清偿债务。本案A公司是"夫妻公司"，两位股东系夫妻，股东张某与吴某均承认公司财产与家庭财产混同，如果最终认定A公司法人人格丧失，将由二股东对A公司债务承担连带责任。依据上述《公司法》的规定，仅以财产混同不能否认公司人格。财产混同仅是法人人格否认的行为要件之一，除此之外，还要结合其他要件综合判断。因此，在财产混同不足以否认A公司法人的独立性的前提下，A公司的汽车、机器设备和办公用品等仍是A公司的资产，A公司对此拥有法人财产权。

其次，A公司的营业执照被吊销，且行政处罚决定书中明确要求，当事人的债权债务由股东组成清算组负责清算，并到原登记机关办理注销登记的情况下，A公司未经清算，公司财产能否作为夫妻共同财产分割?《公司法》第三条规定："公司是企业法人，有独立的法人财产，享有法人财产权……"公司是独立的经济实体，在公司成立时，股东转移作为投资物的所有权，转而享有对公司的股权；公司获得投资财产的所有权，并可依法独立经营。《公司法》规定，公司因依法被吊销营业执照、责令关闭或者被撤销而解散，同时，根据《公司法》第一百八十三条和《公司法司法解释（二）》第七条的规定，A公司应当在解散事由出现之日起15日内由股东张某与吴某成立清算组，开始自行清算。“清算”以消灭A公司主体资格为最终目的，以清理A公司债权债务关系为主要内容。根据《公司法》第一百八十六条的规定：“清算组在清理公司财产、编制资产负债表和财产清单后，应当制定清算方案，并报股东会、股东大会或者人民法院确认。公司财产在分别支付清算费用、职工的工资、社会保险费用和法定补偿金，缴纳所欠税款，清偿公司债务后的剩余财产，有限责任公司按照股东的出资比例分配，股份有限公司按照股东持有的股份比例分配。”《民法总则》第七十二条第二款规定：“法人清算后的剩余财产，根据法人章程的规定或者法人权力机构的决议处理。法律另有规定的，依照其规定。”据此，A公司进入清算后，只有在公司财产分别支付清算费用、职工的工资、社会保险费用和法定补偿金，缴纳所欠税款，清偿公司债务后的剩余财产后，公司的股东才能按照各自的出资比例或者公司章程、股东会决议分配公司的剩余财产。在此之前，财产归A公司所有。由此可见，只有经过清算后，如A公司尚有剩余财产并经分配归张某和吴某后，该部分财产才能作为夫妻共同财产依法分割。

最后，关于原审判决张某给付吴某折价款20万元，张某提出A公司资产、债权债务在原审中分割处理并执行完毕的问题。依据上述的分析，张某的主张也难以成立。A公司未经清算，夫妻财产价值未确定，而吴某提起再审的最主要理由就是其自行委托得出的专项审计报告显示A公司尚有利润总额16,917,343.92元未分配。自行委托在程序上存有瑕疵，不能作为定案的依据，但在之后法院组织的审计中，张某提出不同意审计，虽然吴某同意审计，但因经济困难无法预交审计费，导致审计程序无法继续进行，夫妻双方在A公司的财产价值无法确定。《最高人民法院关于人民法院审理离婚案件处理财产分割问题的若干具体意见》将法院处理夫妻共同财产的原则规定如下：“人民法院审理离婚案件对夫妻共同财产的处理，应当依照《中华人民共和国婚姻法》、《中华人民共和国妇女权益保障法》及有关法律规定，分清个人财产、夫妻共同财产和家庭共同财产，坚持男女平等，保护妇女、儿童的合法权益，照顾无过错方，尊重当事人意愿，有利生产、方便生活的原则，合情合理地予以解决。”鉴于20万元折价款已经实际执行到位，因此，将其作为在夫妻财产价值尚未确定的前提下所作的先行给付的数额是合理的。

四、对婚姻关系破裂有过错的一方，在分割股权转让款时有何影响？

案件来源：上海市第一中级人民法院（2016）沪01民终3881号判决陈甲与丁某离婚纠纷案

裁判日期：2016年6月22日

案件要旨：丁某系婚姻关系破裂的过错方，陈甲对于家庭财产贡献较大，故丁某应当予以少分财产，陈甲应当多分。而一审法院将所有财产予以对半分割，明显对陈甲不公。

【基本案情】

陈甲、丁某于1998年自行相识、恋爱，并于1999年5月5日在民政局登记结婚。1999年7月22日生育儿子陈某乙，2004年9月27日生育女儿陈某丙。儿子陈某乙现随陈甲共同生活，女儿陈某丙随陈甲母亲共同生活。陈甲系再婚，丁某系初婚。陈甲系职业经理人，丁某婚后无业。2014年5月丁某离家外住，并于2014年5月20日，以夫妻感情彻底破裂为由提起离婚诉讼，法院于2014年8月12日判决不予离婚。现陈甲以夫妻感情彻底破裂为由提起本案诉讼，要求本着照顾无过错方的原则依法分割夫妻共同财产。

2014年9月23日凌晨1时左右，陈甲、丁某以及案外人张姓男子分别于派出所接受询问，询问内容表明2014年9月22日23时45分许，陈甲发现丁某与案外一张姓男子正同住在位于××路××弄××号××室的租住房内，遂双方发生争吵，后陈甲当即拨打了“110”报警。张姓男子笔录中称：其与丁某于2013年年底认识后就与丁某建立了恋爱关系，丁某是其女朋友，与丁某系同居关系，入住××路××弄××号××室已约有一个月；丁某在笔录中也称：案外张姓男子系其同居男友，两人于2013年12月4日在一羽毛球馆认识，于2013年12月17日，两人第一次开房，之后两人陆续在一起开房，并于2014年7月15日其在××路××弄××号××室租住了房子，张姓男子于2014年7月20日左右入住该租住房至案发当日。

2013年5月30日，Z公司股东会作出股东会决议，载明“同意陈甲将其持有的Z公司1,750万元占公司注册资本70%股权以1,750万元转让给葛某某”。同日出让人陈甲和受让人葛某某签订了股权转让协议，约定：“陈甲（出让方）将其持有的Z公司的股权中1,750万元（占公司注册资本的70%）以1,750万元的价格转让给葛某某（受让方）。”2013年9月15日，出让人陈甲和受让人葛某某签订了股权转让协议，约定：“出让方将其持有的Z公司的股权中的500万元（占公司注册资本的20%）以500万元的价格转让给受让方。”Z公司股东会作出股东会决议，载明：“股权转让后股东如下：葛某某持有股权2,250万元，占90%，陈甲持有股权250万元，占10%。”

陈甲和丁某系上海E有限公司的股东，该公司成立于1998年8月6日。2006年11月24日，陈甲（受让方）与江阴A有限公司（转让方）签订股权转让协议，约定：“转让方转让给受让方上海E有限公司19.71%的股权，受让方同意接受。”2006年11月24日，上海E有限公司股东会作出决议，载明：“变更股权结构如下：……陈甲出资690万元，占注册资本的19.71%，丁某出资1,235万元，占注册资本的35.29%。”

一审判决后，陈甲不服提起上诉，诉称，丁某在婚姻关系存续期间，与他人同居，系过错方；陈甲是家庭全部收入和共同财产的创造者，且又要抚养两名子女，所以丁某应少分得财产。

丁某亦不服，上诉于法院，诉称虽然丁某曾在派出所作过一份笔录，承认与案外男性同居，但该笔录是丁某情急之下应对之词，非真实情况。

【法院裁判】

一审判决：丁某于判决生效之日起30日内将上海E有限公司的7.79%的股权变更至陈甲名下，并协助陈甲办理股权变更登记手续；陈甲应于判决书生效之日起15日内支付丁某股权转让款1,125万元。

一审法院认为，关于财产的分割问题。根据法律规定，离婚时，夫妻的共同财产如双方协议不成，由人民法院根据财产的具体情况，照顾子女和女方权益的原则判决。离婚时，一方如有隐藏、转移夫妻共同财产等情况，分割夫妻共同财产时，对隐藏、转移夫妻共同财产的一方，可少分或不分。关于股权转让款和股权的分割问题。丁某提出Z公司的2,250万元的股权转让款应作为夫妻共同财产予以一并分割。陈甲起初认为2,250万元款项名义上是陈甲的，实际上不是其出资，是隐名股东出资的，后又向法庭确认 Z 公司的 2, 250 万元的股权转让款其确已收取，并对此作为夫妻共同财产也未持异议，但认为该款已用于偿还案外人刘某的债务，却对此未能提供充分证据证明此款即系用来归还刘某债务的款项，故一审法院不予确认，该部分股权转让款应作为夫妻共同财产予以分割，由陈甲给付丁某 1, 125 万元的股权转让款。对于丁某主张的上海 E 有限公司的股权，陈甲同意进行分割。丁某持有该公司 35. 29% 的股权，陈甲持有该公司 19. 71% 的股权，即该公司 55% 的股权系夫妻共同财产，因此陈甲、丁某各享有该公司 27. 5% 的股权，因现双方无法提供股东会同意股权变更的相关股东会决议，为了维护该公司的运营保持稳定，由丁某将其名下 7. 79% 的股权变更登记至陈甲名下，丁某配合陈甲办理相应变更登记手续。

二审法院改判陈甲应支付丁某股权转让款人民币 1, 025 万元。

二审法院认为，综观本案，丁某系婚姻关系破裂的过错方，陈甲对于家庭财产贡献较大，故丁某应当予以少分财产，陈甲应当多分。而一审法院将所有财产予以对半分割，明显对陈甲不公，法院依法予以改判。

【裁判解析】

关于 Z 公司的 2250 万元股权转让款。陈甲向法庭确认 2, 250 万元的股权转让款其确已收取，并对此作为夫妻共同财产也未持异议，因此，股权转让款应作为夫妻共同财产分割。《最高人民法院关于人民法院审理离婚案件处理财产分割问题的若干具体意见》规定："人民法院审理离婚案件对夫妻共同财产的处理，应当依照《中华人民共和国婚姻法》、《中华人民共和国妇女权益保障法》及有关法律规定，分清个人财产、夫妻共同财产和家庭共同财产，坚持男女平等，保护妇女、儿童的合法权益，照顾无过错方，尊重当事人意愿，有利生产、方便生活的原则，合情合理地予以解决。" 由该规定可知，离婚案件涉及分割夫妻共同财产时，对婚姻关系的破裂是否存在过错是确定财产分割比例考虑的因素之一，至于具体的分割，还要结合具体案情，由法官自由裁量。

本案中，丁某对婚姻破裂存在过错，故在财产分割中应当照顾陈甲。因此，在分割 Z 公司的 2250 万元股权转让款时由陈甲支付丁某股权转让款人民币 1, 025 万元是合理的。

关于上海 E 有限公司的股权，陈甲和丁某都是上海 E 有限公司的股东，陈甲持有 19. 71%，丁某持有 35. 29%，合计持有上海 E 有限公司 55% 的股权。该部分股权属于夫妻共同财产，根据《公司法》第七十一条的规定："有限责任公司的股东之间可以相互转让其全部或者部分股权。" 陈甲和丁某可以相互自由转让股权，无须公司其他股东过半数同意。因此，法院直接判决丁某将上海 E 有限公司的 7.79% 的股权变更至陈甲名下。

第二节 离婚协议未涉及的上市公司股权转让款，离婚后能否主张？

案件来源： 北京市第三中级人民法院（2018）京 03 民终 306 号判决孟某与章某离婚后财产纠纷案

裁判日期： 2018 年 1 月 11 日

案件要旨： 孟某要求分割双方婚姻关系存续期间章某所持有的 A 公司的股权价值，违背双方离婚协议中的约定。孟某要求分割的 A 公司在孟某、章某婚姻关系存续期间向章某的利润分红，相应的举证责任应当由孟某承担。章某转让其对 A 公司的 158 万元出资的转让款 158 万元，该笔转让款属于孟某、章某离婚时未予分割的共同财产，孟某有权要求分割。

【基本案情】

孟某、章某原系夫妻，双方于 2009 年 12 月 12 日登记结婚。2013 年 4 月 27 日，孟某、章某登记离婚，并于当日签署《离婚协议》，约定：双方婚前各自的财产归各自所有；婚内一套房产归女方单独所有；于 2012 年初向女方兄长拆借 60 万元人民币的债务，离婚后由女方独自承担本金及利息偿还责任；某二期×住房属女方婚前财产，装修家电、附属车位产权归女方单独所有，基于该房屋的抵押贷款，在离婚后与男方无关，所有偿还义务由女方单独承担；离婚后男方所涉及的任何公司相关资产及债务与女方无关；双方确认在婚姻关系存续期间，除上述欠女方兄长的债务外，双方再无其他任何婚内共同债务，任何一方如对外负有债务的，由负债一方自行承担；婚后双方无子女。

2015 年 7 月，孟某向一审法院起诉请求：1. 依法分割章某在北京 A 公司所拥有的股权价值；2. 依法分割章某在A公司的利润分红收入；3. 依法分割北京B公司出资转让款190万元；4. 依法分割北京C公司出资转让款90万元；5. 依法分割章某在A公司出资转让款158万元。事实和理由：孟某、章某于2009年12月登记结婚，后于2013年4月27日登记离婚。2011年8月15日，章某以出资转让的方式接收了天津A公司在A公司的70万元出资，章某成为A公司股东。章某加入A公司时该公司注册资本为100万元，之后章某及该公司其他股东对A公司多次增资，截至双方离婚时，A公司注册资本为400万元，其中章某出资318万元。孟某、章某离婚时未对双方婚姻关系存续期间章某在A公司所拥有的股权价值进行分割。此外，另有其他财产未予分割。现孟某诉至法院，望判如所请。

章某一审辩称：孟某、章某于2013年4月27日签订《离婚协议》，对章某持有的A公司的股权进行了分割处置，约定为男方所有，与女方无关。故A公司的股权不属于遗漏未分割的财产，孟某相应诉讼请求不应得到支持。《离婚协议》中约定"男方所涉及的任何公司相关资产及债务与女方无关"，而在《离婚协议》签订时，章某仅持有A公司一家公司的股权，孟某对于该协议中"男方所涉及的任何公司"即指A公司亦属明知。关于孟某主张的A公司的利润分红，A公司在2016年以前没有进行过分红，且双方的《离婚协议》也明确了A公司的分红与孟某无关。在孟某、章某婚姻关系存续期间，孟某是B公司和C公司的股东，章某不是该两家公司股东，孟某持有的该两个公司的股权出资转让款均支付至孟某个人账户内。关于孟某主张的章某持有的A公司的出资转让款158万元，相应的受让人并没有实际支付相应款项，因为受让人没有钱。

一审庭审中，孟某提交A公司章程、股东会决议等，拟证明章某于2011年8月15日经该公司股东会同意，受让天津A公司70万元实缴货币出资，成为该公司股东。彼时A公司的注册资本为100万元，其中师某（章某之母）以货币出资30万元，章某以货币出资70万元。

孟某提交《内资企业设立（变更）登记（备案）审核表》、《企业变更（改制）登记（备案）申请书》、A公司章程、验资报告、股东会决议、企业入资信息情况表等，拟证明截至2011年9月16日，章某对A公司的出资额达到318万元，且已实缴，彼时A公司注册资本为400万元。2013年1月27日，章某将其318万元出资中的158万元分别转让给案外人曲某64万元、全某64万元、钱某30万元。2013年3月4日，A公司增加注册资本21.0526万元，变更后的注册资本为421.0526万元，章某出资占公司注册资本的38%。

孟某认为章某在A公司所持有的股权属于双方的夫妻共同财产，要求进行分割，并在法院释明诉讼风险的情况下坚持申请对上述股权的价值进行评估鉴定。孟某另要求分割章某将其对A公司出资转让所得的款项158万元。章某称曲某、全某、钱某均系A公司高层管理人员，章某将自己的出资转让给这三个人是为了做股权激励，且该三人没有钱支付相应的出资转让款，故相应款项并未实际支付。对于章某将其158万元出资转让给上述三名案外人系用于股权激励，章某未提交证据佐证。

后法院委托资产评估事务所对章某持有的A公司的股权追溯性价值（法院确定评估基准日为2013年4月27日，即双方协议离婚当日）进行评估，该资产评估事务所于2017年1月20日出具评估报告，评估结论为章某持有的A公司的38%股权在2013年4月27日的追溯性价值为283.42万元。孟某为此支付评估费8万元。

关于孟某要求分割的A公司在双方婚姻关系存续期间向章某的利润分红，孟某未提交证据佐证，并认为应当由章某对此进行举证。章某则表示A公司在孟某、章某婚姻关系存续期间未进行过分红。章某另表示，A公司已经上市，相应的财务报表均系公开信息，孟某有途径取得相关证据，故相应的举证责任应当由孟某承担。

关于孟某要求分割的B公司出资转让款190万元，孟某称该出资由孟某持有，其中90万元系孟某在与章某婚前取得，后在2011年4月15日，B公司增资，孟某又取得100万元的股权，共计持有B公司的出资190万元。2011年10月9日，章某将该190万元出资转让给A公司，转让款由章某持有。孟某提交《内资企业设立（变更）登记（备案）申请表》、《投资者主办资本（注册资金、出资额）缴付情况表》、B公司章程及修正案、B公司股东会决议、出资转让协议、验资报告等对其陈述予以佐证。

章某最初答辩称，因B公司经营不善，因此上述190万元出资的实际转让价格为100万元，该100万元已支付至孟某的账户。在本案后续一审庭审中，章某又称上述190万元出资的转让款190万元均已支付至孟某在中国工商银行账号为×××的账户内。章某提交中国工商银行转账凭证三张，其中日期为2011年9月26日的凭证显示，A公司向孟某上述账户转账支付100万元，用途为“收购款”；日期为2011年9月30日的转账凭证显示，A公司向孟某上述账户转账支付50万元，转账原因为“收购款”；日期为2011年10月15日的凭证显示，A公司向孟某上述账户转账支付40万元，用途为“收购款”。章某另称，尽管工商登记部门的登记备案时间是2011年10月9日，但由于登记备案需要一定的时间，因此有部分转让款系先行支付的。

关于孟某要求分割的C公司出资转让款90万元，孟某称该出资由孟某持有，系章某于2009年9月16日以孟某的名义出资90万元取得，后在2010年2月1日，章某将该90万元出资转让给章某之母师某，转让款由章某持有。章某认为，上述90万元出资系孟某在婚前取得，属于孟某的婚前财产，不属于孟某、章某离婚时未予分割的共同财产，若孟某认为师某受让出资后未支付出资转让款，应当向师某主张权利，章某对此并不清楚。另外，章某认可上述出资转让协议上孟某的签名系由A公司财务人员代签。

一审判决后，孟某上诉：请求撤销一审判决第二项，改判章某向孟某支付北京B公司出资转让款50万元。事实与理由：一、一审法院对北京A公司转给孟某的100万元认定为支付孟某在北京B公司的出资转让款，属于认定事实错误，依法应予撤销。二、对于章某的100万元汇款证据孟某提交了反驳的证据，一审法院对孟某提交的证据既未作出合理解释又未组织质证，违反法定程序，依法应予撤销。孟某对于在一审主张的190万元出资转让款中一审认定90万元为婚前个人财产没有异议，上诉仅针对剩余的100万元。双方婚姻关系存续期间，孟某为帮章某解决资金问题，曾以孟某名义向银行贷款，该三笔款项共计190万元实为归还抵押贷款，与股权转让款无关。该100万元在章某的支配下。

章某辩称：不同意孟某的上诉意见。190万元已经全额支付给孟某个人了。对于一审法院认定其中90万元是婚前财产没有异议。剩下的100万元已经转给孟某了。

章某上诉请求：撤销一审判决，改判驳回孟某一审全部诉讼请求。事实与理由：一、一审法院对转让款158万元是否属于离婚时未予分割的共同财产的认定存在明显错误。二、即使一审法院认为转让款158万元属于离婚时未予分割的共同财产，但实际上该笔款项系用作股权激励，章某并未实际获得该笔转让款项，故章某不应向孟某支付一半转让款即79万元。

孟某辩称：不同意章某的上诉意见。该158万元是在审计的时候发现的，属于离婚时没有处理的财产。章某主张没有收到这笔钱没有证据。

二审期间，孟某向二审法院提交借款合同及银行流水明细，欲证明A公司汇给孟某的三笔款项共计190万元实为偿还抵押贷款，与B公司的出资转让款无关，并称其在一审中提交了该两份证据，但一审没有进行质证或说明。章某认可该证据的真实性，但不认可其关联性，并认为该证据不属于二审新证据。

【法院裁判】

一审法院判决：一、章某于判决生效之日起7日内给付孟某北京A公司（现名称为北京某股份有限公司）出资转让款790,000元；二、驳回孟某的其他诉讼请求。

一审法院认为：离婚协议中关于财产分割的条款或者当事人因离婚就财产分割达成的协议，对男女双方具有法律约束力。

本案中，孟某、章某在《离婚协议》中明确约定，离婚后男方所涉及的任何公司相关资产及债务与女方无关，意即双方离婚后，女方不得再对婚姻关系存续期间男方所涉及的任何公司资产主张权利，亦不对男方所涉及的任何公司债务承担责任（但不影响男方的债务人向孟某、章某双方主张权利）。现孟某要求分割双方婚姻关系存续期间章某所持有的A公司的股权价值，显然违背双方《离婚协议》中的上述约定，故对孟某该项诉讼请求，法院不予支持。孟某在法院释明诉讼风险后坚持申请对上述股权的价值进行评估鉴定，相应的评估鉴定费用应当由孟某自行承担。

关于孟某要求分割的A公司在孟某、章某婚姻关系存续期间向章某的利润分红，孟某虽主张章某系该公司的主要股东和实际控制人，掌握公司财务报表等信息，但A公司是上市公司，上述财务报表均属孟某能够通过正当途径取得的证据，相应的举证责任应当由孟某承担。现孟某未向法院提交相关证据，法院对孟某的诉讼请求无法予以支持。

关于孟某要求分割的章某转让其对A公司的158万元出资的转让款158万元，相应股权转让的时间距双方离婚时间较近，章某虽称该项股权转让系用作股权激励，且受让人没有经济能力支付相应的转让款，故章某并未实际取得转让款，但章某并未提交相关的股权激励协议等证据对其陈述予以佐证，章某仅以受让人无经济能力而未支付转让款为由进行抗辩，难以令人信服。综上所述，法院认为该笔转让款属于孟某、章某离婚时未予分割的共同财产，孟某有权要求分割。孟某应分得的转让款数额法院确定为79万元，应当由章某向孟某给付。

关于孟某主张分割的B公司出资转让款190万元，其中90万元出资系孟某在与章某结婚前持有，即便在双方婚后转让，仍为孟某的婚前个人财产，不属于离婚时未予分割的夫妻共同财产，不属于离婚后财产纠纷案件审理的范围，法院在本案中对此不予处理。对于剩余100万元，根据章某提交的中国工商银行转账凭证，可以证明相应款项已经由出资受让人A公司实际支付至孟某个人账户，孟某称转让款由章某持有，法院难以采信。孟某的诉讼请求虽为要求分割该笔款项，但实为要求章某向其进行给付。章某在提交证据证明相关款项已经由A公司支付给孟某后，并未要求孟某对章某进行相应款项的给付，故对于孟某的该项诉讼请求，法院不予支持，若章某要求孟某给付相关款项，可另行起诉。

关于孟某主张分割的C公司出资转让款90万元，该笔出资系孟某在与章某结婚前持有，即便在双方婚后转让，仍为孟某的婚前个人财产，不属于离婚时未予分割的夫妻共同财产，不属于离婚后财产纠纷案件审理的范围，法院在本案中对此不予处理。

二审法院判决：驳回上诉，维持原判。

法院认为：公民、法人的合法权益受法律保护。上诉人孟某对一审法院认定190万元系B公司的出资转让款的性质提出异议，主张是孟某为帮章某解决资金问题，曾以孟某名义向银行贷款，该190万元是孟某偿还银行的贷款，故要求对其中的100万元予以分割。章某对此予以否认。根据目前的证据，争议190万元的三张票据的付款人均载明为A公司，收款人均为孟某。故一审法院认定该190万元系A公司支付的对B公司的出资款并无不当。孟某主张该190万元系对自己名下贷款的偿付的意见，依据不足，法院难以采纳。一审法院对该笔款项的处理并无不当，对孟某要求分割100万元的请求，法院不予支持。上诉人章某不同意分割158万元的A公司的出资转让款，但根据评估报告的结果，该转让款系在双方婚姻存续期间发生，上诉人章某主张其并未实际获得的理由，难以对抗评估报告的效力。故一审法院对此进行处理，并无不妥。上诉人章某的该项上诉请求，法院亦不予支持。

【裁判解析】

《婚姻法》第三十一条规定："男女双方自愿离婚的，准予离婚。双方必须到婚姻登记机关申请离婚。婚姻登记机关查明双方确实是自愿并对子女和财产问题已有适当处理时，发给离婚证。"协议离婚以婚姻关系当事人在离婚、子女和财产问题上意愿一致，达成离婚协议为前提。根据《婚姻登记条例》第十一条第三款的规定："离婚协议书应当载明双方当事人自愿离婚的意思表示以及对子女抚养、财产及债务处理等事项协商一致的意见。"

本案中章某与孟某自愿达成离婚协议并登记离婚，离婚协议合法有效，对双方都有约束力。本案涉及两个法律问题：1. 孟某诉讼请求中要求分割的A公司的股权、利润分红和A、B、C公司的出资转让款是否为夫妻共同财产；2. 如属于夫妻共同财产，那么是否属于离婚协议未涉及的财产。

关于第一个问题，孟某诉讼请求中要求分割的A公司的股权、利润分红和A、

B、C公司的出资转让款是否为夫妻共同财产。关于夫妻共同财产的范围，《婚姻法》有明确规定。《婚姻法》第十七条规定："夫妻在婚姻关系存续期间所得的下列财产，归夫妻共同所有：（一）工资、奖金；（二）生产、经营的收益；（三）知识产权的收益；（四）继承或赠与所得的财产，但本法第十八条第三项规定的除外；（五）其他应当归共同所有的财产。夫妻对共同所有的财产，有平等的处理权。"《婚姻法司法解释（二）》第十一条规定："……'其他应当归共同所有的财产'：（一）一方以个人财产投资取得的收益；（二）男女双方实际取得或者应当取得的住房补贴、住房公积金；（三）男女双方实际取得或者应当取得的养老保险金、破产安置补偿费。"这是对夫妻共有财产的规定。同时，《婚姻法》对属于夫妻一方的财产也有明确规定，其中《婚姻法》第十八条规定："有下列情形之一的，为夫妻一方的财产：（一）一方的婚前财产；（二）一方因身体受到伤害获得的医疗费、残疾人生活补助费等费用；（三）遗嘱或赠与合同中确定只归夫或妻一方的财产；（四）一方专用的生活用品；（五）其他应当归一方的财产。"同时，《婚姻法》第十九条规定："夫妻可以约定婚姻关系存续期间所得的财产以及婚前财产归各自所有、共同所有或部分各自所有、部分共同所有。约定应当采用书面形式。没有约定或约定不明确的，适用本法第十七条、第十八条的规定。"由上述规定可知，如无相反约定，夫妻一方或双方在婚姻关系存续期间取得的财产属于夫妻共同财产，夫妻一方所有的财产，不因婚姻关系的延续而转化为夫妻共同财产。如果一方主张财产归其个人所有的，依据《民事诉讼证据规定》的规定，举证责任由主张权利的一方承担。

结合本案，A公司的股权系章某在婚内以出资转让的方式取得，归夫妻共同所有。但依据双方《离婚协议》的约定"离婚后男方所涉及的任何公司相关资产及债务与女方无关"，也就是说，孟某不得再对婚姻关系存续期间章某所涉及的任何公司资产主张权利，亦不对章某所涉及的任何公司债务承担责任。故孟某要求分割章某名下A公司股权的诉讼请求与《离婚协议》约定相悖，不能得到法院的支持。另外，A公司的利润分红，在弥补亏损和提取法定公积金并正式在股东间分配前仍属于A公司财产，不属于夫妻共同财产范围，孟某主张分割A公司的利润分红，应对利润已实际分配承担举证责任，否则须承担举证不能的不利后果。因A公司是上市公司，相关财务报表对全社会公开，孟某有能力通过正当途径取得，因此相应的举证责任应当由孟某承担。关于2013年1月27日章某将其在A公司的158万元出资分别转让给案外人曲某64万元、全某64万元、钱某30万元，转让的股权属于夫妻共同财产且转让发生于夫妻关系存续期间，股权转让款是股权财产形式的转化，应属于夫妻共同财产。

B公司的出资转让款190万元，其中90万元为孟某的婚前个人财产，不属于夫妻共同财产范围。对于剩余100万元，系孟某婚后取得，属于夫妻共同财产。根据章某向法院提交的中国工商银行转账凭证，已经证实转让款由孟某持有，孟某再行要求章某给付转让款，没有依据。但章某有权另行起诉分割该笔出资转让款。

C公司出资转让款90万元，该笔出资系孟某婚前持有，为孟某的婚前个人财产，不因婚姻关系的缔结而转化为夫妻共同财产。

关于第二个问题，上述夫妻共同财产部分是否属于《离婚协议》未涉及的财产。根据《婚姻法司法解释（三）》第十八条的规定："离婚后，一方以尚有夫妻共同财产未处理为由向人民法院起诉请求分割的，经审查该财产确属离婚时未涉及的夫妻共同财产，人民法院应当依法予以分割。"就上述夫妻共同财产部分，结合孟某的诉讼请求，《离婚协议》并未涉及章某名下在A公司的158万元出资的转让款，故孟某有权要求分割。

第三节 未上市股份有限公司股份的分割

案件来源： 云南省昆明市中级人民法院（2014）昆民申字第113号裁定李某与樊某某离婚纠纷案

裁判日期： 2014年6月5日

案件要旨： 未上市股份公司2012年度审计报告中的"所有者权益合计"反映了股份总价值，在按市价分配可行的情况下，处理并无不当。

【基本案情】

李某申请再审称：二审判决在没有对李某所持未上市公司120份股份进行评估

的情况下，将该股份折抵成现金直接进行分配，属于适用法律错误。根据《婚姻法司法解释（二）》第十五条的规定，应当对李某所持股份按数量进行分配。

【法院裁判】

法院裁定：驳回李某的再审申请。

法院认为：关于李某所持未上市股份有限公司股份的分割问题，根据《婚姻法司法解释（二）》第十五条的规定，只有在双方协商不成或者按市价分配有困难时，法院可以根据数量按比例分配。而本案中，该未上市股份公司 2012 年度审计报告中的“所有者权益合计”反映了股份总价值，一、二审判决参照该审计报告确认李某持有的股份价值，在按市价分配可行的情况下，其处理并无不当。

【裁判解析】

《婚姻法司法解释（二）》第十五条规定：“夫妻双方分割共同财产中的股票、债券、投资基金份额等有价证券以及未上市股份有限公司股份时，协商不成或者按市价分配有困难的，人民法院可以根据数量按比例分配。”该条就夫妻共同财产中的股票、债券等有价证券以及未上市股份有限公司股份等在离婚时如何进行分割作出规定。

未上市股份有限公司股份适用本条的条件是：1. 争议的未上市股份有限公司股份属于夫妻共同财产；2. 股份不在法律法规限制转让的范围。对于第 2 点，实践中有时还会遇到争议的未上市股份有限公司股份依照现行的法律法规的规定，暂不能在离婚诉讼中直接分割的情况。这样的法律规定包括《公司法》第一百四十一条：“发起人持有的本公司股份，自公司成立之日起一年内不得转让。公司公开发行股份前已发行的股份，自公司股票在证券交易所上市交易之日起一年内不得转让。公司董事、监事、高级管理人员应当向公司申报所持有的本公司的股份及其变动情况，在任职期间每年转让的股份不得超过其所持有本公司股份总数的百分之二十五；所持本公司股份自公司股票上市交易之日起一年内不得转让。上述人员离职后半年内，不得转让其所持有的本公司股份。公司章程可以对公司董事、监事、高级管理人员转让其所持有的本公司股份作出其他限制性规定。”因此，夫妻共同财产中的未上市股份有限公司股份如果属于上述情形而不能自由转让时，必须依照法律规定办理，等到股份可以转让时，再依据相关法律规定起诉分割。具体可以协商或者按市价分配，如协商不成或按市价分配有困难，可以根据股份数量按比例分配。

第四节 一人有限责任公司的股权分割

案件来源： 上海市第二中级人民法院（2015）沪二中民一（民）终字第2914号判决李某某与陈某某离婚后财产纠纷案

裁判日期： 2015年12月7日

案件要旨： 系争公司为一人有限责任公司，李某某、陈某某签订的财产分配协议已经生效判决确认有效，根据相关协议约定，李某某、陈某某离婚后，该公司股份应全部归李某某所有。系争公司的有关证、章、照的返还，财务账册、报表的返还不属《婚姻法》调整的范围，本案中不予处理。李某某要求陈某某将系争公司现有机器设备以及汽车一辆返还李某某，因上述财产属于公司财产，故对于该请求，法院不予支持。李某某要求陈某某将系争公司自开业至今的所得利润返还李某某，但离婚分割的财产应系离婚时仍存在的财产，现李某某并无证据证明利润存在，故对于该请求，法院不予支持。

【基本案情】

李某某、陈某某于1993年经人介绍相识，于1994年底确立恋爱关系，于1998年6月29日登记结婚，婚后未共同生育子女。婚后，李某某与案外人薛某的非婚生女儿李某乙随李某某、陈某某共同生活。2003年8月，陈某某分别向李某某出具字据及借条各一份，内容主要确认：因为陈某某背叛李某某，给李某某带来很大伤害，故陈某某自愿赔偿李某某人民币100万元，自2003年8月1日起每月支付2万元，直到付完为止。2007年3月18日，李某某、陈某某签订财产分配协议一份，内容载明：经夫妻双方友好协商，达成以下财产分配协议：1. 大陆所有财产（包括房子、现金、票据）一律归妻方所有，李某乙分一半；2. 我国台湾地区财产

（包括房子、土地、票据）一律归夫方所有，李某乙分一半；3. 如果未离婚，上述1、2条夫妻双方共有；4. 如果离婚，按上述1、2条分配；5. 以上协议经夫妻双方签字生效，具有法律效力。2007年6月18日，双方又签订财产分配协议一份，内容主要载明：因婚后夫方所赚工资基本用于供养其在我国台湾地区的子女及亲属，双方未达到财产结合，妻方多次要求财产结合，共同理财，共同计划，夫方拒绝。结果为：1. 双方各自赚钱各自花，各自存；2. 大陆的财产均由妻方购置，夫方未出资；3. 我国台湾地区的财产均由夫方购置，妻方未出资。同时，双方对财产分配又作出约定，约定内容与前一份协议一致。2008年1月22日，双方再次签订财产分配协议一份，内容与第二份分配协议均一致。当日，陈某某还出具承诺书一份，内容确认大陆一切财产陈某某均未出资，现承诺大陆一切财产均归李某某所有，包括本人名下房产。另陈某某出具委托书给李某某，委托李某某代为办理房屋买卖交易、过户等一切手续。2008年10月1日，双方为达到能让李某乙在上海市参加高考的目的，签订离婚协议书一份，内容确认：由于夫妻双方性格不合，生活习惯、兴趣等差异太大，尤其对夫方子女问题意见分歧，无法沟通，最终导致夫妻感情破裂，故无法继续生活。经双方友好协商，达成协议：1. 双方自愿离婚，离婚后男婚女嫁，互不相干；2. 财产按夫妻双方所签财产分配协议书分配，即夫方分得台湾地区所有财产，妻方分得大陆所有财产；3. 女儿李某乙由妻方抚养，夫方有探望权。

2013年2月，李某某起诉至法院要求与陈某某离婚，法院经审理后判决：1. 准予李某某与陈某某离婚；2. 出售上海市某联列住宅一套的债权142万元由李某某享有；3. 李某某名下某公寓一套归李某某所有；4. 李某某应于本判决生效之日起30日内支付陈某某财产折价款230万元。李某某不服该判决上诉至上海市第二中级人民法院，该院经审理后认为李某某要求按照双方签订的财产分割协议分割共同财产的上诉请求予以支持，判决维持一审判决第一、二、三项，撤销一审判决第四项，判决李某某应支付陈某某财产补偿款100万元。

上海某实业有限公司（以下简称系争公司）成立于2009年10月27日，为一人有限责任公司，法定代表人为陈某某，该公司工商登记材料载明李某某为公司股东（发起人），出资额为20万元，持股比例为100%。

李某某认为：系争公司的出资均系李某某向朋友所借，陈某某担任公司的法定代表人和经理，并实际由陈某某经营至今。该公司应为夫妻共同财产，根据李某某、陈某某签订的财产分配协议，双方离婚后该公司应归李某某所有，且李某某无须支付对价。据李某某所知，系争公司利润很多，陈某某没有将公司利润用作家庭开支，也未给过李某某。现李某某不清楚公司利润是否存在以及存在的形式，李某某要求对系争公司2009年10月27日至审计之日的盈亏情况进行审计。

陈某某认为：系争公司由陈某某投资经营管理，系争公司出资款走了李某某的账户，但之后陈某某已归还李某某该笔款项。平时家庭财务由李某某掌控，公司即使存在利润业已用于李某某女儿读书、生活支出以及购买房产等。夫妻婚后财产在2009年之前来自陈某某的工资收入和陈某某在我国台湾地区的资产收益，2009年后来自系争公司的利润。现系争公司亏损，无可分配利润，除一些办公用品外无其他固定资产。

李某某为证明其主张提供了2014年10月30日的股东决议，证明李某某作为公司股东已作出免去陈某某公司执行董事、经理以及法定代表人职务。

陈某某对该证据不予确认。

陈某某为证明其主张，提供截至2014年10月的公司利润表以及资产负债表，证明系争公司现亏损，无可分配利润。

李某某对该证据的真实性不予确认，认为公司资产应进行审计。

一审判决后，李某某不服法院判决，上诉称：陈某某在经营系争公司期间获取了丰厚的利润，且该利润被陈某某擅自占为已有。原审判决显然脱离了事实，违背了陈某某自己在离婚诉讼中的陈述。系争公司是由本人一人投资成立的一人有限公司，说明该公司属于本人所有。既然公司属于本人所有，那么公司的财产也应属于本人所有。

被上诉人陈某某辩称：系争公司由陈某某出资，公司属于陈某某。李某某的上诉请求不属于婚姻法调整的范围。同意原审法院判决，不同意上诉人李某某的上诉请求。

【法院裁判】

一审法院判决：一、上海某实业有限公司的全部股份归李某某所有；二、李某某要求陈某某返还上海某实业有限公司的现有机器设备以及汽车一辆的诉讼请求不予支持；三、李某某要求陈某某返还上海某实业有限公司自开业至今的所得利润的诉讼请求不予支持。

一审法院认为：根据工商登记资料，李某某在李某某、陈某某夫妻关系存续期间出资设立了系争公司，该公司为一人有限责任公司，李某某持有的该公司股份应作为夫妻共同财产予以分割。李某某、陈某某签订的财产分配协议已经生效判决确认有效，根据相关协议约定，李某某、陈某某离婚后，该公司股份应全部归李某某所有。李某某要求陈某某协助李某某将系争公司的法定代表人变更为李某某；将系争公司的有关证、章、照返还李某某；将系争公司 2009 年 10 月 27 日起至今的财务账册、报表返还李某某以及要求陈某某离开系争公司的诉讼请求不属《婚姻法》调整的范围，本案中不予处理。李某某要求陈某某将系争公司现有机器设备以及汽车一辆返还李某某，因上述财产属于公司财产，而非李某某、陈某某夫妻共同财产，故对于李某某的该请求，法院不予支持。李某某要求陈某某将系争公司自开业至今的所得利润返还李某某，但离婚分割的财产应系离婚仍存在的财产，现李某某并无证据证明其主张的公司利润以一定的财产形式存在或已被陈某某隐瞒转移。李某某出资设立该公司并作为公司唯一股东，其对公司经营情况应有一定了解，但李某某在离婚诉讼时并未主张分割公司利润，一定程度上亦可推定在双方离婚时，系争公司并无较大金额的利润存在。故对于李某某要求陈某某将系争公司自开业至今的所得利润返还李某某的诉求请求，法院不予支持。

二审法院判决：驳回上诉，维持原判。

二审法院认为：原审判决系争公司的全部股份归李某某所有，双方无异议，二审法院予以确认。在系争公司全部股份归属已明确归李某某所有的情况下，有关系争公司法定代表人的变更，公司证、章、照、财务账册、报表的返还均非《婚姻法》调整的范围，原审对此阐述的理由正确，二审法院予以认可，不再赘述。有关系争公司现有机器设备以及汽车系公司财产，即使在公司股份全部归上诉人李某某所有，但在公司财产未清算的情况下，该些财产也并非简单等同于李某某的个人财产，李某某无权以个人名义主张返还。有关上诉人李某某要求将系争公司自开业至今的所得利润予以返还的问题，原审也阐述了相应的理由，二审法院予以认可，不再重复，且上诉人李某某二审所提交的证据，亦无法证明其主张的事实，二审法院不予采信。

【裁判解析】

关于上海某实业有限公司的股权归属。上海某实业有限公司是李某某、陈某某夫妻关系存续期间由李某某出资设立的一人有限责任公司，李某某名下的股权属于李某某与陈某某的夫妻共同财产。李某某、陈某某在婚姻关系存续期间签订多份财产分配协议，约定我国台湾地区所有财产归陈某某所有，大陆所有财产归李某某所有。同时，陈某某还向李某某出具承诺书，再次确认大陆一切财产陈某某均未出资，承诺大陆一切财产均归李某某所有。财产分配协议已经生效的法院判决确认有效。根据协议约定，李某某、陈某某离婚后，上海某实业有限公司股份应全部归李某某所有。

有关证、章、照、财务账册、报表的返还，系“公司证照返还纠纷”，属于《公司法》《物权法》和《民法通则》的调整范围。至于返还公司现有机器设备以及汽车一辆，根据《公司法》第三条的规定：“公司是企业法人，有独立的法人财产，享有法人财产权。公司以其全部财产对公司的债务承担责任。”公司法已经明确了法人独立财产权。因此，公司的财产专属于公司所有，任何人不得侵犯。李某某要求陈某某返还的机器设备以及汽车，并不是陈某某的个人财产，而是上海某实业有限公司的财产，该诉讼请求不能得到支持。

关于李某某要求陈某某返还上海某实业有限公司自开业至今的所得利润。李某某应对其主张所依据的事实承担证明责任，本案中李某某未能证明存在上述利润，该诉讼请求也无法得到法院支持。

第五节　个人独资企业的股权分割

案件来源： 浙江省桐乡市人民法院（2015）嘉桐民初字第2322号判决陈某诉张某离婚纠纷案

裁判日期： 2016年8月9日

案件要旨： 桐乡市某杭白菊制品厂系夫妻共同财产，且双方均认可该厂的净资产价值为400万元。考虑到该厂登记于原告名下并由其长期经营管理，系个人独资企业的实际，法院确定该厂归原告所有为宜，并由原告享有和负担该厂所有债权债务，原告支付被告财产分割款200万元。

【基本案情】

陈某、张某于××××年××月××日登记结婚，婚后生育一子一女，婚后长时间内夫妻感情较好。后因张某怀疑陈某有婚外情而产生矛盾。张某曾于2009年9

月起诉离婚被法院驳回，于2012年3月起诉离婚后自行撤诉。陈某曾于2014年3月17日向法院起诉，后被法院判决驳回。

桐乡市某杭白菊制品厂系个人独资企业，负责人陈某，成立于2002年12月27日，投资额30万元。该厂名下登记的财产有：位于某工业区土地一宗、房产，无证厂房及构筑物若干、机器若干及杭白菊库存若干。

现原告陈某以夫妻感情彻底破裂为由再次起诉法院，陈某诉称：请求判令原、被告离婚并由被告负担本案诉讼费用。被告张某辩称：在分割夫妻财产的基础上被告可以同意离婚。

审理中，经被告的申请，法院依法委托房地产评估事务所对桐乡市某杭白菊制品厂的房地产（有证部分）进行了评估。估价对象的市值为2,247,525元，并由被告支付了鉴定费6,620元。

法院依法给原、被告制作了谈话笔录各1份，原告陈述桐乡市某杭白菊制品厂的净资产为400万元；被告陈述同意按照400万元分割该部分夫妻共同财产。

【法院裁判】

法院判决：桐乡市某杭白菊制品厂归原告陈某所有（该企业名下的债权债务均由原告享有与承担）；原告陈某支付被告张某夫妻财产分割款200万元。

法院认为，关于财产分割，桐乡市某杭白菊制品厂系夫妻共同财产，且双方均认可该厂的净资产价值为400万元。考虑到该厂登记于原告名下并由其长期经营管理，系个人独资企业的实际，法院确定该厂归原告所有为宜，并由原告享有和负担该厂所有债权债务。同时，原告支付被告财产分割款200万元。

【裁判解析】

桐乡市某杭白菊制品厂系陈某于婚后以夫妻共同财产投资设立的个人独资企业。《个人独资企业法》第十七条规定："个人独资企业投资人对本企业的财产依法享有所有权，其有关权利可以依法进行转让或继承。"该法律规定系个人独资企业的对外效力，当用夫妻共同财产以一方名义出资设立个人独资企业时，企业财产对夫妻而言仍属于夫妻共同所有。

对于独资企业的夫妻共同财产的分割，根据《婚姻法司法解释（二）》第十八条的规定："夫妻以一方名义投资设立独资企业的，人民法院分割夫妻在该独资企业中的共同财产时，应当按照以下情形分别处理：（一）一方主张经营该企业的，对企业资产进行评估后，由取得企业一方给予另一方相应的补偿；（二）双方均主张经营该企业的，在双方竞价基础上，由取得企业的一方给予另一方相应的补偿；（三）双方均不愿意经营该企业的，按照《个人独资企业法》等有关规定办理。”由此可见，对于最终由一方经营企业的，由取得企业的一方给予另一方相应的补偿。结合本案，桐乡市某杭白菊制品厂负责人为陈某并长期由陈某经营管理，鉴于企业的良好运转要求经营者具备企业组织领导能力、市场形势分析判断能力以及杭白菊生产销售等各环节的专业知识，因此在离婚后，企业归陈某所有有利于该企业的生产经营和长期稳定发展。在双方均认可企业的净资产价值为400万元的情况下，判决企业归陈某所有并由陈某补偿张某200万元财产分割款是合理的。

第六节 合伙企业的股权分割

案件来源： 上海市第一中级人民法院（2015）沪一中民一（民）终字第367号判决陈某某诉顾某某离婚纠纷案

裁判日期： 2015年4月10日

案件要旨： 上海××厂原系顾某某与案外人叶某某共同成立的合伙企业，现案外人叶某某明确不同意顾某某将其名下股份转让给陈某某并愿意购买顾某某在上海××厂的股份，而顾某某、陈某某对顾某某所有上海××厂股份的价值无法协商一致，陈某某在一审法院释明不予审计的不利后果后仍撤回了审计申请，导致顾某某在上海××厂所有股份的价值无法明确，故对于顾某某在上海××厂所持股份，本案中不予处理。

【基本案情】

顾某某、陈某某系再婚夫妻，于1983年经人介绍认识，于1984年1月12日登记结婚，婚后未生育子女。婚前及婚后初期，顾某某、陈某某感情尚可。2008年起，双方因为生活琐事、陈某某怀疑顾某某有外遇、经济问题等产生矛盾。2012年

5月5日，顾某某离开家庭单独居住，双方开始分居至今。2012年5月，顾某某曾向法院起诉离婚，后经诉前调解不离婚。2013年2月，顾某某再次向法院起诉离婚，经法院审理后于2013年3月28日判决不离婚。判决后双方均未上诉且判决已经生效，之后双方关系未有改善，仍处于分居状态。

陈某某曾在证券公司开设股票账户（账号为×××），截至2014年5月22日，该账户内尚有资金余额22,301.90元及股票若干，上述股票市值和资金余额共计159,147.90元。

顾某某认为双方感情已经彻底破裂，现再次诉至法院，要求判令：双方离婚依法分割夫妻共同财产：陈某某名下股票市值及资金余额共计159,147.90元，要求各半分割。

2000年12月31日，顾某某与案外人叶某某签署《合伙办厂协议》成立上海××厂，约定各享有50%的股份。2002年11月22日，顾某某与叶某某签署《上海××厂参股人员股权转让合同》，由叶某某转让上海××厂5%的股份给顾某某。一审审理中，法院曾就陈某某要求分割顾某某名下上海××厂股份向案外人叶某某调查，叶某某向法庭表示为了经营考虑，不同意陈某某成为上海××厂的股东，故不同意顾某某将上海××厂的股份给陈某某，如果陈某某坚持主张股份，叶某某主张优先购买权。一审审理中，因顾某某、陈某某对顾某某在上海××厂的股权价值无法达成一致，经陈某某申请，法院通过高院委托会计师事务所对顾某某在上海××厂中的股权价值进行审计，审计过程中陈某某又撤回审计申请。

判决后，陈某某不服，向法院提起上诉。若可能，请求在二审中，对诉争上海××厂一并处理。

被上诉人顾某某不认可上诉人的上诉请求，认为原审法院查明事实清楚，请求维持原审判决。

【法院裁判】

一审法院判决：陈某某名下股票账户（账号为×××）截至2014年5月22日的资金余额人民币22,301.90元及股票归陈某某所有；陈某某应于判决生效之日起30日内给付顾某某上述财产折价款人民币65,000元。

一审法院认为，本案中，陈某某名下股票账户内的钱款均取得于婚姻关系存续期间，且陈某某亦同意将其名下股票账户内的资金余额及市值作为夫妻共同财产进行分割，故依照陈某某名下股票账户内的股票市值，从有利于财产分割和照顾妇女权益的角度出发，酌定陈某某名下股票账户内的股票及资金余额归陈某某所有，其给付顾某某折价款65,000元。

关于陈某某主张的顾某某名下上海××厂的处理。一审法院认为，上海××厂原系顾某某与案外人叶某某共同成立的合伙企业，现案外人叶某某明确不同意顾某某将其名下股份转让给陈某某并愿意购买顾某某在上海××厂的股份，而顾某某、陈某某对顾某某所有上海××厂股份的价值无法协商一致，陈某某在一审法院释明不予审计的不利后果后仍撤回了审计申请，导致顾某某在上海××厂所有股份的价值无法明确，故对于顾某某在上海××厂所持股份，本案中不予处理。顾某某、陈某某可与案外人就该部分财产另案处理。

二审法院判决：驳回上诉，维持原判。

二审法院认为，当事人对自己提出的诉讼请求所依据的事实或者反驳对方诉讼请求所依据的事实有责任提供证据加以证明。没有证据或者证据不足以证明当事人的事实主张的，由负有举证责任的当事人承担不利后果。关于涉上海××厂权益争议，双方可另案主张，本案不作处理。一审法院的判决并无不妥，二审法院予以维持。

【裁判解析】

一、关于陈某某名下股票账户内资金余额及股票的分割。陈某某名下股票账户内资金余额和股票均取得于婚后，属于陈某某与顾某某的夫妻共同财产。《婚姻法司法解释（二）》第十五条规定："夫妻双方分割共同财产中的股票、债券、投资基金份额等有价证券以及未上市股份有限公司股份时，协商不成或者按市价分配有困难的，人民法院可以根据数量按比例分配。"根据该条规定，对于本案股票的分割，可以由当事人自行协商达成分配方案，如果协商不成，法院可以根据案件具体情况，按市价分配或者按比例分配。在具体分配时，还要参照《最高人民法院关于人民法院审理离婚案件处理财产分割问题的若干具体意见》保护妇女、儿童的合法权益，有利生产、方便生活，合情合理地予以解决的原则。

二、关于陈某某主张的顾某某名下合伙企业上海××厂的处理。上海××厂于2000年12月31日由顾某某与案外人叶某某出资设立，根据《婚姻法司法解释（二）》第十七条规定："人民法院审理离婚案件，涉及分割夫妻共同财产中以一方名义在合伙企业中的出资，另一方不是该企业合伙人的，当夫妻双方协商一致，将其合伙企业中的财产份额全部或者部分转让给对方时，按以下情形分别处理：（一）其他合伙人一致同意的，该配偶依法取得合伙人地位；（二）其他合伙人不同意转让，在同等条件下行使优先受让权的，可以对转让所得的财产进行分割；（三）其他合伙人不同意转让，也不行使优先受让权，但同意该合伙人退伙或者退还部分财产份额的，可以对退还的财产进行分割；（四）其他合伙人既不同意转让，也不行使优先受让权，又不同意该合伙人退伙或者退还部分财产份额的，视为全体合伙人同意转让，该配偶依法取得合伙人地位。”陈某某要取得上海××厂的合伙人地位，须得到企业其他合伙人即叶某某的同意。现在，叶某某明确表示不同意陈某某成为上海××厂的合伙人，如果陈某某坚持主张，叶某某将主张优先受让权。在此情形下，需要顾某某、陈某某确定上海××厂的股权价值，进而确定转让财产的价值。由于顾某某、陈某某无法达成一致，陈某某申请审计后又中途撤回审计申请，造成上海××厂股权价值无法确定，该部分合伙企业的出资只能另案处理。需要指出的是，作为案件当事人，应当知晓自身的举证责任并尽最大努力向法庭提供证据，另案起诉只会增加诉累。

第三章　夫妻一方转移股权对夫妻共同财产的影响

第一节　夫妻一方转让名下股权

一、夫妻一方转让其名下股权的效力如何认定？

案件来源： 最高人民法院（2014）民二终字第48号判决艾某等与刘某股权转让纠纷案

裁判日期： 2014年5月28日

案件要旨： 双方当事人之间形成的是股权转让合同法律关系，本案案由亦确定为股权转让纠纷。故对本案的处理应当适用我国《合同法》《公司法》的相关调整股权转让交易的法律规范，而不应适用调整婚姻及其财产关系的法律规定。股权作为一项特殊的财产权，除其具有的财产权益内容外，还具有与股东个人的社会属性及其特质、品格密不可分的人格权、身份权等内容。如无特别约定，对于自然人股东而言，股权仍属于商法规范内的私权范畴，其各项具体权能应由股东本人独立行使，不受他人干涉。

【基本案情】

艾某、张某系夫妻关系。2011年10月26日，张某与刘某签订一份协议，约定：张某自愿将其在A工贸公司的原始股份额660万元以13,200万元转让给刘某，刘某在签订本协议时支付定金1,000万元；在A工贸公司与刘某签订正式合同、移交相关手续、变更工商登记后支付50%；余款在刘某进入某煤矿及移交财物、资产证件等手续时一次性付清。张某保证其股份有绝对排他权利，否则，按协议第六条承担责任。该协议第六条约定："本协议签订后应诚实守信，不得违约，不得解除，不得主张无效。否则，协议价款如数归还，还应向对方赔偿经济损失，损失额为本协议价款的总额；若所转让的股份按市场交易价已超过协议价款总额的两倍以上时，执行市场价格超出总份额部分的标准予以赔偿。"该协议还对其他事项作了约定。刘某按协议约定向张某支付定金1,000万元人民币，张某向刘某出具了1,000万元的收条。

2011年12月16日，双方签订一份股权转让协议，约定：张某自愿将其在A工贸公司的500万元原始股份转让给刘某，转让价款为18,960万元。刘某在协议签订时先付张某1,000万元，待刘某进入某煤矿，张某将财务、财产等相关手续移交完毕后，刘某再付9,000万元。余款待刘某变更为某矿业有限公司（以下简称某矿业公司）董事后一次性付清。张某保证转让的股份权属清楚，无任何他项权利设定。若产生纠纷，由张某负责处理，给刘某造成的损失，张某按该协议第六条的约定承担违约责任。该协议第六条的约定与2011年10月26日协议第六条的约定相同。协议还约定，在本协议签订后7日内，保证刘某进入某煤矿，A工贸公司的一切合法权益由刘某享有。该协议还对其他事项作了约定。在签订该协议的当天，刘某按协议约定向张某支付1,000万元人民币，张某向刘某出具了1,000万元的收条。

签订上述两份股权转让协议后，刘某共向张某付款7,600万元。张某按刘某的要求，将其在A工贸公司的股权分别变更为：刘某占14.28%，王某占10.99%，武某占5.49%，章某占10.99%，折某占13.18%，总计变更在刘某及四位第三人名下的股权为54.93%。同时，刘某以20,277万元收购了A工贸公司其他85位隐名股东的全部股权。

2004年12月22日，设立A工贸公司的登记申请书载明的股东为：张某、赵某、华某、许某、平某。2011年12月19日，张某按照协议约定，在工商行政管理局办理了股东变更登记。A工贸公司的法定代表人张某变更为刘某，股东变更为刘某、折某、章某、王某、武某。

2004年12月25日设立A工贸公司的验资报告所附注册资本实收情况明细表载明：A工贸公司的股东为张某，货币出资1,170万元，享有54.94%的股权。但根据张某与刘某签订的两份股权转让协议的约定，张某向刘某转让的股权额为1,160万元。2011年12月26日，张某将7,600万元付款全部退回刘某。

2012年5月23日，艾某、张某向某省高级人民法院提起诉讼，以张某未经艾某同意无权处分夫妻共有的股权为由，请求判令：1. 确认张某与刘某签订的股权转让协议无效；2. 刘某返还张某在A工贸公司持有的54.93%的股权。

一审判决后，艾某、张某不服，向最高人民法院提起上诉。

艾某、张某提起上诉称：（一）一审判决适用法律错误。在夫妻关系存续期间，如果双方没有特别约定，一方以夫妻共有的财产投资入股，相应的股权为夫妻共有财产。所以，因夫妻一方擅自转让其名下的股权，首先适用民法、婚姻法的规定。当股东因是否有权单方处分夫妻共同财产引起的纠纷并不涉及公司的组织和行为，也不属于股东之间、公司与股东之间、股东与管理层之间等公司法律关系，因此，作为调整商事行为的公司法处于适用的次要地位。本案涉及的是股权转让过程中，张某是否有权单方处置夫妻共有的股权，刘某的购买行为是否属于善意取得。而依据《公司法》第七十一条的规定，无法得出“股权转让并非必须征得其配偶的同意”的观点。《婚姻法解释（二）》第十六条是对处理离婚过程中如何分割以一方名义在有限公司的出资所做的规定，该条规定内容与本案无关。一审判决引用《民法通则意见》第89条规定，同时又引用《合同法》第五十二条的规定，明显存在矛盾和错误。（二）一审判决认定事实和程序均有错误。1. 刘某购买张某股权的行为不属于善意第三人。善意的判断标准，应该是受让人不知道且无义务知道转让人无权处分，如果其知道或应当知道的，则不构成善意。在刘某与张某签订股权转让协议时，对张某有配偶是明知的，且上述股权是夫妻共同财产，其收购股权应当征得共有人的同意。刘某在取得其他80多位小股东股权时，转让方均是夫妻共同签字确认。一审判决以夫妻之间具有家事代理权且转让价款大大高于实际投入为由，推定刘某属于善意第三人不能成立。2. 一审判决回避本案实质上是转让中外合资企业的股权和采矿权，侵犯了艾某、张某的诉讼权利。从合同内容看，刘某名义上是受让A工贸公司的股权，实际是受让某矿业公司的股权并取得采矿权，该转让行为均需审批。因此，本案合同违反法律强制性规定，应当认定无效。综上所述，请求撤销一审判决，改判支持艾某、张某的一审诉讼请求。

被上诉人刘某答辩称：（一）原审判决不存在适用法律错误问题。本案是股权转让纠纷，而不是家庭财产纠纷，按照特别法优于普通法的常识，本案应当优先适用作为民法特别法的公司法。艾某、张某关于原审判决引用的法律明显存在矛盾和错误的上诉理由不能成立。（二）原审判决认定事实清楚。本案中，张某作为出让人所出让的涉案股权并不属于夫妻共同共有财产，当然也不存在作为股东的张某无权处分的问题，也不涉及只有在无权处分情况下才适用的善意第三人的规定，更不能因为张某未征得艾某同意而否定其签订的股权转让协议的合法有效性。即使将股权假定为夫妻共同财产，也不能否定刘某作为善意第三人的事实。本案股权转让协议中记载所转让的是A工贸公司的股权，而不是中外合资企业某矿业公司的股权，更不是某矿业公司的采矿权。综上所述，请求驳回艾某、张某的上诉请求，维持原判。

【法院裁判】

某省高级人民法院一审判决：驳回原告艾某、张某的诉讼请求。

某省高级人民法院经审理认为，本案争议的焦点是股东张某转让股权是否必须经其妻艾某同意。

我国《公司法》第七十一条规定："……股东向股东以外的人转让股权，应当经其他股东过半数同意。股东应就其股权转让事项书面通知其他股东征求同意，其他股东自接到书面通知之日起满三十日未答复的，视为同意转让。其他股东半数以上不同意转让的，不同意的股东应当购买该转让的股权；不购买的，视为同意转让……"《婚姻法司法解释（二）》第十六条规定："人民法院审理离婚案件，涉及分割夫妻共同财产中以一方名义在有限责任公司的出资额，另一方不是该公司股东的，按以下情形分别处理：（一）夫妻双方协商一致将出资额部分或者全部转让给该股东的配偶，过半数股东同意、其他股东明确表示放弃优先购买权的，该股东的配偶可以成为该公司的股东；（二）夫妻双方就出资额转让份额和转让价格等事协商一致后，过半数股东不同意转让，但愿意以同等价格购买该出资额的，人民法院可以对转让出资所得财产进行分割。过半数股东不同意转让，也不愿意以同等价格购买该出资额的，视为其同意转让，该股东的配偶可以成为该公司股东。用于证明前款规定的过半数股东同意的证据，可以是股东会决议，也可以是当事人通过其他合法途径取得的股东的书面声明材料。"根据上述法律规定，股东转让股权必须征得过半数股东的同意，并非必须征得其配偶的同意。即使在有限责任公司的出资系夫妻共同财产，但非公司股东的配偶要成为公司的股东，还须征得其他股东的同意，只有在其他股东明确表示放弃优先购买权的情况下，股东的配偶才可以成为该公司的股东。在过半数股东不同意转让，但愿意以同等价格购买该出资额的情况下，只能对转让出资所得财产进行分割。综上所述，股东转让股权必须征得过半数股东的同意，并非必须要征得其配偶的同意。上述法律规定，体现了有限责任公司人合性的法律特征。虽然股权的本质为财产权，但我国《公司法》第四条规定："公司股东依法享有资产收益、参与重大决策和选择管理者等权利。"据此，股权既包括资产收益权，也包括参与重大决策和选择管理者的权利。所以，股权并非单纯的财产权，应为综合性的民事权利。故我国《公司法》第七十一条及《婚姻法司法解释（二）》第十六条规定了股东转让股权必须征得过半数股东的同意，并非必须征得其配偶的同意。且我国现行法律和行政法规没有关于配偶一方转让其在公司的股权须经另一方配偶同意的规定。从本案股权转让的事实看：张某转让其在A工贸公司1,160万元的出资予刘某，获得32,160万元的对价；同时，刘某受让了A工贸公司其余85位隐名股东的全部股权；A工贸公司的法定代表人由张某变更为刘某，并在工商部门进行了变更登记。艾某应当知道其夫张某转让股权的事实。

虽然，涉案股权系张某与其妻艾某的共有财产，最高人民法院《民法通则意见》第89条规定了在共同共有关系存续期间，部分共有人擅自处分共有财产的，一般认定无效。但该条"但书"又规定："第三人善意、有偿取得该财产的，应当维护第三人的合法权益，对其他共有人的损失，由擅自处分共有财产的人赔偿。"再者，《婚姻法司法解释（一）》第十七条第一款第（二）项规定："夫或妻非因日常生活需要对夫妻共同财产做重要处理决定，夫妻应当平等协商取得一致意见。他人有理由相信其为夫妻双方共同意思表示的，另一方不得以不同意或不知道为由对抗善意第三人。"根据该条的立法本意，因夫妻之间存在着特殊的身份关系，故夫妻之间相互享有家事代理权。本案中，两份股权转让协议的原始出资额为1,160万元，但转让价款为32,160万元，是原始出资额的27.7倍，且被告刘某已按约支付了7,600万元的价款，并进行了工商变更登记，被告刘某有理由相信两份股权转让协议系原告艾某、张某夫妇的共同意思表示。这也足以证明被告刘某受让该股权符合善意取得的法律规定。同时，两份股权转让协议并不存在我国《合同法》第五十二条规定的欺诈、胁迫，损害国家利益；恶意串通，损害国家、集体或者第三人利益；以合法形式掩盖非法目的；损害社会公共利益；违反法律、行政法规的强制性规定的情形。根据本案查明的事实，刘某不但受让了张某在A工贸公司的股权，而且以20,277万元收购了A工贸公司85位隐名股东的全部股权。实际上被告刘某及第三人折某、章某、王某、武某共同收购了A工贸公司。

综上所述，原告艾某、张某夫妇主张股权转让协议无效的理由依法不能成立。

最高人民法院判决：驳回艾某、张某的上诉，维持原判。

最高人民法院经审理认为，本案二审的争议焦点是张某与刘某签订的股权转让协议的效力认定问题。

原审判决驳回艾某、张某主张股权转让协议无效的诉讼请求，艾某、张某为此向法院提起上诉，其理由之一是：夫妻一方擅自转让其名下的股权，另一方诉请确认无效，实际是家庭财产纠纷，首先应当适用民法、婚姻法的规定，作为调整商事行为的公司法处于适用的次要地位。二审法院认为，艾某、张某提起本案诉讼，所依据的是张某与刘某签订的两份股权转让协议，并提出确认协议无效、返还股权的诉讼请求。因此，在双方当事人之间形成的是股权转让合同法律关系，本案案由亦确定为股权转让纠纷。故对本案的处理应当适用我国《合同法》《公司法》的相关调整股权转让交易的法律规范，而不应适用调整婚姻及其财产关系的法律规定。艾某、张某的该项上诉理由不能成立。

关于艾某、张某提出的股权转让未经艾某同意，股权转让协议无效的上诉理由，二审法院认为，股权作为一项特殊的财产权，除其具有的财产权益内容外，还具有与股东个人的社会属性及其特质、品格密不可分的人格权、身份权等内容。如无特别约定，对于自然人股东而言，股权仍属于商法规范内的私权范畴，其各项具体权能应由股东本人独立行使，不受他人干涉。在股权流转方面，我国《公司法》确认的合法转让主体也是股东本人，而不是其所在的家庭。本案中，张某因转让其持有的A工贸公司的股权事宜，与刘某签订了股权转让协议，双方从事该项民事交易活动，其民事主体适格，意思表示真实、明确，协议内容不违反我国《合同法》《公司法》的强制性规定，该股权转让协议应认定有效。艾某、张某的该项上诉理由没有法律依据。

综上所述，本案原审判决认定事实清楚，关于本案股权转让协议效力的认定正确，二审法院予以维持，但其引用《民法通则意见》《婚姻法司法解释（一）》《婚姻法司法解释（二）》的相关规定作为判决依据属适用法律不当，二审法院予以纠正。艾某、张某的上诉请求没有事实和法律依据，二审法院不予支持。

【裁判解析】

一、张某转让的股权是否属于艾某与张某的夫妻共同财产？

我国《公司法》第四条规定：“公司股东依法享有资产收益、参与重大决策和选择管理者等权利。”由该条规定可知，股权既包括资产收益权，也包括参与重大决策和选择管理者的权利。所以，股权兼具财产权和人身权属性，是综合性的民事权利。其中，参与重大决策和选择管理者权利具有人身属性，由股东独立行使，资产收益权具有财产属性，为夫妻共同所有。因此，张某在A工贸公司的股权中的财产价值属于艾某与张某的夫妻共同财产。

二、张某是否有权转让其在A工贸公司的股权？

我国《公司法》第七十一条规定："有限责任公司的股东之间可以相互转让其全部或者部分股权。股东向股东以外的人转让股权，应当经其他股东过半数同意。股东应就其股权转让事项书面通知其他股东征求同意，其他股东自接到书面通知之日起满三十日未答复的，视为同意转让。其他股东半数以上不同意转让的，不同意的股东应当购买该转让的股权；不购买的，视为同意转让。经股东同意转让的股权，在同等条件下，其他股东有优先购买权。两个以上股东主张行使优先购买权的，协商确定各自的购买比例；协商不成的，按照转让时各自的出资比例行使优先购买权。公司章程对股权转让另有规定的，从其规定。"可见为维护公司的人合性，公司股东对外转让股权应当经公司其他股东同意，但我国法律没有股东转让股权需要经其家庭成员或配偶同意的相关规定。对于自然人股东而言，股权仍属于商法规范内的私权范畴，其各项具体权能应由股东本人独立行使，不受他人干涉。因此，张某有权转让其在A工贸公司的股权。

三、张某未经配偶同意转让股权是否有效？

股东未经配偶同意单方转让股权涉及《合同法》《公司法》《物权法》和《婚姻法》的交叉运用。如前所述，股权中的财产权利属于夫妻共同所有，如果股权转让行为损害了配偶的财产权利，就有可能被认定为无效。《合同法》第五十二条规定："有下列情形之一的，合同无效：（一）一方以欺诈、胁迫的手段订立合同，损害国家利益；（二）恶意串通，损害国家、集体或者第三人利益；（三）以合法形式掩盖非法目的；（四）损害社会公共利益；（五）违反法律、行政法规的强制性规定。"《民法通则意见》第89条规定："共同共有人对共有财产享有共同的权利，承担共同的义务。在共同共有关系存续期间，部分共有人擅自处分共有财产的，一般认定无效。但第三人善意、有偿取得该财产的，应当维护第三人的合法权益；对其他共有人的损失，由擅自处分共有财产的人赔偿。"根据以上法律规定，如果张某与刘某之间的股权转让行为存在恶意串通、损害艾某利益的情形将被认定为无效，但刘某善意和有偿取得股权，则股权转让有效并由刘某赔偿艾某的损失。结合本案，两份股权转让协议的原始出资额计1,160万元，但转让价款达到32,160万元，是原始出资额的27.7倍。其中，刘某已按照股权转让协议的约定支付了7,600万元的价款，并进行了工商变更登记。此外，刘某还以20,277万元收购了A

工贸公司85位隐名股东的全部股权。对刘某而言，其有理由相信股权转让协议系艾某、张某夫妇的共同意思表示，并且已按约定支付股权转让款。刘某符合第三人善意、有偿取得该财产的规定，而股权转让协议的内容也不违反《合同法》《公司法》的强制性规定。最终，法院认定股权转让协议有效。

二、夫妻关系正常期间，一方转让股权给近亲属的效力如何认定?

案件来源： 上海市第一中级人民法院（2016）沪01民终13917号黄某某诉谢某某等股权转让纠纷案

裁判日期： 2017年3月13日

案件要旨： 谢某某和黄某某夫妻间并无长期矛盾，也非处于矛盾过程中，谢某2有理由相信谢某某出让股权是夫妻双方的共同意思表示。同时，一审已查明，谢某某出具收条确认收到股权转让款200万元，本案也无有效证据证明系争股权以200万元转让是恶意压低价格，则谢某2系善意、有偿取得系争股权，股权转让协议不存在恶意串通损害黄某某利益的情形，应为有效。

【基本案情】

A公司系有限责任公司，成立于1999年10月14日，现公司登记机关登记的股东为谢某1及谢某2。黄某某与谢某某系夫妻关系；谢某1系黄某某与谢某某之子；谢某1与谢某2系父女关系。

2015年3月18日，谢某某、谢某2签署股权转让协议，由谢某某将其持有的A公司62.50%的股权作价50万元转让给谢某2。

2015年3月20日，A公司针对上述股权转让向公司登记机关申请变更登记，A公司的股东由谢某1与谢某某变更为谢某1与谢某2。

2015年11月9日，谢某2向谢某某汇款150万元。

2015年11月9日，谢某某出具收条，确认收到股权转让款200万元。

黄某某向一审法院起诉请求：判令谢某某、谢某2签署的股权转让协议无效，并办理相应的股权变更登记。

一审判决后，黄某某不服判决提起上诉：撤销一审判决，改判支持其一审全部诉讼请求。事实和理由：A公司系家族企业，本案是家庭内部成员互相转让，并非正常的商业行为，应优先适用《婚姻法》及《民法通则》。涉案股权是黄某某与谢某某婚姻关系存续期间取得，属夫妻共同财产，谢某某擅自处分共有财产，黄某某并不知情，应认定无效。谢某2只支付了补偿案外人的150万元，没有支付50万元股权转让款。且一审未查明涉案股权的真正价值，A公司拥有土地、厂房等资产，价值远远大于80万元，仅厂房出租的租金就有140多万元。谢某2对A公司的情况不可能不知情，也知晓家庭内部矛盾，受让股份时更应尽到注意义务，其未审查黄某某是否同意便受让股权，不符合善意第三人的条件。系争转让协议损害了黄某某的利益。

谢某某同意黄某某的上诉请求，股权转让协议无效，应变更回来。

谢某2辩称，系争转让协议合法有效。谢某2支付了股权转让款也办理了变更登记，是善意受让方。不论黄某某是否知道或承认股权转让，谢某2作为善意第三方，协议都是有效的。应维持原判。

谢某1、A公司共同辩称，公司是亏损的，土地的钱还没有付清。股权转让时谢某1承诺赡养父母，但没有具体讲给多少钱。黄某某的上诉请求没有依据，应予驳回。

法院二审期间，黄某某提供租赁合同8份，欲证明A公司租金收入有140多万元。谢某某质证表示认可真实性和证明目的。谢某2质证表示认可真实性，不认可证明目的。谢某1、A公司质证表示认可真实性，认可证明内容，两年前的租金并没有这么高。法院认证认为，租金收入不能证明A公司的股权价值，故法院不予采信。

【法院裁判】

一审法院判决：驳回黄某某的诉讼请求。

一审法院认为，本案争议焦点是：系争股权转让协议是否有效？

股权转让协议系属合同之一种，其效力判断应以《合同法》第五十二条的规定为依据。《合同法》第五十二条规定："有下列情形之一的，合同无效：（一）一方以欺诈、胁迫的手段订立合同，损害国家利益；（二）恶意串通，损害国家、集体或者第三人利益；（三）以合法形式掩盖非法目的；（四）损害社会公共利益；

（五）违反法律、行政法规的强制性规定。”现黄某某主张无效的理由是，系争股权转让协议侵害了黄某某的合法权益，依据上述规定，黄某某应当举证证明谢某某、谢某2存在恶意串通并侵害黄某某权益的事实，但黄某某提供的证据并不足以证明上述事实。而且，黄某某亦未能提供证据证明系争股权转让协议存在其他法定无效事由，故黄某某应当承担举证不能的法律后果。具体来说：

第一，系争股权转让协议签订时，黄某某与谢某某之间的夫妻关系仍在存续，且并未处于诉讼期间，故无法认定谢某某存在擅自转移夫妻共同财产的恶意。加之，谢某2已经向谢某某实际支付了股权转让款，该事实足以表明，谢某某处分系争股权已经获取了相应的对价，而谢某2取得系争股权亦支付了相应的对价。综合上述分析，无法推定谢某某、谢某2之间存在恶意串通的事实。需要说明的是，即便黄某某与谢某某之间存在一定的矛盾，该情况亦属于夫妻生活的正常状态，不能以此推断谢某某存在擅自转移夫妻共同财产的恶意。

第二，如上文所述，因谢某2已经超额支付股权转让款，谢某某已经取得相应的对价，亦无证据证明系争股权转让款的金额过低，故难以认定黄某某的权益已经实际受到侵害。至于谢某某收到股权转让款以后的处置问题，则与本案无关。需要说明的是，关于黄某某认为系争股权转让款的金额过低的问题，因黄某某未能举证证明系争股权转让款的金额显著低于市场价值，且即便黄某某能够举证证明，但因股权转让款的金额过低并非属于系争股权转让协议无效的法定事由，故对黄某某的上述观点不予采信。

第三，系争股权转让协议已经履行完毕，A公司已经就系争股权转让办理了股东姓名变更登记，而由于公司登记机关对股东姓名的登记具有公示效力，A公司之外的商事主体可以基于信赖上述公示的内容而为相应的民事法律行为，换言之，公司登记机关公示的内容会涉及A公司之外的商事主体的利益，因此，在无充分证据的情况下，不应轻易确定系争股权转让协议无效。

第四，股权属财产之一种，但其特殊性在于，股权的归属须通过公司登记机关的登记对外进行公示，而由于该公示对公司之外的商事主体具有公信力，故公司之外的商事主体基于对公示内容的信赖，完全有理由相信公司登记机关登记的股东有权处置登记在其名下的股权，而无须再去审查该股权是否属共有财产等内容。因此，谢某某完全有权处置登记在其名下的股权。基于上述分析，黄某某欲从无权处分夫妻共同财产的角度主张系争股权转让协议无效，显然不能得到支持。黄某某若欲主张谢某某、谢某2签署的股权转让协议无效，则应举证证明系争股权转让协议存在合同法第五十二条规定的法定无效事由，但黄某某显然未能尽到举证责任。

第五，黄某某认为，谢某2并未支付股权转让款。对此，谢某2已经提供金额为150万元的转账凭条，谢某某亦出具了相应的收条，而且，黄某某并未能提供证据证明该150万元款项系作他用，故有充分理由认定谢某2已经支付了股权转让款。关于谢某2实际支付的转让款金额高于系争股权转让协议的约定的问题，谢某2对此的解释是，黄某某与谢某某的女儿知晓系争股权转让协议后，曾提出异议，认为股权转让的价值过低，根据家庭内部协商的结果，谢某2同意超额支付股权转让款以平息家庭内部争议，谢某某对谢某2的上述解释予以认可。谢某2的上述解释具有合理性，谢某某亦予以认可，故予以采信。

综上分析，系争股权转让协议合法有效，故对黄某某要求确认系争转让协议无效的诉讼请求不予支持。因系争转让协议合法有效，故黄某某要求办理工商变更登记的诉讼请求，缺乏法律依据，亦不予支持。

二审法院判决：驳回上诉，维持原判。

二审法院认为，本案争议焦点在于系争股权转让协议是否存在无效情形。根据法律规定，夫或妻非因日常生活需要对夫妻共同财产做重要处理决定，夫妻双方应当平等协商，取得一致意见，他人有理由相信其为夫妻双方共同意思表示的，另一方不得以不同意或不知道为由对抗善意第三人。本案中标的公司原股东为谢某某和其子谢某1，股权转让发生在谢某某和其孙女谢某2之间。综合本案情形，谢某某和黄某某夫妻间并无长期矛盾，也非处于矛盾过程中，谢某2有理由相信谢某某出让股权是夫妻双方的共同意思表示。同时，一审已查明，谢某某出具收条确认收到股权转让款200万元，本案也无有效证据证明系争股权以200万元转让是恶意压低价格，则谢某2系善意、有偿取得系争股权，股权转让协议不存在恶意串通损害黄某某利益的情形，应为有效。

【裁判解析】

一、黄某某主张系争股权转让协议侵害其合法权益，举证责任由谁承担？《民事诉讼法》第六十四条规定："当事人对自己提出的主张，有责任提供证据……"黄某某主张系争股权的转让侵害其合法权益而无效，黄某某有责任对其主张所依据的事实提供证据加以证明，如果没有证据或者证据不足以证明其事实主张的，由黄某某承担不利后果。

二、本案系争股权的转让发生在谢某某与黄某某婚姻关系存续期间，股权转让是否有效，可以适用以下法律规定：

1.《公司法》的相关规定

第七十一条　有限责任公司的股东之间可以相互转让其全部或者部分股权。

股东向股东以外的人转让股权，应当经其他股东过半数同意。股东应就其股权转让事项书面通知其他股东征求同意，其他股东自接到书面通知之日起满三十日未答复的，视为同意转让。其他股东半数以上不同意转让的，不同意的股东应当购买该转让的股权；不购买的，视为同意转让。

经股东同意转让的股权，在同等条件下，其他股东有优先购买权。两个以上股东主张行使优先购买权的，协商确定各自的购买比例；协商不成的，按照转让时各自的出资比例行使优先购买权。

公司章程对股权转让另有规定的，从其规定。

2.《婚姻法》的相关规定

第十七条　夫妻在婚姻关系存续期间所得的下列财产，归夫妻共同所有：（一）工资、奖金；（二）生产、经营的收益；（三）知识产权的收益；（四）继承或赠与所得的财产，但本法第十八条第三项规定的除外；（五）其他应当归共同所有的财产。夫妻对共同所有的财产，有平等的处理权。

3.《婚姻法司法解释（一）》的相关规定

第十七条　婚姻法第十七条关于“夫或妻对夫妻共同所有的财产，有平等的处理权”的规定，应当理解为：（一）夫或妻在处理夫妻共同财产上的权利是平等的。因日常生活需要而处理夫妻共同财产的，任何一方均有权决定。（二）夫或妻非因日常生活需要对夫妻共同财产做重要处理决定，夫妻双方应当平等协商，取得一致意见。他人有理由相信其为夫妻双方共同意思表示的，另一方不得以不同意或不知道为由对抗善意第三人。

4.《合同法》的相关规定

第五十一条　无处分权的人处分他人财产，经权利人追认或者无处分权的人订立合同后取得处分权的，该合同有效。

第五十二条　有下列情形之一的，合同无效：（一）一方以欺诈、胁迫的手段订立合同，损害国家利益；（二）恶意串通，损害国家、集体或者第三人利益；（三）以合法形式掩盖非法目的；（四）损害社会公共利益；（五）违反法律、行政法规的强制性规定。

5.《物权法》的相关规定

第一百零六条　无处分权人将不动产或者动产转让给受让人的，所有权人有权追回；除法律另有规定外，符合下列情形的，受让人取得该不动产或者动产的所有权：（一）受让人受让该不动产或者动产时是善意的；（二）以合理的价格转让；（三）转让的不动产或者动产依照法律规定应当登记的已经登记，不需要登记的已经交付给受让人。受让人依照前款规定取得不动产或者动产的所有权的，原所有权人有权向无处分权人请求赔偿损失。当事人善意取得其他物权的，参照前两款规定。

6.《民法通则意见》的相关规定

89. 共同共有人对共有财产享有共同的权利，承担共同的义务。在共同共有关系存续期间，部分共有人擅自处分共有财产的，一般认定无效。但第三人善意、有偿取得该财产的，应当维护第三人的合法权益；对其他共有人的损失，由擅自处分共有财产的人赔偿。

本案案由为股权转让纠纷，应适用《公司法》《合同法》等法律规定。根据《公司法》的规定，谢某某作为A公司的股东，有权遵循《公司法》的规定自行处分其名下的股权，无须征得其配偶黄某某的同意。但股权所包含的财产利益是谢某某与黄某某的夫妻共同财产，如果谢某某与谢某2恶意串通，确有可能存在损害黄某某利益的情形。判断涉案股权转让协议是否损害黄某某的利益，可以从两方面对股权转让协议加以考量，一是作为股权受让方的谢某2在受让股权时是否为善意，二是股权转让的对价是否合理。首先，股权转让时，谢某某与黄某某夫妻关系正常，谢某2系谢某某的孙女，黄某某在上诉中称存在家庭内部矛盾且谢某2应知晓，但黄某某并未提供证据证明当时存在夫妻矛盾。相反地，股权转让前后黄某某也没有提起过离婚诉讼，也表明黄某某与谢某某的夫妻关系正常，而股权转让正是处于黄某某与谢某某的夫妻关系正常期间。作为双方的孙女，谢某2有理由相信谢某某出让股权是夫妻双方的共同意思表示，因此谢某2受让股权是善意的。其次，谢某某出具收条确认收到股权转让款200万元，证实谢某2支付了股权转让款，且有偿取得股权。影响股权价格的因素有很多，近亲属间转让股权，除考虑股权本身的价值外，很可能还会附带感情因素。关于转让价格的增加，谢某2解释经家庭内部协商认为股权转让的价值偏低，遂增加股权转让款，该解释合情合理。在黄某某没有申请法院对股权价值审计的情况下，黄某某恶意压低价格的主张难以成立。从上述两点来看，谢某2受让股权是善意的，也支付了合理的对价。因此，股权转让协议不存在恶意串通损害黄某某利益的情形，应为有效。

三、离婚诉讼期间，夫妻一方转让其名下股权的效力如何认定？

案件来源：上海市第一中级人民法院（2016）沪01民终5969号判决
汤某2诉沈某某股权转让纠纷案

裁判日期：2016年8月4日

案件要旨：汤某2和汤某1、A公司并未举证证明汤某2所取得的股权系其明确对其个人的赠与，理应承担举证不能的不利法律后果，故该股权仍应属于夫妻共同财产。股权包括身份和财产方面的双重权利，夫妻在婚姻关系存续期间所得的财产，归夫妻共同所有。股权的受让人均系汤某2的亲属，且发生在夫妻离婚诉讼期间，受让人均明知或应知夫妻感情发生变故，却仍在未通知或征求沈某某意见的情况下，与汤某2签订股权转让协议，且均以1万元的价款受让汤某2所持有的公司股份，其均不能以善意取得主张取得上述股权的所有权。

【基本案情】

沈某某与汤某2系夫妻关系，双方于2004年11月29日依法登记结婚。由于夫妻矛盾激烈，沈某某已于2015年9月1日向一审法院提起离婚诉讼，一审法院于同日受理此案，现该案仍在审理中。汤某1与汤某2系父子关系。沈某1系汤某2之姨夫。汤某2于2013年6月15日分别与汤某1、沈某1各签订股权转让协议一份，均以1万元的价款受让了汤某1、沈某1持有的A公司59%、40%的股份。汤某2分别与汤某1、沈某1于2015年12月15日各签订股权转让协议一份，汤某1、沈某1均以1万元的价款受让了汤某2所持有的A公司59%、40%的股份。上述股权变更事项均办理了工商变更登记。其中，汤某2最后将股权转让给汤某1、沈某1时，未经得沈某某同意。

汤某2和汤某1、A公司自认在上述股权转让时，股权转让协议中所约定的股权转让款均系为工商变更登记的需要，实际均未实际支付。汤某2和汤某1、A公司称，A公司名下拥有建筑面积近1,500平方米的房产一处，市场价值约在3,000万元以上。

沈某某向一审法院起诉请求：确认汤某2与汤某1、沈某1于2015年12月15日所为的有关A公司的股权转让行为无效；汤某2与汤某1、沈某1、A公司应办理股权返还的工商变更登记，将已登记于汤某1、沈某1名下的99%的A公司股权返还至汤某2名下。

一审判决后，汤某1、A公司不服判决提起上诉：撤销一审法院判决，改判驳回被上诉人沈某某的一审诉讼请求。事实和理由：汤某2的股权系从其父母处无偿赠与所得，而非有偿受让所得。上诉人在一审中提供证据，可证明标的公司净资产达数千万以上，工商局备案的股权转让协议中应支付的对价与实际股权的价值相差甚远，不符合常理。汤某2原在标的公司的股份系其婚内个人财产，其有权自由处分，上诉人与汤某2不存在恶意串通之行为，更未损害被上诉人的合法权益。故一审认定事实不清，适用法律错误，判决显失公平、公正。沈某某辩称，不同意汤某1、A公司的上诉请求。一审判决认定事实清楚，适用法律正确，故请求二审法院驳回上诉，维持原判。

汤某2述称，请求撤销一审法院判决，改判驳回被上诉人沈某某的一审诉讼请求。沈某1未作答辩，亦未提供证据。

【法院裁判】

一审法院判决：一、确认汤某2分别与汤某1、沈某1于2015年12月15日所签订的关于A公司的股权转让协议无效；二、汤某1、沈某1应于判决生效之日起30日内将其所持有的A公司59%、40%的股权返还至汤某2名下，汤某2、A公司对此应予协助配合。

一审法院认为，本案的争议焦点可归纳为：一、汤某2所转让给汤某1、沈某1的99%的A公司股权是否属于其与沈某某的夫妻共同财产。二、该股权转让行为的性质与效力如何，沈某某是否有权要求返还上述股权。对于第一点，沈某某与汤某2于2004年11月登记结婚，而系争股权系汤某2于2013年6月15日自汤某1及沈某1处取得，汤某2取得该股权的时间发生在夫妻关系存续期间。双方的争议在于沈某某认为汤某2取得上述股权系基于真实有效的股权转让合同关系，而汤某2和汤某1、A公司则认为股权转让仅系形式需要，实际为汤某2父亲汤某1对其个人的股份赠与，且非对夫妻双方的赠与。对此，一审法院认为，父母与子女或亲属之间的股权变更，不能仅以价格认定其性质系转让抑或是赠与，该种特殊主体关系下的股权转让价款的高低往往掺杂其他家庭或感情因素，故汤某 2 和汤某 1、A 公司仅以上述股权转让价格与公司资产相比明显过低，故实际应为赠与的答辩意见，依据不足，不予采信。现汤某 2 均系通过股权转让协议的形式取得对应股权，并办理了股权变更登记，且法律并未禁止亲属之间进行股权的赠与，其完全可以通过赠与的形式完成股权的变更，故汤某 2 与其亲属间所签订的两份股权转让协议应视为系当事人真实意思的表示，其股权转让的性质并不因价款的高低发生变化，故沈某某所称汤某 2 系通过股权转让取得对应股份的意见有事实及法律依据，予以采纳。退一步讲，即使汤某 2 取得上述股权系基于其亲属对其的赠与，但根据《婚姻法》的相关规定，在婚姻存续期间，夫妻一方基于赠与所取得财产归夫妻共同所有，除非赠与合同明确只归夫或妻一方的财产，现汤某 2 和汤某 1、A 公司并未举证证明汤某 2 所取得的股权系其明确对其个人的赠与，理应承担举证不能的不利法律后果，故该股权仍应属于夫妻共同财产。汤某 2 和汤某 1、A 公司认为股权仅登记于汤某 2 一人名下，即应视为对其个人的赠与缺乏法律依据，对此不予采纳。关于第二点，夫妻对于共同财产有平等的处理权，非因日常生活需要对夫妻共同财产做重要处理决定，夫妻双方应平等协商，取得一致意见。《公司法》虽对有限公司的股份转让有相应的治理规则，但该法与《婚姻法》的相关规定并不矛盾。股权包括身份和财产方面的双重权利，汤某 2 作为公司登记股东有权依照《公司法》的规定转让其股权，但依据《婚姻法》及其解释，其转让行为不得侵犯其配偶作为共有人的利益。本案中，汤某 2 的转让行为虽形式上符合公司法的相关规定，但其转让的股权系夫妻共有，在未经沈某某同意的情况下，其擅自将上述股权转让的行为当然侵害了沈某某一方的权益，依据相关法律的规定可认定为无效。民事法律行为中第三人可以适用善意取得的要件之一是受让财产时系善意，且支付了合理对价。而本案中股权的受让人均系汤某 2 的亲属，且发生在夫妻离婚诉讼期间，受让人均明知或应知夫妻感情发生变故，却仍在未通知或征求沈某某意见的情况下，与汤某 2 签订股权转让协议，且均以 1 万元的价款受让汤某 2 所持有的公司股份，无论该 1 万元是否实际支付，其均不能以善意取得主张取得上述股权的所有权，况且汤某 2 和汤某 1、A 公司也均认可该价款明显过低。因此，汤某 2 与汤某 1、沈某 1 应属恶意串通，签订股权转让协议，势必损害了沈某某的利益，依法同样应属无效。综上所述，汤某 2 与汤某 1、沈某 1 所签订的股权转让协议属无效，无效合同自然没有法律约束力，汤某 1、沈某 1 依该合同所取得的财产，应当予以返还。

二审法院判决：驳回上诉，维持原判。

二审法院认为，本案的争议焦点为汤某2转让股权给汤某1、沈某1的行为是否损害了沈某某的利益。现汤某1、A公司上诉认为汤某2的股权系无偿赠与所得，汤某2原在标的公司的股份系其婚内个人财产，其有权自由处分，上诉人与汤某2不存在恶意串通之行为。对此，法院作如下评判：首先，股权的取得分为原始取得和继受取得。原始取得是指股东基于股权投资而取得股东地位，而继受取得是指基于其他合法原因而取得股东地位，如因受让、受赠、继承、合并等原因而取得股权。本案中，汤某1认为汤某2的股权系无偿赠与所得，但未提供相应证据予以证明。相反，工商备案的股权转让协议中约定了应支付的对价。汤某2系通过继受取得的方式获得了涉案争议股权。其次，股权包括身份和财产方面的双重权利。汤某2在取得股权之时，既未与沈某某约定，该股权属于其个人财产，也无证据表明该股权系其父母无偿赠与或由其父母赠与汤某2个人所有。不论因何种原因取得股权，汤某2都可进行转让。最后，转让股权所得收益属于夫妻共同财产。夫妻在婚姻关系存续期间所得的财产，归夫妻共同所有。汤某2取得并转让A公司股权的行为均发生在其与沈某某夫妻关系存续期间，双方对于婚内财产归属未做明确约定，转让股权的所得当然属于夫妻共同财产。《婚姻法司法解释（三）》第五条规定，夫妻一方个人财产在婚后产生的收益，除孳息和自然增值外，应认定为夫妻共同财产。退一步讲，即使涉案争议股权系汤某2父母赠与其个人所有，股权在婚后产生的增值、收益亦属夫妻共同财产。如汤某2恶意低价或无偿转让股权，势必损害沈某某应当享有的财产收益。本案股权转让行为发生在沈某某向法院提起离婚诉讼之后，汤某2和汤某1明知A公司名下存在大量净资产，双方约定的股权转让价格与公司资产相差悬殊，而股权价格的高低直接影响了汤某2转让股权所得收益的大小。因此，法院认为，汤某2与汤某1、沈某1之间存在恶意串通，该转让股权的行为损害了沈某某的利益。沈某1未到庭参加诉讼，视为其对自身诉讼权利的放弃，应承担举证责任的不利后果。汤某1和A公司的上诉主张，法院难以采信。

【裁判解析】

一、本案涉及的股权是否属于沈某某与汤某2的夫妻共同财产。根据《公司法》第四条的规定："公司股东依法享有资产收益、参与重大决策和选择管理者等权利。"股权是包括身份和财产权利的综合性权利。《婚姻法》第十七条规定："夫妻在婚姻关系存续期间所得的下列财产，归夫妻共同所有：（一）工资、奖金；（二）生产、经营的收益；（三）知识产权的收益；（四）继承或赠与所得的财产，但本法第十八条第三项规定的除外；（五）其他应当归共同所有的财产。夫妻对共同所有的财产，有平等的处理权。”本案股权系汤某2于2013年6月15日自汤某1及沈某1处取得，股权取得的时间发生在夫妻关系存续期间，沈某某与汤某2对婚内取得的财产的归属没有特别约定。至于汤某1、A公司主张汤某2的股权系无偿赠与所得，应属于其婚内个人财产，因汤某1、A公司没有相应的证据予以佐证，且依据工商备案文件，股权转让协议约定了相应的对价。根据《民事诉讼证据规定》第二条的规定：“当事人对自己提出的诉讼请求所依据的事实或者反驳对方诉讼请求所依据的事实有责任提供证据加以证明。没有证据或者证据不足以证明当事人的事实主张的，由负有举证责任的当事人承担不利后果。”由汤某1、A公司承担对其不利的法律后果。因此，本案股权对应的财产价值应属于沈某某与汤某2的夫妻共同财产。

二、汤某2与汤某1、沈某1关于A公司99%的股权转让协议是否有效。根据《合同法》第五十二条规定：“有下列情形之一的，合同无效：（一）一方以欺诈、胁迫的手段订立合同，损害国家利益；（二）恶意串通，损害国家、集体或者第三人利益；（三）以合法形式掩盖非法目的；（四）损害社会公共利益；（五）违反法律、行政法规的强制性规定。”和《民法通则意见》第八十九条规定：“共同共有人对共有财产享有共同的权利，承担共同的义务。在共同共有关系存续期间，部分共有人擅自处分共有财产的，一般认定无效。但第三人善意、有偿取得该财产的，应当维护第三人的合法权益；对其他共有人的损失，由擅自处分共有财产的人赔偿。”本案中沈某某已于2015年9月1日向一审法院提起离婚诉讼，汤某2与汤某1、沈某1的股权转让行为发生在2015年12月15日，也就是沈某某提起离婚诉讼后。作为股权的受让方，汤某1、沈某1乃是汤某2的亲属，对汤某2与沈某某正处理离婚诉讼中不可能不知晓。二人明知汤某2与沈某某处于夫妻矛盾期间且已提起离婚诉讼，仍然在未征求沈某某意见的情况下受让股权，难以认定汤某1、沈某1受让股权是善意的。另外，汤某2和汤某1、A公司称，A公司名下拥有建筑面积近1,500平方米的房产一处，市场价值约在3,000万元以上。股权转让各方明知A公司拥有巨额净资产，还是以明显不合理的1万元低价转让股权，显然损害沈某某的合法权益。因此，法院以汤某2与汤某1、沈某1之间存在恶意串通，认定汤某2与汤某1、沈某1关于A公司99%的股权转让协议无效。

四、家事代理权在夫妻一方股权转让中的效力认定

案件来源：北京市第二中级人民法院（2014）二中民终字第06187号判决丁某等与余某股权转让纠纷案

裁判日期：2014年6月20日

案件要旨：丁某转让其所持有的A公司股权属于非因日常生活需要对夫妻共同财产做重要处理决定，故丁某应征得余某的同意，现丁某并未提供证据证明取得了余某的同意，故丁某系在未征得余某同意的情况下转让其持有的A公司股权。丁某某系丁某的弟弟，其应当知道丁某持有的A公司股权属于丁某和余某的夫妻共同财产，因丁某某未能举证证明其在受让股权时已审查余某同意丁某进行股权转让，故丁某某不属于善意第三人。

【基本案情】

余某和丁某系夫妻关系，双方于2005年1月31日登记结婚。丁某和丁某某系兄弟关系。2013年9月2日，丁某向一审法院起诉，称其与余某婚后感情一般，双方经常吵架，丁某对婚姻丧失信心，双方感情完全破裂，故要求与余某离婚，2013年10月11日，因丁某撤回起诉，一审法院裁定同意丁某撤诉。2008年2月4日，余某和买某某共同设立A公司，A公司注册资本50万元，其中股东余某货币出资10万元，实物出资15万元，股东买某某货币出资20万元，实物出资5万元，余某为A公司的法定代表人。其后，A公司注册资本从50万元增加至500万元，股东变更为余某、吴某某和韩某某，余某的货币出资为160万元，实物出资15万元。2012年8月，余某将其所持有的A公司股权转让至丁某名下，2012年8月10日，丁某作为A公司的股东与韩某某、吴某某签订A公司章程，其后，A公司在工商行政管理机关办理了股东变更相关登记手续。2013年6月，丁某将其持有的A公司的所有股权转让给丁某某并办理了工商登记手续，余某当时对该转让行为并不知情。

余某在一审中起诉称：余某和丁某系夫妻关系，丁某和丁某某系兄弟关系。2008年2月4日，余某和买某某共同设立A公司，余某是股东并担任法定代表人。余某占有A公司50%股份。A公司经营状况良好，注册资金由50万元增加为500万元。2012年8月，余某和丁某的夫妻感情出现问题，丁某要求余某把A公司的股权变更到丁某名下。余某为维系夫妻感情，配合丁某办理了股权转让。但此后，丁某仍然起诉离婚。2013年9月10日，余某发现丁某在决定离婚时，未经余某同意，与丁某某恶意串通，将其名下的A公司股权转让给丁某某。丁某未经余某同意，擅自处分夫妻共同财产的行为，侵犯了余某的合法权益。丁某某根本不在北京，且明知丁某和余某夫妻感情出现矛盾，还在余某不知情的情况下接受A公司的股权，显属恶意。故余某诉至一审法院，要求：1. 判令丁某和丁某某关于A公司的股权转让行为无效；2. 判令丁某和丁某某承担本案诉讼费用。

丁某称，因其欠买某某150万元债务，故将其持有的A公司股权以175万元的价格转让给丁某某，在取得股权转让款后即清偿了买某某150万元债务。丁某某称其通过银行转账向丁某支付150万元，并支付25万元现金。余某认为丁某根本不欠买某某任何债务，也不认可丁某某已向丁某支付175万元股权转让款。

一审判决后，丁某、丁某某均不服一审法院民事判决，向法院提起上诉。丁某、丁某某的主要上诉理由为：第一，一审法院判决认定丁某转让股权存在恶意是错误的。丁某转让股权是为了偿还夫妻共同债务，这种处理方式余某应当是默认的，为了向A公司增资，余某作为当时的股东，需要向A公司缴纳150万元的股款，丁某夫妇向买某某借款150万元，有买某某的银行转账记录可以证明上述借款已经打入余某的账户，并最终打入了A公司账户，足以说明借款事实的存在，在上述借款经过近一年时间后，丁某夫妇未能还款，丁某这才不得不转让股权。丁某将股权转让给丁某某后，将150万元分三次转入买某某的账户，足以证明丁某是将股权转让款基本用于清偿夫妻共同债务。丁某向丁某某转让股权不构成恶意，未侵犯余某的合法权益。丁某和丁某某虽然是兄弟，但不妨碍相互转让财产，而且丁某某支付了股权转让对价，A公司其他股东也是基于对丁某的认知才同意接纳丁某某作为新的股东，丁某某不参与A公司实际经营管理，并不影响其股东权益的行使。第二，一审法院判决认定丁某某应当知道股权属于丁某与余某夫妻共同财产、受让股权不构成善意取得是错误的。由于丁某某并不生活在北京，其对丁某夫妇的生活情况并不必然知情，并不必然知道股权属于夫妻共同财产，丁某某在受让股权时只需要了解受让股权时A公司是否有此股东、工商行政管理机关是否有登记，就已经尽到了审查义务，而且丁某某已支付了股权转让款，其受让股权的行为是善意第三人，股权转让行为不应当被认定无效。第三，一审法院判决适用法律错误，股权转让行为应受《公司法》调整。丁某系A公司合法股东，其权利义务应受到《公司法》和A公司章程的相关规定进行调整，本案的股权转让协议和股权转让行为应依据《公司法》的规定来进行审查，不应该适用《婚姻法》的相关规定。第四，本案股权转让行为已经依法完成并在工商行政管理机关办理了变更登记，已经产生了公示的效力，丁某某已经成为A公司的合法股东，为维护交易稳定，法院不宜判决股权转让行为无效。综上所述，丁某、丁某某请求二审法院撤销一审法院判决，驳回余某的诉讼请求，并判令余某承担本案诉讼费。

余某在二审中答辩称：第一，丁某和余某夫妇根本就不存在夫妻共同债务，也不欠买某某150万元，买某某是A公司财务人员，管理着公司账内账外所有资金，其向余某账户打款时，余某系A公司法定代表人，买某某打款是职务行为，不能以有打款行为就证明是买某某借款给了余某。第二，在本案股权转让过程中，丁某某不是善意第三人，其与丁某存在恶意串通。第三，丁某某所称已支付股权转让款，但余某认为就目前丁某某和丁某所举的证据来看，尚不足以证明这一事实。第四，本案是家庭财产纠纷，应当综合适用《婚姻法》《合同法》《民法通则》的相关规定，一审法院判决适用法律是正确的。综上所述，余某请求二审法院驳回丁某和丁某某的上诉请求，维持一审法院判决。

二审庭审中，余某、丁某共同确认，余某在2012年8月将其所持有的A公司股权转让给丁某。

【法院裁判】

一审法院判决：确认丁某和丁某某关于A公司的股权转让行为无效。

一审法院判决认定：余某和丁某于2005年1月31日结婚，余某婚后持有的A公司的股权属于夫妻共同财产，丁某受让余某在A公司的股权同样属于夫妻共同财产。根据《婚姻法》第十七条之规定，夫妻对共同所有的财产，有平等的处理权，丁某在余某不知情的情况下转让其持有的A公司股权，存在恶意。丁某某系丁某的弟弟，应当知道丁某所持有的股权属于夫妻共同财产，丁某某在余某不知情的情况下受让股权的行为不构成善意取得，故丁某和丁某某就A公司的股权转让行为应属无效。

二审法院判决如下：驳回上诉，维持原判。

二审法院认为：余某和丁某于2005年1月31日登记结婚，丁某于2012年8月受让余某持有的A公司股权，成为A公司的股东，丁某持有的A公司股权系在丁某与余某婚姻关系存续期间获得的财产。本案中，丁某与余某并未以书面方式约定婚姻关系存续期间所得的财产归各自所有，丁某持有的A公司股权亦不属于《婚姻法》第十八条规定的属于夫妻一方的财产，因此丁某持有的A公司股权属于丁某和余某的夫妻共同财产。《婚姻法》第十七条第二款规定："夫妻对共同所有的财产，有平等的处理权。"《婚姻法司法解释（一）》第十七条规定："婚姻法第十七条关于'夫或妻对夫妻共同所有的财产，有平等的处理权'的规定，应当理解为：（一）夫或妻在处理夫妻共同财产上的权利是平等的。因日常生活需要而处理夫妻共同财产的，任何一方均有权决定。（二）夫或妻非因日常生活需要对夫妻共同财产做重要处理决定，夫妻双方应当平等协商，取得一致意见。他人有理由相信其为夫妻双方共同意思表示的，另一方不得以不同意或不知道为由对抗善意第三人。"就本案来看，丁某转让其所持有的A公司股权属于非因日常生活需要对夫妻共同财产做重要处理决定，故丁某应征得余某的同意，现丁某并未提供证据证明取得了余某的同意，故丁某系在未征得余某同意的情况下转让其持有的A公司股权。丁某某系丁某的弟弟，其应当知道丁某持有的A公司股权属于丁某和余某的夫妻共同财产，因丁某某未能举证证明其在受让股权时已审查余某同意丁某进行股权转让，故丁某某不属于善意第三人。《合同法》第五十二条规定："有下列情形之一的，合同无效：（一）一方以欺诈、胁迫的手段订立合同，损害国家利益；（二）恶意串通，损害国家、集体或者第三人利益；（三）以合法形式掩盖非法目的；（四）损害社会公共利益；（五）违反法律、行政法规的强制性规定。"因此，丁某和丁某某就转让A公司股权签订的股权转让协议违反了《婚姻法》第十七条的规定，应属无效，余某主张丁某和丁某某关于A公司的股权转让行为无效的诉讼请求于法有据。丁某、丁某某提出的丁某不属于恶意转让股权、丁某某系善意第三人、本案应适用《公司法》不应适用《婚姻法》、股权变更登记已完成不宜认定股权转让行为无效的上诉主张均缺乏事实和法律依据，法院均不予支持。

【裁判解析】

余某和丁某于2005年1月31日登记结婚，丁某于2012年8月受让余某持有的A公司股权，成为A公司的股东，丁某持有的A公司股权系在丁某与余某婚姻关系存续期间取得的财产。根据《婚姻法》第十七条的规定："夫妻在婚姻关系存续期间所得的下列财产，归夫妻共同所有：（一）工资、奖金；（二）生产、经营的收益；（三）知识产权的收益；（四）继承或赠与所得的财产，但本法第十八条第三项规定的除外；（五）其他应当归共同所有的财产。”第十九条的规定：“夫妻可以约定婚姻关系存续期间所得的财产以及婚前财产归各自所有、共同所有或部分各自所有、部分共同所有。约定应当采用书面形式。没有约定或约定不明确的，适用本法第十七条、第十八条的规定。夫妻对婚姻关系存续期间所得的财产以及婚前财产的约定，对双方具有约束力。”本案中，余某和丁某之间并没有关于婚姻关系存续期间所得财产的归属的书面约定，因此，丁某名下A公司的股权应属于丁某和余某的夫妻共同财产。

《婚姻法》第十七条第二款规定：“夫妻对共同所有的财产，有平等的处理权。”《婚姻法司法解释（一）》第十七条规定：“婚姻法第十七条关于‘夫或妻对夫妻共同所有的财产，有平等的处理权’的规定，应当理解为：（一）夫或妻在处理夫妻共同财产上的权利是平等的。因日常生活需要而处理夫妻共同财产的，任何一方均有权决定。（二）夫或妻非因日常生活需要对夫妻共同财产做重要处理决定，夫妻双方应当平等协商，取得一致意见。他人有理由相信其为夫妻双方共同意思表示的，另一方不得以不同意或不知道为由对抗善意第三人。”显然，股权投资属于重大的家庭对外经营活动，转让股权是对家庭重要资产的处分，该等处分超出了日常生活需要的范畴。因此，虽然丁某可以依照《公司法》及A公司章程的规定转让其所持有的公司股权，但因该处分行为系非因日常生活需要而对其夫妻共同财产作出重要处理决定，应和余某平等协商一致后方可进行。如果未能协商一致即作处理，则构成擅自处分，其行为一般应当被确认为无效，但是丁某某善意、有偿取得该股权的情况除外。丁某主张其转让股权是余某默认的，应对其主张所依据的事实提供证据加以证明，现在丁某未能举证证明，应承担举证不能的法律后果。另外，根据《民法通则意见》第66条的规定：“一方当事人向对方当事人提出民事权利的要求，对方未用语言或者文字明确表示意见，但其行为表明已接受的，可以认定为默示。不作为的默示只有在法律有规定或者当事人双方有约定的情况下，才可以视为意思表示。”本案中，余某对丁某的股权转让行为没有进行追认，其不作为的沉默不属于法律规定可视为意思表示的情形，因此丁某的主张也不能成立。丁某某作为丁某的弟弟，明知受让的股权系丁某与余某的夫妻共同财产且丁某与余某处于婚姻关系存续期间，但丁某某不仅未能提供证据证明其已对该股权转让是否已经征得余某同意进行了必要的审查，而且也未能提供证据证明其已支付了股权转让的对价，故其受让行为不能构成善意取得。根据《合同法》第五十二条规定：“有下列情形之一的，合同无效：（一）一方以欺诈、胁迫的手段订立合同，损害国家利益；（二）恶意串通，损害国家、集体或者第三人利益；（三）以合法形式掩盖非法目的；（四）损害社会公共利益；（五）违反法律、行政法规的强制性规定。”由此，本案丁某、丁某某恶意转让股权，损害余某的利益，应当被确认为无效。

第二节　夫妻一方赠与名下股权

一、股权赠与子女经过公证，是否就归子女个人所有？

案件来源： 上海市徐汇区人民法院（2014）徐民一（民）初字第6369号判决叶某与裘某离婚纠纷案

裁判日期： 2014年10月23日

案件要旨： 本案股票系被告父母在原、被告婚姻关系存续期间赠与被告，从《赠与书》的内容表述看，股权无偿赠送给女儿裘某的意思表示明确，但没有载明股权只归裘某一个人，与叶某无关。故上述财产应系原、被告的夫妻共同财产。

【基本案情】

叶某、裘某于2000年4月18日登记结婚，双方均系再婚，婚后未生育或收养子女。双方自2012年12月18日起开始分居至今。叶某曾于2013年9月向法院起诉要求与裘某离婚，但未获准许。

裘某父亲裘某某、母亲冯某某于2001年8月6日在公证处的见证下立《赠与书》一份，内容为：“我们裘某某、冯某某是夫妻，共同拥有上海银行（原上海城市合作银行）股权证号：00100900××××内持股数：83,000股的产权，现自愿将上述股权无偿赠送给女儿裘某所有。本赠与在受赠人接受赠与并办理了股权过户手续后成立。”同日，裘某在公证处的见证下立《受赠书》一份，表示接受其父母对其的赠与。2001年9月25日上海银行向裘某发放股权证号为00100903××××

《个人股东股权证》，载明股份类别为人民币普通股，每股面值为人民币 1 元，持股数为 83,000 股。2002 年 9 月 30 日，裘某父亲裘某某出具《收条》一份，内容为："今收到卖出上海银行个人股肆万股每股肆元整共计壹拾陆万元整（现金）此致。"庭审中，裘某确认叶某曾出资 16 万元向裘某父亲裘某某购买上海银行股权 4 万股，并称因内部股无法交易流转，在该股票上市后，裘某愿意将该 4 万股对应的价值给付叶某。

原告叶某起诉认为被告裘某名下有裘某父母在原、被告婚姻关系存续期间赠与被告的上海银行股权 83,000 股，上述财产系夫妻共同财产。现夫妻感情已彻底破裂，故原告请求法院判决原、被告离婚；各半分割被告名下的上海银行股票等共同财产。

被告裘某辩称，被告名下上海银行的股票系被告的父母赠与被告个人的，并非夫妻共同财产，被告认可原告曾出资 16 万元向被告父亲购买 4 万股股权，但因上述股票未上市，尚不能分割，故被告不同意原告的诉讼请求，在股票上市后被告愿意将 4 万股股权对应的价值给付原告。

庭后经法院询问，上海银行相关工作人员告知，目前该行内部股不具备流通条件，亦无法办理持股人变更手续。

【法院裁判】

法院认为，原、被告虽系自主婚姻，但由于双方未能妥善处理生活中的矛盾，致双方关系恶化。被告虽表示不同意离婚，但原告曾向法院提起诉讼要求与被告离婚，在未获准许后双方关系也未改善，可以认定原、被告的感情已经破裂，故原告要求与被告离婚的诉讼请求，法院予以支持。

对于被告名下上海银行的内部股 83,000 股，上述股票系被告父母在原、被告婚姻关系存续期间赠与被告，赠与公证书中未载明赠与被告一人，故上述财产应系原、被告的夫妻共同财产。考虑到该财产的来源，被告对上述财产应享有较多的权利，被告认可其中的 4 万股应归原告所有，该数额在原告能够取得财产的合理范围内，法院对此予以确认。但因目前上述股票的流通仍受限制，不能办理股权变更手续，故本案对上述股权不作处理，待股权流通限制消失后，原、被告可通过协商或另行起诉解决上述股权的分割事宜。

【裁判解析】

本案的争议问题是父母赠与的股权经过公证后是否属于裘某一人所有。《婚姻法》第十七条规定："夫妻在婚姻关系存续期间所得的下列财产，归夫妻共同所有：（一）工资、奖金；（二）生产、经营的收益；（三）知识产权的收益；（四）继承或赠与所得的财产，但本法第十八条第三项规定的除外；（五）其他应当归共同所有的财产。夫妻对共同所有的财产，有平等的处理权。"第十八条规定："有下列情形之一的，为夫妻一方的财产：（一）一方的婚前财产；（二）一方因身体受到伤害获得的医疗费、残疾人生活补助费等费用；（三）遗嘱或赠与合同中确定只归夫或妻一方的财产；（四）一方专用的生活用品；（五）其他应当归一方的财产。"由上述规定可知，在夫妻关系存续期间因赠与所得的财产，属于夫妻共同财产。同时，考虑到赠与人对财产有自由处分的权利，如果赠与人在赠与合同中明确指出，该财产只赠与夫妻中的一方，那么财产属于夫妻一方所有，不能作为夫妻共同财产。

结合本案，裘某的父母通过公证处立下《赠与书》，其内容为："我们裘某某、冯某某是夫妻，共同拥有上海银行（原上海城市合作银行）股权证号：00100900××××内持股数：83,000股的产权，现自愿将上述股权无偿赠送给女儿裘某所有。本赠与在受赠人接受赠与并办理了股权过户手续后成立。"在被告接受赠与后，上海银行向被告发放股权证号为00100903××××《个人股东股权证》，载明股份类别为人民币普通股，每股面值为人民币1元，持股数为83,000股。

《赠与书》在公证处经过公证，根据《公证法》第三十六条的规定："经公证的民事法律行为、有法律意义的事实和文书，应当作为认定事实的根据，但有相反证据足以推翻该项公证的除外。"《民事诉讼法》第六十九条同样规定："经过法定程序公证证明的法律事实和文书，人民法院应当作为认定事实的根据，但有相反证据足以推翻公证证明的除外。"《民事诉讼证据规定》第七十七条规定："人民法院就数个证据对同一事实的证明力，可以依照下列原则认定：（一）国家机关、社会团体依职权制作的公文书证的证明力一般大于其他书证；（二）物证、档案、鉴定结论、勘验笔录或者经过公证、登记的书证，其证明力一般大于其他书证、视听资料和证人证言；（三）原始证据的证明力一般大于传来证据；（四）直接证据的证明力一般大于间接证据；（五）证人提供的对与其有亲属或者其他密切关系的当事人有利的证言，其证明力一般小于其他证人证言。"由上述法律规定可知，经过公证的《赠与书》，公证程序强化了《赠与书》的证明力，使其证明力大于其他普通书证、视听资料和证人证言。但赠与的股权归子女个人所有还是夫妻共同所有，还是需要以《赠与书》的内容为准。

结合本案《赠与书》，从其载明的内容看，“无偿赠送给女儿裘某所有”，股权赠与的意思表示明确，但没有指明股权只归裘某一个人所有、与叶某无关。因此，上述股权应属于夫妻共同财产。

二、股权转让协议中载明股权归一方所有、与妻子及子女无关，该股权归个人所有还是夫妻共同所有？

案件来源：辽宁省丹东市中级人民法院（2017）辽06民终628号判决孙某某与王某某、于某、D公司股权转让纠纷案

裁判日期：2017年4月26日

案件要旨：被上诉人于某将其所有的股权单方赠与王某某个人，并在赠与合同中明确约定赠与王某某个人，该赠与行为符合法律规定，涉案的股权应认定为王某某的个人财产。当事人对自己提出的诉讼请求所依据的事实或者反驳对方诉讼请求所依据的事实有责任提供证据加以证明。没有证据或者证据不足以证明当事人的事实主张的，由负有举证责任的当事人承担不利后果。

【基本案情】

孙某某与王某某于2012年6月29日登记结婚，王某某、于某系母子关系。孙某某与王某某因2014年12月26日发生争执而分居。2015年4月，王某某向法院提起离婚诉讼，法院于2015年5月7日判决孙某某与王某某离婚。

2014年6月15日，D公司召开公司第一次临时股东大会，到会人员为股东于某、王A及王某某，代表公司100%的股份。并达成了股东会决议：同意股东于某将持有公司240万股权全部转让给股东王某某，转股后退出股东会。股权转让后，公司注册资本仍为300万元，由王某某、王A共同出资，王某某认缴出资额240万元（占80%），出资方式货币，出资期限2010年6月；王A认缴出资额60万元（占20%），出资方式货币，出资期限2010年6月。该股东会决议上由参加会议的

王某某、于某及王A签字。该临时股东大会之后，于某（甲方）与王某某（乙方）签订股权转让协议一份，协议载明：甲方为具有完全行为能力的中国公民，合法持有D公司240万元股权，现甲方拟将其持有的“本公司”部分股权240万元转让给乙方一人。乙方为具有完全行为能力的中国公民，同意并具有受让甲方持有的“本公司”240万元股权的资格。“本公司”股东会已通过决议，同意甲方将其所持有的上述股权全部转让给乙方。但仅为乙方一人所有，与妻子及子女无关。双方一致同意，结合“本公司”资产及经营的实际情况，甲方所转让股权的转让价格为0万元等。

原告孙某某起诉认为，第三人D公司系两名被告王某某、于某家族企业，现总资产千余万元。在原告与被告王某某发生争执后的2015年1月13日，两名被告王某某、于某为了转移、隐匿夫妻共有的股权，将80%的股权又转回给被告于某。由于两名被告恶意串通转让原告的股权，侵害了原告的合法权益。现原告请求判令：1. 确认两名被告于2015年1月13日签订的股权转让协议无效；2. 确认原告对第三人D公司享有40%的股权。

被告王某某、于某在一审共同辩称：涉案股权非夫妻共有财产，原告诉请没有事实及法律依据，涉案股权转让协议是双方真实意思表示，合法有效，故不同意原告诉讼请求。

第三人D公司在一审述称：涉案股权非夫妻共有财产，原告诉请没有事实及法律依据，涉案股权转让协议是双方真实意思表示，合法有效，故不同意原告诉讼请求。

第三人D公司于2015年1月13日进行了工商变更登记，现该公司法定代表人系被告王某某，投资者系被告于某（认缴出资额240万元，比例80%）、王A（认缴出资额60万元，比例20%）。

一审判决后，孙某某上诉请求撤销一审判决，依法改判两位被上诉人2015年1月13日签订的股权转让协议无效，确认上诉人对第三人享有40%股权，诉讼费用由被上诉人承担。事实和理由：上诉人与被上诉人2012年登记结婚，因2014年12月26日发生争执而分居。2015年4月，被上诉人向法院提起离婚诉讼，法院于2015年5月7日判决上诉人与被上诉人离婚。两名被上诉人系母子关系。第三人系两名被上诉人家族企业，现总资产千余万元。被上诉人于某享有80%股权，曾将80%股权转让给上诉人和被上诉人王某某，但未办理相关手续。2015年诉讼离婚时，被上诉人仍享有80%股权，上诉人当时未要求分割股权。后上诉人查询得知，被上诉人于某2014年6月15日将其所有的80%的股权零转让给上诉人和被上诉人王某某，并办理了工商变更手续。在上诉人和被上诉人王某某发生争执后的2015年1月13日，两名被上诉人为了转移、隐匿夫妻共有股权，将80%股权又转回给被上诉人于某。一审判决认定事实不清，证据不足，法律适用错误。两被上诉人转移上诉人夫妻共同财产的行为严重侵害了上诉人的合法权益，请求二审法院依法改判。

被上诉人王某某、于某共同辩称，被上诉人于某接受赠与归王某某一方所有的财产，非夫妻共同财产，上诉人请求分割、确认股权无法律依据。涉案股权转让协议意思表示真实，内容不违反法律规定，合法有效。

第三人D公司述称：同意被上诉人的意见。

【法院裁判】

一审法院判决：驳回原告孙某某的诉讼请求。

一审法院认为，当事人对自己提出的诉讼请求所依据的事实或者反驳对方诉讼请求所依据的事实有责任提供证据加以证明。没有证据或者证据不足以证明当事人的事实主张的，由负有举证责任的当事人承担不利后果。在本案中，被告于某将其所有的第三人D公司转让给被告王某某，且经该公司所有股东同意，符合法律规定。因股权转让协议中载明被告于某将股权转让给被告王某某个人，与妻子、子女无关，该协议系被告于某、王某某双方真实意思表示，且不违反法律、行政法规强制性规定，故该协议依法成立，受法律保护。原告主张于某曾将其所有的股权转让给原告及被告王某某，因其未提供相关证据予以证明，对其诉讼请求不予支持。

二审法院判决：驳回上诉，维持原判。

二审法院认为，依据《婚姻法》第十八条规定："有下列情形之一的，为夫妻一方的财产：（一）一方的婚前财产；（二）一方因身体受到伤害获得的医疗费、残疾人生活补助费等费用；（三）遗嘱或赠与合同中确定只归夫或妻一方的财产；（四）一方专用的生活用品；（五）其他应当归一方的财产。"本案中，被上诉人于某将其所有的股权单方赠与王某某个人，并在赠与合同中明确约定赠与王某某个人，该赠与行为符合法律规定，涉案的股权应认定为王某某的个人财产。关于上诉人主张该部分股份为夫妻共同财产一节，依据《民事诉讼法司法解释》第九十条的规定："当事人对自己提出的诉讼请求所依据的事实或者反驳对方诉讼请求所依据的事实，应当提供证据加以证明，但法律另有规定的除外。在作出判决前，当事人未能提供证据或者证据不足以证明其事实主张的，由负有举证证明责任的当事人承担不利的后果。”上诉人不能提供相应的证据证明其主张，应当承担举证不能的责任。故对上诉人的上诉请求，法院不予支持。

【裁判解析】

《民事诉讼证据规定》第二条规定：“当事人对自己提出的诉讼请求所依据的事实或者反驳对方诉讼请求所依据的事实有责任提供证据加以证明。没有证据或者证据不足以证明当事人的事实主张的，由负有举证责任的当事人承担不利后果。”本案原告孙某某主张两被告于2015年1月13日签订的股权转让协议无效，乃是建立在被告王某某名下的股权是夫妻共同财产的基础上，原告有责任对被告王某某名下股权是夫妻共同财产加以证明。王某某取得的股权来源于于某的转让。依据《公司法》第七十一的规定：“有限责任公司的股东之间可以相互转让其全部或者部分股权。股东向股东以外的人转让股权，应当经其他股东过半数同意。股东应就其股权转让事项书面通知其他股东征求同意，其他股东自接到书面通知之日起满三十日未答复的，视为同意转让。其他股东半数以上不同意转让的，不同意的股东应当购买该转让的股权；不购买的，视为同意转让。经股东同意转让的股权，在同等条件下，其他股东有优先购买权。两个以上股东主张行使优先购买权的，协商确定各自的购买比例；协商不成的，按照转让时各自的出资比例行使优先购买权。公司章程对股权转让另有规定的，从其规定。”就本案股权转让，D公司召开临时股东会，股东会决议同意股权转让并由全体股东签名，符合《公司法》的规定。

在股权转让协议中，王某某和于某约定：“‘本公司’股东会已通过决议，同意甲方将其所持有的上述股权全部转让给乙方。但仅为乙方一人所有，与妻子及子女无关。双方一致同意，结合‘本公司’资产及经营的实际情况，甲方所转让股权的转让价格为0万元等。”股权转让协议乃双方真实意思表示，股权“仅为乙方一人所有，与妻子及子女无关”的约定明确无歧义，且不违反法律法规的强制性规定，该约定合法有效。依据《婚姻法》第十八条的规定：“有下列情形之一的，为夫妻一方的财产：（一）一方的婚前财产；（二）一方因身体受到伤害获得的医疗费、残疾人生活补助费等费用；（三）遗嘱或赠与合同中确定只归夫或妻一方的财产；（四）一方专用的生活用品；（五）其他应当归一方的财产。”由此可见，于某赠与王某某个人的股权归王某某个人所有，与孙某某无关，该股权不属于夫妻共同财产。王某某将自己名下属于个人所有的股权转让给于某，不会损害孙某某的权益。因此，孙某某的诉讼请求无法得到法院的支持。

三、一方擅自将股权无偿赠与子女是否需要承担侵权责任，损失如何确定?

案件来源：北京市第一中级人民法院（2016）京01民终7062号判决
龙某与王某离婚后财产纠纷案

裁判日期：2016年11月30日

案件要旨：行为人因过错侵害他人民事权益，应当承担侵权责任。龙某在离婚诉讼期间未经王某同意与龙某1签订股权转让协议，龙某存在主观过错，且其上述行为已构成对王某合法权益的侵害，应当承担赔偿责任。《个人股东变动情况报告表》中股权比例所对应的净资产份额能够公允地反映出股权转让时的市场价值，可以作为确定损失具体金额的依据。

【基本案情】

王某与龙某于1998年10月19日登记结婚，1999年4月8日生育一女龙某1。

2010年10月8日，龙某经受让取得A公司3%的股权，认缴金额为34.8万元，实际缴付金额为34.8万元。2010年11月1日办理了工商变更登记。

2014年4月，王某以离婚为由将龙某诉至法院，法院于2014年12月19日作出民事判决，判决王某与龙某离婚。该判决已生效，该案中，对于龙某持有的A公司的股权未予处理。

2014年6月5日，龙某与龙某1签订股权转让协议，当天A公司第十四届第三次股东会会议形成决议，同意龙某将A公司的实缴货币出资34.8万元赠与龙某1，同日，公司经股东会决议同意股东会成员由龙某变更为龙某1。2015年4月29日，A公司就龙某将其股权赠与龙某1一事办理了相应税务手续，并于2015年5月8日办理了工商变更登记。

后王某提起诉讼，要求确认龙某将股权赠与龙某1的行为无效，法院于2016年4月6日作出民事判决，判决中认定龙某系未经王某同意转让股权，讼争股权转让行为符合我国《公司法》的相关规定，王某主张龙某将A公司3%的股权无偿赠与龙某1的行为无效，缺乏法律依据，法院不予支持。因该股权系王某与龙某的夫妻共同财产，龙某在双方离婚诉讼期间未经王某同意将股权赠与龙某1，就其无偿转让股权的行为给王某造成的损失，王某可另行主张。

王某遂向一审法院起诉请求：龙某赔偿因擅自转让属于夫妻共同财产的A公司3%股权给王某造成的损失，金额为871,933.48元。

一审诉讼中，法院向地方税务局调取了《个人股东变动情况报告表》及《被投资企业股权变动情况报告表》，该表中显示龙某转让给龙某1的3%的股权原值为348,000元，股权比例所对应的净资产份额为871,933.48元。龙某认可上述证据的真实性，但对股权净资产数额有异议，其认为该股权不能上市，股权净资产数额与股权价值不一致，而且公司目前陷入诈骗案，可能会倒闭，现股权可能没有价值，但龙某未就其主张提供相关证据。

经一审法院向双方当事人释明，王某与龙某均未就股权价值申请评估鉴定。

一审判决后，龙某上诉请求撤销一审判决，改判驳回王某的诉讼请求。事实和理由：一、龙某对诉争股权的赠与，得到王某的认可。王某在离婚诉讼中知晓本案股权存在，并提出相应诉求。但离婚判决对本案股权没有处置。王某清楚知道本案股权赠与婚生女。双方均同意将本案股权赠与婚生女。二、在离婚诉讼中王某提出相应诉求，但法院没有处理，此种情况不是离婚后财产纠纷，应当针对离婚案件申请再审。三、一审判决的股权赔偿数额没有事实根据。王某应当提供证据证明股权损失数额，但其没有申请司法鉴定，也没有其他证据证实损失存在。《个人股东变动情况报告表》记载数据没有确定时间。

王某辩称，一审判决正确。在离婚诉讼中王某要求分割股权，因涉及商事纠纷放在离婚后财产纠纷解决。后来发现龙某将股权单方赠与婚生女，且赠与行为发生在法院开庭前一周。一审法院认定股权价值依据的《个人股东变动情况报告表》，是股权转让方办理股权登记和纳税时必须向税务机关提交的报表，真实合法。已生效的法院判决清楚认定龙某未经王某同意转让股权。

【法院裁判】

一审法院判决：龙某于本判决生效之日起10日内给付王某股权赔偿款人民币45万元；驳回王某其他诉讼请求。

一审法院认为，行为人因过错侵害他人民事权益，应当承担侵权责任。龙某持有的A公司3%的股权系其与王某夫妻共同财产，其在离婚诉讼期间未经王某同意与龙某1签订股权转让协议，将上述股权无偿赠与龙某1，后办理了股权变更登记，将股权变更至龙某1名下。对此，龙某存在主观过错，且其上述行为已构成对王某合法权益的侵害，应当承担赔偿责任。侵害他人财产的，财产损失按照损失发生时的市场价格或者其他方式计算。具体到本案中，损失应以龙某将股权转让给龙某1时的股权价值进行计算。从《个人股东变动情况报告表》中可以看出，在股权转让的时间点，股权比例所对应的净资产份额为871,933.48元，股权比例所对应的净资产份额是股权转让前的每股收益，是核定股权转让收入的计税依据，能够公允地反映出股权转让时的市场价值。虽龙某对王某以上述股权净资产份额作为确定损失的依据持有异议，但其并未对其处分股权时的市场价值申请评估鉴定，且亦未提供相反证据对上述证据予以推翻，故龙某的抗辩理由法院不予采信。据此，法院依据现有证据，确认龙某转让股权的价值应为871,933.48元。王某主张龙某存在恶意转让财产的行为应当不分财产，对此，法院认为龙某虽存在恶意转让行为，但受让人龙某1系王某与龙某之女，并非他人，亦系无偿赠与，对于折价比例和金额，法院将结合其过错程度，酌情予以裁判，对于王某超出部分的请求，法院不予支持。虽龙某提出愿将出让的股权再转回王某，但王某对此明确表示不同意，且龙某在此前股权转让纠纷中并未作出此意思表示，其亦称公司经营出现困难股权目前可能会大幅贬值，故再行回转分割股权既无实际意义也不具备可操作性，亦不能弥补王某由此所受到之损失，法院对其上述抗辩理由亦不予支持。

二审法院判决：驳回上诉，维持原判。

二审法院认为，已生效的法院判决明确认定王某有权另行主张龙某无偿转让本案股权行为造成的损失，故本案一审判决龙某赔偿王某该损失，应属正确。龙某上诉所称王某认可股权转让以及应当申请再审解决，与生效判决不符，法院不予采纳。关于损失具体金额，一审判决依据《个人股东变动情况报告表》确定，应属合理。龙某上诉所称该报表没有确定时间及没有证据证明损失存在，与法院认定事实不符，法院不予采纳。

【裁判解析】

龙某在婚后受让取得A公司3%的股权，认缴金额34.8万元并实际缴付，A公司也办理了工商变更登记，该股权应属于龙某、王某的夫妻共同财产。因此，本案的焦点问题是龙某将股权赠与龙某1的行为是否侵害了王某的合法权益，以及如果侵害了王某的合法权益，损失金额如何确定。

《侵权责任法》对侵权的责任构成和责任方式有明确规定，其中第六条规定：

“行为人因过错侵害他人民事权益，应当承担侵权责任……”所谓过错责任，是指造成损害并不必然承担赔偿责任，必须要看行为人是否有过错，有过错有责任，无过错无责任。根据上述规定，承担过错责任要满足以下条件：一是行为人实施了某行为，二是行为人在实施该行为时有过错，三是受害人的民事权益受到损害，四是行为人的行为与受害人的损害之间有因果关系。就本案而言，龙某在王某提起离婚诉讼后将股权赠与龙某1，龙某应明知离婚诉讼可能涉及股权的分割，其转移股权避免股权被分割的目的不言而喻。根据《婚姻法》第十七条的规定，夫妻对共同所有的财产，有平等的处理权。《婚姻法司法解释（一）》第十七条规定：“婚姻法第十七条关于‘夫或妻对夫妻共同所有的财产，有平等的处理权’的规定，应当理解为：（一）夫或妻在处理夫妻共同财产上的权利是平等的。因日常生活需要而处理夫妻共同财产的，任何一方均有权决定。（二）夫或妻非因日常生活需要对夫妻共同财产做重要处理决定，夫妻双方应当平等协商，取得一致意见。他人有理由相信其为夫妻双方共同意思表示的，另一方不得以不同意或不知道为由对抗善意第三人。”股权作为龙某、王某的夫妻共同财产，龙某和王某在婚姻关系存续期间享有平等的处理权。显然，对股权的处分已经超出了日常生活需要的范畴，应属于非因日常生活需要的重要处理决定。龙某未经王某同意擅自赠与股权，导致王某对股权所享有财产权利的丧失，侵害了王某的合法权益，龙某应承担侵权责任。根据《北京市高级人民法院关于审理婚姻纠纷案件若干疑难问题的参考意见》第四十八条的规定：“婚姻关系存续期间，夫妻一方未经另一方许可将大额共同财物赠与第三人的，另一方可主张请求确认该赠与行为无效，返还财物；或在离婚诉讼中就该赠与行为主张损害赔偿。”因此，本案王某有权要求龙某赔偿因赠与股权所造成的损失。

关于赔偿损失的计算标准，根据《侵权责任法》第十九条的规定：“侵害他人财产的，财产损失按照损失发生时的市场价格或者其他方式计算。”因王某与龙某均未就3%股权赠与时的价值申请评估鉴定，但A公司已经就龙某将其股权赠与龙某1一事办理了相应税务手续，法院依据向税务局调取的《个人股东变动情况报告表》及《被投资企业股权变动情况报告表》中载明的股权转让时股权比例所对应的净资产份额为871933.48元确定损失具体金额，应属合理。龙某对此不予认可，但既未对其处分股权时的市场价值申请评估鉴定，亦未提供相反证据予以推翻，只能承担举证不能的不利法律后果。

龙某在离婚诉讼期间擅自赠与股权，属于转移夫妻共同财产的行为，在分割夫妻共同财产时，可以少分或者不分。至于龙某提出股权再转回王某，考虑到龙某曾提出A公司经营出现困难股权目前可能大幅贬值，回转股权不能弥补王某由此所受到的损失，另外股权的转让须遵循《公司法》的规定，在王某对此明确表示不同意的情况下再行回转分割股权既无实际意义也不具备可操作性，法院最终判决龙某给付王某股权赔偿款完全正确。

四、一方在登记离婚后对另一方赠与股权，赠与能否撤销？

案件来源：浙江省温州市中级人民法院（2015）浙温民终字第3387号判决孙某与周某甲离婚后财产纠纷案

裁判日期：2016年3月11日

案件要旨：周某甲投资入股的时间在婚姻存续期间，因此，该股权证明处置的是夫妻共同财产，而非周某甲个人财产。该股权证明的性质：部分属于赠与，部分权利本身归属于孙某。赠与人在赠与财产的权利转移之前，可以撤销赠与。本案中，退股款尚未实际交付孙某，因此，周某甲有权利撤销赠与。

【基本案情】

孙某、周某甲于××××年××月××日办理结婚登记手续，××××年××月××日生育一子，取名周某乙。因感情不和，双方于2009年7月22日签订《离婚协议书》，并登记离婚。其离婚协议约定："……二、婚生子周某乙的抚养权归周某甲，并由当事人周某甲抚养成人，费用由周某甲承担；孙某不承担子女抚养费，孙某依法享有探望子女的权利，周某甲有协助义务。三、夫妻关系存续期间，无夫妻共同财产。四、在双方婚姻存续期间，夫妻俩向孙某父母借款人民币伍万元整，由周某甲负责偿还……"2010年间，周某甲书写"股权证明"给孙某，载明："A有限公司成立之初，其股东陈某某名下的由2008年5、6月份投资的10万元股份，由于周某甲与孙某婚姻关系终止，现以上股份由孙某持有，并由其所有，该股份孙某必须由儿子周某乙继承。”2014 年 10 月 27 日，陈某某书写信件给孙某，载明：“2007 年 4 月份，周某甲投资 A 有限公司的股东陈某某名下 10 万元。2010 年 7 月 16 日，陈某某退回周某甲 12 万元……”此期间，孙某向周某甲索取上述款项未果，故而引起本案之诉。

一审宣判后，孙某不服，向法院提起上诉称：一、根据《民法通则意见》第 131 条的规定，在返还不当得利时，如果该不当利益又产生了利息及其他利益，也应偿还。本案中被上诉人明知退股款属于上诉人，在收到退股款后恶意隐瞒事实，系侵占行为，应于收到退股款之日起向上诉人支付利息损失。二、原审不认可股权证明的性质为离婚后财产再分配协议确权行为，而认为是部分属于赠与的行为，系认定事实和适用法律错误。首先，根据举证规则，应该由被上诉人举证证明其婚内投资股权一事已经向上诉人明示。现离婚协议中没有提及该部分财产，已经证明被上诉人隐瞒婚内财产的事实，根据《婚姻法》第四十七条的规定，被上诉人可以少分或不分。本案中，双方达成了财产分配协议，将诉争股份确权给上诉人，符合法律规定的分配原则，原审法院不应该以撤回赠与的理由支持被上诉人的侵占行为。其次，离婚后双方就该股权进行确权，如果没有法定无效的理由，确权就是有效的，而非赠与。如果股权确权协议可以任意撤销，那么任何离婚协议上占有财产的一方都可以以撤销赠与的理由拒绝履行离婚协议。三、根据我国诉讼法的相关规定，只有当事人变更诉讼请求的，人民法院才可以重新指定举证期限，而原审中上诉人并没有变更诉讼请求，而且被上诉人称股权证明无效也没有提供证据证明，法院也没有采信，故原审举证期限并没有重新指定或变更延长，而被上诉人在庭审结束数十天之后才提交反诉申请，依法应不予受理或予以驳回。故原审诉讼程序违法，应予纠正。四、当庭补充如下：根据《物权法》第一百条的规定，共有人可以协商确定分割方式。本案中，争议双方已经在离婚后就股权进行了分配，确定了由上诉人取得股权的所有份额，定性为赠与行为实际上是否定了共同所有人就共同财产所应有的协商分割权利，是违反《物权法》的。综上所述，请求撤销原判，改判被上诉人将退股款 12 万元退还给上诉人并支付相应的利息（从 2010 年 1 月 26 日起到实际支付之日止）。

被上诉人周某甲答辩称：双方在婚姻存续期间已经达成一致意见，诉争股权是被上诉人个人财产，不是夫妻共同财产。离婚协议书上也写明，双方无共同财产。当时被上诉人向他人借款 10 万元投资股权，上诉人对此也是知情的。离婚时没有要求上诉人承担孩子的抚养费，所以这笔股权她也不要了。2010 年间，因被上诉人酒后一时冲动，将10万元股权赠与对方，但是没有办理股权变更手续。因为没有考虑周全，所以现在要求撤销赠与。

【法院裁判】

一审法院判决：周某甲应当支付孙某退股款60,000元。

一审法院认为，孙某、周某甲在协议离婚后，周某甲出具股权证明给孙某，该事实双方均予以确认，应予以认定。本案争议的焦点在于：一、股权证明的效力问题。首先，该财产真实存在，虽然双方签订的《离婚协议书》中称无夫妻共同财产，但是离婚之后周某甲出具的股权证明以及陈某某的信件，均可以证明双方在夫妻关系存续期间，存在股权形式的夫妻共同财产。其次，该股权证明虽然在时间上有所涂改，但是其记载的内容均为周某甲亲笔书写。即使在出具股权证明时，股权实际已经得以实现，也只是股权承载的形式从股权转为退股款而已，其实质上是周某甲对自己的股权或退股款所做的处分。因此，该股权证明应为有效。二、股权证明的性质问题。孙某主张基于周某甲隐瞒财产行为，对未分配夫妻共同财产再分配的意思表示，因周某甲隐名入股导致无法变更登记。周某甲主张该股权证明系其对其所有的股权赠与孙某的意思表示。法院认为，周某甲投资入股的时间在婚姻存续期间，因此，该股权证明处置的是夫妻共同财产，而非周某甲个人财产。该股权证明的性质：部分属于赠与，部分权利本身归属于孙某。从股权证明的文字表述来看，属于附条件的赠与行为，即确认归孙某所有，但同时附条件要求必须由婚生子继承。至于周某甲是否属于隐瞒财产，抑或是其他情形，孙某就此事实并未举证，在股权证明中也无相关表述，故不予采信。三、周某甲是否有权利撤销该股权证明的问题。《合同法》第一百八十六条规定，赠与人在赠与财产的权利转移之前，可以撤销赠与。本案中，显然上述退股款尚未实际交付孙某，因此，周某甲有权利撤销赠与。但是正如前文所述，该股权证明本身有部分权利归属于孙某，故周某甲仅能撤销其有权利赠与的部分。

二审法院判决：驳回上诉，维持原判。

二审法院认为，被上诉人周某甲在其与上诉人孙某的婚姻关系存续期间投资入股，虽然被上诉人主张本案所涉股权系其以个人财产投资，但并未提供证据予以证明，原判对其主张不予采信，并认定诉争款项系夫妻共同财产，处理正确。周某甲向孙某出具的股权证明载明周某甲投资的股份由孙某所有，由于所涉财产系周某甲、孙某共同所有，周某甲此举实为将自己享有的部分无偿给予孙某，符合赠与合同的法律特征，原判将股权证明定性为部分属于赠与合同正确。周某甲在赠与财产的权利转移之前撤销赠与，符合《合同法》第一百八十六条的规定。孙某关于本案股权证明不属于赠与性质的主张依据不足，法院不予支持。

【裁判解析】

孙某、周某甲在登记离婚后，周某甲书写“股权证明”给孙某，对其隐名投资于陈某某名下的A公司股权作出处分，后又有陈某某给孙某的书信，证实股权已经以退股款的形式退还周某甲。故本案涉及以下几个问题，一、“股权证明”所涉及的A公司股权是否为孙某、周某甲的夫妻共同财产；二、“股权证明”的内容如何认定；三、周某甲是否有权利撤销赠与。

关于第一个问题，“股权证明”所涉及的A公司股权是否为孙某、周某甲的夫妻共同财产。孙某、周某甲在登记离婚时，签订过《离婚协议书》，离婚协议第三条约定夫妻关系存续期间，无夫妻共同财产。但“股权证明”和陈某某的书信可以证明周某甲隐名投资于陈某某名下的A公司股权存在于孙某、周某甲婚姻关系存续期间，《婚姻法》规定，夫妻在婚姻关系存续期间所得的财产，归夫妻共同所有。即便周某甲出具“股权证明”时股权已经由陈某某以退股款的形式退还周某甲，也是夫妻共同财产的形态发生变化，不会导致财产归属的改变，退股款仍属于夫妻共同财产。

关于第二个问题，“股权证明”的内容如何认定。如上所述，“股权证明”处置的股权属于夫妻共同财产，其中部分归周某甲所有，部分归孙某所有。“股权证明”所写“现以上股份由孙某持有，并由其所有”应是周某甲对股权作出的处分。依据《合同法》第一百八十五条对赠与合同的定义：“赠与合同是赠与人将自己的财产无偿给予受赠人，受赠人表示接受赠与的合同。”“股权证明”所作的处分符合《合同法》的规定，属于赠与合同。但周某甲对股权的处分只及于属于其个人的部分，对本就属于孙某的部分不发生法律效力。另外，“股权证明”中“该股份孙某必须由儿子周某乙继承”应是对赠与所附的条件。因此，“股权证明”的内容应认定为周某甲将其个人部分股权附条件地赠与孙某的意思表示。

关于第三个问题，周某甲是否有权利撤销赠与。根据《合同法》第一百八十六条的规定：“赠与人在赠与财产的权利转移之前可以撤销赠与。具有救灾、扶贫等社会公益、道德义务性质的赠与合同或者经过公证的赠与合同，不适用前款规定。”结合本案，退股款尚未实际交付孙某，因此，周某甲有权撤销赠与。

五、婚前股权在婚后又有增资，股权赠与子女的效力如何认定？

案件来源：湖北省荆门市中级人民法院（2015）鄂荆门中民二终字第00106号判决马某与付某某、付某确认合同无效纠纷案

裁判日期：2015年8月26日

案件要旨：付某某于2012年12月18日签署股东会同意增资的决议，表明其已认缴增资额48.88万元。2012年12月19日，付某某向J公司转账48.88万元，并注明为投资款，表明其已实际履行出资义务。据此，付某某就新增出资已满足取得股东权利及资格的实质要件。而公司嗣后完成验资、修改了章程，并于2012年12月26日申请办理了公司注册资本及各股东出资额变更登记，其中，付某某的出资额由48.88万元变更为97.76万元。据此，付某某就增资取得股权的形式要件业已具备。J公司新增出资额的股权，马某依法可以提出权利主张。付某某、付某明知赠与的股权中所包含的新增出资额存在权属争议，且马某已经提出权利要求。在此情形下，其仍就付某某在J公司的全部股权订立赠与协议，并实际履行，其主观上不可谓善意，就增资部分的股权赠与，可以判断付某某、付某主观上存在恶意串通。

【基本案情】

马某一审诉称，马某与付某某于2006年4月5日登记结婚，后马某起诉付某某离婚。但在离婚诉讼期间，付某某转移、隐匿夫妻共同财产，将夫妻共同所有的J公司（原H公司）的股权私自转让给自己的儿子付某。其股权转让行为是付某某、付某恶意串通，损害了马某在离婚中应得的财产份额。为此，诉请法院判令：付某某与付某之间的股权转让协议无效。

付某某一审辩称：1. 付某某拥有本案所争议的股权，并且该股权属于个人财

产，不属于夫妻共同财产；2. 付某某与付某之间签订的股权赠与协议有效，并不损害任何第三方的利益，马某的诉讼请求，缺乏事实依据，依法应予驳回。

付某一审辩称：1. 付某接受赠与的财产是付某某在婚前出资48.88万元所对应的股权份额和相应的财产价值；2. 付某在办理股权转让变更登记手续时支付了48.88万元相应的对价，这部分对价是在付某某与马某婚姻关系存续期间J公司统一的增资行为，但该增资款实际是由付某支付的；3. 马某对案涉股权并无相应的财产权利，本案不符合恶意串通的构成要件，请求驳回马某的诉讼请求。

一审法院认定，H公司于2005年5月12日成立，发起人为包括付某某在内的27名自然人，注册资本为4,888万元，其中被告付某某出资48.88万元，持有公司1%股份。2012年12月18日，H公司召开2012年第二次股东会，作出同意股东增资、修改公司章程的决议。根据该决议，公司注册资本增加为9,776万元，其中付某某增资48.88万元，增资后仍持有公司1%股份，同时还决定增资的股金先由公司运筹到位，在以后分红中由各股东补交。之后，H公司办理了工商变更登记，其中在工商部门备案的股东会决议内容不包括增资股金的来源部分。2013年5月24日，H公司名称变更为J公司。2014年9月29日付某某与其子付某签订了《股权赠与协议》，协议约定付某某（甲方）将其持有J公司1%股权赠与付某（乙方），乙方接受赠与，协议内容还包括甲方承诺和保证合法持有标的公司的股权，对该股权已经足额出资，并且该部分股权不存在质押、抵押或任何其他第三人权利。同日，其他三名J公司股东亦与各自子女签订了《股权赠与协议》，内容除赠与方与受赠方、股权份额不同外，其余内容完全相同。2014年9月30日，J公司召开2014年第二次股东会决议，同意付某某等四名股东将其持有的股份无偿赠与其子女，其他23名自然人股东放弃对李世发等四名股东持有股权的优先认购权。上述《股权赠与协议》在工商登记部门备案。2014年10月10日，J公司召开2014年第三次股东会决议，成立新的股东会、董事会、监事会，并通过了修改后的公司章程，在修改后的公司章程中，载明付某的认缴出资额为97.76万元，实缴出资为97.76万元，出资时间为2014年10月10日前。该章程中载明的其他三名新股东的出资时间均为2014年10月10日前。同日，付某某（甲方）与其子付某（乙方）签订了《补充协议》一份，约定：一、鉴于甲方持有的J公司1%份额的股权出资额由两部分组成，一部分是该公司注册成立时甲方的出资额48.88万元，另一部分系2012年12月18日增资的48.88万元。而有关增资部分的出资额并没有实际出资到位，现乙方在受赠该股权时应将该部分出资额48.88万元足额交至J公司；二、乙方承诺于本协议签订后3日内将该48.88万元交清。该《补充协议》未在工商登记部门备案。2014年10月10日，付某通过其中国工商银行账户向J公司汇款48.88万元，该公司向其出具了收款收据一张。

另查明，2005年6月17日，付某某前妻熊某某因交通事故身亡，付某系付某某与熊某某之子。2006年4月5日，付某某与马某登记结婚。2013年1月16日，马某以与付某某夫妻感情破裂为由向一审法院起诉离婚，一审法院于2013年4月1日作出民事判决书，判决不准予马某与付某某离婚。马某不服该判决，上诉至中级人民法院，中院于2013年7月19日作出民事判决书，判决驳回上诉，维持原判。同年8月6日，一审法院受理了马某与付某某婚姻家庭纠纷一案，于2013年8月21日作出民事裁定书，对付某某所持有的J公司的股权及股权收益予以冻结；于2014年6月10日作出民事判决书，判决驳回马某的诉讼请求。马某不服该判决，上诉至中级人民法院，中院于2014年9月19日作出民事判决书，判决驳回上诉，维持原判。该判决作出后，一审法院于2014年10月8日作出民事裁定书，解除对付某某所持有的J公司的股权及股权收益的冻结。2014年10月11日，马某再次向一审法院起诉要求与付某某离婚，该案目前正在审理过程中。现马某以付某某将股权赠与付某，损害了其应得的财产份额为由，诉至一审法院。

一审判决驳回马某诉讼请求。马某上诉称：1. 一审认定法律事实及法律关系错误。(1) J公司增资后，付某某持股比例未变，但其持股额增加，增加的部分属于夫妻共同财产。(2) 增资额即使未足额缴纳，不影响付某某股东身份，其与J公司之间形成的是债权债务关系。2. 付某某与付某之间的股权赠与协议应为无效。(1) 付某某所持J公司股份中增资部分，属夫妻共同财产。其赠与付某未经马某同意，属无权处分，因此，该赠与协议无效。(2) 付某作为受赠人并非善意，其与付某某恶意串通，转移财产，损害马某的利益，因此赠与协议无效。(3) 付某某与付某欺骗J公司董事会及京山县工商局，办理股权转让手续，其赠与协议属虚假和欺诈合同，以合法形式掩盖损害马某权利的非法目的。同时，在法院保全期间转移财产，违反《民事诉讼法》第一百一十一条的规定，应为无效。综上所述，付某某、付某转让的股权属于付某某与马某的夫妻共同财产，转让时股权处于法院冻结状态，且未经财产共有人马某的同意，协议内容中有虚假陈述，骗取有关单位协助办理变更登记，其恶意串通行为严重损害了马某的利益，根据《合同法》第五十二条之规定，应当认定协议无效。上诉请求：1. 撤销一审判决；2. 改判付某某向付某转让J公司1%股权的协议无效；3. 本案诉讼费用由付某某、付某承担；4. 本案为非财产案件，应退回多收的诉讼费。

付某某答辩称，一审法院认定的事实正确，适用法律并无不当，应予维持。付某某及付某所签订的协议是双方的真实意思，且不违反法律的强制性规定，合同有效。付某实际缴纳了增资部分的出资，取得了相应权利，并且完成了工商登记手续，合同有效且实际履行，请求法院维持一审判决。

付某答辩称，本案一审判决认定事实清楚，适用法律正确，应当予以维持，请求二审法院判决驳回马某的全部上诉请求。1. 本案付某某赠与付某的股权，从登记上来讲，1% 的股权属于付某某与马某结婚前的婚前财产，其中在马某与付某某婚姻关系存续期间所增资的 48. 88 万元以及对应的 0. 5% 的股份，因为付某某并没有实际出资，根据《公司法司法解释（三）》，其不享有该股权的实体处理权利，也未侵害马某的财产权利。增资额不是属于马某与付某某的夫妻共同财产。因此，付某某与付某的股权赠与行为并没有侵害到马某所主张的 1% 股权的财产权利。2. 在股权赠与的过程中，不存在马某所主张的恶意串通、欺诈的情形，所有的协议和相关的股权变更登记手续的办理，均是在法律规定的范围内进行的。3. 马某提出付某某在股权赠与的过程中，存在以合法形式掩盖非法目的，以及损害社会公共利益和违反了法律强制性规定，其所主张的这三个理由与股权赠与行为是不相关的，其所提出的三个理由均不成立。

【法院裁判】

一审法院判决：驳回原告马某的诉讼请求。

一审法院认为，本案争议的焦点是付某某持有的 J 公司 1% 的股权是否属于马某与付某某的夫妻共同所有财产。以夫妻共同所有财产出资形成的公司股权，无论是以夫，还是以妻的名义登记为股东，该股东下的股权，均属于夫妻共同所有财产。因此判断付某某持有的 J 公司 1% 的股权是否属于其与马某的夫妻共同所有财产，关键是看该股权是否以夫妻共同所有财产出资形成。

根据本案查明的事实来看，本案所涉股权的出资由 J 公司增加注册资本前的 48. 88 万元和增加资本金后的 48. 88 万元两部分组成。在公司增加注册资本前，付某某出资 48. 88 万元取得公司股权，是在与前妻熊某某夫妻关系存续期间形成，应属付某某的婚前财产（准确地说，该股权系以付某某与熊某某共同所有财产出资，属于该二人的共同所有财产，本案为避免混同，不作严格区分，而称之为付某某个人婚前财产，以示与马某、付某某婚后共同财产之区别），与马某无涉。2012 年 12 月 18 日，J 公司增加注册资本时付某某已与马某登记结婚，判断此次形成的股权是否属于付某某与马某的夫妻共同财产，关键是看付某某对认缴的新增资本是否实际出资。付某某在J公司增加注册资本过程中是否实际出资也是本案双方争议的焦点。马某主张付某某已实际足额出资48.88万元，其依据为工商部门登记资料中的J公司股东会决议以及《股权赠与协议》。付某某及付某主张在公司增加注册资本时付某某并未实际出资，而是在双方进行股权转让后由付某实际出资，其依据是J公司2012年第二次股东会决议、双方之间关于股权赠与协议的补充协议、付某的出资收据。一审法院认为，公司登记记载的事项，对外具有证明效力、公信效力、对抗效力。如果涉及公司以外的第三人因与公司交易而产生的外部争议，应以工商登记为准，认定相关事实，确定各方权利义务关系。而对于公司与股东之间、股东与股东之间产生的内部争议，以及与公司交易无关联的其他普通民事争议，则不应过分强调公司登记的上述对外法律效力，特别是在公司及公司股东主张某项事实与公司登记事项不一致的情况下，应当根据当事人提供的证据并结合相关事实，认定案件事实，判断各方权利义务关系。本案所涉争议属公司股东股权是否属于夫妻共同财产争议，非属公司与发生交易的第三人之间的争议，马某提供的公司登记资料，仅具有一般证明力，在有相反证据的情况下，应据实认定相关事实。付某某提供的J公司关于股东增资的股金先由公司运筹到位，在以后分红中由各股东补交的股东会决议、付某提供的缴纳公司资本金收据，基本上可以证明付某某在公司增资时其并未对认缴的资本金实际出资，而是由付某在股权转让以后实际缴纳增资部分的资本金，在此情况下，马某未能提供付某某的股东出资证明书、交款凭证、收据等证明付某某在公司增加注册资本时已足额缴纳资本金的直接证据，应当承担举证不能的后果。至于付某某、付某签订的《股权赠与协议》，里面虽有“甲方合法持有标的公司的股权，对该等股权已足额出资”的表述，但其已作出了合理的解释，即J公司对此次四名股东向子女赠与股权提供了格式合同文本，便于公司登记。故在有其他证据证明付某某未足额出资的情况下，该协议不能作为认定付某某已足额出资的证据。

综上所述，付某某在与马某结婚前通过出资取得J公司1%的股权，该股权属于付某某的婚前个人财产。在J公司增加注册资本金时，付某某基于股东身份享有的优先购买公司新增的注册资本的股东权利，认购了J公司48.88万元的注册资本，但对其认购的注册资本金直至将其持有的公司股权赠与其子付某时并未实际缴纳。因付某某未以与马某夫妻共同财产出资取得公司股权，马某主张付某某持有的J公司1%的股权属于夫妻共同财产，缺乏事实依据。本案股权转让合同的内容和形式并不违反法律法规的强制性规定，转让标的财产属于付某某个人财产，不损害第三人利益，股权转让已经实际履行，并办理了公司变更登记手续，应当认定股权转让合同合法有效。马某主张付某某私自赠与属于夫妻共同财产的公司股权给其子付某，两人属恶意串通，损害其财产利益，应认定为无效的理由不成立，不予支持。当然，根据我国婚姻法及相关司法解释的规定，夫妻一方婚前取得的股权，婚后形成的收益，属于夫妻共同财产，对于付某某基于讼争股权在双方婚后形成的收益，马某可另行主张权利。

二审法院判决如下：一、撤销一审民事判决；二、付某某与付某股权赠与协议中就付某某持有的J公司增资部分股权的赠与无效；三、驳回马某的其他诉讼请求。

二审法院认为，三方当事人就本案的核心争议在于，付某某与付某于2014年9月29日签订的股权赠与协议是否无效。

马某主张该协议无效，其理由包括：(1) 协议双方恶意串通，损害了马某的利益，依《合同法》第五十二条第（二）项，应为无效。(2) 协议双方以合法形式掩盖损害马某利益的非法目的，损害社会公共利益，违反《民事诉讼法》有关不得转移保全财产的规定、《物权法》第一百零六条关于善意取得的规定、《民法通则意见》第89条的规定，依《合同法》第五十二条第（三）、（四）、（五）项，赠与协议无效。其第（二）项理由，作为预备性主张。因此，对其理由，依顺序首先审查第（一）项，在第一项理由不成立时，再依次向下审查。

依《合同法》第五十二条第（二）项，合同双方恶意串通，损害国家、集体或者第三人利益的，合同无效。因此，其构成要件，应包括两项：(1) 合同双方主观上为恶意，且有通谋，即意思联络。(2) 双方订立合同的效果，客观上损害了国家、集体或者第三人的利益。

（一）案涉股权赠与是否损害马某的利益

J公司于2005年5月设立时，付某某作为发起人之一，出资48.88万元，成为该公司股东。该部分出资额，属付某某与马某结婚前的财产，各方均无异议。

2012年12月，J公司股东会决定增资，其中，付某某认缴新增出资额48.88万元。对该部分出资额的归属，各方存在争议。

马某主张，付某某在J公司的新增出资额48.88万元，属于夫妻共有财产，其已在此前及目前的离婚诉讼中，提出分割财产的请求。因此，付某某将该部分股权赠与付某，损害其利益。

付某某、付某主张，就2012年J公司新增出资额，付某某没有实际出资，该部分出资系付某于2014年受赠股权后出资，故案涉股权与马某无关，股权赠与未损害马某的利益。

因此，三方的争议进一步表现为，付某某是否于2012年12月取得了在J公司新增出资额48.88万元的股东权利。

《公司法司法解释（三）》第二十二条规定："当事人之间对股权归属发生争议，一方请求人民法院确认其享有股权的，应当证明以下事实之一：（一）已经依法向公司出资或者认缴出资，且不违反法律法规强制性规定；（二）已经受让或者以其他形式继受公司股权，且不违反法律法规强制性规定。"尽管本案不属股权确认纠纷，但该规定确定了判断股权归属的实质要件，即依该条第（一）项，作为原始取得，在公司设立或增资中，通过向公司出资或认缴出资，取得股权及股东资格。

本案中，付某某于2012年12月18日签署股东会同意增资的决议，表明其已认缴增资额48.88万元。2012年12月19日，付某某向J公司转账48.88万元，并注明为投资款，表明其已实际履行出资义务。据此，依上述规定，付某某就新增出资已满足取得股东权利及资格的实质要件。因此，其于2012年12月18日即取得了新增出资的股权。

至于其资金来源，是分红还是公司垫资或借款，在公司不持异议的情况下，不影响付某某就增资取得股权。而公司嗣后完成验资、修改了章程，并于2012年12月26日申请办理了公司注册资本及各股东出资额变更登记，其中，付某某的出资额由48.88万元变更为97.76万元。据此，付某某就增资取得股权的形式要件业已具备。

因此，据本案事实，可以判断付某某在与马某婚姻关系存续期间，取得了在J公司新增出资额的股权。

对于该部分股权，马某依法可以提出权利主张。至于该部分股权是否属于夫妻共有财产，是否因增资对公司负有债务，以及该债务属夫妻共同债务抑或个人债务，应在马某与付某某离婚纠纷一案中依法予以确认和处理。在此之前，并无生效判决排除马某对增资部分的权利。双方就该部分股权的归属，自马某于2013年1月第一次提出离婚诉讼起，一直存在争议。在有争议的情况下，付某某于2014年9月29日与付某签订股权赠与协议，将其在J公司的所有股权赠与付某，完全排除了马某就增资部分股权提出权利主张的可能，明显损害马某的利益。

付某某、付某提出，付某某赠与的是其1%的股权，而付某某在与马某结婚前即持有J公司1%的股权，因此，该股权不属马某的财产。

但股东的持股比例仅是其认缴或实缴出资额与公司注册资本的比值，股东并非对持股比例享有股权，而是依其出资取得股东权利。且股东的出资额并非不可分，其持股比例也并非不可变。尽管付某某在增资前的持股比例与增资后的持股比例没有变化，但其出资额已发生变化。其出资额由发起设立公司时的出资48.88万元及增资后的出资48.88万元两部分组成。对此，付某某与付某在股权赠与补充协议中也予以认可。因此，其以持股比例未变，主张付某某赠与的股权属其与马某结婚前的个人财产的抗辩，不能成立。

付某某提出，有限公司具有人合性，付某某的股权只能由其个人行使权利和处分，股东的配偶不能成为股东并主张权利，无论增资的资金来源如何，增资都已转化为付某某的股权。因此，马某对股权不享有权利，只能对股权产生的收益享有权利，即对增资的现金价值享有权利。

股权作为财产权利，并未被法律明确从夫妻共有财产的种类中排除。尽管以夫妻一方的名义在有限公司出资时，该出资人对公司履行股东义务，行使股东权利，但不妨碍在确认和处理夫妻共有财产时，将股权依法纳入共有财产范围。此时，夫妻共有的是财产权（此种情况下即股权），而非其财产价值。至于如何分割夫妻共有财产中以一方名义在有限责任公司的出资额，可依照《婚姻法司法解释（二）》第十六条，并参考《公司法》的相关规定处理。因此，有限公司的人合性，以及其他股东的权利，不会因此受到损害。

（二）付某某、付某是否存在恶意串通

恶意串通，行为人主观上应为恶意，且有通谋，即意思联络；属对于行为人主观心态的推定，应依相关事实作出判断。

1. 从股权赠与协议中表述的内容看，对于付某某在与马某婚姻关系存续期间，取得在J公司的新增出资额48.88万元一事，付某某及付某应当是清楚的。

2. 付某某、付某应当意识到，该新增出资额可能属于付某某、马某的共有财产。

3. 在股权赠与协议签署前，马某先后对付某某提出离婚诉讼及婚内分割财产诉讼，其中，对于新增出资额提出财产权利要求。对此，付某某是知道的。据法院民事判决确认的事实，马某与付某某产生矛盾的原因，包括夫妻双方为收入开支发生分歧，以及马某与儿媳及儿女亲家之间产生矛盾。可见，马某与付某某的矛盾并非仅仅二人之间的感情纠纷，而是涉及双方及与亲家的关系及财产开支，波及面较广，知情人也会较多。同时，考虑到付某作为儿子，也在一处生活，对其父亲家庭事务，依常理也应该是知道的。因此，对于马某提出离婚及财产分割诉讼，付某应该是知道的。

在此背景下，可以判断付某某、付某明知赠与的股权中所包含的新增出资额存在权属争议，且马某已经提出权利要求。在此情形下，其仍就付某某在J公司的全部股权订立赠与协议，并实际履行，其主观上不可谓善意。且其要完成协议的订立与履行，必然有意思联络。因此，就增资部分的股权赠与，可以判断付某某、付某主观上存在恶意串通。

综上所述，付某某就其在J公司持有的增资部分的股权，与付某订立赠与协议，损害了马某的利益，且协议双方恶意串通，依《合同法》第五十二条第（二）项，应宣告无效。付某某与付某就另0.5%股权的赠与，未损害马某利益，应属有效。

【裁判解析】

本案涉及的股权转让包括两部分出资，即J公司于2005年5月设立时，付某某作为发起人之一，出资48.88万元，该部分出资额属于付某某与马某结婚前的个人财产，以及2012年12月J公司股东会决定增资，付某某认缴新增出资额48.88万元。

J公司于2005年5月设立时，付某某作为发起人之一，出资48.88万元，成为该公司股东。对于该部分出资额，属付某某与马某结婚前的个人财产，本案各方均无异议。该部分股权属于付某某个人所有已无疑问，那么在付某某与马某婚姻关系存续期间该股权的收益如何认定呢？关于股权的收益部分，《婚姻法司法解释（二）》第十一条规定："婚姻关系存续期间，下列财产属于婚姻法第十七条规定的'其他应当归共同所有的财产'：（一）一方以个人财产投资取得的收益；……"依据此规定，股权在婚后的收益也属于夫妻共同财产。当然，关于该部分收益，马某如主张权利需要对收益的存在及数额举证加以证明。

2012年12月J公司增资，付某某认缴的新增出资额48.88万元。这部分增资发生在付某某与马某的婚后，出资由付某在股权赠与后缴付。增资，是指公司成立后，为筹集更多资金、扩大经营规模，由股东依法增加公司的注册资本额度的行为。《婚姻法》第十七条规定："夫妻在婚姻关系存续期间所得的下列财产，归夫妻共同所有：（一）工资、奖金；（二）生产、经营的收益；（三）知识产权的收益；（四）继承或赠与所得的财产，但本法第十八条第三项规定的除外；（五）其他应当归共同所有的财产。夫妻对共同所有的财产，有平等的处理权。"同时，依据《最高人民法院关于人民法院审理离婚案件处理财产分割问题的若干具体意见》

第七条："对个人财产还是夫妻共同财产难以确定的，主张权利的一方有责任举证。当事人举不出有力证据，人民法院又无法查实的，按夫妻共同财产处理。"由此可见，在婚姻关系存续期间取得的财产，首先认定为夫妻共同财产，夫妻一方主张权利的，由主张权利的一方承担举证责任。关于该部分股权的归属，根据《公司法司法解释（三）》第二十二条规定："当事人之间对股权归属发生争议，一方请求人民法院确认其享有股权的，应当证明以下事实之一：（一）已经依法向公司出资或者认缴出资，且不违反法律法规强制性规定；（二）已经受让或者以其他形式继受公司股权，且不违反法律法规强制性规定。"当事人取得股权有两种方式，一是原始取得，二是继受取得。其中，原始取得是指在公司设立或增资中通过向公司出资或者认缴出资取得股权或股东资格。本案增资即属于原始取得，付某某通过增资取得股权，须综合考察其取得股权的实质要件和形式要件。付某某于 2012 年 12 月 18 日签署股东会同意增资的决议，表明其认缴增资额 48.88 万元，同年 12 月 19 日，付某某向 J 公司转账 48.88 万元，并注明为投资款，表明其已实际履行出资义务。据此，付某某就新增出资已满足取得股权的实质要件。嗣后，J 公司完成验资、修改了章程、办理了公司注册资本及各股东出资额变更登记，其中，付某某的出资额由 48.88 万元变更为 97.76 万元。由此，付某某就增资取得股权的形式要件业已具备。付某某在与马某婚姻关系存续期间，取得了在 J 公司新增出资的股权，在付某某不能举证证明出资来源于其个人财产的情况下，该股权应属于付某某与马某的夫妻共同财产。

至于付某向 J 公司汇款 48.88 万元缴足出资，属于另外一个法律关系，对股权为付某某与马某的夫妻共同财产没有影响。

本案中马某起诉要求确认付某与付某某之间的股权转让协议无效，根据《合同法》第五十二条的规定，需从以下几个方面加以分析：一、股权转让中付某和付某某是否善意？二、付某和付某某有无恶意串通？三、股权转让是否侵害马某利益？

一、股权转让中付某和付某某是否善意？从以下几方面分析：1. 从股权赠与的时间上看，赠与发生在付某某和马某的离婚诉讼期间，此时二人的夫妻关系已经恶化；2. 付某某与付某乃父子关系，付某作为儿子，不可能不清楚其父与继母正处离婚诉讼之中，婚姻关系已经岌岌可危；3. 在股权转让的对价的合理性方面，股权转让是以无偿赠与付某的方式，付某没有支付对价。综合以上因素，付某某与付某在付某某与马某离婚诉讼期间转让股权，其转移股权使股权不至于被分割的意图明显，且转让以无偿赠与方式，因此，不能认定付某与付某某在股权转让时是善意的。

二、付某和付某某有无恶意串通的行为？依据付某某与马某此前诉讼的判决书认定的事实，双方的分歧和矛盾已经波及双方的家庭，付某作为家庭成员应该心知肚明，对双方矛盾焦点和利益冲突了然于胸。从正常人角度判断，在签订赠与协议时，付某与付某某应该明知马某对股权可能享有权利，对此在签订协议之前双方必然有意思联络。因此，可以认定付某与付某某存在恶意串通。

三、股权转让是否侵害马某利益？付某某与付某签订股权赠与协议，完全排除了马某就股权提出权利主张的可能，即便马某不主张 2005 年 5 月公司设立时的出资部分，股权赠与也明显损害马某对其后增资部分股权的利益。

综合以上分析，马某对 J 公司增资部分的股权享有权利，付某与付某某恶意串通转让股权损害了马某的利益，应认定股权转让协议无效。

第三节　股权质押

一、夫妻一方擅自出质属于另一方的上市公司股票，另一方能否主张质押的股票变更登记过户？

案件来源：福建省厦门市湖里区人民法院（2014）湖民初字第 6225 号判决张某某与黄某、徐某某离婚后财产纠纷案

裁判日期：2015 年 12 月 4 日

案件要旨：从被告出具的《借据》的整体内容分析，《借据》对所购买的股权比例、所依据的公司文件以及股权的权益归属等问题做了较多的约定，可见《借据》的主要内容或根本目的在于确认讼争股权及股权衍生的所有权益全部归原告所有；第三人徐某某取得相应的质权合法有效，依法应当予以保护，原告要求被告将讼争股票变更登记至原告名下的诉讼请求，不能对抗第三人合法取得的在讼争股票上设定的质权，相应的变更登记可在第三人的质权实现后进行。

【基本案情】

2008年10月8日，张某某、黄某签订《婚姻财产约定书》1份，对双方婚前个人财产债务与婚姻关系存续期间个人财产债务的范围及归属进行了如下约定：黄某婚前个人财产包括现金20万元，存入银行为某银行；张某某婚前个人财产包括其位于某区的房产一套；夫妻婚姻关系存续期间，在各自名下的债权和存款归各自所有，所得财产归各自所有，双方共同投资按各自出资比例享有收益并承担风险；夫妻婚姻关系存续期间，双方因为共同生活所需的开支，由双方各承担一半；双方登记结婚之前，债务登记在谁的名下则由谁承担；夫妻婚姻关系存续期间，夫或妻一方对外所负的债务，以夫或妻一方所有的财产清偿，由于共同的利益或责任而产生的债务由双方按利益或责任比例分担相应部分；夫妻一方给付或赠与另一方的财物归接收方所有；本约定未尽之事宜，依据各自财产各自所有的原则处理，确实无法说清楚的按夫妻共有处理；双方可以在平等自愿的基础上，对本约定的内容进行变更，也可以通过协商一致终止该约定；非经对方同意，任何一方不得擅自修改或撤销；本约定书一式3份，约定双方及公证机关各执1份，本约定双方登记结婚之日起生效等。上述《婚姻财产约定书》业经公证处公证确认。上述《婚姻财产约定书》签订后，张某某、黄某于2008年10月16日登记结婚。

2009年6月25日，A公司召开股东会，作出《A公司股东会决议》，通过《A公司章程修正案》，决议对公司章程进行修改。修改内容包括该公司的股东由王某某、卢某某变更为王某某、卢某某与黄某等6人，其中黄某于2009年6月23日实缴44.68万元，持股比例为1.0638%。2009年6月26日，黄某与王某某签订《股权转让协议》1份，约定王某某将其所持公司1.0638%的股权及其所衍生的所有权益以50万元的价格转让给黄某；黄某于本股权转让协议生效之日起30日内以现金方式向王某某支付本次股权的转让款；王某某收到股权转让款后3日内，双方共同办理本次股权转让的工商登记变更手续等。2009年6月29日，A公司就股东变更情况向工商行政管理局申请变更登记并通过该申请。2009年7月25日，某会计师事务所有限公司接受A公司委托，对该公司净资产折合股份的情况发表审验意见并出具《验资报告》。该报告载明，截至6月30日，黄某认缴注册资本510,629元，实际出资510,629元，出资比例为1.0638%。2009年8月5日，黄某将50万元款项转入王某某账户。2009年8月7日，A公司变更名称为A股份有限公司，黄某作为其股东的认缴额与实缴额由44.68万元变更为51.0629万元。

2008年12月2日、2009年3月24日，黄某分别向张某某转账15万元、5万元，合计20万元。2009年3月10日，张某某将其名下位于某区的房产以105万元的价格出售给案外人李某某。2009年7月31日、2009年8月5日、2009年8月5日，张某某分三次向黄某转账15万元、15万元、20万元，合计50万元。2009年8月7日，黄某向张某某出具《借据》1份，载明："兹有黄某向张某某借款人民币伍拾万元整，用于购买A公司百分之壹点零陆叁捌比例的股权。该股权及股权衍生的所有权益全部归张某某所有，与黄某无关。特立此据。立据人：黄某。日期：2009年8月7日。"

2010年2月13日，黄某向张某某转账26,500元。2011年5月24日、2012年5月8日，黄某取得股票分红后分别向张某某转账91,913.22元、90,000元。其中2012年5月8日，黄某向张某某转账时备注："股票红利整数上交家里。"

2012年7月23日，黄某与第三人徐某某在银行撮合下签订编号为（撮合）直融借贷字厦第20120001号的《借款合同》、编号为（撮合）直融担保字厦第20120001号《担保合同》及《补充合同》各1份，约定：黄某向徐某某借款300万元，借款期限为2012年7月23日至2014年7月22日，借款用途为包含企业经营和股东用款在内的资金使用；贷款年利率为第一年9%，若借款延续至第二年，则年利率为11%，且第一年利率也上调为11%；徐某某委托银行完成本合同项下贷款资金发放和贷款偿还涉及的资金划付事宜；银行按徐某某指示将徐某某存放在银行的贷款资金在1个工作日内划付至黄某的贷款账户，即完成了受托的贷款资金发放；黄某以其持有的A股份有限公司占比为0.750925%的股权，计1,021,258股股票为该笔借款提供质押担保；借款合同约定的债务履行期限届满（包括依据借款合同约定，徐某某宣布借款提前到期的情况），而黄某未按照借款合同约定清偿债务的，徐某某有权随时行使担保权；徐某某行使担保权的方式包括与黄某协商，将担保财产折价以抵偿债务或以担保财产拍卖、变卖后所取得的价款优先受偿，以及请求人民法院对担保财产进行拍卖、变卖，以所得价款优先受偿等。某公证处于2012年7月25日出具《公证书》，确认各方表示其签订上述合同的意思表示真实，已充分了解并共同确认了该合同的全部内容，并证明徐某某、黄某、银行的法定代表人于2012年7月23日签订了前述《借款合同》《担保合同》《补充合同》，《担保合同》自徐某某、黄某签署之日起生效，自依法律规定办妥上述质押财产质押登记之日起质权设立。中国证券登记结算有限责任公司深圳分公司出具的《证券质押登记证明》载明：质押登记编号为120720010，质押登记日期为2012年7月26日；出质人姓名为黄某，质权人姓名为徐某某，质押合同编号为（撮合）直融担保字厦第

20120001号，证券简称为××股份，证券代码为××××××，质押证券数量为1,021,258股。2012年8月2日，徐某某在银行的账户中因私人银行产品划款转出300万元。

2012年9月10日，法院立案受理了张某某诉黄某离婚纠纷一案，张某某请求法院判令：1. 准予张某某与黄某离婚；2. 确认黄某名下的A股份有限公司的股票及权益属原告个人财产。法院于2013年11月20日作出（2012）湖民初字第5560号民事判决，认为张某某、黄某夫妻感情已完全破裂，双方已无和好可能，故准予双方离婚，并认为黄某所出具的《借据》可视为张某某、黄某就股权的出资、登记与权益归属所达成的合意，结合借据的前后表述及张某某、黄某均非法律专业人士的实际情况，可以确认黄某在出具《借据》时双方的本意应为黄某名下的股权为原告出资，该股权及股权衍生的所有权益全部归原告所有，因黄某名下的A股份有限公司的股份现已质押给徐某某，该质押尚未到期，张某某请求确认该股票及权益属其个人财产涉及质押效力的认定问题并影响到质押权人对其债权的实现，故张某某的该项请求不宜在该案中一并处理，张某某可另行主张权利，故判决：一、准许张某某与黄某离婚；二、驳回张某某的其他诉讼请求。黄某不服该判决，上诉至厦门市中级人民法院；厦门市中级人民法院经审理后于2014年10月16日作出（2014）厦民终字第519号民事判决，判决驳回黄某的上诉请求，维持原判。

2014年8月15日，被告黄某与第三人徐某某签订了1份《个人借款展期协议》，就双方于2012年7月23日签订的编号为（撮合）直融借贷厦字第20120001号《借款合同》及其补充合同项下借款展期事宜约定：展期本金金额为300万元，原合同规定借款期限自2012年7月23日至2014年7月22日，但是原合同中指定的黄某的银行账户实际于2012年8月2日下午3点之后才收到该笔借款，故实际借款起点应为2012年8月2日，该日即为开始计息日，现展期期限为3个月，自2014年8月2日至2014年11月1日；从展期开始之日2014年8月2日至2014年11月1日合同贷款利率确定为年利率15%；黄某作为出质人，同意依编号为（撮合）直融担保厦字第20120001号《担保合同》及其补充合同对黄某在原合同和本协议项下的全部债务继续承担质押担保责任；本协议作为原合同及上述担保合同的补充协议，除本协议另有约定外，原合同及上述担保合同中的条款均继续有效，双方仍应继续履行各自的义务；协议还约定了其他事项。2014年12月4日，被告黄某与第三人徐某某又签订了1份《个人借款展期协议》，就双方于2012年7月23

日签订的编号为（撮合）直融借贷厦字第20120001号《借款合同》及其补充合同项下借款展期事宜约定：展期本金金额为300万元，新展期期限为一年，自2014年11月2日至2015年11月1日；从展期开始之日2014年11月2日至2015年11月1日的借款年利率为11%，黄某于次月的1日当日支付一个计息整月（从当月2日至次月1日期间，含首尾两日）的借款利息；黄某作为出质人，同意依编号为（撮合）直融担保厦字第20120001号《担保合同》及其补充合同对黄某在原合同和本协议项下的全部债务继续承担质押担保责任；本协议作为原合同及上述担保合同的补充协议，除本协议另有约定外，原合同及上述担保合同中的条款均继续有效，双方仍应继续履行各自的义务；协议还约定了其他事项。

原告张某某诉称，生效的法律文书已经确认：被告名下持有的A股份有限公司的全部股票及所有权益归原告所有，故原告请求判令：1. 被告名下持有的A股份有限公司的全部股票1,021,258股及所有权益归原告所有；2. 被告立即将其名下全部A股份有限公司的股票变更登记至原告名下。

被告黄某未到庭答辩，亦未提交书面答辩意见。

第三人徐某某述称，第三人对被告黄某名下的A公司1,021,258股股份享有的质押权真实、合法、有效，且为善意取得，该股份登记或变更登记在原、被告任何一方名下，都不影响第三人对该股份享有的质押权。第三人的担保物权应受法律保护。具体而言：一、第三人对被告持有的A公司1,021,258股股份的质押权，系基于其与被告之间就该股权设定质押权的意思表示，以及真实的债权债务关系而享有。第三人与被告不但签订了书面的《借款合同》《担保合同》《借款合同与担保合同之补充合同》，还依法对上述股权质押进行了登记。第三人质押权的设定真实、合法、有效。二、第三人在被告持有的A公司1,021,258股股份上设定质押权时，对于原、被告之间在2009年8月7日签订的《借据》的内容及真实性完全不知情。第三人享有的质押权系善意取得，应受法律保护。三、即使原、被告之间在2009年8月7日签订的《借据》的内容是真实的，也是原、被告之间的内部约定，不具有对外公示效力，第三人基于A公司1,021,258股股份登记信息的公示效力，信赖被告为该股份所有权人并与其设定质押权，符合法律规定，应受法律保护。综上所述，无论原告所诉股权归属的诉讼应否得到支持，案涉股权登记或变更登记在原、被告任何一方名下，都不应当影响第三人对于该股份享有质押权。

本案审理过程中，根据原告的申请，法院就被告于2012年7月23日向第三人徐某某借款时向银行所提供的资料向银行调查取证，银行向法院提供了存于（撮合）直融借贷厦字第20120001号《借款合同》档案内、落款日期为2008年10月8日、甲方为被告黄某、乙方为原告张某某的《婚姻财产约定书》1份，该《婚姻财产约定书》的内容与前述原、被告于2008年10月8日签署的《婚姻财产约定书》一致。

【法院裁判】

法院判决：被告黄某名下持有的A股份有限公司的全部股票1,021,258股及所有权益归原告张某某所有；被告黄某应于第三人徐某某在被告黄某名下持有的A股份有限公司的1,021,258股股票上享有的质权消灭之日起10日内，协助原告张某某办理上述股票的变更登记手续。

法院认为，被告黄某经法院合法传唤无正当理由未到庭参加诉讼，应视为其自动放弃抗辩权利。对于原告的各项诉求，法院予以认定如下：

一、关于被告名下持有的A股份有限公司1,021,258股股票及权益归属的认定问题。被告于2009年8月7日向原告出具《借据》1份。该《借据》由被告书写并签名，应视为被告的真实意思表示，该《借据》载明被告向原告借款50万元用于购买讼争股权，而原告将其名下位于某区的房产以105万元的价格出售给案外人李某某，表明原告有支付50万元购买股份资金的能力，结合被告于2009年6月26日与王某某签订《股权转让协议》约定王某某将其所持公司1.0638%的股权及其所衍生的所有权益以50万元的价格转让给被告，以及在原告于2009年7月31日及2009年8月5日分三次共计向被告转账50万元款项之后，被告即将50万元款项转入案外人王某某的账户的事实，足以证明被告向案外人王某某所支付的用于购买本案讼争股权的50万元款项来源于原告。从被告出具的《借据》的整体内容分析，《借据》对所购买的股权比例、所依据的公司文件以及股权的权益归属等问题做了较多的约定，可见《借据》的主要内容或根本目的在于确认讼争股权及股权衍生的所有权益全部归原告所有；基于《借据》的主要内容，结合原告在被告出具《借据》前向被告转账50万元的事实，可以认定，认为《借据》将50万元表述为借款，但其真实意思应为确认购买股权的款项来源于原告；被告分别于2011年5月、2012年5月两次将讼争股票红利转给原告的事实亦可以印证讼争股份及收益归原告所有的事实。综上所述，原告请求判令被告名下持有的A股份有限公司的全部股票1,021,258股及所有权益归原告所有，合法有据，法院予以支持。

二、关于讼争股票的变更登记过户问题。如前所述，被告名下持有的A股份有限公司的股票及所有权益应归原告所有，现原告要求将该部分股票变更登记至原告名下，合法有据，应当予以支持。但本案中，被告黄某已将讼争股票质押出质于第三人徐某某，根据被告与第三人签订的《借款合同》《质押合同》《补充合同》结合中国证券登记结算有限责任公司深圳分公司出具的《证券质押登记证明》，可以认定讼争股票出质给第三人徐某某时仍登记在被告黄某名下；而被告黄某与第三人徐某某所签订的《借款合同》《质押合同》《补充合同》系在银行的撮合下签订，根据法院向银行调取的证据，银行相关《借款合同》的档案材料中存有原、被告所签订的《婚姻财产约定书》，足以认定第三人徐某某已知悉原、被告之间所签订的《婚姻财产约定书》的内容，而《婚姻财产约定书》约定原、被告夫妻婚姻关系存续期间，在各自名下的债权和存款归各自所有，所得财产归各自所有，故讼争股票出质给第三人徐某某时第三人徐某某有理由相信讼争股票系被告黄某所有，被告与第三人已办理了相应的质押登记手续，第三人取得相应的质权合法有效，依法应当予以保护；原、被告虽在被告出具的《借据》中就讼争股票及权益的归属做了约定，但原告未能举证证明第三人知悉该约定，故原、被告就讼争股票及权益的归属的约定，不能对抗第三人合法取得的在讼争股票上设定的质权。综上所述，原告要求被告将讼争股票变更登记至原告名下的诉讼请求，不能对抗第三人合法取得的在讼争股票上设定的质权，相应的变更登记可在第三人的质权实现后进行。

综上所述，原告要求判令被告名下持有的 A 股份有限公司的全部股票 1021258 股及所有权益归原告所有，合法有据，法院予以支持，但相应的变更登记应在第三人的质权消灭后进行。被告黄某经法院合法传唤无正当理由未到庭参加诉讼，法院依法缺席审理并判决。

【裁判解析】

首先，关于被告于 2009 年 8 月 7 日向原告出具《借据》的法律性质问题。该《借据》由被告书写并签名，应视为被告的真实意思表示，《借据》载明："兹有黄某向张某某借款人民币伍拾万元整，用于购买 A 公司百分之壹点零陆叁捌比例的股权。该股权及股权衍生的所有权益全部归张某某所有，与黄某无关。特立此据。立据人：黄某。日期：2009 年 8 月 7 日。"从《借据》内容看，《借据》对款项用途、股权比例以及股权的权益归属都有明确约定，故该约定名为借据，实为双方对股权的出资、登记与权益归属达成的合意。原告于 2009 年 7 月 31 日及 2009 年 8 月 5 日分三次共计向被告转账 50 万元款项之后，被告即将 50 万元款项转入案外人王某某的账户，用于支付被告于 2009 年 6 月 26 日与王某某签订《股权转让协议》约定的 50 万元的股权转让款，证明被告支付本案讼争股权的 50 万元款项来源于原告。2011 年 5 月、2012 年 5 月被告两次将股票红利转给原告也可以印证股份及收益归原告所有的事实。因此，在双方《借据》对股权以及股权的权益归属明确约定的情况下，被告名下持有的 A 股份有限公司 1, 021, 258 股股票及权益应归原告所有。

其次，被告擅自将讼争股票出质给第三人徐某某是否有效。以上市公司的股票出质，适用《物权法》和《担保法》的相关规定。《物权法》第二百二十三条规定，债务人或者第三人有权处分的可以转让的基金份额、股权可以出质。《担保法》第七十五条规定，依法可以转让的股份、股票可以质押。《担保法司法解释》第一百零三条规定："以股份有限公司的股份出质的，适用《公司法》有关股份转让的规定。以上市公司的股份出质的，质押合同自股份出质向证券登记机构办理出质登记之日起生效。以非上市公司的股份出质的，质押合同自股份出质记载于股东名册之日起生效。"本案中，涉案股票的质押有中国证券登记结算有限责任公司深圳分公司出具的《证券质押登记证明》，质押已生效。另外，原、被告约定被告名下持有的 A 股份有限公司 1, 021, 258 股股票及权益应归原告所有，但股票的取得源于被告与案外人签订的《股权转让协议》，被告黄某将讼争股票质押出质于第三人徐某某时，提供了原被告之间的《婚姻财产约定书》，以此证明原、被告夫妻婚姻关系存续期间，在各自名下的债权和存款归各自所有，所得财产归各自所有。因此，在讼争股票出质给第三人徐某某时，徐某某有理由相信讼争股票系被告黄某所有，且被告与徐某某已办理了上述质押登记手续，应认定徐某某取得的质权合法有效，依法应当予以保护。

最后，关于讼争股票的变更登记过户问题。如前所述，原、被告虽然对讼争股票及权益的归属做了约定，但在徐某某对此不知情的情况下，该约定对徐某某不发生效力，原、被告就讼争股票及权益的归属的约定，不能对抗徐某某合法取得的在讼争股票上设定的质权。因此，股票的变更登记过户要等徐某某的质权实现后方可进行。

二、夫妻一方名下的股权质押后，离婚时能否要求分割？

案件来源： 福建省厦门市湖里区人民法院（2013）湖民初字第4426号判决苏某某与曾某某离婚纠纷案

裁判日期： 2013年11月18日

案件要旨： 原告持有的A公司90%的股权均取得于原、被告夫妻关系存续期间，应属夫妻共同财产，但因原告持有的A公司90%的股权已质押给了苏某乙，原、被告均未取得完全所有权，且该股权涉及第三人权益，故现不宜分割。

【基本案情】

苏某某、曾某某于2009年9月相识，经自由恋爱后于2009年12月9日登记结婚，2011年2月18日生育一子苏某甲。婚后二人生活偶有摩擦，2012年9月23日，曾某某离开家庭并将婚生子苏某甲带回其老家生活，由曾某某父母协助抚养。2012年12月24日，曾某某以双方结婚匆促、性格不合且被告存在家庭暴力与严重网瘾至双方感情破裂为由向法院起诉离婚，法院判决驳回曾某某的诉讼请求。该判决已于2013年4月3日发生法律效力。

苏某乙是苏某某的父亲。A汽车服务有限公司（以下简称A公司）成立于2006年11月29日，注册资本、实收资本均为500,000元，苏某某为公司法定代表人。2011年6、7月间，苏某某及苏某乙共同收购A公司，苏某某出资比例90%，苏某乙出资比例10%。2013年7月26日，苏某某将其在A公司的股权数额450,000元质押给苏某乙，并办理出质登记。

原告苏某某诉称，原、被告于2009年9月份相识，并于同年12月9日登记结婚。2011年2月18日婚生子苏某甲出生。现原被告的夫妻感情确已破裂，夫妻关系名存实亡。维持这样的夫妻关系，双方都痛苦，对孩子成长更不利，故申请离婚。关于夫妻之间共同财产分割问题，原告持有的A公司90%的股份，请求法院依法进行分割。

被告曾某某辩称，同意与原告苏某某离婚。关于共同财产的分割问题，夫妻共同财产包括原告出资成立的A公司，虽是原告出资，但属于夫妻共同财产。2013年7月份被告将公司的股权质押给原告的父亲，是转移财产、伪造债务的行为，因此根据《婚姻法》有关规定，被告应分得全部的夫妻共同财产。

【法院裁判】

法院判决：驳回原告苏某某要求分割A公司90%股权的诉讼请求。

关于夫妻共同财产分割的问题。法院认为，原告持有的A公司90%的股权均取得于原、被告夫妻关系存续期间，应属夫妻共同财产，但因原告持有的A公司90%的股权已质押给了苏某乙，原、被告均未取得完全所有权，且该股权涉及第三人权益，故法院现不宜分割，原、被告双方可待上述财产取得完全所有权后另行主张。

【裁判解析】

苏某某名下持有的A公司90%的股权取得于苏某某、曾某某夫妻关系存续期间，应属夫妻共同财产。

《担保法》第七十八条第三款规定："以有限责任公司的股份出质的，适用公司法股份转让的有关规定。质押合同自股份出质记载于股东名册之日起生效。"《物权法》第二百二十六条规定："以基金份额、股权出质的，当事人应当订立书面合同。以基金份额、证券登记结算机构登记的股权出质的，质权自证券登记结算机构办理出质登记时设立；以其他股权出质的，质权自工商行政管理部门办理出质登记时设立……"本案中，苏某某将A公司股权质押给苏某乙后办理了出质登记，质权已设立。股权质押后，股权的转让受到限制，但公司重大决策和选择管理者等股东权利仍由苏某某行使。

离婚案件可能涉及当事人隐私，除非法律明确规定，一般第三人不能参加到离婚诉讼中去。上述股权涉及苏某乙的利益，为维护苏某乙的财产权益，股权分割不宜在离婚诉讼中处理。作为非持股的一方，曾某某可以在离婚诉讼后，另案提起离婚后财产纠纷诉讼，要求分割质押的股权。如果苏某某与苏某乙存在恶意串通，曾某某还可以提起股权质押合同无效的诉讼，以维护自身的合法权益。

第四章　婚内股权分割纠纷

第一节　协议书是离婚协议还是婚内财产约定的认定?

案件来源： 广东省高级人民法院（2015）粤高法民一提字第9号判决季某甲与严某离婚纠纷案

裁判日期： 2015年10月13日

案件要旨： 严某、季某甲为了协议离婚签订《协议书》，该《协议书》中关于财产分割的约定，是以离婚为条件的财产分割协议，现严某、季某甲协议离婚未成，严某主张重新分割夫妻共同财产，故法院认定该《协议书》中财产分割协议没有生效。案涉《关于确定财产归属的协议书》，《协议书》约定了生效时间，并非是以离婚这一事实的发生作为该《协议书》生效的条件。该《协议书》约定的内容符合《婚姻法》第十九条的规定，对双方具有约束力。

【基本案情】

严某、季某甲于1997年11月因工作关系认识，于××××年××月××日登记结婚，于××××年××月××日生育一女季某乙。

2007年9月26日，严某（乙方）与季某甲（甲方）签订一份《协议书》，载明“双方因家庭经济矛盾无法解决，现决定协议离婚，由于存在乙方户口随迁问题而推迟办理离婚手续，现经甲、乙双方协商，就财产分配及女儿抚养问题达成如下协议”。该《协议书》约定了女儿抚养权由双方共同承担，同时双方都放弃向对方要求抚养费，教育及医疗费原则上双方各承担50%；各自名下的房产归个人所有，季某甲须补偿严某10万元，严某放弃其他家庭财产（严某个人用品除外）；本协议签订至协议离婚完成时，双方各自负担各自的债权、债务及投资收益，盈利或亏损均与对方无关；因随迁户口过程拖延期间，任何一方与他人同居，另一方不得以重婚罪指控对方。严某、季某甲开始正式分居。

2007年10月11日，严某、季某甲再次签订一份《关于确定财产归属的协议书》，双方就财产归属进行了约定，内容为“双方一致同意婚前、婚后财产均实行归各自所有的归属原则，即各自取得的财产归各自所有，各自名下的财产归各自所有，均不作为共同财产；婚后各自对外所欠下的债务由各自独立承担；家庭中的动产（严某个人用品除外）归季某甲所有；本协议双方签订后即视为从结婚登记之日起生效”。

A公司为有限责任公司，法定代表人为季某甲。该公司有两个股东季某甲、黄某某分别占有该公司90%与10%的出资比例。

2012年4月18日，严某向一审法院提起诉讼，请求法院判令解除严某与季某甲的婚姻关系、严某享有季某甲在A公司45%的股权或者季某甲补偿严某该股权价值、季某甲向严某支付其转移的财产7,146,323.59元的一半即3,573,161.8元。

季某甲答辩称：双方签订的两份协议书已经约定了财产及债务承担，且季某甲将结婚以来的绝大部分收入交给了严某及其父母，严某无权索要季某甲名下的公司股权。

一审判决后，季某甲不服一审判决，向二审法院提起上诉，主要事实和理由是：（一）一审判决严重违反法定程序，在认定双方财产归属协议的效力与季某甲主张不一致的情况下，未依法进行释明，剥夺了季某甲提供或申请法院调查严某名下财产线索并进行财产分割的机会。2007年10月11日，季某甲与严某双方签订《关于确定财产归属的协议书》，约定双方名下的婚前、婚后财产归各自所有等内容。严某认为该协议无效，要求分割季某甲名下的财产，并申请一审法院调取了季某甲的银行账户全部流水记录；季某甲因主张该协议有效，故没有申请法院调查严某的银行存款，也没有要求分割严某名下的财产。根据《民事诉讼证据规定》第三十五条的规定，诉讼过程中，当事人主张的民事行为的效力与人民法院根据案件事实作出的认定不一致的，应当向当事人进行释明，允许当事人变更诉讼请求或反诉。一审判决明显违反上述法定程序，在认定双方财产归属协议未生效的情况下，未向季某甲进行释明，在程序上剥夺了季某甲提供或申请法院调查严某名下财产的权利。当然，一审判决认定该协议未生效本身就是大错特错。（二）《关于确定财产归属的协议书》是夫妻双方约定的财产归属协议，不是附协议离婚条件的财产分割协议，完全符合我国《婚姻法》第十九条的规定。一审判决认定该协议未生效属混淆词义，且理由牵强、推理无据，先入为主的判决思路导致适用法律严重错误。2007 年 10 月 11 日《关于确定财产归属的协议书》一开始就明确双方签订该协议的根本目的是“避免双方日后财产纠纷”，这完全符合我国《婚姻法》第十九条的立法目的；协议内容紧紧围绕该签约目的，确立“婚前、婚后财产均实行归各自所有的归属原则”，这也符合《婚姻法》第十九条的具体规定：该协议第四条约定生效时间自双方结婚登记之日起，确立了该协议具有溯及既往的效力，等同于双方于结婚登记时就已签订了该协议，从而彻底解决双方婚姻关系存续期间所得财产归属及婚前财产归属的问题。该协议始终提及的是“财产归属”，而不是“财产分割”，更没有提到“离婚”“分居”的字样，没有约定任何办理离婚登记或诉讼离婚等内容，怎么就能理解为以离婚为条件的财产分割协议呢？一审判决推断出该财产归属协议是 2007 年 9 月 26 日签订的《协议书》中关于财产分割问题的补充，理由是“分居后签订”“与《协议书》前后相隔十几天”及“双方仅因原告户口随迁问题而推迟办理离婚手续”。且不论一审判决抛弃协议签订目的及本身内容而主观臆断已严重违背“以事实为准绳”的司法原则，就这 3 条理由也十分荒谬。分居后夫妻就不能为避免日后财产纠纷签订财产归属协议？所签协议就一定是财产分割协议吗？“与《协议书》前后相隔十几天”能推论出所签协议就是《协议书》的补充协议吗？至于“双方仅因原告户口随迁问题而推迟办理离婚手续”的理由更是无厘头的推理。推迟办理离婚手续是因为严某户口随迁问题，这是事实，季某甲为严某利益同意推迟办理离婚手续，到头来却引致严某要求分割季某甲的财产，这是什么道理？严某不诚信却获利、季某甲诚信却失利，这符合法律正义吗？季某甲认为，一审判决先入为主，为实现严某能够分割季某甲房产的目的寻找理由，从而错误适用《婚姻法司法解释（三）》第十四条规定。季某甲坚持认为《关于确定财产归属的协议书》合法、有效，双方应遵守该协议书关于财产的约定，即各自名下的财产归各自所有，双方之间无夫妻共同财产可供分割。

严某答辩称：一审判决未违反法定程序，本案不适用《民事诉讼证据规定》第三十五条的规定。一审法院认定《关于确定财产归属的协议书》是《协议书》的补充，仍是以离婚为条件的财产分割协议，从而认定《关于确定财产归属的协议书》没有生效，有事实依据，符合《婚姻法司法解释（三）》第十四条的立法原则。

二审后，季某甲不服二审判决，向法院申请再审，请求：1. 撤销二审判决；2. 改判驳回严某关于财产分割的诉讼请求并承担本案全部诉讼费。主要事实和理由是：（一）二审判决认定《关于确定财产归属的协议书》为以离婚为条件的财产分割协议，系未生效协议，这是严重错误的，直接导致了判决错误。该协议是典型的夫妻财产归属协议，并没有以离婚为条件。该协议既约定了婚后财产的归属，又约定了婚前财产的归属，这与离婚只能分割婚后共同财产有明显不同。以离婚为条件的财产分割协议是对双方已经取得的共同财产进行分割，不可能对未取得的财产进行约定。两份协议涉及的财产范围和性质是不相同的，不应认定后者为前者的补充。（二）双方在2007年9月26日签订的《协议书》与2007年10月11日签订的《关于确定财产归属的协议书》是两份各自独立的协议书，前者无效并不影响后者的效力。双方依照婚姻法的规定约定双方实行分别财产制，这是合法有效的。双方已经依法约定了各自财产归属，依法已经不存在任何共同财产，不应再进行分割。

严某答辩称：（一）原审判决认定《关于确定财产归属的协议书》是《协议书》的补充，仍然是以离婚为条件的财产分割协议，从而认定《关于确定财产归属的协议书》没有生效，有事实依据，符合《婚姻法司法解释（三）》第十四条的立法精神。婚内财产约定与以离婚为条件的财产分割协议是有区别的，《关于确定财产归属的协议书》关于对婚前财产的约定和从结婚登记之日起生效的约定仅为形式上的表述，不能改变其是以离婚为条件和目的而签订的财产分割协议。（二）原审判决严某所取得的财产仅为季某甲实际财产的三分之一，依照公平和照顾女方和子女权益的原则，也应驳回季某甲的再审申请。

【法院裁判】

一审法院判决：准许严某与季某甲离婚；登记在季某甲名下的A公司45%股权归严某所有，季某甲应于本判决生效之日起10日内协助严某办理变更工商登记手续。

一审法院认为，关于涉案协议书效力问题，根据《婚姻法司法解释（三）》第十四条的规定："当事人达成的以登记离婚或者到人民法院协议离婚为条件的财产分割协议，如果双方协议离婚未成，一方在离婚诉讼中反悔的，人民法院应当认定该财产分割协议没有生效，并根据实际情况依法对夫妻共同财产进行分割。"本案严某、季某甲为了协议离婚于2007年9月26日签订一份《协议书》，该《协议书》中关于财产分割的约定，是以离婚为条件的财产分割协议，现严某、季某甲协议离婚未成，严某主张重新分割夫妻共同财产，故一审法院认定该《协议书》中财产分割协议没有生效。关于双方于 2007 年 10 月 11 日签订的《关于确定财产归属的协议书》效力问题。严某主张该协议书无效，应重新分割夫妻共同财产；季某甲抗辩该协议书有效，应遵守该协议书关于双方财产的约定，不应再重新分割夫妻共同财产。一审法院认为，该协议书签订时间为双方正式分居之后，该协议书与双方于 2007 年 9 月 26 日签订的《协议书》前后仅相隔十几天，并结合本案双方仅因严某户口随迁问题而推迟办理离婚手续的情况，一审法院认定《关于确定财产归属的协议书》是《协议书》中关于财产分割问题的补充，应仍是以离婚为条件的财产分割协议，故一审法院认定《关于确定财产归属的协议书》没有生效，应根据实际情况依法分割夫妻共同财产。

二审法院判决：驳回上诉，维持原判。

二审法院认为，本案二审争议的焦点系双方于 2007 年 10 月 11 日签订的《关于确定财产归属的协议书》的效力问题。该协议书签订于严某与季某甲正式分居之后，与双方于 2007 年 9 月 26 日签订的《协议书》时间相隔甚短，双方此前约定仅因存在户口随迁问题而推迟离婚，此后亦未实际共同生活，季某甲此后更长期与案外人以夫妻名义同居并产子，因此法院认定双方签订的《关于确定财产归属的协议书》并非《婚姻法》第十九条规定的夫妻财产约定，仍是以离婚为条件的财产分割协议，由于双方协议离婚未成，未能生效，应当根据实际情况依法分割夫妻共同财产。

综上所述，季某甲的上诉理由不能成立，二审法院不予采信。一审判决查明事实清楚，实体处理适当，二审法院依法予以维持。

再审法院判决：撤销二审民事判决；维持一审关于登记在季某甲名下的 A 公司 45% 股权归严某所有，季某甲应于本判决生效之日起 10 日内协助严某办理变更工商登记手续的民事判决。

再审法院认为，本案系离婚纠纷。根据双方当事人的诉辩意见，本案争议的焦点问题主要是双方于 2007 年 10 月 11 日签订的《关于确定财产归属的协议书》是否生效。

《婚姻法司法解释（三）》第十四条规定："当事人达成的以登记离婚或者到人民法院协议离婚为条件的财产分割协议，如果双方协议离婚未成，一方在离婚诉讼中反悔的，人民法院应当认定该财产分割协议没有生效，并根据实际情况依法对夫妻共同财产进行分割。"该条规定中的"以登记离婚或者到人民法院协议离婚为条件的财产分割协议”是指以离婚这一事实的发生作为财产分割协议生效的条件。本案中，案涉《关于确定财产归属的协议书》明确约定“本协议双方签订后即视为从结婚登记之日起生效”。也就是说，该《协议书》约定了生效时间，并非是以离婚这一事实的发生作为该《协议书》生效的条件。原审法院适用《婚姻法司法解释（三)》第十四条的规定认定案涉《关于确定财产归属的协议书》未生效，适用法律错误，再审法院予以纠正。《婚姻法》第十九条第一款、第二款规定：“夫妻可以约定婚姻关系存续期间所得的财产以及婚前财产归各自所有、共同所有或部分各自所有、部分共同所有。约定应当采用书面形式。没有约定或约定不明确的，适用本法第十七条、第十八条的规定。夫妻对婚姻关系存续期间所得的财产以及婚前财产的约定，对双方具有约束力。”本案中，案涉《关于确定财产归属的协议书》约定：“双方一致同意婚前、婚后财产均实行归各自所有的归属原则，即各自取得的财产归各自所有，各自名下的财产归各自所有，均不作为共同财产；婚后各自对外所欠下的债务由各自独立承担；家庭中的动产（严某个人用品除外）归季某甲所有；本协议双方签订后即视为从结婚登记之日起生效。”该《协议书》约定的内容符合《婚姻法》第十九条的规定，对双方具有约束力。

案涉《关于确定财产归属的协议书》自双方于 2007 年 10 月 11 日签订至 2012 年 4 月 18 日严某向一审法院提起本案诉讼，该《协议书》已经履行多年，在此期间，双方之间并无夫妻共同财产可供分割。根据该《协议书》约定“各自取得的财产归各自所有，各自名下的财产归各自所有，均不作为共同财产”，至于登记在季某甲名下的 A 公司 90% 的股权，季某甲在一审时已经将其中的 45% 的股权处分给了严某，一审判决 A 公司 45% 的股权归严某所有后，季某甲也未针对该判项提起上诉，在再审阶段，季某甲请求将 A 公司 90% 的股权判归其所有，没有法律依据，再审法院不予支持。

【裁判解析】

本案涉及的焦点问题是双方于 2007 年 9 月 26 日签订的《协议书》和 2007 年 10 月 11 日签订的《关于确定财产归属的协议书》的性质如何认定。

首先，双方于 2007 年 9 月 26 日签订的《协议书》载明“双方因家庭经济矛盾无法解决，现决定协议离婚”、“现经甲、乙双方协商，就财产分配及女儿抚养问题达成如下协议”。就载明的内容看，《协议书》系双方达成了以离婚为条件的财产分割协议。根据《婚姻法司法解释（三)》第十四条的规定：“当事人达成的以登记离婚或者到人民法院协议离婚为条件的财产分割协议，如果双方协议离婚未成，一方在离婚诉讼中反悔的，人民法院应当认定该财产分割协议没有生效，并根据实际情况依法对夫妻共同财产进行分割。”本案双方在达成《协议书》后没有离婚，后又共同生活多年，且严某在起诉中明确主张重新分割夫妻共同财产，因此该《协议书》没有生效。

其次，2007 年 10 月 11 日签订的《关于确定财产归属的协议书》的效力问题。《关于确定财产归属的协议书》与之前签订的《协议书》仅相距十余天，内容为“双方一致同意婚前、婚后财产均实行归各自所有的归属原则，即各自取得的财产归各自所有，各自名下的财产归各自所有，均不作为共同财产；婚后各自对外所欠下的债务由各自独立承担；家庭中的动产（严某个人用品除外）归季某甲所有；本协议双方签订后即视为从结婚登记之日起生效”。从协议明确约定的“本协议双方签订后即视为从结婚登记之日起生效”可以看出，《关于确定财产归属的协议书》并不以离婚为生效条件，不能适用《婚姻法司法解释（三）》第十四条的规定判断其效力。《婚姻法》第十九条第一款、第二款规定：“夫妻可以约定婚姻关系存续期间所得的财产以及婚前财产归各自所有、共同所有或部分各自所有、部分共同所有。约定应当采用书面形式。没有约定或约定不明确的，适用本法第十七条、第十八条的规定。夫妻对婚姻关系存续期间所得的财产以及婚前财产的约定，对双方具有约束力。”本案《关于确定财产归属的协议书》的约定符合《婚姻法》第十九条的规定，乃是双方对婚前、婚内财产归属所作的约定，对双方具有约束力，严某不能以离婚未成主张该协议无效。

至于登记在季某甲名下的 A 公司 45% 股权，按照《关于确定财产归属的协议书》中“各自取得的财产归各自所有，各自名下的财产归各自所有，均不作为共同财产”的约定，应归季某甲所有。但一审判决 A 公司 45% 的股权归严某所有后，季某甲没有对该判项提起上诉。根据《民事诉讼法》第二百条规定，原判决、裁定遗漏或者超出诉讼请求的，人民法院应当再审。又根据《民事诉讼法司法解释》第三百九十二条规定：“民事诉讼法第二百条第十一项规定的诉讼请求，包括一审诉讼请求、二审上诉请求，但当事人未对一审判决、裁定遗漏或者超出诉讼请求提起上诉的除外。”因此，在再审阶段，季某甲请求将 A 公司 90% 的股权判归其所有，没有法律依据。

第二节　夫妻之间签订的股权转让协议，婚内能否要求履行？

案件来源： 东营市东营区人民法院（2015）东商初字第628号判决肖某诉许某股权转让纠纷案

裁判日期： 2015年9月9日

案件要旨： 在婚姻关系存续期间，肖某以协议约定主张资产转让和股权分割，须符合《婚姻法司法解释（三）》第四条“（一）一方有隐藏、转移、变卖、毁损、挥霍夫妻共同财产或者伪造夫妻共同债务等严重损害夫妻共同财产利益行为的；（二）一方负有法定扶养义务的人患有重大疾病需要医治，另一方不同意支付相关医疗费用的”的除外原则，原告仅以双方签订的转让协议来主张进行财产分割，显然无法律依据。

【基本案情】

肖某与许某于1977年认识，并于1977年12月30日登记结婚。

2013年6月7日，肖某、许某签订转让协议，协议内容：许某同意将其名下所持有的东营A厂股份、东营B公司的1,973万股份、东营C石油公司的3,000万股份无偿转让50%股份给肖某，许某同意将其名下所持有的山东D电气公司的1,000万股份无偿转让600万股份给肖某并同意放弃优先购买东营C石油公司股份股东许某某所持有的440万股份，同意肖某购买许某某所持有的220万股份；许某同意放弃优先购买东营B公司吴某甲、隋某某、徐某某、何某某、宋某某、吴某乙、李某某所持有的东营B公司股份并同意肖某购买吴某甲、隋某某、徐某某、何某某、宋某某、吴某乙、李某某所持有的东营B公司股份；许某积极协助工商管理部门的股份变动、登记等事宜，双方约定于2013年6月14日办理上述事宜，股权转让后肖某享有一切股东权利。

东营A厂系个人独资企业，注册资金1,008万元，法定代表人（负责人）系许某。东营B公司注册资本6,170万元，其中胜利油田E公司以货币认缴出资96万元，占注册资本1.56%；吴某甲以货币认缴出资447万元，占注册资本7.24%；徐某某以货币认缴出资500万元，占注册资本8.1%；隋某某以货币认缴出资500万元，占注册资本8.1%；何某某以货币认缴出资500万元，占注册资本8.1%；宋某某以货币认缴出资1,000万元，占注册资本16.22%；吴某乙以货币认缴出资510万元，占注册资本8.27%；李某某以货币认缴出资644万元，占注册资本10.43%；许某以货币认缴出资1,973万元，占注册资本31.98%。

原告肖某起诉至法院称，原、被告系夫妻，婚后数十年在原告的协助下，被告开创了自己庞大的事业。2013年6月7日，原、被告签订转让协议，被告同意将其部分名下企业、公司股权（出资）转让给原告。请求判令被告履行出资转让协议，将东营A厂1,008万元出资转让给原告并办理工商注册登记，将东营B公司986.5万股权转让给原告并履行股权转让程序、办理工商变更登记。后原告变更诉讼请求，请求判令被告履行夫妻财产约定协议，将东营A厂资产转让给原告，将被告名下持有的东营B公司1,973万股权的50%分割转让给原告。

被告许某辩称：1. 转让协议虽因签字而成立，但该协议因其标的是股权和出资份额，从商法的角度来看，该协议内容无效；2. 既使认定该协议有效，该财产转让协议涉及出资额的处分，也只能借助商法中的赠与关系；3. 原告变更的诉讼请求在程序上不符合起诉条件；4. 原告变更的诉讼请求无事实依据；5. 原告变更的诉讼请求不符合法律规定，东营A厂受《个人独资企业法》调整，原告对东营B公司的诉讼请求，该股权转让违反了《公司法》关于股东向非股东转让股权设置的程序性限制。综上所述，应驳回原告的诉讼请求。

另外，许某对肖某提供的结婚证有异议，认为双方构成事实婚姻关系，并不构成法律上的合法婚姻，但并没有提供相关证据。

【法院裁判】

法院判决：驳回原告肖某的诉讼请求。

法院认为，原、被告签订的股权转让协议，系双方当事人真实意思表示，对于原、被告双方而言，系有效协议。但该协议，名为股权转让协议，实际上是夫妻双方在婚姻关系存续期间的财产分割协议。被告并没有相关证据否认结婚证的真实性，退一步讲，即使原、被告双方不构成法律上的合法婚姻，但双方也形成事实婚姻关系。在原、被告婚姻关系存续期间，原告以此协议主张资产转让和股权分割，无法律依据，理由如下：夫妻双方在婚姻关系存续期间一方主张财产分割，根据《婚姻法司法解释（三）》第四条规定，婚姻关系存续期间，夫妻一方请求分割共同财产的，人民法院不予支持，但有下列重大理由且不损害债权人利益的除外：（一）一方有隐藏、转移、变卖、毁损、挥霍夫妻共同财产或者伪造夫妻共同债务等严重损害夫妻共同财产利益行为的；（二）一方负有法定扶养义务的人患有重大疾病需要医治，另一方不同意支付相关医疗费用的。只有在拥有除外原则的前提下才可以主张财产分割权利，而原告仅以双方签订的转让协议来主张进行财产分割，显然无法律依据，原告的该项诉讼请求，法院不予支持。

【裁判解析】

《婚姻法》第十七条规定："夫妻在婚姻关系存续期间所得的下列财产，归夫妻共同所有：（一）工资、奖金；（二）生产、经营的收益；（三）知识产权的收益；（四）继承或赠与所得的财产，但本法第十八条第三项规定的除外；（五）其他应当归共同所有的财产。夫妻对共同所有的财产，有平等的处理权。"该条规定确立了夫妻共同共有的财产制度。所谓夫妻共同财产制度，是指婚姻关系存续期间夫妻或一方所得的财产，除法律规定属于一方所有或者夫妻另有约定之外，归夫妻共同所有的财产制度。也就是说，夫妻自结婚起到一方死亡或者离婚之前的这段时间，夫妻所得的财产，无论是夫妻共同所得还是一方所得，除法律规定和双方约定外，均属于夫妻共同财产。对于共同共有财产，以不能分割为原则，允许分割为例外。我国《物权法》第九十九条规定："共有人约定不得分割共有的不动产或者动产，以维持共有关系的，应当按照约定，但共有人有重大理由需要分割的，可以请求分割；没有约定或者约定不明确的，按份共有人可以随时请求分割，共同共有人在共有的基础丧失或者有重大理由需要分割时可以请求分割。因分割对其他共有人造成损害的，应当给予赔偿。"对于共有财产，共有人有重大理由需要分割的，可以请求分割共有财产，但物权法未对"重大理由"进一步明确。

夫妻关系属于特殊的共有关系，夫妻一方有重大理由需要分割共同财产的，可以请求分割共有财产。《婚姻法司法解释（三）》第四条规定："婚姻关系存续期间，夫妻一方请求分割共同财产的，人民法院不予支持，但有下列重大理由且不损害债权人利益的除外：（一）一方有隐藏、转移、变卖、毁损、挥霍夫妻共同财产或者伪造夫妻共同债务等严重损害夫妻共同财产利益行为的；（二）一方负有法定扶养义务的人患重大疾病需要医治，另一方不同意支付相关医疗费用的。"据此，在婚姻关系存续期间，夫妻一方请求分割共同财产的“重大理由”，分别且只能是：一方有隐藏、转移、变卖、毁损、挥霍夫妻共同财产或者伪造夫妻共同债务等严重损害夫妻共同财产利益行为以及一方负有法定扶养义务的人患重大疾病需要医治，另一方不同意支付相关医疗费用。除上述两种情形外，夫妻在婚姻关系存续期间不得分割夫妻共同财产。

本案中，肖某与许某在婚内签订股权转让协议，系双方真实意思表示，且不违反法律强制性规定，股权转让协议合法有效。从协议内容看，股权全部以无偿形式转让，实为双方对婚内财产的分割协议，应视为对夫妻共同财产的处分。肖某起诉法院要求履行夫妻财产约定协议，依据上述分析，肖某须举证证明存在《婚姻法司法解释（三）》第四条规定的两种除外情形，否则肖某的请求无法得到法院的支持。

虽然肖某不能在本案中要求履行转让协议，但肖某可以在提起离婚诉讼的同时提出分割财产的请求。因为，提起离婚诉讼时，夫妻共同共有的基础丧失，这时提出请求分割共有财产，可以得到法院的支持。

另外，被告许某认为双方并未登记结婚，只构成事实婚姻关系，并不构成法律上的合法婚姻。根据《婚姻法司法解释（一）》第五条的规定：“未按婚姻法第八条规定办理结婚登记而以夫妻名义共同生活的男女，起诉到人民法院要求离婚的，应当区别对待：（一）1994 年 2 月 1 日民政部《婚姻登记管理条例》公布实施以前，男女双方已经符合结婚实质要件的，按事实婚姻处理；（二）1994 年 2 月 1 日民政部《婚姻登记管理条例》公布实施以后，男女双方符合结婚实质要件的，人民法院应当告知其在案件受理前补办结婚登记；未补办结婚登记的，按解除同居关系处理。”即便许某所述属实，由于本案双方在 1994 年 2 月 1 日民政部《婚姻登记管理条例》公布实施以前以夫妻名义共同生活，已经符合结婚实质要件，构成事实婚姻，不影响双方签订的股权转让协议的法律效力。

第三节　一方在婚姻关系存续期间取得的股权，另一方能否在婚内要求确认股东资格？

案件来源：江苏省江阴市人民法院（2016）苏0281民初8666号判决顾某与A公司股东资格确认纠纷案

裁判日期：2016年8月29日

案件要旨：顾某提起股东资格确认之诉，实质上系对高某在A公司的股权进行分割，但本案并不符合分割的前提。顾某也未提供证据证明公司其他股东放弃了优先购买权。因此，对顾某的诉讼请求，法院不予支持。

【基本案情】

A公司设立于2002年5月31日，法定代表人为高某。

2015年3月3日，高某与上海B公司签订一份《股权转让协议》，约定由B公司将在A公司中的95%的股权以950万元的价格转让给高某。2015年4月2日，高某正式成为A公司的登记股东，占股95%；B公司占股5%。

2015年7月18日，A公司召开股东会，全体股东一致决议将公司的注册资本由原来的1,000万元变更为1,217.3913万元，由上海L股权投资基金合伙企业（有限合伙）出资191.3043万元，由朱某出资26.087万元。变更后的公司股东结构为：高某出资950万元，占注册资本的78.04%；上海L股权投资基金合伙企业（有限合伙）出资191.3043万元，占注册资本的15.71%；B公司出资50万元，占注册资本的4.11%；朱某出资26.087万元，占注册资本的2.14%。2015年7月28日，A公司就上述变更事项办理了工商登记手续。

高某与顾某系夫妻关系，两人于2007年1月30日办理结婚登记。

顾某在提起本案诉讼以前曾向法院起诉要求与高某离婚。法院审理后于2016年6月8日作出（2016）沪0109民初8676号民事判决书，判决不准顾某与高某离婚。

原告顾某诉称：高某在婚姻关系存续期间用家庭共同财产向A公司出资，成为A公司的实际控股股东，截至目前，高某在A公司处占股78.04%，因此，原告理应享有登记在高某名下的A公司的39.02%的股权。请求法院判令：1. 确认A公司39.02%的股权属于顾某所有；2. A公司、高某为顾某办理股权工商变更登记手续；3. 本案诉讼费用由A公司、高某负担。

审理中，顾某向法庭明确，本案中先主张第（一）项诉讼请求。

被告A公司辩称：请求法院驳回顾某的诉讼请求，理由如下：一、顾某的诉请缺乏事实和法律依据，高某确实是A公司的股东之一，现在顾某要求主张股东身份，按照我国《婚姻法司法解释（二）》第十六条的规定，必须满足三个前提：1. 在离婚诉讼中夫妻双方进行分割共同财产的过程中才能主张所谓的相应权利；2. 夫妻双方应对股东出资份额以及转让份额或出资财产有一个协商的意见；3. 标的公司过半数以上股东同意。现在本案中，高某和顾某还在婚姻关系存续期间，并未离婚进行分割财产，所以顾某不具备要求确认股东身份的条件。二、根据公司法人合性特征，公司股东权是身份权和财产权的结合。顾某从未参加A公司的管理，现在无法分辨出高某的出资财产是不是夫妻共同财产。退一步说，即使是夫妻共同财产出资的登记在夫妻一方名下的股权，也只能由股东一人行使，配偶没有资格。另外，公司的其他两个股东也不同意确认顾某的股东资格。

第三人高某辩称：同意A公司的答辩意见。另外强调一点，他对A公司的出资是不是夫妻共同财产，顾某没有提供有利证据加以证明。

【法院裁判】

法院判决：驳回原告顾某的全部诉讼请求。

法院认为：顾某提起股东资格确认之诉，实质上系对高某在A公司的股权进行分割，但本案并不符合分割的前提。根据《婚姻法司法解释（三）》第四条：婚姻关系存续期间，夫妻一方请求分割共同财产的，人民法院不予支持，但有下列重大理由且不损害债权人利益的除外：（一）一方有隐藏、转移、变卖、毁损、挥霍夫妻共同财产或者伪造夫妻共同债务等严重损害夫妻共同财产利益行为的；（二）一方负有法定扶养义务的人患重大疾病需要医治，另一方不同意支付相关医疗费用的。本案中，首先，顾某与高某尚在婚姻关系存续期间，顾某并未提供证据证明存在上述法定分割条件。因此，顾某无法主张分割股权。其次，即使该股权可以分割，根据《公司法》第七十一条的规定：股东向股东以外的人转让股权，应当经其他股东过半数同意。经股东同意转让的股权，在同等条件下，其他股东有优先购买权。本案中，顾某也未提供证据证明公司其他股东放弃了优先购买权。

综上所述，即使高某在A公司的出资属于夫妻共同财产，但在顾某未与高某之间就股权分割达成协议并解决其他股东优先购买权问题的情况下，顾某直接提起股东资格确认之诉不符合《婚姻法司法解释（三）》第四条以及《公司法》第七十一条的规定。因此，对顾某的诉讼请求，法院不予支持。

【裁判解析】

高某与顾某于2007年1月30日办理结婚登记，婚后高某通过股权转让方式成为A公司的股东，享有A公司78.04%的股权。该股权取得于婚后，在双方没有特别约定的情况下，股权应属于夫妻共同财产。顾某提起股东资格确认之诉要求确认A公司39.02%的股权属于顾某所有，实为对高某在A公司的股权进行分割。《婚姻法司法解释（三）》第四条的规定："婚姻关系存续期间，夫妻一方请求分割共同财产的，人民法院不予支持，但有下列重大理由且不损害债权人利益的除外：（一）一方有隐藏、转移、变卖、毁损、挥霍夫妻共同财产或者伪造夫妻共同债务等严重损害夫妻共同财产利益行为的；（二）一方负有法定扶养义务的人患重大疾病需要医治，另一方不同意支付相关医疗费用的。"根据该条司法解释规定，顾某应当举证证明高某存在隐藏、转移、变卖、毁损、挥霍夫妻共同财产或者伪造夫妻共同债务等严重损害夫妻共同财产利益行为，或者存在顾某负有法定扶养义务的人患重大疾病需要医治，而高某不同意支付相关医疗费用的情形。根据《民事诉讼法》第六十四条的规定："当事人对自己提出的主张，有责任提供证据。"以及《民事诉讼证据规定》第二条的规定："当事人对自己提出的诉讼请求所依据的事实或者反驳对方诉讼请求所依据的事实有责任提供证据加以证明。没有证据或者证据不足以证明当事人的事实主张的，由负有举证责任的当事人承担不利后果。"本案中，顾某未能提供证据证明存在上述分割的除外情形，只能承担对其不利的法律后果。

另外，即便存在上述分割条件，股权的分割还要遵循《公司法》的相关规定。依照《公司法》第七十一条的规定："有限责任公司的股东之间可以相互转让其全部或者部分股权。股东向股东以外的人转让股权，应当经其他股东过半数同意。股东应就其股权转让事项书面通知其他股东征求同意，其他股东自接到书面通知之日起满三十日未答复的，视为同意转让。其他股东半数以上不同意转让的，不同意的股东应当购买该转让的股权；不购买的，视为同意转让。经股东同意转让的股权，在同等条件下，其他股东有优先购买权。两个以上股东主张行使优先购买权的，协商确定各自的购买比例；协商不成的，按照转让时各自的出资比例行使优先购买权。公司章程对股权转让另有规定的，从其规定。”顾某还需举证证明经A公司其他股东同意且已放弃优先购买权。

第四节　婚姻关系存续期间分割股权的条件

案件来源：上海市徐汇区人民法院（2012）徐民一（民）初字第5036号判决贺某某诉曾某某婚姻家庭纠纷案

裁判日期：2013年4月26日

案件要旨：原告作为被告的丈夫，对夫妻共同财产当然享有支配、处分的权利，被告在对大额夫妻共同财产作出处分时应该征得原告的同意。现被告未征得原告同意擅自处分大额财产，又不能合理说明其处分的合理性，故可推定其系恶意隐藏、转移或挥霍夫妻共同财产。故原告主张分割夫妻共同财产的请求，于法有据，法院予以支持。

【基本案情】

贺某某、曾某某系夫妻关系，双方于19××年××月××日登记结婚，现婚姻关系仍存续。20××年××月××日，上海某软件有限公司（以下简称某软件公司）作出临时股东会决议，曾某某作为股东之一出资59,857.73元，取得某软件公司0.6%的股权份额。同年××月××日，某软件公司再次作出临时股东会决议，将有限责任公司性质的某软件公司整体变更为股份有限公司性质的A公司，曾某某作为股东之一，其所占的0.6%的股权份额折合股数239,431股。同年××月××日，工商行政管理局出具《准予变更登记通知书》，决定准予某软件公司变更为A公司，并通知其在10个工作日内换领营业执照。曾某某作为A公司的股东之一至2008年12月12日仍享有A公司股票239,431股，占A公司注册资本总额的0.6%。20××年××月，A公司股票经证监会批准上市。20××年××月××日，

A 公司作出该年度股东大会决议，公司注册资本由53,500,000 元修改为107,000,000元，公司股份总数由53,500,000 股修改为107,000,000 股，曾某某名下的A 公司股票239,431 股亦相应扩大为478,862 股。曾某某与案外人霍某某间签有一份日期显示为20××年××月××日的《股权转让及委托持股协议》，根据该协议，曾某某将其所持有的A 公司239,400 股股份以642,000 元的价格转让给霍某某，霍某某同时承诺在A 公司股份上市后将该股份获益部分的10% 的权益赠送给曾某某母亲。该协议经公证处公证。20××年××月，霍某某与曾某某因该协议效力发生争议诉讼至法院，法院确认该协议有效。

原告贺某某诉称，原、被告系夫妻关系，于19××年××月××日登记结婚，双方因感情不和于20××年××月开始分居。被告在婚姻关系存续期间取得A 公司股票478,862 股，在未征得原告同意的情况下，被告私自与案外人达成所谓的《股权转让及委托持股协议》，严重侵犯了原告利益，故原告要求分割被告名下A 公司股票478,862 股，原告分得其中的50%。

被告曾某某辩称，不同意原告的诉讼请求。被告转让其名下股票并非恶意转移夫妻共同财产，而是因为原、被告夫妻关系不好，原告未照顾女儿等家庭支出，被告才将自己名下的上述股票转让给案外人霍某某。案外人霍某某自20××年××月起至20××年××月，共支付了被告642,000 元，用于购买被告名下的A 公司股票。当时A 公司尚非上市公司，不能按现在上市后的股票价格衡量被告和案外人交易价格是否公平。事实上，被告出让上述股票后获利了400,000 元左右。原告对被告与案外人签订股权转让协议亦是知情的。

原告称对被告所签的股权转让协议毫不知情，协议的受让方又系被告的阿姨，转让价格远远低于股票的市场价格，特别是在原告起诉本案后，被告与案外人以虚假诉讼的方式固定其转让协议的效力，恶意转移财产的意图非常明显。

被告称其与案外人签订转让协议并非恶意转移财产，因为协议签订时尚不确定某软件公司的股票能否上市，其当时的价值明显低于上市后的价值。被告以协议上约定的价格出售股票已经取得了相应的对价。原告对被告与案外人签订协议一事系知情。

截至案件判决前，曾某某名下的A 公司首发前个人类限售股478,862 股尚未过户给他人。

【法院裁判】

法院判决：现在被告曾某某名下的A 公司首发前个人类限售股478,862 股中的

239, 431 股归原告贺某某所有。

法院认为，被告主张原告知晓其与案外人签订股权转让一事，因转让协议上仅有被告签名，故被告对此应承担举证责任。因被告未能提供证据证明其主张，当负举证不能的后果。被告关于原告知情的辩论意见，法院不予采纳。被告称其转让股票约定的对价系当时的合理价格，亦应由被告举证，现被告甚至未能举证证明其全部收到了协议约定的 642, 000 元的对价，故被告的该辩论意见，法院不予认可。原、被告系夫妻关系，双方未采取分别财产制，故被告在婚姻关系存续期间的收入除专属于被告个人外，均系夫妻共同财产。原告作为被告的丈夫，对夫妻共同财产当然享有支配、处分的权利，被告在对大额夫妻共同财产作出处分时应该征得原告的同意。现被告未征得原告同意擅自处分大额财产，又不能合理说明其处分的合理性，故可推定其系恶意隐藏、转移或挥霍夫妻共同财产。截至庭审时，原、被告均未提及存在其他夫妻共同债务，亦无原、被告的共同债权人向法院就原、被告分割夫妻共同财产提出异议，故原告主张分割夫妻共同财产的请求，于法有据，法院予以支持。至于案外人霍某某能否基于其与被告签署的股权转让协议向原、被告主张债权，因系另一法律关系，并非本案审理范围，本案对此不作处理。

【裁判解析】

本案的焦点问题为被告曾某某与案外人霍某某签署的《股权转让及委托持股协议》是否系隐藏、转移夫妻共同财产的行为。

我国婚姻法确定了夫妻共同共有的财产制度，即在婚姻关系存续期间夫妻双方或一方所得的财产，除法律规定属于夫妻一方个人特有或者夫妻另有约定外，归夫妻共同所有。这样的共同共有关系直至离婚或夫妻一方死亡为止。婚姻法作为特别法，要遵循一般法关于共有制度的规定。《物权法》第九十九条规定："共有人约定不得分割共有的不动产或者动产，以维持共有关系的，应当按照约定，但共有人有重大理由需要分割的，可以请求分割；没有约定或者约定不明确的，按份共有人可以随时请求分割，共同共有人在共有的基础丧失或者有重大理由需要分割时可以请求分割。因分割对其他共有人造成损害的，应当给予赔偿。"该法律规定没有对"重大理由"的具体情形予以明确。《婚姻法司法解释（三）》第四条规定："婚姻关系存续期间，夫妻一方请求分割共同财产的，人民法院不予支持，但有下列重大理由且不损害债权人利益的除外：（一）一方有隐藏、转移、变卖、毁损、挥霍夫妻共同财产或者伪造夫妻共同债务等严重损害夫妻共同财产利益行为的；（二）一方负有法定扶养义务的人患重大疾病需要医治，另一方不同意支付相关医疗费用的。”本条司法解释规定的“重大理由”是《物权法》规定在夫妻共同财产领域适用的细化，除非符合上述两种除外情形，否则不得在婚姻关系存续期间分割夫妻共同财产。

结合本案，贺某某、曾某某对婚姻关系存续期间所得财产没有特别约定，曾某某名下的A公司股票应归双方共同所有，双方对A公司股票有平等的处理权，根据《婚姻法司法解释（一）》第十七条的规定，曾某某在与案外人霍某某签署《股权转让及委托持股协议》时，应征得贺某某的同意。现在，曾某某主张贺某某对其与案外人签订股权转让协议知情，应对其主张所依据的事实承担举证责任。但曾某某并无证据证明贺某某知晓并同意其转让股权，曾某某甚至不能证明实际收取股权转让款，据此可以推定曾某某乃是在未征得贺某某同意的情况下擅自处分A公司股权。因曾某某不能合理说明其处分的合理性，其行为系恶意隐藏、转移或挥霍夫妻共同财产，符合适用《婚姻法司法解释（三）》第四条在婚姻关系存续期间分割共同财产的情形。

第五章 离婚纠纷中的股权分割

第一节 婚前财产协议的性质与效力的认定

案件来源： 北京市第一中级人民法院（2017）京01民终3463号判决
刘某、李某与金某、武某分家析产纠纷

裁判日期： 2017年6月28日

案件要旨： 武某2与李某于2013年11月28日签订的《婚前财产协议》，确系双方的真实意思表示，没有违背法律的禁止性规定，对武某2与李某均具有法律的约束力。依照武某2与李某《婚前财产协议》的约定，武某2名下账号为×××证券账户中的股份中，属于武某2个人所有的部分，应当归李某所有。一审法院认定，武某2与李某所签订的《婚前财产协议》，是附条件的可撤销的赠与协议，缺乏事实和法律依据佐证，违反了《婚姻法》第十九条的规定，是认定事实和适用法律的错误。

【基本案情】

武某系武某2之父，金某系武某2之母。武某2与刘某于2005年2月7日登记结婚，婚后未生育子女。武某2系北京某科技有限公司（以下简称某科技公司）股东，2011年3月31日，某科技公司发生股权变动后办理工商变更手续，变更完成后，武某2在某科技公司的股份比例为0.38847%。武某2与刘某于2012年6月16日离婚并于离婚当日签订离婚协议书，其中约定武某2所持某科技公司的原始股份刘某占20%，上市后刘某有权兑现。二人离婚时，武某2所持的某科技公司的股权未发生变化。另武某2持有某牧业有限公司80%的股份。2013年7月24日，经中国证券监督管理委员会核准，A股份有限公司（以下简称A公司）以其813, 990股股份收购武某2在某科技公司的0. 38847%股份。2013年8月16日，A公司发布发行股份购买资产发行结果暨股本变动公告，向武某2发行股份数量为813, 990股，限售期为36个月，限售截止日为2016年8月14日。武某2所持股份全部托管在B有限公司某分公司（以下简称B分公司）。

2013年11月27日，武某2与B分公司签订《股票质押式回购交易业务协议》（以下简称《业务协议》），在B分公司完成股票质押式回购初始交易，融资金额63万元，质押股份数量143, 000股，融资利率8. 5%，融资期限3年，到期还款日2016年11月25日。

2013年11月28日，武某2与李某签订《婚前财产协议》，内容：男女双方相识恋爱至今，将依法登记结婚。为了更好地明确夫妻责任、权利与义务，维系家庭和睦，规范夫妻财产关系，解除不必要的误会与纠纷，根据《婚姻法》第十九条关于“夫妻可以约定婚姻关系在存续期间所得的财产及婚前财产归各自所有、共同所有或部分各自所有、部分共同所有”的规定，特对婚前财产及婚后财产份额归属进行约定。约定如下：财产权属约定：1. 男方名下婚前的个人财产（包括但不限于：动产、不动产、无形资产）婚后归女方个人所有，女方享有完全的占有、使用、收益、处分权利。女方名下婚前的个人财产永久归女方个人所有，女方享有完全占有、使用、收益、处分的权利。男方婚前个人财产包括但不限于：（1）持有某股票；（2）持有北京某商贸有限公司的股权，含出资额、股权收益；（3）持有某牧业有限公司的全部股权，含出资额及其股权收益；（4）2012年7月购买的某车辆一部，机动车行使证号×××；（5）其他依照我国法律法规规定属于男方婚前的个人财产。2. 婚后双方取得的财产永久归女方个人所有，女方享有完全的占有、使用、收益、处分权。婚后取得的财产包括但不限于：（1）工资、资金、补贴等各类收入；（2）生产、经营的收益（包括但不限于：乙方婚后另行设立、投资公司所产生的收益）。（3）知识产权的收益；（4）法定、遗嘱继承第三人财产或者第三人赠与给男方的财产（无论该继承或赠与是否经过公证）；（5）一方实际取得或者应当取得的住房补贴、住房公积金、养老保险金等；（6）其他依照我国法律法规规定属于婚后取得的财产。3. 男女名下婚前、婚后取得的财产因增值、转让、投资产生的收益亦归女方个人所有，女方享有完全的占有、使用、收益、处分权。生效条款：本协议自男女双方签字，办理结婚登记后生效。武某2、李某均在该协议上签署名字、身份证号及时间。2013年12月25日，武某2与李某登记结婚。

2014年1月31日，武某2与李某在印度尼西亚巴厘岛度蜜月时，武某2在酒店游泳池中溺水，2014年2月1日送到医院时已死亡，其遗体于2014年2月3日在巴厘岛火化。

李某在一审法院的诉讼请求：1. 判令武某2名下的全部股权（现有股票账户剩余股票）及其相关权益自2013年12月25日起归我所有；2. 判令武某、金某协助我办理股权变更登记事宜。事实和理由：我与武某2系夫妻关系，武某2持有某公司813,990股股份。武某与金某系武某2的父母。我与武某2于结婚前签订了《婚前财产协议》，约定男方名下婚前的全部个人财产婚后归女方所有，女方享有完全的占有、使用、收益、处分的权利，同时双方婚后取得的财产归女方所有。2013年12月25日，双方登记结婚。2014年1月31日，武某2意外身亡。现我们各方就武某2所持的某公司股份的更名事宜无法达成一致意见，故请求法院依法处理。

武某、金某在一审法院答辩称，我方不同意李某的全部诉讼请求。李某与武某2签订的《婚前财产协议》存在重大法律瑕疵，不应受到法律保护，故而其全部的诉讼请求应当驳回。《婚姻法》第十九条规定，夫妻可以约定婚姻关系存续期间所得的财产以及婚前财产归各自所有、共同所有或部分各自所有、部分共同所有，而李某与武某2签订的《婚前财产协议》却将婚姻关系所得的财产以及婚前财产全部约定为归李某所有。《合同法》第五十二条规定："恶意串通，损害国家、集团或者第三人利益的合同无效；违反法律、行政法规的强制性规定的合同无效。"《婚前财产协议》违反了《婚姻法》第十九条的强制性规定，关于婚姻关系存续期间所得的财产以及婚前财产所有权归属的约定当属无效，不应受到法律保护。此外，武某2与其前妻刘某于2012年6月16日签订的《离婚协议书》约定武某2所持某科技公司股份的20%的份额应归刘某所有，武某2明知该情况，却将100%的股权份额约定为李某所有，属于非法处分，损害了刘某的利益，应为无效约定，不受法律保护。同时，武某2在对外欠款近200万元的情况下，却将自己的全部财产约定为李某所有，同样侵犯了这些债权人的利益，同样应认定为非法处分，应为无效约定，不受法律保护。《婚前财产协议》违背了"公平原则"，该协议全篇充斥的都是男方应承担的义务和责任，而李某完全是享有权利，不承担任何责任和义务。因此，该协议完全是脱离了公平原则的不平等条约，应为无效。《婚前财产协议》违背了"意思表示真实"的法律规定，鉴于该《婚前财产协议》的不平等性和虚假内容，可证明其并非武某2的真实意思表示。根据《婚前财产协议》第一条第1.1条，武某2陈述其婚前财产包括5项内容："某股票"、"北京某商贸有限公司所占股权，含出资额、股权收益"、"某牧业有限公司全部股权，含出资额及其股权收益"、"某轿车一部"以及"其他依法属于男方婚前的财产"，但经过调查发现，武某2的陈述存在大量虚假。首先，关于"某股票"，武某2不但没有说出具体数额，还隐瞒了股票上所设定抵押的事实以及该股份中有20%的份额归其前妻刘某所有的约定；其次，关于"北京某商贸有限公司所占股权，含出资额、股权收益"。经工商查询，并无武某2持股信息，武某2隐瞒了其并未在该公司持股的事实。再次，关于"某牧业有限公司全部股权，含出资额及其股权收益"，经工商查询，武某2仅持有该公司80%的股权，并非100%股权的事实。最后，关于"某轿车一部"，经查询，武某2名下并无该车，武某2隐瞒了其并非该车实际所有人的事实。武某2关于其自有婚前财产的大量虚假陈述，充分表明该协议并非其真实意思表示。鉴于该《婚前财产协议》未赋予武某2父母一定的财产，可证明其并非武某2的真实意思表示。鉴于武某2的父母既无工作，又多病在家的现实状况，武某2没有将自己的财产保留一定份额给自己的父母，极其不正常。鉴于该《婚前财产协议》不但违反了法律的强制性规定，侵犯了案外人的利益，且违背了"公平原则"和"意思表示真实"原则，存在重大法律瑕疵，故该协议不应受到法律保护。即使抛开《婚前财产协议》的种种重大法律瑕疵，该协议最多也只能算得上是一份赠与的意思表示，是武某2将其名下财产，包括争议的某股份赠与李某的意思表示，但这仅仅只是一份赠与的意思表示，而并非是一个完整法律意义的赠与行为。根据《合同法》第一百八十七条的规定，赠与的财产依法需要办理登记等手续的，应当办理有关手续，再根据《物权法》第六条的规定，动产物权的设立和转让，应当依照法律规定交付。本案中，《婚前财产协议》所约定的武某2婚前财产包括三大类即上市公司股份、有限公司股权、车辆，这三类的财产赠与均应履行交付的手续，办理过户登记。武某2如果真想将该三类财产赠与李某，不但要有赠与的意思表示，而且要履行交付、过户手续，应将股份过户到李某名下，但实际并未完成。因此，本案《婚前财产协议》仅仅是一份武某2表示赠与，李某表示接受赠与的意思表示，但由于武某2与李某并未完成交付、过户等手续，致使赠与行为远未完成。争议股份的所有权仍在武某2名下，现在武某2已去世，其遗留财产只能依据继承法的规定处理，由武某2的法定继承人依法继承。本案的基本事实，存在大量可疑之处，第一，从时间来看，该《婚前财产协议》的签订时间为2013年11月28日，而李某与武某2领取结婚证的时间为2013年12月25日，其间相隔不足一个月，而武某2的死亡时间为2014年1月31日，距其与李某结婚时间也仅一个月，事情十分蹊跷且不可思议。第二，从武某2的死亡原因来看，武某2 2014年1月31日死亡时，正是其与李某在印度尼西亚度蜜月期间。从印度尼西亚官方出具的死因医学证明书，无法判断武某2的死亡原因，武某2的非正常死亡是第二个疑点。第三，从武某2死亡后的善后处理来看，武某2身故后的整个善后处理，包括尸体的医检、死亡原因的调查、火化、骨灰的安置等，其父母均未能参与，均由李某处理。第四，从该《婚前财产协议》的出现来看，武某2身故后，就其遗产，其父母与李某进行了长时间的协商处理，在没有任何征兆的情况下，李某突然拿出这份协议。第五，该协议的完全、彻底的不平等性也有疑点。本案案由应系继承纠纷，由于武某2生前并未与李某完成相关财产的过户手续，从法律意义上来讲，包括争议财产在内的武某2的生前财产依然属于武某2所有，本案应当按照法定继承处理。

刘某在一审法院请求：1. 请求依法确认李某与武某2签订的《婚前财产协议》无效；2. 判令武某2名下的A公司的全部股权的20%（计162,798股）及其相关权益自2012年6月16日起归刘某所有；3. 判令A公司协助刘某办理股权变更登记事宜；4. 诉讼费由李某、武某、金某承担。事实和理由：我与武某2于2005年2月7日结婚，2012年6月16日与武某2离婚，离婚时我们双方签订《离婚协议书》，约定：武某2在某科技公司的股权的20%归刘某所有。后武某2将该公司的股权投资A公司，从而武某2获得A公司的股权813,990股。现李某依据与武某2签订的《婚前财产协议》请求将武某2在A公司的全部股权归李某所有侵害了我的合法权益，武某2在A公司的股权的20%应归我所有。武某2与李某签订的《婚前财产协议》故意隐瞒事实，将属于我的财产约定处分，有欺诈行为，该欺诈行为严重侵害了我的合法权益，同时，我认为该《婚前财产协议》还有其他一些不存在的财产或不属于武某2的财产都在协议里约定处分，也存在欺诈行为，故我请求认定该《婚前财产协议》无效。

李某对刘某的诉讼请求答辩称，我不同意刘某的全部诉讼请求，李某与武某2签订的协议为真实意思表示，由武某2起草，李某签字。该份协议内容清晰，明确约定了双方婚前以及婚后取得的财产的归属。该份协议形式上也符合法定要件，以书面形式订立。李某与武某2并不存在刘某所述的恶意串通、欺诈等行为，故该协议合法有效。虽然离婚协议上写明某科技公司部分股权归刘某所有，但双方未及时办理变更手续。根据离婚协议可以看出，约定了上市后女方有权兑现，即女方仅仅有权获得股份所对应的财产权利。李某与武某2的婚前财产协议，约定了将本案涉及的全部股份归李某所有并未侵害第三人权利。

武某、金某对刘某的诉讼请求的辩称，我方同意刘某的诉讼请求，武某2与刘某于2012年6月16日签订的《离婚协议书》约定武某2所持某科技公司股份的20%的份额应归刘某所有，武某2明知该情况，却将100%的股权份额约定为李某所有，属于非法处分，损害了刘某的利益，应为无效约定，不受法律保护。根据我方的答辩意见，武某2与李某签订的《婚前财产协议》应为无效。

诉讼中，法院向B公司发函，要求其"对于相关权利人取得武某2的股份有何意见（有无限制或具体要求）"作出答复。2016年8月26日，B公司回函："因客户武某2已去世，出现《业务协议》约定的终止情形，我司要求家属在收到通知的5个工作日内，在武某2的资金账户内存入足额的资金，进行提前购回操作，以了结该笔合约。如武某2家属没有在通知规定的期限内，进行提前购回操作，武某2账户内的资金不足以偿付相应的债务，则我司将依据《业务协议》对质押标的证券进行处置，处置所得用于偿付武某2的融资债务。如债务结清后仍有剩余标的证券，我司将申报解除这部分剩余标的证券的质押登记，并划转回武某2的证券账户。"法院向各方当事人出示该函件后，各方当事人均明确表示不对该部分质押的股份进行回购，由B公司依约处理。诉讼中，B公司依据《股票质押式回购交易业务协议》在到期还款日后经履行相关程序对质押股份进行了处分，剩余标的的证券划转回武某2的证券账户中，并提交了截至2016年12月5日武某2证券账户（资金账号：×××）对账单，其中证券余额为770,990股，资产总值为11,467,960.93元，证券市值为11,333,553元，资金余额为134,407.93元。经法庭质证，各方当事人对上述事实无异议。

诉讼中，因武某、金某另案起诉要求以法定继承方式继承武某2名下涉案A公司股份及其持有的某牧业有限公司的股份，经释明后，李某一方表示如法院不能认定涉案某股份归其个人所有，则同意本案中按法定继承方式分割涉案股份。武某、金某一方同意撤回另案对李某提起的法定继承之诉，由本案处理。经询，各方当事人均表示要求实际分割涉案股份，不再折价处理，刘某提出分割涉案股份应在武某2持有的股份总额中扣除20%股份后再行分割。另各方当事人均同意本案中，不处理武某2所持有的某牧业有限公司的股份。

一审判决后，李某提起上诉，请求改判武某2名下账号为×××证券账户中的证券608,192股股份及账户内的余额归李某所有。上诉理由是：一审法院认定了李某与武某2签订的《婚前财产协议》有效，但是，又认定继承人武某、金某享有对该协议的撤销权，是错误的。一审法院的判决无视案件事实，在无证据证明的情况下，判决武某、金某各继承三分之一的股份，适用法律错误，请求二审法院予以纠正。

武某、金某答辩称，我们不同意李某的上诉请求，原审法院的判决，认定事实清楚，适用法律正确，程序合法。要求驳回上诉，维持原判。

刘某同意原判。

二审期间，李某考虑到与武某、金某为亲属关系，李某同意从归李某所有的武某2名下账号为×××证券账户中的608,192股股份中拿出247,000股，作为给予武某、金某夫妇的养老补偿。李某并表示，如武某2有债务，武某、金某应从所得的该笔股份补偿中按比例承担武某2的债务。

【法院裁判】

一审法院判决：一、武某2名下账号为×××证券账户中162,798股A股份归刘某所有；二、武某2名下账号为×××证券账户中202,730股A股份归武某继承所有；三、武某2名下账号为×××证券账户中202,730股A股份归金某继承所有；四、武某2名下账号为×××证券账户中202,732股A股份归李某继承所有；五、武某2名下账号为×××证券账户中资金余额由武某、金某、李某按份继承所有，每人继承三分之一的份额；六、驳回李某的其他诉讼请求；七、驳回武某、金某的其他诉讼请求；八、驳回刘某的其他诉讼请求。

一审法院认为，结合本案双方当事人的诉辩意见，对本案争议焦点，分别评述如下：第一，关于李某与武某2所签订《婚前财产协议》的性质。李某主张该协议系其与武某2就婚前及婚后财产的约定，而武某、金某及刘某均认为该协议系赠与协议。根据《婚姻法》第十九条对夫妻约定财产的规定：夫妻可以约定婚姻关系存续期间所得的财产以及婚前财产归各自所有、共同所有或部分各自所有、部分共同所有。夫妻对婚姻关系存续期间所得的财产以及婚前财产的约定，对双方具有约束力。根据上述规定，首先，上述法律规定明确指出财产约定的当事人必须是夫妻关系，而本案中，李某与武某2在签订涉案协议时并未登记结婚，故该协议从缔约人身份来看并不符合上述法律规定，故该协议从性质上不应属于夫妻财产约定协议。其次，退一步而言，依据上述法律规定，我国法律所规定的夫妻约定财产制包括三种形式：一般共同制、限定共同制和分别所有制。换言之，夫妻双方可以约定其中一方的财产或归自己所有，或归夫妻共有，不包括自己的财产直接归对方所有的情形，故该协议从内容上也不符合夫妻财产约定的形式。最后，从立法本意来讲，就夫妻约定财产制及夫妻间财产赠与的区别，《婚姻法》及其司法解释均认为夫妻一方可以基于夫妻间的同力协作关系把自己所有的财产和配偶共有，双方基于夫妻的身份关系，共同支配和管理该部分财产，以实现婚姻家庭的和谐及财产价值的最大化，符合人们对婚姻家庭的期待，应当适用夫妻约定财产制的规定。然而，如果夫妻一方直接把自己的财产全部归对方所有，其完全丧失了对自己财产的控制，这样的要求高于人们对婚姻家庭的期待，具有一定的道德风险，不利于婚姻家庭的稳定，不应适用夫妻约定财产制。据此，本案协议从缔约主体身份、形式和内容来看，应当属于婚前赠与协议。协议双方约定本协议自办理结婚登记后生效，故该赠与协议是附条件的赠与，李某与武某2办理结婚登记后所附条件成就，赠与协议生效。

第二，关于李某与武某2所签《婚前财产协议》的效力。

李某与武某2签订的《婚前财产协议》由武某2起草，并由武某2与李某签字确认。武某、金某以该协议的不平等性、武某2所述财产存在虚假陈述及武某2并未考虑二位老人的权益为由，主张该协议并非武某2的真实意思表示，应属无效。该协议由武某2书写并签字，且武某、金某未提交相应证据证明武某2签订协议时存在被欺诈、胁迫等导致意思表示不真实的情况存在；而赠与合同是单务合同，即一方当事人负担义务，另一方享有权利，合同双方的权利义务不对等，这种不平等性系赠与合同的特殊性质，并不能由此推断赠与人的意思表示不真实；该协议中所列财产内容存在部分瑕疵，但不能由此否认武某2对其所持财产处分行为的真实性；且赠与人对被赡养人应尽的义务不属于判定意思表示是否真实的标准。据此，武某、金某的上述理由，在无其他相关证据予以佐证的情况下，并不足以证明其主张，对此不予采信。根据武某2与刘某签订《离婚协议书》的约定，武某2持有的某科技公司的原始股份，刘某占20%，上市后女方有权兑现。李某认为，虽然《离婚协议书》中约定某科技公司的部分股权归刘某所有，但是双方未及时办理变更手续，而且协议约定了上市后女方有权兑现，即刘某仅仅有权获得股份所对应的财产。对此，武某2与刘某并未约定办理股权变更手续的时间，虽武某2死亡，已无法办理变更手续及完成股票的交付，但该离婚协议是具有身份关系性质的协议，非经法定事由任何一方包括一方去世后其继承人均不得任意撤销或不履行该协议，故刘某并不因此丧失对股份的所有权。本案中，武某2所持A公司股份系由其所持某科技公司的原始股权置换所得，刘某依据《离婚协议书》享有的某科技公司的20%的股权亦转化为同等比例的A公司股份，故本案所涉及的A公司股份系某科技公司股权的转换，此种财产形式的转化，并不影响刘某的财产权利。武某2与刘某离婚时，武某2所持股份数额为813,990股，故刘某应有股份数额为162,798股。

根据协议约定，刘某有权兑现上市股权，该约定内容应属刘某的权利，而非义务，即刘某可以选择兑现股权，亦可以选择持有股权，并非只能获得股权对应的财产，故李某的上述主张没有事实及法律依据，不予采信。虽武某 2 生前将部分股份质押，目前其证券账户内股份总额的 20% 也不是上述股份数额，但该事实并不影响刘某所持股份数额的变化。据此，刘某主张武某 2 名下 162, 798 股股权归其所有的请求，有事实及法律依据，予以支持。鉴于 2012 年 6 月 16 日武某 2 尚未持有 A 公司股份，故其要求确认上述股份自 2012 年 6 月 16 日起归其所有的请求，无事实依据，不予支持。A 公司股份为上市流通股，A 公司并无协助办理股权变更登记的义务，故其该请求，没有事实及法律依据，亦不予支持。基于上述，武某 2 在《婚前财产协议》中约定将其持有的股份全部归李某所有，超出了其处分权的范围，其无权处分他人财产，故该《婚前财产协议》中该部分约定，应属无效。

第三，涉案《婚前财产协议》能否继续履行。

本案中，李某主张依据涉案协议的约定，涉案股份应归其个人全部所有。武某、金某作为武某 2 的父母，亦为武某 2 的继承人，不同意履行上述协议并主张涉案股份应按法定继承处理。对此，依据我国相关法律、行政法规的规定，赠与的财产依法需要办理登记等手续的，应当办理有关手续。股东持有的股份可以依法转让，股东转让其股份，应当在依法设立的证券交易场所或按照国务院规定的其他方式进行，股票在质押或限售期间不得转让。结合本案事实，涉案协议签订时至武某 2 死亡期间，涉案的 A 股份仍处于限售期内，亦有部分股份被用于质押，故协议签订后，武某 2 作为赠与人并未将涉案股份交付受赠人李某，涉案 A 公司股份仍登记于武某 2 名下，故涉案股份尚未发生所有权的移转，仍属于武某 2 的个人财产。依据我国的相关法律规定，赠与人在赠与财产的权利转移之前可以撤销赠与。继承自被继承人死亡开始，继承开始后，按照法定继承办理，有遗嘱的，按遗嘱继承。本案中，赠与人武某 2 在出赠财产转移交付前死亡，客观上已无法履行财产转移手续，且其生前未留有遗嘱，一般情况下，继承人在继承被继承人遗产的同时也概括承继了被继承人生前未履行完毕合同的权利和义务，继承人仍应负责履行相应合同义务；但本案特殊之处在于李某既是武某 2 遗产的继承人之一亦是涉案协议的受赠人，并非继承人以外的第三人，基于该特殊身份，涉案协议能否继续履行应当尊重其他继承人的意思表示并以协议的缔约目的为判断依据；从涉案协议缔约目的及内容来看，武某 2 生前决定将个人财产全部赠与李某是为更好地维系双方婚后的夫妻生活，现武某 2 在婚后 1 个月即死亡，赠与目的已无法实现，继续履行亦有违公平原则；现武某 2 之父母主张撤销该赠与，不同意将涉案股份全部交付李某并主张按法定继承办理，有事实及法律依据，对此予以支持。虽李某提起的系确认之诉，但诉讼中，经释明后，各继承人均同意在本案中可一并解决遗产继承分割，故判定目前武某2证券账户内所余的A公司股份，在扣除刘某所有的162,798股后，应作为武某2遗产由其继承人李某、武某、金某等份继承所有。对于由于股份质押提前处理所造成的损失，诉讼中，因各继承人均不同意回购质押股份，故损失应当由各方自行承担。对于武某2证券账户内资金余额部分，截至2016年12月5日为134,407.93元，由于账户内资金余额随时变动不确定，故不再判定各继承人应继承的具体金额，由各继承人等份继承。对于武某2所持有的某牧业有限公司的股份，各方当事人均同意本案中不予处理，对此不持异议，各继承人可依据《公司法》及该公司章程的规定另行主张。

二审法院判决：一、维持一审民事判决第（一）、（八）项；二、撤销一审民事判决第（二）、（三）、（四）、（五）、（六）、（七）项；三、武某2名下账号为×××证券账户中的247,000股A股份归武某、金某共同所有（本判决生效后7日内执行）；四、武某2名下账号为×××证券账户中的361,192股A股份归李某所有；五、武某2名下账号为×××证券账户、资金账号为×××中的资金余额全部归李某所有（均于本判决生效后7日内执行）；六、驳回武某、金某的诉讼请求。

二审法院认为：依照《民事诉讼法》及《民事诉讼法司法解释》第三百二十三条的规定，第二审人民法院应当围绕当事人的上诉请求进行审理。当事人没有提出请求的，不予审理。《婚姻法》第十九条规定："夫妻可以约定婚姻关系存续期间所得的财产以及婚前财产归各自所有、共同所有或部分各自所有、部分共同所有。约定应当采用书面形式。没有约定或约定不明确的，适用本法第十七条、第十八条的规定。夫妻对婚姻关系存续期间所得的财产以及婚前财产的约定，对双方具有约束力。夫妻对婚姻关系存续期间所得的财产约定归各自所有的，夫或妻一方对外所负的债务，第三人知道该约定的，以夫或妻一方所有的财产清偿。"武某2与李某于2013年11月28日签订的《婚前财产协议》，主要的内容有：双方相识恋爱至今，将依法登记结婚，为了更好地明确夫妻责任、权利与义务，维系家庭和睦，规范夫妻财产关系，解除不必要的误会与纠纷，根据《婚姻法》第十九条关于夫妻可以约定婚姻关系在存续期间所得的财产及婚前财产归各自所有、共同所有或部分各自所有、部分共同所有的规定，特对婚前财产及婚后财产份额归属进行约定，即武某2名下婚前的个人持有某股票婚后归李某个人所有，李某享有完全的占有、使用、收益、处分权利。李某名下婚前的个人财产永久归李某个人所有，李某享有完全占有、使用、收益、处分的权利。本协议自双方签字，办理结婚登记后生效等。协议签订后，双方办理了结婚登记，依照《婚姻法》第十九条的规定，武某2与李某有权通过签订婚前财产协议的方式，明确夫妻责任、权利与义务，维系家庭和睦，规范夫妻财产关系，解除不必要的误会与纠纷，因此，武某2与李某所签订的《婚前财产协议》，确系双方的真实意思表示，没有违背法律的禁止性规定，对武某2与李某均具有法律的约束力。依照武某2与李某《婚前财产协议》的约定，武某2名下账号为×××证券账户中的股份中，属于武某2个人所有的部分，应当归李某所有。一审法院认定，武某2与李某所签订的《婚前财产协议》，是附条件的可撤销的赠与协议，缺乏事实和法律依据佐证，违反了《婚姻法》第十九条的规定，是认定事实和适用法律的错误，二审法院予以纠正。一审法院认定的武某2名下账号为×××证券账户中770,990股A股份中，扣除刘某应得的该A股份162,798股外，李某应得该A股份为608,192股。二审法院审理中，李某考虑到其与武某、金某为亲属关系，李某同意从归李某所有的武某2名下账号为×××证券账户中的A股份608,192股中，拿出247,000股作为给予武某、金某夫妇的养老补偿，二审法院不持异议。

【裁判解析】

本案的焦点问题是李某与武某2签订《婚前财产协议》的性质及效力。

《婚姻法》第十九条规定："夫妻可以约定婚姻关系存续期间所得的财产以及婚前财产归各自所有、共同所有或部分各自所有、部分共同所有。约定应当采用书面形式。没有约定或约定不明确的，适用本法第十七条、第十八条的规定。夫妻对婚姻关系存续期间所得的财产以及婚前财产的约定，对双方具有约束力。夫妻对婚姻关系存续期间所得的财产约定归各自所有的，夫或妻一方对外所负的债务，第三人知道该约定的，以夫或妻一方所有的财产清偿。"以及《婚姻法司法解释（一）》第十九条规定："婚姻法第十八条规定为夫妻一方所有的财产，不因婚姻关系的延续而转化为夫妻共同财产。但当事人另有约定的除外。"由上述规定可知，法律允许夫妻以书面协议的方式，对夫妻在婚前和婚姻关系存续期间所得财产的归属、管理、使用、收益、处分以及对第三人债务的清偿、离婚时财产的分割等事项作出约定，从而排除或部分排除夫妻法定财产制的适用。夫妻对财产关系的约定应符合以下要件：1. 双方系合法的夫妻关系；2. 意思表示真实；3. 约定的内容不违反法律法规的强制性规定；4. 约定采用书面形式。至于约定的时间，法律并无明确的规定，可以在结婚前也可以在结婚后。

结合本案，武某2与李某在登记结婚前，为明确夫妻责任、权利与义务，维系将来家庭和睦，规范夫妻财产关系，解除不必要的误会与纠纷，签订书面的《婚前财产协议》，对婚前及婚后所得财产的归属作出约定。协议由武某2起草，武某2和李某均签署名字、身份证号及时间。协议约定自男女双方签字，办理结婚登记后生效，2013年12月25日，武某2与李某登记结婚。《婚前财产协议》涉及的部分财产并不在武某2名下，另外武某2所持A公司股份系由其所持某科技公司的原始股权置换所得，依据其与刘某订立的《离婚协议书》的约定，刘某享有的某科技公司的20%的股权亦转化为同等比例的A公司股份，故《婚前财产协议》涉及的A股份中的20%应归刘某所有。《婚前财产协议》对上述财产的约定无效，但并不影响其他条款的效力。

综合来看，《婚前财产协议》在内容和形式上属于夫妻对财产关系的约定，符合《婚姻法》第十九条的规定，协议系武某2与李某的真实意思表示，协议内容没有违反法律法规的禁止性规定，对武某2与李某均具有法律的约束力。

第二节　离婚协议引发的股权分割纠纷

一、离婚后，能否撤销离婚协议？

案件来源：安徽省合肥市中级人民法院（2017）皖01民终1317号判决江某1、顾某离婚后财产纠纷案

裁判日期：2017年3月20日

案件要旨：股权变更与双方之间《离婚协议》的签订并无直接关系，不能依据两年前的股权变更推断出顾某采取欺诈的手段诱骗江某1签订《离婚协议》，故江某1提供的证据不能证明其诉讼主张，应承担举证不能的法律后果。双方协议约定双方各自名下的资产归各自所有，系双方对共同财产的处分，该约定内容清晰明了，并不存在歧义，为双方当事人真实意思表示，且双方也据此协议办理了离婚登记，因而该协议约定具有法律效力，双方当事人应按此协议履行。

【基本案情】

江某1与顾某原系夫妻关系，2015年9月14日双方签订《离婚协议》，内容为："男女双方于××××年1月3日在民政局依法登记结婚，婚后因性格不合，导致无法共同生活，根据《婚姻法》的规定，经双方平等协商，达成如下协议：一、双方自愿离婚，双方都具有完全民事行为能力。二、双方婚后育有一子（江某2，1982年2月19日），孩子已自立，无须抚养。三、双方婚后无共同房产，无共同财产。双方各自名下的资产归各自所有，双方言明无其他任何财产。四、双方婚后共同生活期间无共同债权、债务，如一方对外有负债，由负债方自行承担。五、离婚时女方未怀孕。我们自愿离婚，完全同意本协议书的各项安排，亦无其他不同意见。"双方亦于当日领取离婚证书。公寓商住楼273内室（房地权证合产字第××号）、274内室（房地权证合产字第××号）、277内室（房地权证合产字第××号）、461内室（房地权证合产字第××号）属江某1与顾某按份共有，双方各占50%产权。2002年7月12日，江某1与顾某投资设立A公司，之后江某1将其持有的公司股权先后转让给顾某、江某2。其中，2013年5月16日，江某1将其名下A公司49%股权转让给其子江某2，该公司法定代表人也由江某1变更为顾某。

江某1向一审法院起诉请求：1. 撤销《离婚协议》中第三条"双方婚后无共同房产，无共同财产。双方各自名下的资产归各自所有，双方言明无其他任何财产"的约定；2. 撤销《离婚协议》中第四条"双方婚后共同生活期间无共同债权、债务，如一方对外有负债，由负债方自行承担"的约定。

一审法院判决后，江某1不服判决提起上诉，上诉请求：撤销一审判决，依法改判或将本案发回重审。事实和理由：一、江某1与顾某之间签署的《离婚协议》严重违背客观事实。该《离婚协议》第三条、第四条约定双方婚后无共同房产、财产，无共同债权、债务，明显与事实不符。江某1与顾某双方名下拥有多套房产及几家公司，均属夫妻共同财产，离婚协议上却只字不提。二、顾某与江某1协商离婚前，顾某采用欺瞒的手段，诱使江某1在离婚协议上签字。在一审庭审期间，江某1提交的私营企业基本信息查询单及顾某提交的A公司工商注册登记资料、协议书及补充协议书等，上面记载了股权变更的时间及内容，能够证明顾某采用欺瞒的手段，促使江某1将自己名下的资产转移给顾某及江某2后，双方才在离婚协议书上签字并办理离婚登记。顾某口头承诺向江某1支付300万元现金，在双方签订《离婚协议》并办理离婚登记后，顾某均矢口否认，拒不履行，严重侵犯了江某1的合法权益，请求二审法院查明事实后依法改判。

顾某辩称，在《离婚协议》第三条中，双方对家庭共有财产的事实是清楚的，协议开头没有用法言法语，但随后表述很清楚，家庭共有财产都在各自名下，房产也是按份共有。江某1主张顾某采用欺瞒手段诱使其离婚不属实，江某1是成年人且系国家干部及企业法定代表人，因此对于签署《离婚协议》是慎重的，不存在顾某采用欺瞒手段诱使其签字离婚及许诺给其300万元现金。一审判决正确，请求二审法院驳回江某1的上诉请求。

【法院裁判】

一审法院判决：驳回江某1的诉讼请求。

一审法院认为，《合同法》第五十四条规定："下列合同，当事人一方有权请求人民法院或者仲裁机构变更或者撤销：（一）因重大误解订立的；（二）在订立合同时显失公平的。一方以欺诈、胁迫的手段或者乘人之危，使对方在违背真实意思的情况下订立的合同，受损害方有权请求人民法院或者仲裁机构变更或者撤销。当事人请求变更的，人民法院或者仲裁机构不得撤销。"江某1主张顾某采取欺诈手段诱使江某1签署《离婚协议》，对此未能提供充分有效证据予以证明，故对其该项诉称不予采信。《婚姻法司法解释（二）》第八条明确规定："离婚协议中关于财产分割的条款或者当事人因离婚就财产分割达成的协议，对男女双方具有法律约束力。"江某1与顾某签订的《离婚协议》已对双方离婚时共同财产及其债权债务的分配予以明确的约定，其中亦约定"双方各自名下的资产归各自所有，双方言明无其他任何财产"及"我们自愿离婚，完全同意本协议书的各项安排，亦无其他不同意见"，故江某1要求撤销《离婚协议》中第（三）、（四）项约定的诉讼请求，依法不予支持。

二审法院判决：驳回上诉，维持原判。

二审法院认为，江某1和顾某已经签订了《离婚协议》并在民政部门登记办理了离婚手续，现江某1主张顾某采取欺诈手段诱使其签署该份《离婚协议》，并要求法院撤销该份《离婚协议》第三、四条，作为原告方的江某1对于其提出的诉讼请求所依据的事实有责任提供证据加以证明，但江某1提供的股权变更登记信息显示最后一次股权变更发生在签订《离婚协议书》两年之前，并且系江某1将股权转让给其子江某2，顾某对此也未受益，因而股权变更与双方之间《离婚协议》的签订并无直接关系，不能依据两年前的股权变更推断出顾某采取欺诈的手段诱骗江某1签订《离婚协议》，故江某1提供的证据不能证明其诉讼主张，应承担举证不能的法律后果，其要求撤销《离婚协议》第三、四条的请求，应予驳回。因双方婚后的共同财产均分别登记在各自名下，因而双方协议约定双方各自名下的资产归各自所有，系双方对共同财产的处分，该约定内容清晰明了，并不存在歧义，为双方当事人真实意思表示，且双方也据此协议办理了离婚登记，因而该协议约定具有法律效力，双方当事人应按此协议履行。

综上所述，江某 1 的上诉请求不能成立，应予驳回；一审判决认定事实清楚，适用法律正确，应予维持。

【裁判解析】

本案中，江某 1 请求法院撤销其与顾某签订的《离婚协议》的第三条和第四条，理由是江某 1 与顾某双方名下夫妻共同财产涉及多套房产及几家公司，但《离婚协议》上没有体现，离婚前顾某采用欺瞒的手段，诱使江某 1 在离婚协议上签字。根据《婚姻法司法解释（二）》第九条的规定："男女双方协议离婚后一年内就财产分割问题反悔，请求变更或者撤销财产分割协议的，人民法院应当受理。人民法院审理后，未发现订立财产分割协议时存在欺诈、胁迫等情形的，应当依法驳回当事人的诉讼请求。"由此可知，只有在《离婚协议》订立时存在欺诈、胁迫等情形时，法院才能判决变更或撤销《离婚协议》。所以，江某 1 应重点向法庭举证《离婚协议》签订过程中，顾某存在欺诈、胁迫等情形，致使其在违背真实意愿的情况下签订了《离婚协议》。根据《民法通则意见》第六十八条、第六十九条的规定："一方当事人故意告知对方虚假情况，或者故意隐瞒真实情况，诱使对方当事人作出错误意思表示的，可以认定为欺诈行为。""以给公民及其亲友的生命健康、荣誉、名誉、财产等造成损失或者以给法人的荣誉、名誉、财产等造成损害为要挟，迫使对方作出违背真实的意思表示的，可以认定为胁迫行为。"再来看江某 1 主张撤销离婚协议依据的证据，是庭审中江某 1 提交的私营企业基本信息查询单和顾某提交的公司工商注册登记资料、协议书及补充协议书等，以及法院依法查明的 2013 年 5 月 16 日江某 1 将其名下公司 49% 股权转让给其子江某 2 的事实。上述证据材料仅能反映 A 公司的企业基本信息以及股权变动信息，但无法证明顾某对江某 1 有欺诈和胁迫。《民事诉讼证据规定》第二条规定："当事人对自己提出的诉讼请求所依据的事实或者反驳对方诉讼请求所依据的事实有责任提供证据加以证明。没有证据或者证据不足以证明当事人的事实主张的，由负有举证责任的当事人承担不利后果。"据此，法院驳回江某 1 的诉讼请求是正确的。

本案中，江某 1 是以《离婚协议》违背客观事实，夫妻名下存在大量共同财产而协议未涉及，根据《婚姻法司法解释（二）》第九条要求撤销离婚协议条款，如果江某1起诉时能调整诉讼方向，或许还能够维护自身的合法权益。《离婚协议》中约定“无共同房产，无共同财产，双方各自名下的资产归各自所有”，江某1与顾某在婚姻关系存续期间存在包括公司股权在内的共同财产，江某1可以考虑以夫妻共同财产未分割起诉至法院，要求继续分割夫妻共同财产。但鉴于离婚协议中已有“双方各自名下的资产归各自所有”的约定，故起诉建立在签订《离婚协议》时江某1不知晓该等夫妻共同财产的存在为前提。

像本案江某1这样通过签订《离婚协议》，在婚姻登记机关办理离婚登记，同样需要法律专业人士的协助。《婚姻登记条例》第十三条规定：“婚姻登记机关应当对离婚登记当事人出具的证件、证明材料进行审查并询问相关情况。对当事人确属自愿离婚，并已对子女抚养、财产、债务等问题达成一致处理意见的，应当当场予以登记，发给离婚证。”从该条规定可以看出，婚姻登记机关不会对双方达成的离婚协议作实质审查，只要在形式上对子女抚养、财产、债务等问题达成一致处理意见，就会“当场予以登记，发给离婚证”。当事人自己往往很难把握离婚细节，加之身陷离婚旋涡，如果没有律师等专业人士的协助，签署协议离婚只能依赖双方当事人自身的法律素养和生活经验，其中的法律风险不言而喻。

二、离婚协议涉及公司财产，离婚协议是否有效？

案件来源： 江苏省南通市中级人民法院（2016）苏06民终2563号判决陆某与周某离婚后财产纠纷案

裁判日期： 2017年2月6日

案件要旨： 从《公司法》角度来看，公司股东变更或股权转让涉及公司利益，不能仅以双方当事人离婚协议约定为依据，仍应按照公司章程及公司法律相关规定进行变更或转让。离婚协议混淆了公司财产与股东个人资产的独立性，在公司所欠债务及承担尚未明确的情况下，该约定亦有可能损害公司债权人利益，故而并非有效的股东变更或股权转让协议。

【基本案情】

陆某与周某原系夫妻关系，于2014年12月30日协议离婚并在民政局办理离婚登记。H公司设立于二人夫妻关系存续期间，工商登记的成立日期为2013年1月14日，系自然人独资，法定代表人及股东为陆某。双方当事人《离婚协议书》中关于家庭财产处理约定：H公司归周某，欠陆某母亲300,000元及陆某亲戚200,000元由周某偿还，H公司名下所有债权债务均由周某承担，其余各自名下债务由各自承担。2015年4月21日，陆某与周某就财产问题另行签订《协议书》一份，就《离婚协议书》中有关周某应付陆某的500,000元约定具体偿还方案，其中包括H公司向客户应收货款386,390.45元由陆某收取并归陆某个人所有，陆某在2015年2月至4月期间为H公司偿还的债务63,795元应由周某偿还陆某，加上相关客户未付的面料款等，约定周某应在2015年7月底之前付清尚欠陆某的款项113,609.55元。《协议书》同时约定：待周某还清欠款后，陆某将H公司过户给周某或其委托的相关人名下。因H公司与其他公司存在诉讼关系导致的损失由周某承担，不得追究陆某责任，周某亦不得以此拒绝H公司过户。如周某拒绝过户，则由陆某自行将H公司注销。此外，《协议书》还对公司后续退税、中港城一处房产的处理等事项作出相关约定。H公司的公章、财务章自2015年3月份左右开始在陆某处保管，H公司的账册、退税软件、凭证、营业资料等目前在周某处。

2015年9月，陆某与周某至社会矛盾纠纷调处中心就H公司相关事宜进行协商。

陆某向一审法院起诉请求：判令周某立即至市场监督管理局将H公司股东名册登记的股东变更为周某。

一审判决驳回陆某的诉讼请求。陆某上诉请求：撤销一审判决，改判要求被上诉人立即至市场监督管理局将H公司股东名册登记的股东变更为被上诉人；一、二审诉讼费用由被上诉人承担。事实和理由：1. 一审法院认定2015年4月21日《协议书》中有关股东变更或股权转让的协议无效是错误的。H公司系上诉人与被上诉人在夫妻关系存续期间注册登记的一人公司，该公司股权应当属于夫妻关系存续期间的共同财产，双方在《离婚协议书》及《协议书》中对其的归属进行约定是有效的财产分割。本案应属股权转让纠纷，上诉人主张要求股东变更的行为，只可能发生在上诉人与被上诉人之间，与H公司无关。股东的变更属于公司内部股东间的法律行为，该变更不会对公司本身的所有者权益有任何的减损或增加。2. 2015年9月的《协议书》文本未成立，不具有法律效力。《离婚协议书》及2015年4月21

日的《协议书》对财产的分割有明确的约定，2015 年 9 月的《协议书》文本的内容与前两份协议书内容完全相反，上诉人不可能签署该《协议书》。该《协议书》文本没有经过双方签字或盖章，不具有法律效力，其中的内容不是陆某的真实意思表示。社会矛盾纠纷调处中心调解员杨某仅能证明有调解事实的发生，不能证明调解协议书的生效。此外，陆某与周某均不在辖区范围，社会矛盾纠纷调处中心无权处理双方离婚财产事宜。一审法院也未调取相关登记手续、书面记录等调解程序性文件或档案。一审法院对周某私自转款、侵害 H 公司利益等行为故意模糊不加判断。

周某辩称，一审判决认定事实清楚，适用法律正确。2015 年 4 月 21 日《协议书》中有关股东变更或股权转让的协议是无效的，根据《公司法》的规定，要求工商变更登记中变更的申请人只能是公司而非个人，当事人的协议不可能突破法律的规定。即便是按照该《协议书》履行，目前也尚不具备办理股东变更登记的条件，2015 年 9 月的协议也并未作为本案判决的依据。请求驳回上诉人的上诉请求。

【法院裁判】

一审法院判决：驳回陆某的诉讼请求。

一审法院认为，根据陆某、周某间《离婚协议书》及 2015 年 4 月 21 日《协议书》约定，H 公司归周某，债权债务由周某承担，待周某付清欠陆某的款项后陆某将 H 公司过户至周某名下，周某不得以 H 公司涉及的债权债务拒绝过户，如周某拒绝过户，则由陆某自行将 H 公司注销。虽然该两份协议从离婚财产分割协议的角度考虑，均为双方真实意思表示，但从《公司法》角度来看，公司股东变更或股权转让涉及公司利益，不能仅以双方当事人离婚协议约定为依据，仍应按照公司章程及公司法律相关规定进行变更或转让。本案所涉 H 公司虽为一人公司，但仍具有有限责任公司的基本属性，即独立财产、独立意志、独立责任，从本案双方当事人间《离婚协议书》及 2015 年 4 月 21 日《协议书》中有关股东变更或股权转让的条款内容来看，混淆了公司财产与股东个人资产的独立性，对于股权价值及转让的对价并未明确，特别是在目前 H 公司所欠债务及承担尚未明确的情况下，该约定亦有可能损害公司债权人利益，故而并非有效的股东变更或股权转让协议。同时，公司股东变更登记属商事法律行为，须按公司法律相关规定，以公司名义并经法定程序向工商行政管理部门提出变更登记申请，其义务主体应为 H 公司而非本案周某，故陆某要求周某办理公司股东变更登记主体不符。综上所述，陆某诉请于法无据，法院不予支持。

二审法院判决：驳回上诉，维持原判。

二审法院认为，离婚协议中关于财产分割的条款或者当事人因离婚就财产分割达成的协议，对男女双方具有法律约束力。H公司成立于陆某与周某婚姻关系存续期间，陆某在H公司个人的股权属夫妻共同财产，双方有权对该股权进行处理。陆某与周某在《离婚协议书》以及2015年4月21日《协议书》中，对H公司股东变更的前提以及周某拒绝办理股东变更时的处理均有明确的约定，陆某未能举证证明H公司股东变更的前提条件已经成就，即便是在周某拒绝协助办理股东变更登记的情形下，陆某依然可按照协议约定将H公司予以注销，故原审判决驳回陆某的诉讼请求并无不当，对其要求周某办理公司股东变更登记的上诉请求，法院不予支持。

关于在社会矛盾调处中心形成的《协议书》，原审判决仅确认了陆某与周某曾在社会矛盾调处中心就H公司相关事宜进行过协商，并未对该份《协议书》的效力作出认定，故原审认定双方曾就《协议书》文本的内容进行过协商并无不当。

综上所述，陆某的上诉请求不能成立，应予驳回；一审判决认定事实清楚，适用法律正确，应予维持。

【裁判解析】

《公司法》第三条规定："公司是企业法人，有独立的法人财产，享有法人财产权。公司以其全部财产对公司的债务承担责任。有限责任公司的股东以其认缴的出资额为限对公司承担责任；股份有限公司的股东以其认购的股份为限对公司承担责任。"该条文确立了公司的独立财产权，公司的独立财产权使公司摆脱了对出资人或股东的依赖从而具有法律意义上的独立人格。公司的财产专属于公司，任何人不得侵犯，公司依法可以对公司财产行使占有、使用、收益和处分，公司以其全部财产对公司的债务承担责任。出资人将财产投入公司，财产的所有权即转为公司所有，相应地，出资人取得股东资格成为股东，股东通过行使股东权利也间接地享有公司财产的所有权。

陆某与周某于2015年4月21日订立的《协议书》是不是双方真实意思表示？《婚姻法》第十九条第一款规定："夫妻可以约定婚姻关系存续期间所得的财产以及婚前财产归各自所有、共同所有或部分各自所有、部分共同所有。"同时，《合同法》第五十四条规定："下列合同，当事人一方有权请求人民法院或者仲裁机构变更或者撤销：（一）因重大误解订立的；（二）在订立合同时显失公平的。一方以欺诈、胁迫的手段或者乘人之危，使对方在违背真实意思的情况下订立的合同，受损害方有权请求人民法院或者仲裁机构变更或者撤销。”陆某和周某在订立协议时不存在《合同法》规定的情形，协议内容系双方真实意思表示。

那么，上述协议是否有效呢？就协议内容看，“H公司归周某，债权债务由周某承担”、“H公司向客户应收货款386,390.45元由陆某收取并归陆某个人所有”、“待周某还清欠款后，陆某将H公司过户给周某或其委托的相关人名下”。协议内容涉及H公司财产，依照上述分析，公司财产权专属于公司，陆某与周某可以依照公司法的规定处分陆某在公司的股权，但对公司的财产两人都无权处分。根据《合同法》第五十一条的规定：“无处分权的人处分他人财产，经权利人追认或者无处分权的人订立合同后取得处分权的，该合同有效。”就本案而言，即便有公司的追认，也因协议涉及公司应收账款及股权变动，应遵循《公司法》的规定并有可能损害公司债权人利益，该协议不应认定有效。

最后，陆某请求判令周某将公司股东名册登记的股东变更为周某。根据《中华人民共和国公司登记管理条例》的规定，公司变更登记的主体是公司，故陆某要求周某办理公司股东变更登记无法得到支持。

三、离婚协议约定股权分割，离婚协议的效力如何认定？

案件来源： 北京市第二中级人民法院（2009）二中民终字第06645号判决韩某某与李某某、詹某某股权转让纠纷案

裁判日期： 2009年3月20日

案件要旨： 在无证据证明李某某认可《离婚协议书》中的内容，且李某某积极主张优先购买权的情况下，《离婚协议书》中处理A公司10%股权的约定既违反了《公司法》的有关规定，也违反了A公司章程的内容。现A公司股东李某某以侵犯其优先购买权为由，要求确认詹某某与韩某某《离婚协议书》中处理A公司10%股权的约定无效，符合《公司法》及A公司章程的规定。

【基本案情】

李某某与詹某某系母子关系。两人于2006年8月依法设立的有限责任公司形式的A公司，注册资本10万元，其中李某某出资8万元，詹某某出资2万元。A公司章程第二十一条规定："股东向股东以外的人转让股权，应当经其他股东过半数同意。股东应就其股权转让事项书面通知其他股东征求同意，其他股东自接到书面通知之日起满三十日内未答复的，视为同意转让。其他股东半数以上不同意转让的，不同意的股东应当购买该转让的股权；不购买的，视为同意转让。经股东同意转让的股权，在同等条件下，其他股东有优先购买权。"

詹某某与韩某某于2006年4月结婚，于2006年11月30日协议离婚。2人在《离婚协议书》中约定："B公司，女方分得股份30%；A公司，女方分得股份10%。"

现A公司尚未形成股权变更的股东会议决，也未进行股权变更登记。韩某某于2008年2月起诉詹某某，要求詹某某将A公司10%的股权变更至韩某某名下，并注明股权价值3万元。

李某某在一审中起诉称：2006年8月，李某某与詹某某设立A公司，李某某持有80%股权，詹某某持有20%股权。2006年11月，詹某某与韩某某离婚。2008年3月，李某某得知詹某某在未经李某某同意的情况下，在《离婚协议书》中约定"女方分得A公司股份10%"，擅自将A公司10%的股权转让给韩某某。上述转让行为未经李某某同意，侵犯了李某某的优先购买权，故请求人民法院确认詹某某与韩某某的《离婚协议书》中关于"女方分得A公司股份10%"的约定无效，并由詹某某、韩某某承担诉讼费用。

詹某某在一审中答辩称：离婚时没有向其母李某某及时告知，在签订《离婚协议书》时没有考虑到《公司法》以及公司章程的规定，同意李某某的诉讼请求，同时愿意将10%股权的对价（大约1万元）支付给韩某某。

韩某某在一审中答辩称：《离婚协议书》中的内容是进行夫妻财产分割，不是有偿转让，不属于李某某行使优先购买权的情形；并认为李某某知道并同意《离婚协议书》中的约定，但没有书面证据。

一审法院审理中，李某某表示愿意购买分割给韩某某的10%股权；韩某某不愿就股权价格进行协商，坚持享有10%的股权。

一审判决后，韩某某不服一审法院民事判决，提起上诉。其主要上诉理由是：一、詹某某与韩某某离婚协议中约定"A公司，女方分得股份10%"，该约定自愿真实，是合法有效的。离婚是分割财产，是夫妻双方正当行使权利，该权利有排他性，不需要征得他人同意。二、离婚协议的约定是财产分割，不是有偿转让，未侵犯李某某的“优先购买权”。三、詹某某与韩某某只是对股份分割，没有价格，不是购买。四、詹某某与韩某某离婚及离婚约定，作为韩某某婆婆的李某某知情。但是因为是婆婆、儿子、儿媳的关系，实际生活中不可能预留证据。根据常理判断，李某某应当知情并同意。五、一审法院判决适用法律错误。婚姻法是基本法，最高人民法院的司法解释只是理论指导和参考，不是法律，不能对抗婚姻法。且离婚协议受民法调整，不受合同法调整。韩某某请求二审法院撤销一审法院判决，依法改判驳回李某某的诉讼请求。

李某某服从一审法院判决。其未向法院提交书面答辩意见，但其在法院庭审中口头答辩称：韩某某和詹某某离婚时，协议分割 A 公司股权的事情，李某某并不知情。该分割股权行为侵犯了李某某作为股东的优先购买权。李某某请求二审法院维持一审法院判决。

詹某某服从一审法院判决，其未向法院提交书面答辩意见，但其在法院庭审中口头答辩称：詹某某同意一审法院判决，请求二审法院维持一审法院判决。

【法院裁判】

一审法院判决：确认詹某某与韩某某于 2006 年 11 月 30 日签订的《离婚协议书》中关于“女方分得 A 公司 10% 股份”的约定无效。

一审法院判决认定：A 公司系依法设立的有限责任公司，其股东与公司、股东之间的权利义务关系受相关法律以及 A 公司章程的相关内容调整。《公司法》以及 A 公司章程中均有股东向股东以外的人转让股权时，其他股东享有优先购买权的规定。在该案中，李某某即以侵犯其优先购买权为由，要求确认詹某某与韩某某离婚协议书中处理 A 公司 10% 股权的约定无效。韩某某认为李某某对上述约定知道并认可，但韩某某没有提交相关证据。韩某某还认为上述约定不是有偿转让股权，故不适用 A 公司章程第二十一条的规定。《婚姻法司法解释（二）》第十六条规定：“人民法院审理离婚案件，涉及分割夫妻共同财产中以一方名义在有限责任公司的出资额，另一方不是该公司股东的，按以下情形分别处理：（一）夫妻双方协商一致将出资额部分或者全部转让给该股东的配偶，过半数股东同意、其他股东明确表示放弃优先购买权的，该股东的配偶可以成为该公司股东；（二）夫妻双方就出资额转让份额和转让价格等事项协商一致后，过半数股东不同意转让，但愿意以同等价格购买该出资额的，人民法院可以对转让出资所得财产进行分割。过半数股东不同意转让，也不愿意以同等价格购买该出资额的，视为其同意转让，该股东的配偶可以成为该公司股东。用于证明前款规定的过半数股东同意的证据，可以是股东会决议，也可以是当事人通过其他合法途径取得的股东的书面声明材料。”因此，韩某某的上述抗辩意见不能成立。在无证据证明李某某认可《离婚协议书》中的内容，且李某某积极主张优先购买权的情况下，《离婚协议书》中处理A公司10%股权的约定既违反了《公司法》的有关规定，也违反了A公司章程的内容。故李某某要求确认《离婚协议书》中处理A公司10%股权的约定无效的诉讼请求，于法有据，证据充分，该院予以支持。

二审法院判决：驳回上诉，维持原判。

二审法院认为：依法设立的有限责任公司，其股东与公司、股东之间的权利义务关系受相关法律以及公司章程的相关内容调整。《公司法》及A公司章程均规定，股东向股东以外的人转让股权，应当经其他股东过半数同意。经股东同意转让的股权，在同等条件下，其他股东有优先购买权。A公司股东詹某某与韩某某在《离婚协议书》中约定：“A公司，女方分得股份10%”，从形式上看，确为夫妻双方离婚时对财产的分割，但分割的是A公司的股权，即股东詹某某在处分自己持有的股权。这种处分的结果，是韩某某将成为A公司的股东。这种处分股权的行为与股东转让股权性质相同。在韩某某无证据证明李某某认可《离婚协议书》中的内容，且李某某明确表示放弃优先购买权的情况下，离婚协议书中处理A公司10%股权的约定，既违反了《公司法》的有关规定，也违反了A公司章程的内容。上述约定，侵犯了A公司股东李某某的“优先购买权”。故韩某某关于《离婚协议书》中的约定是财产分割，不是有偿转让，未侵犯李某某的“优先购买权”的上诉主张不能成立，法院不予支持。

《婚姻法司法解释（二）》第十六条规定，“人民法院审理离婚案件，涉及分割夫妻共同财产中以一方名义在有限责任公司的出资额，另一方不是该公司股东的，按以下情形分别处理：（一）夫妻双方协商一致将出资额部分或者全部转让给该股东的配偶，过半数股东同意、其他股东明确表示放弃优先购买权的，该股东的配偶可以成为该公司股东；（二）夫妻双方就出资额转让份额和转让价格等事项协商一致后，过半数股东不同意转让，但愿意以同等价格购买该出资额的，人民法院可以对转让出资所得财产进行分割。过半数股东不同意转让，也不愿意以同等价格购买该出资额的，视为其同意转让，该股东的配偶可以成为该公司股东。用于证明前款规定的过半数股东同意的证据，可以是股东会决议，也可以是当事人通过其他合法途径取得的股东的书面声明材料”。上述司法解释明确了夫妻离婚涉及转让股权问题时的处理原则。韩某某认为李某某对离婚协议书中处分股权的约定知道并认可，但韩某某未提交相关证据予以佐证。故韩某某关于离婚协议分割股权具有排他性，不需要征得他人同意，未侵犯李某某“优先购买权”的上诉主张亦不能成立，法院亦不予支持。

现 A 公司股东李某某以侵犯其优先购买权为由，要求确认詹某某与韩某某《离婚协议书》中处理 A 公司 10% 股权的约定无效，符合《公司法》及 A 公司章程的规定。

【裁判解析】

A 公司是依法设立的有限责任公司，有限责任公司具有人合性的特点，对外转让股权的限制是其人合性特定的具体表现。《公司法》第七十一条规定：“有限责任公司的股东之间可以相互转让其全部或者部分股权。股东向股东以外的人转让股权，应当经其他股东过半数同意。股东应就其股权转让事项书面通知其他股东征求同意，其他股东自接到书面通知之日起满三十日未答复的，视为同意转让。其他股东半数以上不同意转让的，不同意的股东应当购买该转让的股权；不购买的，视为同意转让。经股东同意转让的股权，在同等条件下，其他股东有优先购买权。两个以上股东主张行使优先购买权的，协商确定各自的购买比例；协商不成的，按照转让时各自的出资比例行使优先购买权。公司章程对股权转让另有规定的，从其规定。”由该法律规定可知，股东向股东以外的人转让股权，须符合法定程序和条件。由于不同的有限责任公司的人合性表现得强弱有别，《公司法》允许公司在章程中对此另作规定。

本案中，A 公司的章程明确规定：“股东向股东以外的人转让股权，应当经其他股东过半数同意。股东应就其股权转让事项书面通知其他股东征求同意，其他股东自接到书面通知之日起满三十日内未答复的，视为同意转让。其他股东半数以上不同意转让的，不同意的股东应当购买该转让的股权；不购买的，视为同意转让。经股东同意转让的股权，在同等条件下，其他股东有优先购买权。”A 公司股东应遵循《公司法》及公司章程的规定对外转让股权。詹某某与韩某某在《离婚协议书》中约定：“A 公司，女方分得股份 10%”，虽是分割夫妻共同财产中的公司股权，但这种处分股权的行为与股东对外转让股权性质相同。显然，《离婚协议书》的约定违反《公司法》的规定及 A 公司章程的内容，侵犯了另一位股东李某某的“优先购买权”。

《婚姻法司法解释（二）》第十六条规定："人民法院审理离婚案件，涉及分割夫妻共同财产中以一方名义在有限责任公司的出资额，另一方不是该公司股东的，按以下情形分别处理：（一）夫妻双方协商一致将出资额部分或者全部转让给该股东的配偶，过半数股东同意、其他股东明确表示放弃优先购买权的，该股东的配偶可以成为该公司股东；（二）夫妻双方就出资额转让份额和转让价格等事项协商一致后，过半数股东不同意转让，但愿意以同等价格购买该出资额的，人民法院可以对转让出资所得财产进行分割。过半数股东不同意转让，也不愿意以同等价格购买该出资额的，视为其同意转让，该股东的配偶可以成为该公司股东。用于证明前款规定的过半数股东同意的证据，可以是股东会决议，也可以是当事人通过其他合法途径取得的股东的书面声明材料。"根据该司法解释的规定，詹某某与韩某某在处理 A 公司股权时，应先征求公司另一股东李某某的意见，并依据李某某的意见再对离婚中的股权处理方案作相应调整。本案中，李某某坚持对詹某某与韩某某协议分割 A 公司股权不知情，韩某某也没有证据证实李某某对离婚协议处分股权的约定知道并认可，加之李某某积极主张优先购买权，法院最终确认詹某某与韩某某《离婚协议书》中处理 A 公司 10% 股权的约定无效。

四、附协议离婚条件的财产分割协议是否因部分履行而有效？

案件来源： 上海市第一中级人民法院（2015）沪一中民一（民）再终字第 9 号判决凌某与李某离婚纠纷再审案

裁判日期： 2015 年 4 月 15 日

案件要旨： 夫妻双方在婚姻关系存续期间达成的包含登记离婚与财产分割等内容的财产分割协议，属于《婚姻法司法解释（三）》第十四条所规定的"附协议离婚条件的财产分割协议"。若双方协议离婚未成，此类财产分割协议所附的生效条件未成立，即使其中有关财产分割的约定已部分履行，亦不能认为所附的生效条件已经成就，此类协议应认定为不生效。

【基本案情】

凌某与李某于1999年1月22日登记结婚，婚后未生育子女。双方分居多年后，于2005年9月27日签订《离婚协议书》，对双方婚前婚后设立的15家公司的股权（其中两家公司的股东为凌某与李某，其余公司股东均涉及案外人）、名下12套房产以及其他财产、债权、债务等进行了分割。该协议由凌某与李某签名确认，相关公司涉及的案外人股东未签章。协议签订后，凌某与李某依约变更了A公司、B公司、C公司的股权登记，但其余公司未作变更，且离婚手续迟迟未办理。

凌某于2012年诉至法院，要求与李某离婚，依法分割双方名下的不动产，其他财产另案处理。李某辩称，若离婚，应依照双方于2005年签订的《离婚协议书》履行，要求对双方名下的公司股权和不动产等一并处理，否则不同意离婚。

一审法院经审理后于2013年4月8日作出判决，准许凌某与李某离婚，对讼争房产依法分割，对系争公司股权未予分割。

李某不服一审判决，提出上诉称，双方根据签订的《离婚协议书》已经分割的公司股权应予确认，已分割的股权不涉及案外人的利益，故要求确认双方在A公司、B公司及C公司的股权份额。

凌某辩称，双方签订的《离婚协议书》不能作为财产分割的依据，原审法院判决正确，故要求驳回上诉，维持原判。

二审法院于2013年7月16日作出判决，除维持一审判决外，还对凌某与李某在A公司、B公司、C公司的股权份额予以确认。

凌某不服二审判决，申请再审称，《离婚协议书》以登记离婚为生效条件，现双方实际并未登记离婚，故《离婚协议书》不发生法律效力。二审法院生效判决认定《离婚协议书》不适用《婚姻法司法解释（三）》第十四条的规定系适用法律错误，故请求依据《民事诉讼法》第二百条第（六）项之规定对本案再审。

法院经审查认为，本案所涉《离婚协议书》的效力，应当适用《婚姻法司法解释（三）》第十四条予以认定，原审法院对上述规定不予适用系适用法律错误，当事人申请再审的理由成立，遂于2014年12月29日作出民事裁定指令原二审法院再审本案。

【法院裁判】

再审法院判决：维持一审判决，撤销二审增判部分。

再审法院经审理后认为，《婚姻法司法解释（三）》第十四条规定，当事人达成的以登记离婚或者到人民法院协议离婚为条件的财产分割协议，如果双方协议离婚未成，一方在离婚诉讼中反悔的，人民法院应当认定该财产分割协议没有生效，并根据实际情况依法对夫妻共同财产进行分割。凌某、李某于2005年9月27日达成的《离婚协议书》，是双方在婚姻关系存续期间达成的以离婚法律事实出现为条件的财产分割协议。根据上述法律规定，该协议的目的是协议离婚，财产分割协议因缺乏协议离婚的前提和基础而不应发生效力。即使发生实际履行财产分割的事实，但因协议离婚的前提条件不成立而与上述法律规定不符，不能认为所附的协议离婚条件已经成就，故难以认定《离婚协议书》已经发生法律效力。鉴于双方当事人未能协议离婚，所以离婚协议所涉的财产分割内容没有生效。二审法院依据《离婚协议书》履行结果确认系争三家公司股权归李某所有，系适用法律错误，再审法院对相关增判内容依法予以撤销。关于双方当事人共同财产中的股权分割，应当按照相关法律规定另行解决。

【裁判解析】

一、凌某的再审事由是否成立？

根据《民事诉讼法》第一百九十九条的规定："当事人对已经发生法律效力的判决、裁定，认为有错误的，可以向上一级人民法院申请再审。"第二百条规定："当事人的申请符合下列情形之一的，人民法院应当再审：……（六）原判决、裁定适用法律确有错误的；……"《最高人民法院关于适用〈中华人民共和国民事诉讼法〉审判监督程序若干问题的解释》进一步将"法律"明确为"法律、法规或司法解释"，其中第十三条规定："原判决、裁定适用法律、法规或司法解释有下列情形之一的，人民法院应当认定为民事诉讼法第一百七十九条第一款第（六）项规定的'适用法律确有错误'：（一）适用的法律与案件性质明显不符的；（二）确定民事责任明显违背当事人约定或者法律规定的；（三）适用已经失效或尚未施行的法律的；（四）违反法律溯及力规定的；（五）违反法律适用规则的；（六）明显违背立法本意的。"据此，本案法院审查后以原审法院适用《婚姻法司法解释（三）》错误指令原审法院再审。

二、《离婚协议书》是否已经生效？

凌某与李某于2005年9月27日自愿订立《离婚协议书》。协议签订后，凌某与李某依约变更了A公司、B公司、C公司的股权登记，但离婚手续一直未办理。诉至法院后，李某明确表示要求对双方名下的公司股权等财产一并处理，否则不同意离婚。

凌某与李某签订的《离婚协议书》是附离婚为条件的财产分割协议，这类协议由夫妻双方在婚姻关系存续期间达成，将离婚事实与财产分割相结合，只有离婚事实发生，财产分割协议方能生效。根据《婚姻法司法解释（三）》第十四条的规定："当事人达成的以登记离婚或者到人民法院协议离婚为条件的财产分割协议，如果双方协议离婚未成，一方在离婚诉讼中反悔的，人民法院应当认定该财产分割协议没有生效，并根据实际情况依法对夫妻共同财产进行分割。"现在凌某与李某没有办理离婚登记，《离婚协议书》生效条件未成就，且李某在庭审中明确要求对财产一并处理，否则不同意离婚，符合"一方在离婚诉讼中反悔"的条件，应当认定《离婚协议书》没有生效。

关于协议签订后，已经依约变更的A公司、B公司、C公司的股权登记，由于《离婚协议书》没有生效，即使变更登记也不会产生财产分割的效果，上述股权依然属于夫妻共同财产，李某有权要求法院一并处理。

五、离婚协议与财产分割凭证同时存在，各自效力如何认定？

案件来源： 浙江省玉环市人民法院（2017）浙1021民初2809号判决李某与余某离婚后财产纠纷

裁判日期： 2017年9月25日

案件要旨： 在协商离婚过程中对夫妻共同财产进行分割，属于权利处分范围，双方于2013年9月13日签订的第一份离婚协议未经登记，不具有法律效力。被告于2014年4月25日向原告出具欠条，载明于离婚后生效，原告予以接受，系双方真实意思表示，且不违反法律的强制性规定，债权债务关系成立。3天后双方登记离婚，欠条约定的生效条件成就。离婚后被告也履行了欠条约定的第一期和第二期付款义务，自愿受欠条约束，故欠条具有法律效力。

【基本案情】

李某、余某于××××年××月登记结婚。2013年9月13日，双方达成离婚协议，对女儿抚养和夫妻共同财产进行了分割，并约定因双方取得的财产存在差价，由余某支付李某12,150,000元，该款包括财产差价、女儿抚养费500,000元及税款500,000元，该款分期支付，于公司股权变更后10日内支付30%，2014年5月31日前支付30%，2015年4月30日前支付40%。协议还约定股票投资归李某所有。2014年4月25日，余某出具一份欠条给李某，载明欠李某人民币12,150,000元，此款分三期支付，第一期于股权变更后10日内支付3,645,000元，第二期于2014年5月31日前支付3,645,000元，第三期于2015年4月30日前支付4,860,000元，每次付款需扣除50%税款，并注明该欠条于离婚后生效。上述12,150,000元的欠条出具后，被告已经支付了约定的第一期和第二期款项，其中已扣除约定的税款。

2014年4月28日，双方另行达成一份离婚协议，但未对补差价进行约定，并于当日进行了离婚登记。2014年10月10日，案外人施某某向李某出具一份欠条，载明欠李某人民币600,000元，同时明确李某于2012年2月24日委托其购买股票，于2014年9月28日出售，收入1,147,000元，已于2014年10月9日汇给余某547,000元。2015年2月11日，余某向李某出具借条，载明借款500,000元。

原告李某向法院提出诉讼请求：1. 判令被告支付给原告款项计人民币5,360,000元，并支付起诉之日起按银行同期同类贷款利率计算至付清之日的利息；2. 诉讼费由被告承担。事实与理由：原、被告双方于××××年××月登记结婚，因原告与被告的夫妻感情破裂，于2014年4月28日在民政局登记离婚。原、被告夫妻感情破裂后对夫妻共同财产进行了分割，按照分割协议，大部分财产归被告余某所有，鉴于双方财产分割悬殊，故由被告补差价给原告12,150,000元，被告据此出具欠条给原告，且约定欠条于离婚后生效。离婚后，被告余某履行了部分付款义务，对第三期应在2015年4月30日前支付给原告4,860,000元的义务拒不履行。另外，2012年2月24日，原告委托案外人施某某购买股票，按照离婚协议，该财产归原告所有。2014年9月28日，股票被出售，应收款为1,147,000元，案外人施某某于2014年10月9日将其中547,000元汇给被告余某，故被告向原告出具一份领款凭证确定作为借款需还给原告500,000元。嗣后，被告亦未履行偿还该笔款项。原告认为，被告拒不履行付款义务的行为，严重侵犯了原告的合法权益，故提起诉讼。

被告余某辩称，2013年9月，双方在协商离婚时，对共同财产进行分割，并达成离婚协议。依此协议，被告应付原告差价12,150,000元，被告向其另行出具了欠条，明确欠条于离婚登记后生效。但嗣后双方未对该离婚协议依法进行登记，依照婚姻法，该离婚协议没有法律效力，故依照该离婚协议出具的欠条也不具有法律效力。2014年4月28日，双方另行签订离婚协议，并依法进行了登记，协议生效。但该协议并无约定被告需支付原告差价12,150,000元，故原告主张支付，没有法律依据。婚姻关系存续期间，原告委托他人购买股票，股票出售所得款项为1,147,000元，属于夫妻共同财产。虽然被告有出具借条给原告，但被告仅取得其中的547,000元，并未超过应得范围，原告要求被告支付500,000元，没有法律依据。

【法院裁判】

法院判决：一、限被告余某于本判决生效之日起10日内支付原告李某人民币5,360,000元，并赔偿原告自2017年4月27日起至付清之日止按中国人民银行公布的同期同类贷款基准利率计算的利息损失；二、驳回原告李某的其他诉讼请求。

法院认为，原、被告在协商离婚过程中对夫妻共同财产进行分割，属于权利处分范围，并不违反法律规定。双方于2013年9月13日签订的第一份离婚协议未经登记，不具有法律效力。被告于2014年4月25日向原告出具欠条，载明于离婚后生效，原告予以接受，系双方真实意思表示，且不违反法律的强制性规定，债权债务关系成立。3天后双方登记离婚，欠条约定的生效条件成就。因欠条载明的生效条件仅为离婚，并非第一份离婚协议生效，故被告关于第一份离婚协议未经登记欠条即未生效的抗辩意见与事实不符，法院不予采纳。离婚后被告也履行了欠条约定的第一期和第二期付款义务，自愿受欠条约束，故欠条具有法律效力，原告要求被告履行第三期付款义务，法院予以支持。离婚后，被告出具借条给原告，约定需支付原告500,000元，系对股票投资的分割约定，该约定合法有效，原告要求支付，法院予以支持。被告辩称其仅取得一半股票投资款，属于被告应得范围，不足以对抗借条所设债务的效力，该抗辩意见法院不予采纳。被告未依约或按时履行债务，应该赔偿原告利息损失。

【裁判解析】

本案涉及李某与余某的多份离婚协议和财产分割凭证，2013年9月13日，双方首次达成离婚协议，涉及余某支付李某夫妻共同财产差价 12,150,000 元、女儿抚养费和税款，财产差价分期支付，达成离婚协议后双方并未登记离婚。随后余某于 2014 年 4 月 25 日出具一份欠条给李某，对财产差价的分期支付再次确认，欠条注明于离婚后生效。2014 年 4 月 28 日，双方达成第二份离婚协议并在民政局登记离婚，但未涉及财产差价。2015 年 2 月 11 日，关于股票投资款，余某向李某出具借条，载明借款 500,000 元。

关于第一份离婚协议。离婚协议，是指男女双方在婚姻关系存续期间，以解除婚姻关系为基本目的，并就财产分割及子女抚养达成的协议，婚姻关系一经解除，离婚协议即生效，对双方均具有约束力。第一份离婚协议双方虽达成一致，但未到民政局登记离婚。根据《婚姻法司法解释（三）》第十四条的规定："当事人达成的以登记离婚或者到人民法院协议离婚为条件的财产分割协议，如果双方协议离婚未成，一方在离婚诉讼中反悔的，人民法院应当认定该财产分割协议没有生效，并根据实际情况依法对夫妻共同财产进行分割。"双方都可以反悔并要求依法分割夫妻共同财产。因此，被告余某关于该份离婚协议未离婚登记而不具有法律效力的抗辩成立。

关于余某向李某出具的欠条和借条的效力。《民法总则》第二条规定："民法调整平等主体的自然人、法人和非法人组织之间的人身关系和财产关系。"第四条规定："民事主体在民事活动中的法律地位一律平等。"第七条规定："民事主体从事民事活动，应当遵循诚信原则，秉持诚实，恪守承诺。"欠条和借条是债权债务关系确立的凭证，虽然婚内欠条和借条混合了人身、情感等因素，但作为民事行为主体均应遵循上述原则全面履行自己的义务，尊重对方的权利。本案欠条以离婚为生效条件，双方已于 2014 年 4 月 28 日登记离婚，欠条约定的生效条件成就。《婚姻法》第十九条规定："夫妻可以约定婚姻关系存续期间所得的财产以及婚前财产归各自所有、共同所有或部分各自所有、部分共同所有。约定应当采用书面形式。没有约定或约定不明确的，适用本法第十七条、第十八条的规定。夫妻对婚姻关系存续期间所得的财产以及婚前财产的约定，对双方具有约束力。"由此可见，欠条和借条系双方对婚姻关系存续期间所得的财产的处分，内容合法有效，且余某已实际按欠条内容履行第一期和第二期付款义务，故被告余某关于欠条和借条不具有法律效力的抗辩不能成立，原告李某的诉讼请求应该得到法院的支持。

六、离婚协议中约定“无其他需分割的财产”如何解读？

案件来源：福建省厦门市中级人民法院（2015）厦民终字第2986号判决曹某某与孙某离婚后财产纠纷案

裁判日期：2016年7月22日

案件要旨：本案讼争的D公司，《离婚协议书》签订之时，曹某某对该财产并不知情，《离婚协议书》虽约定“双方确认无其他需分割的财产”，但该约定仅限于双方《离婚协议书》签订时已知的财产，现孙某无相应证据证明曹某某离婚时知道D公司的存在，该讼争财产不属于《离婚协议书》中第三条第（七）项中约定的财产，应当进行分割。

【基本案情】

曹某某与孙某于2001年4月20日登记结婚，婚后未生育子女。因夫妻感情问题，双方于2011年4月15日在民政局办理登记离婚，离婚时附有一份双方签订的《离婚协议书》，协议书共三条，第一条为双方自愿离婚，第二条明确双方无生育子女及抚养问题，第三条系对夫妻共同财产和共同债务的分割处理，共有七项：第（一）项至第（三）项对涉及A公司股权、B公司股权归属，C公司所拥有的农场土地使用权、股权等债权债务归属进行分割，对A公司及B公司对外债务等进行约定；第（四）项约定二套别墅归曹某某所有，上述房产的尚欠按揭款由孙某在一年内还清等；第（五）项约定沃尔沃小汽车归曹某某所有；第（六）项约定其他个人物品归各自所有；第（七）项约定“双方确认无其他需分割的财产，也再无其他对外债务，如对外负有债务的，由负债方自行承担”。

因孙某未按双方签订的《离婚协议书》履行义务，曹某某向一审法院提起诉讼，一审法院经审理于2013年1月30日作出（2013）海民初字第318号民事调解书，调解书对《离婚协议书》中涉及的房产、股权等进一步进行确认。因孙某未按调解书的约定履行义务，曹某某于2013年2月25日向一审法院申请强制执行。

D公司成立于2009年11月5日。注册资本为3,000万元，实收资本为600万元，法定代表人为孙某，经营范围为销售石油制品，批发零售石化机械设备、建筑材料、电子新产品等。股东为孙某和案外人王某某，孙某占51%股份，王某某占49%股份。公司成立时选举孙某为公司执行董事，孙某乙为公司监事。2011年4月19日孙某与孙某乙签订一份《D公司股权转让协议》，孙某将其名下51%公司股权以306万元的价格转让给孙某乙。

双方均确认讼争的D公司系双方夫妻关系存续期间所持有的共同财产。

曹某某于2013年8月21日向一审法院起诉，请求判令分割孙某名下D公司的股权转让款306万元。一审法院于2013年11月19日作出（2013）海民初字第2939号民事判决书，判决驳回曹某某的全部诉讼请求。曹某某不服该判决，向法院提起上诉，二审法院经审查，于2014年8月12日作出（2014）厦民终字第494号民事裁定书，裁定撤销一审法院（2013）海民初字第2939号民事判决，将本案发回一审法院重审。曹某某重审请求判令依法分割孙某名下D公司的股权转让款306万元，要求分得70%价款。

一审宣判后，上诉人曹某某和孙某均不服，分别向法院提起上诉。

曹某某上诉称：孙某签订离婚协议时确有隐藏、转移夫妻共同财产的行为，分割夫妻共同财产时应当少分或不分。讼争财产在孙某名下，其截至离婚时点未向曹某某表明该讼争财产的存在，即为隐瞒。《离婚协议书》中详细列明双方夫妻共同财产，却没有讼争财产在内，足以说明孙某是有意隐瞒。根据《婚姻法》第四十七条的规定，应当判决孙某不分或者少分财产。请求撤销一审判决，改判孙某支付曹某某D公司股权转让款306万元的70%即214.2万元。

孙某答辩称：一、根据《离婚协议书》的约定，讼争财产系属于孙某所有的财产，无须分割。双方在离婚协议中已明确约定“双方确认无其他需分割的财产”，该条款的真实意思表示就是双方之间除协议上条款所体现的财产外，仍然还有其他财产，但基于当时签订协议的实际情况，已无须进行分割，在各自名下的财产就归各自所有。1. 从该条款约定的文义理解来看，它并不是表述双方之间无其他共同财产，而是表述双方还有其他共同财产，只是无“需”分割，一个“需”字，业已充分、明确、具体地体现了双方的真实意思表示。2. 从离婚协议的内容来看，所体现须分割的财产均是双方之间需互相配合办理过户手续的财产，而其他已在各自名下且无须办理过户的财产。可见，双方在离婚协议中所约定“双方确认无其他需分割的财产”的真实意思表示就是双方之间除协议上条款所体现的财产外，仍然还有其他财产，但已无须进行分割，在各自名下的财产就归各自所有。二、孙某不存在隐瞒的情形。综上所述，曹某某的上诉请求没有事实和法律依据，应予全部驳回。

孙某上诉称：曹某某早在2009年即已知晓D公司的相关情况，孙某从未隐瞒，一审判决该事实认定不清，适用法律错误。孙某提供的证据证明曹某某早已清楚知晓D公司的相关情况。(1) A公司从安全生产、政策传达、用人用工、对外融资等方方面面均是由曹某某完成，曹某某从本案开始就极力隐瞒该事实，并多次陈述其从未参与A公司的管理。显然曹某某的陈述与事实不符。(2) 孙某提供了D公司与A公司签订的《燃料油销售合同》，证明在曹某某经营A公司期间，该公司与D公司存在上千万元的经济往来，曹某某作为实际控制A公司的股东及总经理，同时作为孙某当时的配偶，不可能不清楚D公司的相关情况。需要说明的是，D公司与A公司存在的业务往来也不仅局限于这一单交易。(3) D公司租用A公司的二楼进行办公，且向A公司支付了相应的租金。而且，当时孙某与曹某某的办公室是相邻的。综上所述，请求撤销一审判决，改判驳回曹某某的全部诉讼请求。

曹某某答辩称：A公司与D公司的注册地点是完全不同的，孙某说两家公司办公地点相邻，没有依据。A公司的工商登记资料显示，2004年3月份开始A公司的法人及总经理都由曹某某变更为孙某，也就是说双方离婚之前的很多年前，A公司已经由孙某一人掌控。D公司是在隐瞒曹某某的情况下注册的，均登记在孙某名下。对A公司曹某某只负责安全生产，对合同的签署和公司重大事项的决策是不参与的，没有决策权。虽然孙某提供了《燃料油销售合同》，但是该合同上没有曹某某的签字，其主张曹某某在离婚前就知道D公司的存在是没有依据的。综上所述，请求驳回孙某的上诉请求。

【法院裁判】

一审法院判决：孙某应于判决生效之日起10日内支付曹某某153万元。

一审法院认为：

一、曹某某在离婚协议签订时，是否知道讼争D公司的存在。

D公司成立于2009年11月5日。孙某主张存在D公司系租用A公司的办公场所，有支付租金给A公司，与A公司在同一地点办公，但孙某对其该主张未提供相应的证据予以佐证；孙某还提出D公司曾与A公司有多笔的生意往来，但其仅提交一份《燃料油销售合同》，该合同约定D公司卖给A公司燃料油1,254吨，每吨价格为6,870元，合同价款为8,614,980元。但这份合同上并无曹某某参与该合同签订的相关信息，该合同是否履行及合同履行过程中是否有曹某某的参与，均无证据证实，故孙某主张曹某某离婚时即知道讼争D公司存在的主张，证据不足，不予采信。

二、关于对《离婚协议书》第三条第（七）项“双方确认无其他需分割的财产，……”的理解。

曹某某主张，该“双方确认无其他需分割的财产”的约定是指当时的意思是双方没有其他的财产，故不需要再分割。现曹某某发现尚有其他夫妻共同财产被孙某隐瞒，属于《离婚协议书》协商处理之外的财产，应当进行分割。孙某主张，该约定是指本案讼争的D公司登记在孙某名下，无须曹某某配合过户等，属于双方约定不需要再分割的财产，即讼争的财产已明确约定全部归孙某所有。一审法院认为，双方夫妻关系存续近10年，夫妻共同财产除了双方《离婚协议书》第三条第（一）项至第（五）项约定的财产外，尚有双方明知的家具、电器及其他生活必需品等，“双方确认无其他需分割的财产”应是对双方当时已明确知道的夫妻共同财产同意不再分割的意思表示，不再分割的财产归原使用人所有或附着于房产内。

而本案讼争的D公司，《离婚协议书》签订之时，曹某某对该财产并不知情，《离婚协议书》虽约定“双方确认无其他需分割的财产”，但该约定仅限于双方《离婚协议书》签订时已知的财产，现孙某无相应证据证明曹某某离婚时知道D公司的存在，该讼争财产不属于离婚协议书中第三条第（七）项中约定的财产，应当进行分割。

本案属离婚后财产纠纷。曹某某主张讼争D公司系离婚时未分割的财产，应当进行分割，该主张有相应的证据予以证实，一审法院予以采信。孙某主张讼争的在离婚后与孙某乙签订的D公司股权转让合同约定价款306万元，但实际履行价款为275万元，孙某未举证证明实际付款与合同约定价款之差，故法院采信曹某某所举证的合同中体现的306万元的主张。曹某某主张应分得70%的夫妻共同财产，但孙某在离婚协议签订时并无隐藏、转移、变卖、毁损夫妻共同财产之行为，而仅是双方对离婚协议书第三条第（七）项理解不同所导致，故曹某某的该主张，无相应事实和法律依据，不予支持。曹某某在2013年因申请强制执行（2013）海民初字第318号民事调解书后才查询到D公司的存在，即于2013年8月21日提起本案诉讼，不超过诉讼时效，故孙某应当支付讼争D公司转让价款306万元的50%即153万元给曹某某。

二审法院判决：驳回曹某某的上诉请求，维持原判；驳回孙某的上诉请求。

二审法院认为：

一、关于对《离婚协议书》第三条第（七）项“双方确认无其他需分割的财产，……”的解读。

曹某某主张该约定的真实意思表示是除所列举的财产以外再没有其他夫妻共同财产，该条款是对前面六项所列财产的兜底条款，表达了除列举的财产以外再没有其他夫妻共同财产的意思。孙某主张该约定的真实意思表示是双方之间除协议中所列财产外，仍然还有其他财产，但基于当时的实际情况已无须进行分割，在各自名下的财产就归各自所有。法院认为，双方在共同生活期间，除《离婚协议书》第三条第（一）项至第（六）项罗列的共同财产外，尚有家具、电器及银行存款等双方明知的共同财产存在，只是因为该部分财产过于繁杂，双方才未在协议中一一罗列，况且，别墅本来就登记在曹某某名下，约定归曹某某所有亦无须办理过户手续，但双方在第三条第（四）项还是对此作出归曹某某所有的明确约定。可见，孙某主张“双方确认无其他需要分割的财产”系指除协议所列财产外仍然还有其他财产，但因各自名下的财产归各自所有已无须进行分割才未在协议书中列明显然是与事实不符的，一审判决认定“双方确认无其他需分割的财产”应为双方对当时已明确知道的夫妻共同财产同意不再分割的意思表示正确，法院予以维持。

二、签订《离婚协议书》时，曹某某是否知道孙某拥有D公司股权。

1. D公司成立于2009年11月5日。孙某主张D公司曾与A公司有多笔的生意往来，且D公司系租用A公司的办公场所、与A公司在同一地点办公，曹某某对D公司的存在是知晓的。但孙某仅提交一份D公司与A公司签订的《燃料油销售合同》欲证明D公司曾与A公司存在生意往来，而对两家公司存在房屋租赁及在同一地点办公的事实并未提供证据。法院认为，前述《燃料油销售合同》并无曹某某参与签订的相关信息，亦无证据证明曹某某参与该合同的履行情况。而A公司的办公地点与D公司的住所地并非同一地址，显然孙某主张两家公司在同一地点办公是与事实不符的。退一步讲，即使曹某某知道D公司的存在，亦不足以证明其就必然知道孙某持有该公司的股权，而在《离婚协议书》中却又对此只字不提。故孙某主张签订《离婚协议书》时曹某某即知道D公司的存在、知道孙某持有D公司股权的证据不足，法院不予采信。据此，法院认定双方在签订《离婚协议书》时，曹某某并不知晓孙某持有D公司的股权。2. 根据查明事实，直至曹某某因孙某未按《离婚协议书》履行义务而起诉时，曹某某也仅是主张孙某履行《离婚协议书》

约定，并未提及本案讼争D公司的股权，可见其在起诉时尚不知孙某拥有D公司的股权，其主张是因孙某拒不履行该案（2013）海民初字第318号民事调解书确定的义务，而向一审法院申请强制执行后，在强制执行过程中才得知孙某拥有D公司股权的事实，法院予以采信。3. 从《离婚协议书》所约定双方各分得的财产价值看，孙某实际分得的财产价值远远大于曹某某分得的财产价值，如果说双方对本案讼争的巨大财产也归孙某所有却不在《离婚协议书》中予以明确，不仅有失公平亦有悖常情。综上所述，孙某主张签订《离婚协议书》时曹某某已经知道其拥有D公司股权依据不足，法院不予采信。曹某某主张签订《离婚协议书》时其不知道孙某拥有D公司股权，法院予以采信。

三、《离婚协议书》是否已对孙某所持D公司股权进行处分。

如前所述，《离婚协议书》中“双方确认无其他需分割的财产”的约定系双方对当时已明确知道的夫妻共同财产同意不再分割。本案中，双方的共同财产数额巨大，在《离婚协议书》中对价值相对较小的汽车以及对双方来讲几乎可以忽略不计的个人物品的归属均作出明确约定，而对价值巨大的公司股权却只字不提，显然有悖常情。且根据查明事实，在签订《离婚协议书》时，曹某某对孙某拥有D公司股权的事实并不知晓。因此，法院认定《离婚协议书》未对孙某所持D公司股权进行处分，孙某所持有的D公司股权应属尚未处分的共同财产。

综上所述，双方在离婚时未对孙某所持有的D公司股权等共同财产进行处分，曹某某请求予以分割的理由成立，法院予以支持。因孙某所持D公司股权现已经转让他人，故曹某某请求分割该股权转让款的理由成立，法院予以支持。曹某某主张离婚时孙某隐瞒夫妻共同财产，其应分得讼争财产70%的证据不足，法院不予支持。

【裁判解析】

本案曹某某与孙某签订的《离婚协议书》没有将D公司股权列入协议条款中，曹某某主张其在签订《离婚协议书》时并不知道孙某拥有D公司股权，根据《婚姻法司法解释（三）》第十八条的规定：“离婚后，一方以尚有夫妻共同财产未处理为由向人民法院起诉请求分割的，经审查该财产确属离婚时未涉及的夫妻共同财产，人民法院应当依法予以分割。”故应以“尚有夫妻共同财产未处理”分割，且孙某“隐藏夫妻共同财产”，根据《婚姻法》第四十七条规定：“离婚时，一方隐藏、转移、变卖、毁损夫妻共同财产，或伪造债务企图侵占另一方财产的，分割夫妻共同财产时，对隐藏、转移、变卖、毁损夫妻共同财产或伪造债务的一方，可以少分或不分。离婚后，另一方发现有上述行为的，可以向人民法院提起诉讼，请求再次分割夫妻共同财产。”曹某某应分得其中的70%；而孙某主张订立离婚协议时双方均知晓D公司股权财产的存在，但因各自名下的财产归各自所有已无须进行分割才未在协议书中列明，也就是说，D公司股权已经在《离婚协议书》中处理过了，不应二次分割。据此，本案焦点问题为：一、《离婚协议书》第三条第（七）项“双方确认无其他需分割的财产，也再无其他对外债务，如对外负有债务的，由负债方自行承担”如何解读；二、订立《离婚协议书》时，曹某某是否知道D公司股权的存在；三、《离婚协议书》是否已对孙某所持有的D公司股权进行了处分。

关于第一个问题，《离婚协议书》第三条第（七）项“双方确认无其他需分割的财产，也再无其他对外债务，如对外负有债务的，由负债方自行承担”的解读。根据《合同法》第一百二十五条的规定：“当事人对合同条款的理解有争议的，应当按照合同所使用的词句、合同的有关条款、合同的目的、交易习惯以及诚实信用原则，确定该条款的真实意思。”合同条款是合同整体的一部分，与其他条款有着密切的联系，因此，解释合同条款的含义不仅要从词句本身的字面意义去解释，还要与合同中相关条款联系起来分析判断，而不是孤立地去看待某条款。如果单以“双方确认无其他需分割的财产”看，可以理解为“其他财产权属状态保持不变”，也可以理解为“就双方已知财产分割完毕”，甚至还可以有其他更多的不同理解。进一步将条款放入协议中，从协议条款的整体联系考量，可以尽可能地探究双方订立《离婚协议书》时的真意。《离婚协议书》共三条，第一条婚姻关系、第二条子女抚养、第三条财产分割。双方争议的条款被列入第三条“财产分割”条款下，位于末款，紧跟前六项财产，形式上属兜底条款。《婚姻登记条例》第十一条第三款规定：“离婚协议书应当载明双方当事人自愿离婚的意思表示以及对子女抚养、财产及债务处理等事项协商一致的意见。”因此，离婚协议书涉及的财产分割内容一般应当明确、具体，能落实到每一项财产。另外，离婚协议如果约定某项财产归一方所有或者一方放弃某项财产，应以明示的方式作出，不宜以含混不清的理解加以推断。结合到本案，曹某某主张该离婚协议约定的真实意思表示是除所列举的财产以外再没有其他夫妻共同财产，该条款是对前面六项所列财产的兜底条款，表达了除列举的财产以外再没有其他夫妻共同财产的意思，兜底条款不宜作无限扩大的解释，应与之前的六项财产分割内容联系在一起解读。孙某主张该约定的真实意思表示是双方之间除协议上所列财产外，仍然还有其他财产，但基于当时的实际情况已无须进行分割，在各自名下的财产就归各自所有。但是，协议第三条第（四）项约定产权在曹某某名下的两套别墅归曹某某所有，两套别墅无须再办理过户手续，这与孙某的主张不符。而曹某某的主张更为合理，从离婚协议上下文内容来看，第三条第（七）项紧随双方其他财产的归属约定之后，而离婚协议涉及的财产分割内容应当具体、明确，具有针对性和指向性，因此该条款的表述不宜毫无依据地无限制地进行扩大解释和理解。并且，在双方对具体的、重大财产的分割仅有部分作了明确约定，另有D公司股权没有明确约定的情形下，仅以《离婚协议书》中的表述及一方已实际掌控该股权的情形而认定该未作明确约定的股权已进行分割的主张不能成立。

关于第二个问题，订立《离婚协议书》时，曹某某是否知道D公司股权的存在。从孙某角度而言，孙某主张曹某某对D公司的存在是知晓的，为此孙某提交了一份D公司与A公司签订的《燃料油销售合同》，但《燃料油销售合同》不能证实曹某某参与合同的订立和履行。退一步讲，即便曹某某知晓D公司存在，也不能证实曹某某知晓孙某持有D公司的股权。另外，从曹某某角度而言，其向法院起诉孙某履行《离婚协议书》时并未提及D公司，可见当时曹某某并不知晓D公司的存在。曹某某所称其在申请法院强制执行时才知晓孙某持有D公司的股权，更为合理。此外，《离婚协议书》对财产分割的约定，孙某分得的财产远多于曹某某分得的财产，D公司的股权却未被纳入协议中有悖常理。根据《民事诉讼证据规定》第七十三条的规定："双方当事人对同一事实分别举出相反的证据，但都没有足够的依据否定对方证据的，人民法院应当结合案件情况，判断一方提供证据的证明力是否明显大于另一方提供证据的证明力，并对证明力较大的证据予以确认。"最终，法院采信了曹某某的主张，即签订《离婚协议书》时曹某某不知道孙某拥有D公司股权。

关于第三个问题，《离婚协议书》是否已对孙某所持有的D公司股权进行了处分。如前所述，曹某某订立《离婚协议书》时并不知晓孙某持有D公司股权，《离婚协议书》仅对双方已经明确知道的夫妻共同财产进行分割。因此孙某所持有的D公司股权没有在《离婚协议书》中进行处分。

综合以上分析，D公司股权应属曹某某、孙某尚未处分的共同财产，应当依法予以分割。

七、法院调解协议载明无其他共同财产，一方能否以尚有夫妻共同财产未处理为由再次起诉要求分割？

案件来源：广西壮族自治区南宁市中级人民法院（2016）桂01民终3932号判决罗某与陆某离婚后财产纠纷案

裁判日期：2017年2月23日

案件要旨：离婚协议中关于财产分割的条款或者当事人因离婚就财产分割达成的协议，对男女双方具有法律约束力。男女双方协议离婚后一年内就财产分割问题反悔，请求变更或者撤销财产分割协议的，人民法院应当受理。人民法院审理后，未发现订立财产分割协议时存在欺诈、胁迫等情形的，应当依法驳回当事人的诉讼请求。本案不存在罗某不知道陆某拥有A公司90%股权并隐藏的情形，《民事调解书》也不存在遗漏该股权未予以分割的情形。

【基本案情】

罗某与陆某原为夫妻关系，罗某于2015年3月4日向一审法院起诉，要求与陆某离婚，一审法院于2015年7月1日作出（2015）西民一初字第580号民事判决书，判决不准双方离婚。罗某不服该判决，向南宁市中级人民法院提起上诉，罗某提起上诉后的2015年9月21日，双方到民政局婚姻登记机关办理了离婚登记手续，在双方2015年9月15日签订的《离婚协议书》中，对夫妻共同财产的分割作出了约定，其中未涉及A公司90%股权收益款的处理。2015年12月8日，罗某提起本案诉讼。2015年12月18日，双方在南宁市中级人民法院达成调解协议，协议中对夫妻共同财产的分割作出了约定，同样其中未涉及A公司90%股权收益款的处理，并在协议中约定：除本协议提及的夫妻共同财产外，双方无其他共同财产。

A公司成立于2014年12月3日，陆某任该公司法定代表人，占90%的股权，2015年5月27日，陆某将其90%股权转让给案外人宁某某，宁某某担任该公司法定代表人。

原告罗某诉称：原告与被告于××××年××月××日登记结婚，2015 年 9 月 15 日就离婚、3 个孩子的抚养、夫妻共同财产的分割达成离婚协议，并于 2015 年 9 月 21 日到民政局婚姻登记处申请并办理离婚登记。离婚后，原告才发现被告在离婚时隐藏并转移变卖夫妻共同财产，将夫妻共同拥有的登记在被告名下的 A 公司 90% 的股权（占注册资金 900 万元）私自转让给他人，其隐藏并变卖夫妻共同财产的行为十分恶劣，根据《婚姻法》第四十七条“离婚时，一方隐藏、转移、变卖、毁损夫妻共同财产，或伪造债务企图侵占另一方财产的，分割夫妻共同财产时，对隐藏、转移、变卖、毁损夫妻共同财产或伪造债务的一方，可以少分或不分。离婚后，另一方发现有上述行为的，可以向人民法院提起诉讼”之规定，原告主张被告不应分得该项财产，该项财产应全部归原告所有。为此，请求法院判决：一、原、被告夫妻共同财产 900 万元（A 公司 90% 股权收益款）全部归原告所有，并由被告向原告支付；二、本案诉讼费用全部由被告承担。

被告陆某辩称：一、A 公司的 90% 的股权不属于夫妻共同财产。原告于 2015 年 12 月 8 日向法院提起本案诉讼，此后，在南宁市中级人民法院审理（2015）南市民一终字第 1752 号离婚纠纷过程中，2015 年 12 月 18 日，被告与原告达成调解协议，南宁市中级人民法院制作了（2015）南市民一终字第 1752 号《民事调解书》，该调解书已明确除该调解协议提及的夫妻共同财产外，无其他共同财产，双方均没有将本案标的作为夫妻共同财产进行处理。因此，原告在南宁市中级人民法院就离婚财产达成调解协议之前是知道 A 公司 90% 股权变更的事实的，而原告仍在离婚调解协议中确认除该协议提及的共同财产外，无其他共同财产，因此，原告是知道该股权并非夫妻共同财产的，所以原告在调解时并没有提出要求分割，如原告提出过分割请求，南宁市中级人民法院的调解笔录应有记录，而事实上笔录中并没有记录。A 公司的 90% 的股权不属夫妻共同财产。二、2014 年新修改的《公司法》将注册资本实缴登记制改为认缴登记制，其中第二十六条规定：“有限责任公司的注册资本为在公司登记机关登记的全体股东认缴的出资额。”公司股东可以自主约定认缴出资额、出资方式、出资期限等，并记载于公司章程中，股东成立公司可以认缴出资额设立。被告在 A 公司的股权只有认缴额，没有实缴出资额，且原告也没有任何证据证明被告从该股权获得收益。该股权没有具体的出资资金，转让股权没有转让的出资收益。

一审判决后，罗某上诉请求：1. 撤销一审民事判决；2. 判令上诉人与被上诉人共同财产900万元（A公司90%股权转让收益）全部归上诉人所有；3. 本案诉讼费用全部由被上诉人承担。事实和理由：上诉人与被上诉人双方于××××年××月××日登记结婚，于2015年3月4日向法院起诉离婚，2015年7月1日法院以（2015）西民一初字第580号民事判决书，判决不准罗某与陆某离婚，罗某不服于2015年9月向南宁市中级人民法院上诉，南宁市中级人民法院以（2015）南市民终字第1752号立案受理。在上诉期间，罗某与陆某于2015年9月15日就离婚、3个孩子抚养、夫妻共同财产分割达成离婚协议，并于2015年9月21日到民政局婚姻登记处申请并办理离婚登记。2015年12月2日双方离婚上诉案件开庭审理，因为庭前双方已经自愿离婚并办理离婚手续，此案依法本应驳回上诉，但因双方离婚协议财产分割流程不具有操作性，一审法院主审法官亦本着案结事了出发，主持双方对2015年9月15日达成的离婚协议的第八条流程办理的具体办理顺序如何明确进行审理、调解，因此中院调解书调解财产范围仅限定于2015年9月15日离婚协议书载明的财产范围而不涉及其他。2015年12月8日，上诉人罗某才发现陆某离婚时，隐藏并转移变卖夫妻共同财产，将夫妻共同拥有的登记在其名下A公司90%股权（占注册资金900万元）私自转让给他人。其隐藏并变卖夫妻共同财产的行为十分恶劣，遂于当日向法院起诉，要求法院判令陆某于离婚期间隐藏变卖A公司90%股权（占注册资金900万元）收益900万元归上诉人罗某所有。本案一审判决也明确本案诉争标的未列入离婚协议书财产分割范围，但却以双方2015年12月18日达成的调解协议中明确“除本协议提及夫妻共同财产外，双方无其他共同财产”为由，驳回上诉人罗某的诉请，与实际情况不符合，请求二审法院依法纠正。

被上诉人陆某答辩称：一审判决认定事实清楚，适用法律正确，请求二审法院驳回上诉，维持原判。

【法院裁判】

一审法院判决：驳回罗某的诉讼请求。

一审法院认为，《婚姻法司法解释（二）》第八条规定：离婚协议中关于财产分割的条款或者当事人因离婚就财产分割达成的协议，对男女双方具有法律约束力。第九条规定：男女双方协议离婚后一年内就财产分割问题反悔，请求变更或者撤销财产分割协议的，人民法院应当受理。人民法院审理后，未发现订立财产分割协议时存在欺诈、胁迫等情形的，应当依法驳回当事人的诉讼请求。罗某、陆某协议离婚时签订的《离婚协议书》是双方真实意思表示，根据上述规定，对双方均具有法律约束力，双方均应按协议约定履行。2015年12月18日，双方在南宁市中级人民法院达成调解协议，协议中对夫妻共同财产的分割作出了约定，同样其中未涉及A公司90%股权收益款的处理，而在此前的2015年12月8日，罗某已向一审法院提起本案诉讼，即罗某在向一审法院主张分割A公司90%股权收益款后，又在调解协议中确定：除本协议提及的夫妻共同财产外，双方无其他共同财产。据此，一审法院认定双方已在调解时达成共识：除本协议提及的夫妻共同财产外，双方无其他共同财产。现罗某在达成调解协议后又主张分割A公司90%股权收益款，有悖于协议的约定，且罗某也未能举证证明陆某从该股权转让中获得收益，故对罗某的诉讼请求，不予支持。

二审法院判决：驳回上诉，维持原判。

二审法院认为，上诉人罗某在上诉状中自述其是在2015年12月8日发现陆某离婚时，隐藏并转移变卖夫妻共同财产，将夫妻共同拥有的登记在陆某名下A公司90%股权（占注册资金900万元）私自转让给他人，罗某即于同日向一审法院提起本案诉讼。而罗某与陆某曾因离婚纠纷于2015年3月4日向一审法院起诉，被一审法院判决不准离婚后，罗某不服一审判决并上诉至二审法院，法院于2015年12月2日开庭审理该离婚案，此后法院于同年12月18日组织双方当事人进行调解时，罗某已经知道该股权存在并已变更的事实，陆某亦答辩称双方在2015年9月15日达成的《离婚协议书》已确认除本协议提及的夫妻共同财产外，无其他共同财产，对此，罗某均予以认可。故本案不存在罗某不知道陆某拥有A公司90%股权并隐藏的情形，法院于2015年12月18日因罗某与陆某离婚一案下发的（2015）南市民一终字第1752号《民事调解书》中对双方在婚姻关系存续期间的夫妻共同财产、孩子的抚养、债权债务均已处理完毕，并不存在遗漏该股权未予以分割的情形。根据《民事诉讼证据规定》第二条规定：当事人对自己提出的诉讼请求所依据的事实或者反驳对方诉讼请求所依据的事实有责任提供证据加以证明。没有证据或者证据不足以证明当事人的事实主张的，由负有举证责任的当事人承担不利后果。现罗某无证据予以推翻双方在调解时达成的协议：除本协议提及的夫妻共同财产外，双方无其他共同财产。亦无证据证实陆某在转让该股权时已实际获得900万元的股权收益，故其应承担举证不能的不利后果。综上所述，上诉人罗某上诉所述及请求，证据不足，理由不充分，法院不予支持。

裁判解析本案的核心问题是A公司90%股权是否属于尚未处理的夫妻共同财产。根据《婚姻法司法解释（三）》第十八条的规定："离婚后，一方以尚有夫妻共同财产未处理为由起诉要求分割的，经审查该财产确属离婚时未涉及的夫妻共同财产，人民法院应当依法予以分割。”同时《婚姻法》第四十七条的规定：“离婚时，一方隐藏、转移、变卖、毁损夫妻共同财产，或伪造债务企图侵占另一方财产的，分割夫妻共同财产时，对隐藏、转移、变卖、毁损夫妻共同财产或伪造债务的一方，可以少分或不分。离婚后，另一方发现有上述行为的，可以向人民法院提起诉讼，请求再次分割夫妻共同财产。”据此，本案罗某请求分割陆某A公司90%股权，如果该股权属于未涉及的夫妻共同财产，就应该依法分割。根据《民事诉讼证据规定》第二条的规定：“当事人对自己提出的诉讼请求所依据的事实或者反驳对方诉讼请求所依据的事实有责任提供证据加以证明。没有证据或者证据不足以证明当事人的事实主张的，由负有举证责任的当事人承担不利后果。”罗某应证明股权收益款900万元为夫妻共同财产并且在离婚时未经处理。

《婚姻法司法解释（二）》第九条规定：“男女双方协议离婚后一年内就财产分割问题反悔，请求变更或者撤销财产分割协议的，人民法院应当受理。人民法院审理后，未发现订立财产分割协议时存在欺诈、胁迫等情形的，应当依法驳回当事人的诉讼请求。”罗某与陆某于2015年9月15日签订的《离婚协议书》、2015年12月18日在南宁市中级人民法院达成调解协议，协议不存在欺诈、胁迫情形。根据《婚姻法司法解释（二）》第八条规定：“离婚协议中关于财产分割的条款或者当事人因离婚就财产分割达成的协议，对男女双方具有法律约束力。”两份协议系双方真实意思表示，罗某与陆某应全面履行协议的约定。

罗某在诉状中称2015年12月8日发现陆某隐藏A公司90%股权，并于同一日向法院提起诉讼，而10天后的12月18日，双方在南宁市中级人民法院主持下达成的调解协议未涉及A公司90%股权的处理，协议中明确约定：除本协议提及的夫妻共同财产外，双方无其他共同财产。南宁市中级人民法院达成调解协议晚于罗某起诉的时间，显然罗某在调解书形成时是明知A公司90%股权的客观存在的，却未在法院主持的调解中一并处理，而调解协议的达成也不存在欺诈、胁迫的情形。罗某在上诉状中对此的解释是调解书调解财产范围仅限定于2015年9月15日离婚协议载明的财产范围而不涉及其他，罗某的解释有一定合理性，但调解协议载明“除本协议提及的夫妻共同财产外，双方无其他共同财产”也是不争的事实。此外，关于股权收益款900万元为夫妻共同财产这一关键事实，罗某亦未积极举证股权价值和转让价格，在陆某抗辩股权未实缴出资也没有转让收益的情况下，罗某没有向法院进一步举证股权收益款的存在。因此，在罗某未能对自己提出的主张所依据的事实积极举证的情况下，只能由其承担举证不能的不利后果。

八、涉及股权分割的离婚协议的履行

案件来源：上海市松江区人民法院（2015）松民二（商）初字第2511号判决赵某、刘某乙诉A门诊部有限公司、第三人马某某股东资格确认纠纷案

裁判日期：2015年11月23日

案件要旨：赵某与刘某甲签订的离婚协议中约定刘某甲所享有A门诊部有限公司的股份归赵某、刘某乙二人共同所有，该约定并未违反法律、行政法规的强制性规定，应属有效。两原告依此约定要求确认其为A门诊部有限公司的股东，共同享有30%的股权，因A门诊部有限公司的另一股东马某某对此并没有异议，故法院予以支持。被告A门诊部有限公司应当办理相应的股权变更登记手续。

【基本案情】

A门诊部有限公司于2004年12月14日注册，注册资本为40万元，登记股东为马某某、刘某甲，股权比例为马某某70%、刘某甲30%，法定代表人为马某某。

赵某与刘某甲原系夫妻关系。2014年3月31日两人离婚，并签订离婚协议1份，约定双方解除夫妻关系，刘某甲名下A门诊部有限公司的30%股份归赵某所有，由刘某甲过户给赵某和女儿刘某乙。协议并对子女的抚养、其他共同财产的分配进行了约定。

2014年11月5日，赵某、刘某乙以刘某甲为被告向法院提起诉讼［案号为：(2014)松民一（商）初字第9786号，以下简称9786号案］，要求确认A门诊部有限公司30%的股份归赵某所有，并办理相应的过户手续。审理中，赵某、刘某乙变更诉讼请求为要求确认刘某甲在A门诊部有限公司所持有的30%的股份所含所有的权益归赵某、刘某乙共同所有。该案在审理过程中，刘某甲辩称离婚协议是根据赵某口述内容所打印，其签字时未仔细核对内容，仅同意将股份给刘某乙一人。

法院经审理后，于2015年2月26日作出民事判决书，判令刘某甲在A门诊部有限公司持有的30%的股份所产生的权益自2014年3月31日起归赵某、刘某乙二人共同所有。判决后，双方均未上诉。

2015年7月13日，赵某、刘某乙向马某某发函，希望马某某同意并协助办理有关股权变更登记手续。

原告赵某、刘某乙诉称：原告赵某与案外人刘某甲原系夫妻，双方于2014年3月31日离婚，原告刘某乙是原告赵某与刘某甲的婚生女，被告A门诊部有限公司于2004年12月14日注册，现在的股东登记为刘某甲占30%、马某某占70%。2014年3月31日原告赵某与刘某甲离婚时签订了离婚协议，按照离婚协议的约定，刘某甲在被告A门诊部有限公司持有的30%股份归女方所有，由男方过户给女方和女儿刘某乙。故原告诉至法院，请求判令：1. 确认原告赵某、刘某乙共同享有被告A门诊部有限公司的30%股权份额；2. 被告办理相应股权变更登记手续，即将刘某甲的30%股权变更至原告赵某、刘某乙名下。

被告及第三人共同辩称：被告及第三人对由谁持有股权并无意见，只要原告与刘某甲之间协商一致就同意变更。

在本案审理过程中，刘某甲到庭陈述，离婚协议上确由其签字，但签字时其未仔细查看协议内容，且赵某没有履行双方达成的其他口头协议。

【法院裁判】

法院判决：一、确认原告赵某、刘某乙系被告A门诊部有限公司的股东，共同享有被告A门诊部有限公司30%的股权；二、被告A门诊部有限公司于本判决生效之日起10日内向公司登记机关办理股东变更登记，将登记为刘某甲享有的30%股权变更为原告赵某、刘某乙共同享有，第三人马某某予以协助。

法院认为：赵某与刘某甲签订的离婚协议中约定刘某甲所享有A门诊部有限公司的股份归赵某、刘某乙二人共同所有，该约定并未违反法律、行政法规的强制性规定，应属有效。在9786号案中，法院亦依据该约定确认刘某甲在A门诊部有限公司享有的30%股份所产生的权益归赵某、刘某乙二人共同共有。现两原告依此约定要求确认其为A门诊部有限公司的股东，共同享有30%的股权，因A门诊部有限公司的另一股东马某某对此并无异议，故法院予以支持。被告A门诊部有限公司应当办理相应的股权变更登记手续。

【裁判解析】

赵某与刘某甲签订的离婚协议中约定刘某甲名下在A门诊部有限公司的股份归赵某、刘某乙二人共同所有，由刘某甲过户给赵某和女儿刘某乙。根据《婚姻法》

第三十九条的规定：“离婚时，夫妻的共同财产由双方协议处理；协议不成时，由人民法院根据财产的具体情况，照顾子女和女方权益的原则判决。”

及《婚姻法司法解释（二）》第八条的规定：“离婚协议中关于财产分割的条款或者当事人因离婚就财产分割达成的协议，对男女双方具有法律约束力。”赵某与刘某甲签订的离婚协议没有违反法律法规的强制性规定，应属有效，双方当事人均应遵照执行。

另案中，法院依据离婚协议确认刘某甲在A门诊部有限公司享有的30%股份所产生的权益归赵某、刘某乙二人共同共有，《公司法》第三十二条的规定：“公司应当将股东的姓名或者名称向公司登记机关登记；登记事项发生变更的，应当办理变更登记。未经登记或者变更登记的，不得对抗第三人。”《公司登记管理条例》第三十四条规定：“有限责任公司变更股东的，应当自变更之日起30日内申请变更登记，并应当提交新股东的主体资格证明或者自然人身份证明。”可见，发生股东变更，公司有义务向公司登记机关申请变更登记。离婚协议涉及公司股权变动，在变更登记过程中，需要其他股东的协助，现在A门诊部有限公司的另一股东马某某对此并没有异议，赵某、刘某乙的诉讼请求可以得到法院支持。

第三节　一方在离婚后增资未处理的股权，该股权如何分割？

案件来源：上海市第二中级人民法院（2015）沪二中民一（民）终字第499号判决A公司、B公司离婚后财产纠纷案

裁判日期：2015年3月26日

案件要旨：婚姻关系存续期间所得的财产，且应是离婚时现实存在的，归夫妻共同所有。若离婚之时尚未分割的，方可请求再次分割。当事人对自己提出的诉讼请求所依据的事实或者反驳对方诉讼请求所依据的事实有责任提供证据加以证明。没有证据或者证据不足以证明当事人的事实主张的，由负有举证责任的当事人承担不利后果。

【基本案情】

陈A与凌A原系夫妻关系，2004年1月19日登记结婚，2012年3月12日经法院调解离婚。离婚时未对凌A在A公司、B公司所各享有的15%股权进行处理。2014年4月，陈A诉至法院，要求分割凌A在该两公司所占股权的7.5%归陈A所有。另称，对于2012年5月、6月凌A在B公司新增资的钱款，愿意承担一半。

A公司、B公司现均有4位股东：陈B、凌A、方A、张A，陈A与凌A离婚时，凌A在两公司内各享有15%股权。B公司于2012年进行两次同比例增资，2012年5月28日凌A第一次增资额为人民币（以下币种皆为人民币）30万元，2012年7月20日凌A第二次增资额为60万元，两次增资中凌A共出资90万元。现A公司、B公司的股东陈B、方A、张A均放弃优先购买权。

一审判决后，上诉人A公司、B公司不服，向法院提起上诉称：本案中并不存在夫妻一方向对方转让出资份额的情况，并不构成其他股东是否放弃优先购买权的问题；原审法院在双方调解离婚后，作出这一判决无疑是超出公司股东各方预期的结果，严重侵犯了有限公司的人合性，证明原审法院并未通盘考量该判决的负面效应。上诉人请求二审法院撤销原审判决，依法改判驳回被上诉人陈A原审中的诉讼请求。

被上诉人陈A答辩称：原审判决认定的事实清楚，适用法律正确。请求二审驳回上诉，维持原判。

被上诉人凌A答辩称：我不存在故意隐瞒夫妻共同财产的行为，但由于我没有确凿证据证明离婚时陈A知道这些股权的存在，故我同意原审判决。

【法院裁判】

一审法院判决：一、凌A在A公司中所持有的15%股权，由陈A、凌A各半所有；二、凌A在B公司中所持有的15%股权，由陈A、凌A各半所有；三、陈A应于判决生效之日起30日内一次给付凌A在B公司两次增资款的50%即45万元。

一审法院认为，只有婚姻关系存续期间所得的财产，且应是离婚时现实存在的，归夫妻共同所有。若离婚之时尚未分割的，方可请求再次分割。根据法律规定，夫妻双方在婚姻关系存续期间的合法财产属夫妻共同财产，夫妻离婚时双方可以协议处理，协议不成，法院可根据财产具体情况进行判决。本案的争议焦点是凌A在A公司、B公司所持有的股权，是否已在双方协议离婚时处理完毕。依照法律规定，当事人对自己的主张所依据的事实，或者反驳对方当事人的主张所依据的事实，有责任提供证据予以证明，不能提供证据或提供的证据不足以证明当事人的事实主张的，由负有举证责任的一方当事人承担不利的后果。凌A出资并经工商登记、公示成为A公司、B公司的股东，系在夫妻关系存续期间，故凌A在A公司、B公司的股权应认定为夫妻共同财产。陈A与凌A在调解离婚时，未对上述公司的股份予以分割，陈A未曾作出放弃该部分财产权益的意思表示，凌A主张系争股权在双方协议离婚时已作出处理，其应对该事实承担相应的举证责任，本案中，凌A未就该事实提供充足、有效的证据予以佐证，故对于凌A的该主张，法院难以采纳；现陈A要求分割凌A在A公司、B公司所持股权，且A公司、B公司的其他股东陈B、方A、张A均放弃优先购买权，陈A的主张于法有据，法院应予支持。但凌A在离婚后对B公司两次增资中的出资款应由陈A与凌A各半分担。

二审法院判决：驳回上诉，维持原判。

二审法院认为，关于争议股权是否已在夫妻双方协议离婚时处理完毕的问题，现作为当事人的陈A与凌A对股权的分割均无异议，法院予以认同。原审期间，法院就两上诉人公司除凌A外的其他股东是否行使优先购买权征询了意见，在其他股东均表示放弃优先购买权的情况下判决凌A在两上诉人公司的股权由凌A与陈A各半所有并无不当，法院予以维持。法院认可原审法院对事实的分析认定及对相关法律法规的理解与适用，上诉人的上诉请求没有事实和法律依据，法院不予支持。综上所述，原审认定事实清楚，判决并无不当。

【裁判解析】

《婚姻法》第十七条规定："夫妻在婚姻关系存续期间所得的下列财产，归夫妻共同所有：（一）工资、奖金；（二）生产、经营的收益；（三）知识产权的收益；（四）继承或赠与所得的财产，但本法第十八条第三项规定的除外；（五）其他应当归共同所有的财产。夫妻对共同所有的财产，有平等的处理权。"由该法律规定可知，我国的夫妻共同财产制采用的是婚后所得共同制，即在婚姻关系存续期间，除个人特有财产和夫妻另有约定外，夫妻双方或一方所得的财产，均归夫妻共同所有，夫妻双方享有平等的财产所有权。凌A在与陈A的婚姻关系存续期间取得A公司、B公司各15%股权，依据《最高人民法院关于人民法院审理离婚案件处理财产分割问题的若干具体意见》第七条规定："对个人财产还是夫妻共同财产难以确定的，主张权利的一方有责任举证。当事人举不出有力证据，人民法院又无法查实的，按夫妻共同财产处理。"据此，上述股权应属于凌A与陈A的夫妻共同财产。

《婚姻法司法解释（二）》第十六条的规定适用于夫妻双方就分割一方名义在有限责任公司的出资额协商一致的情形，本案中陈A诉至法院，要求分割凌A在两公司所占股权的一半即7.5%归陈A所有，A公司和B公司的其他3位股东均放弃优先购买权，故陈A可以成为A公司和B公司的股东。

关于凌A在离婚后于2012年5月、6月对B公司的同比例增资。凌A对B公司同比例增资不会增加凌A的持股比例，但增加了该股权的财产价值，增加部分就是由增资的90万元而来。增资行为不会改变股权属于夫妻共同财产的属性，但90万元增资系凌A的个人财产，鉴于陈A自愿承担一半，故股权应由陈A、凌A各半所有并由陈A给付凌A在B公司两次增资款的50%即45万元。

至于凌A主张其A公司、B公司所持有的股权已在双方协议离婚时处理完毕。根据《民事诉讼证据规定》第二条的规定，凌A没有证据证明其事实主张，凌A在二审答辩中也承认没有确凿证据证明离婚时陈A知道这些股权的存在，因此由其承担不利的法律后果。

第六章　股权转让中夫妻共同债务的认定

第一节　认缴的出资加速到期，是否属于夫妻共同债务?

案件来源： 四川省乐山市中级人民法院（2017）川11民初60号判决 A公司与温某、严某追收未缴出资纠纷案

裁判日期： 2017年9月25日

案件要旨： 1. 温某、严某作为A公司出资人，在A公司破产申请受理后，其分期认缴的出资义务加速到期，应当按照变更后的注册资本额度向A公司完成所认缴的出资义务；2. 是否为夫妻共同债务，应当以该债务是否产生于婚姻关系存续期间以及是否用于夫妻共同生活作为本质的判断标准。

【基本案情】

2011年11月15日，A公司成立，登记注册资本为100万元，出资人是温某、严某和廖某，实缴的出资比例为温某40万元，占出资比例的40%，严某40万元，占出资比例的40%，廖某20万元，占出资比例的20%。2012年9月10日，A公司修订公司章程，股东变更为：温某实缴出资50万元，占出资比例的50%，严某实缴出资50万元，占出资比例的50%。2015年3月5日，A公司召开股东会并形成决议，同日形成公司章程修正案，登记注册资本变更为2,000万元，认缴期限为10年（2015年3月6日至2025年3月5日），温某出资1,000万元，占出资比例的50%，严某出资1,000万元，占出资比例的50%。

2017年4月17日，四川省乐山市中级人民法院裁定受理A公司破产清算，并

指定四川某律师事务所为A公司破产管理人。

2017年6月16日，A公司破产管理人对温某、严某追缴出资，并形成谈话记录。

1991年12月19日严某、彭某登记结婚。2017年7月17日，严某、彭某协议离婚并办理离婚手续。双方签订《离婚协议书》，其中对债务处理明确约定“双方确认在婚姻关系存续期间没有发生任何共同债务，任何一方如对外负有债务，由负债方自行承担”。

原告A公司向法院提出诉讼请求：1. 被告温某立即支付认缴的原告注册资本950万元，被告严某、彭某承担连带责任；2. 被告严某立即支付认缴的原告注册资本950万元，被告温某、彭某承担连带责任。A公司认为，2017年4月17日乐山市中级人民法院裁定受理案外人田某对原告的破产清算申请，同时指定四川某律师事务所担任原告破产管理人，管理人于2017年6月16日通知股东温某、严某，根据《企业破产法》第三十五条，人民法院受理破产申请后，债务人的出资人尚未完全履行出资义务的，管理人应当要求该出资人缴纳所认缴的出资，而不受出资期限的限制。要求被告温某、严某在7日内缴纳认缴的出资额。截止到2017年6月27日，被告温某、严某置若罔闻，一直未缴纳余下的1,900万元出资。

被告温某口头辩称，认缴是为了更好地经营公司，当时大家都没有理解认缴的具体意思，没有意识到其法律风险。认缴我们没有异议，但现在确实没有这个能力，且认缴的年限也还没有到。

被告严某口头辩称，2,000万是为了对外扩大竞争力，我们也咨询了工商局可以分期分年限，法律顾问也没有给我们说明这个风险。认缴的事实没有异议，只是对其意思没有概念。彭某与本案没有关系。

被告彭某口头辩称，我在2011年就和严某感情破裂，除了儿子没有其他联系，经济上完全独立，但为了避免给儿子造成伤害所以双方没有办理正式的离婚手续，直到2017年办理了《离婚证》；严某投资、经商的活动我均没有参与过，自始至终也不清楚，2015年严某增加注册资本我更不清楚。严某从没有将公司收益用于家庭共同生活。所以严某的债务是个人债务，不是夫妻共同债务。2015年温某等人是为了公司发展才提高了注册资本，在认缴期限内注册资本可以增加也可以减少，本案中实际的债务不到150万元，所以我认为温某等人应当是对150万的债务承担责任。请求法院驳回原告对彭某的诉讼请求。

【法院裁判】

法院判决：一、被告温某在本判决生效之日起 15 日内向原告 A 公司缴纳出资 950 万元；二、被告严某在本判决生效之日起 15 日内向原告 A 公司缴纳出资 950 万元；三、被告彭某以其与严某的夫妻共同财产为限对严某的债务承担连带清偿责任。

法院认为，本案争议焦点一：被告温某、严某是否应当向 A 公司完成出资认缴义务？2015 年 3 月 5 日，A 公司召开股东会，修改公司章程，增加公司注册资本为 2,000 万，认缴期限为 10 年，温某认缴 1,000 万、严某认缴 1,000 万，随后办理了工商变更登记。目前温某、严某各自仅到位出资 50 万元。依据《企业破产法》第三十五条“人民法院受理破产申请后，债务人的出资人尚未完全履行出资义务的，管理人应当要求该出资人缴纳所认缴的出资，而不受出资期限的限制”的规定，温某、严某作为 A 公司出资人，在 A 公司破产申请受理后，其分期认缴的出资义务加速到期，应当按照变更后的注册资本额度向 A 公司完成所认缴的出资义务。

本案争议焦点二：彭某是否应当对温某、严某因对 A 公司支付认缴出资承担连带清偿责任？原告 A 公司主张彭某对温某应认缴的出资承担连带责任，法院认为，彭某不是公司股东，与温某之间也无其他任何法律关系，因此对股东之一的温某应当对公司承担的出资责任不应当承担连带清偿责任，原告 A 公司该主张法院不予支持。

彭某对严某在认缴出资范围内债务是否承担连带责任的法律基础是该笔债务是否属于夫妻共同债务。而是否为夫妻共同债务，应当以该债务是否产生于婚姻关系存续期间以及是否用于夫妻共同生活作为本质的判断标准。《婚姻法司法解释（二）》第二十四条规定，债权人就婚姻关系存续期间夫妻一方以个人名义所负债务主张权利的，应当按夫妻共同债务处理。但夫妻一方能够证明债权人与债务人明确约定为个人债务，或者能够证明属于《婚姻法》第十九条第三款规定情形的除外。原告 A 公司成立、增资、破产申请受理均发生在彭某与严某夫妻关系存续期间，虽然彭某提交了离婚协议主张其与严某的夫妻财产已经在 2011 年进行了分割，但彭某未提供充分证据证明债权人明知该协议，故该离婚协议不具有对抗债权人的效力；彭某还主张严某并未将公司收益用于夫妻共同生活，因此涉案债务也不应属于夫妻共同债务。首先对于公司收益是否用于夫妻共同生活仅有彭某及严某的陈述，并无其他证据予以佐证，对该事实彭某提供的证据并未达到高度盖然性的证明标准。另，依照《婚姻法》第十七条规定，婚姻关系存续期间，生产、经营的收益归夫妻共同共有。据上述法律规定，严某对A公司的投资经营产生的收益属于其与彭某的夫妻共同财产，则与该收益相对应的消极财产即债务也应属于夫妻共同债务。综上所述，严某在夫妻关系存续期间因经营A公司产生的债务应当推定属于夫妻共同债务。同时基于我国夫妻婚后共同财产制度，以及民事法律关系中权利义务对等原则，彭某虽然对该笔夫妻共同债务承担连带偿还责任，但其承担责任的财产范围应以其与严某在婚姻关系存续期间取得的夫妻共同财产为限，其个人财产不应作为偿还涉案夫妻共同债务的责任财产。

综上所述，原告A公司部分诉讼请求成立，法院予以支持。

【裁判解析】

我国《公司法》关于公司资本制度经历了实缴资本制（公司设立时完全实缴）、分期缴纳制（有实缴数额及期限限制）和认缴制（无实缴数额及期限限制）的变迁。2013年修正的《公司法》使资本制度更加宽松，大大降低了投资创业的门槛。除一些特殊行业外，普通公司不再有最低注册资本的限制，注册资本实行认缴制，公司股东可以自主约定认缴出资额、出资方式、出资期限等，并记载于公司章程。

但资本认缴不等于股东对公司不承担责任，《公司法司法解释（三）》第十三条第二款规定："公司债权人请求未履行或者未全面履行出资义务的股东在未出资本息范围内对公司债务不能清偿的部分承担补充赔偿责任的，人民法院应予支持。"由该条文内容可知，未履行或者未全面履行出资义务是股东承担补充赔偿责任的前提。在认缴制下，如果股东在章程中载明的认缴期限未届期，则不能认定股东未履行或者未全面履行出资义务，公司的债权人也就无权要求出资未届期的股东承担对公司债务的补充赔偿责任。同时，《企业破产法》第三十五条规定："人民法院受理破产申请后，债务人的出资人尚未完全履行出资义务的，管理人应当要求该出资人缴纳所认缴的出资，而不受出资期限的限制。"由此可见，在人民法院受理破产申请后，股东认缴的出资不再受公司章程载明的出资期限的限制，股东出资义务加速到期。

本案中，在法院受理A公司破产申请后，温某、严某作为A公司出资人，其分期认缴的出资加速到期，应当按照各自认缴的注册资本额度向A公司完成出资义务。

严某与彭某系夫妻，严某在认缴出资范围内债务是否属于其与彭某的夫妻共同债务？根据《婚姻法司法解释（二）》第二十四条规定："债权人就婚姻关系存续期间夫妻一方以个人名义所负债务主张权利的，应当按夫妻共同债务处理。但夫妻一方能够证明债权人与债务人明确约定为个人债务，或者能够证明属于婚姻法第十九条第三款规定情形的除外。”《婚姻法》第十九条第三款规定，夫妻对婚姻关系存续期间所得的财产约定归各自所有的，夫或妻一方对外所负的债务，第三人知道该约定的，以夫或妻一方所有的财产清偿。另外，根据2018年1月18日实施的《最高人民法院关于审理涉及夫妻债务纠纷案件适用法律有关问题的解释》第二条规定：“夫妻一方在婚姻关系存续期间以个人名义为家庭日常生活需要所负的债务，债权人以属于夫妻共同债务为由主张权利的，人民法院应予支持。”第三条规定：“夫妻一方在婚姻关系存续期间以个人名义超出家庭日常生活需要所负的债务，债权人以属于夫妻共同债务为由主张权利的，人民法院不予支持，但债权人能够证明该债务用于夫妻共同生活、共同生产经营或者基于夫妻双方共同意思表示的除外。”由上述规定可知，在夫妻未约定分别财产制或者虽约定但债权人不知道的情况下，夫妻一方以个人名义为家庭日常生活需要所负的债务，应当认定为夫妻共同债务，债权人无须举证证明。至于超出家庭日常生活所负的共同债务，根据《民事诉讼法》第六十四条“当事人对自己提出的主张，有责任提供证据”等规定，债权人负有举证责任。这些超出家庭日常生活范围的支出，如果系夫妻双方共同消费支配，或者用于形成夫妻共同财产，或者基于夫妻共同利益管理共同财产产生的支出，则性质上属于夫妻共同生活的范围。债权人能够举证证明该债务属于“用于夫妻共同生活、共同生产经营所负债务，或者所负债务基于夫妻双方共同的意思表示”，则上述超出家庭日常生活范围的债务也属于夫妻共同生活所负债务。

本案审理在《最高人民法院关于审理涉及夫妻债务纠纷案件适用法律有关问题的解释》出台之前，法院根据《最高人民法院关于适用〈中华人民共和国婚姻法〉若干问题的解释（二）》第二十四条的规定判决完全正确。如结合最高人民法院最新的司法解释，还需要A公司举证证明债务用于夫妻共同生活、共同生产经营或者基于夫妻双方共同意思表示，才能被认定为夫妻共同债务。

第二节　退还股权转让款能否作为夫妻共同债务？

案件来源：上海市杨浦区人民法院（2017）沪0110民初25234号判决
陈某某诉沈A、沈B、C公司股权转让纠纷案

裁判日期：2018年2月9日

案件要旨：债务系被告沈A以个人名义所负的数额较大的债务，虽发生在与被告沈B夫妻关系存续期间，但显然超出了家庭日常生活需要，且原告亦未能提供证据证明该债务用于被告沈A、沈B夫妻共同生活、共同生产经营或基于两被告共同意思表示，故依法不能认定为夫妻共同债务。

【基本案情】

沈A、沈B系夫妻关系，双方对婚姻关系存续期间所得的财产归属未作特别约定。

C公司系有限责任公司（中外合资），成立于1993年10月22日，股东为澳大利亚D有限公司（1993）和上海E经贸公司，分别持股55%和45%。C公司因未按规定在年检截止日期前申报2002年、2003年度年检，工商行政管理局于2004年10月14日作出《行政处罚决定书》，吊销该公司营业执照。

法院在执行（1999）沪二中经初字第918号M公司诉P公司、C公司、Q厂股权转让纠纷一案中，根据M公司的强制执行申请，法院于2003年8月14日委托上海某拍卖有限公司对被执行人即C公司名下面积为282,517平方米约425亩的地块、地上地下建筑物及殡葬经营权等财产进行拍卖。上海某某实业发展有限公司通过竞拍成交，成交价为人民币62,360,000元。据此，法院于2004年7月12日作出（2001）沪二中执字第71号民事裁定书，裁定C公司名下面积为282,517平方米约425亩的地块、地上地下建筑物及殡葬经营权等财产归上海某某实业发展有限公司所有。嗣后，C公司因认为法院存在违法执行情况，逐级向上海市高级人民法院、

最高人民法院申诉，要求执行回转。

2013 年 5 月 8 日，沈 A（甲方）与陈某某（乙方）签订《股权转让协议书》。明确："甲方就 C 公司（中外合资）现在经中华人民共和国最高人民法院的审理完成，正在等待最高人民法院执行案号 2011 执监字第 37 号。甲方现在因没拿到最高院的执行回转裁定书之前存在较大的资金困难，所以甲方以 C 公司的所拥有股权 100% 股权的法人，经乙方同意受让 2% 的股权。"协议第一条约定："经甲、乙双方协商就甲方转让给乙方 C 公司 2% 股权。"协议第二条约定："经甲、乙双方同意确认，乙方受让甲方全资拥有的 C 公司 2% 股权款总价为人民币伍佰万元整。支付方式：（1）签订本股权转让协议，首期于 2013 年 5 月 8 日，乙方支付人民币 600,000 元（陆拾万元整）到甲方指定银行账号，甲方需出具收款收据。（2）2013 年 5 月底前，乙方将剩余股权转让款共计人民币 4,400,000 元（肆佰肆拾万元整）分批支付到甲方指定银行账号，甲方需出具收款收据。"协议第三条约定："C 公司原有的一切债权债务由甲方承担。自乙方与甲方签订本股权转让协议之前的上海 C 公司的一切债务债权与乙方无关，乙方不承担甲方原任何债务债权。乙方所有在回转裁定书下达之前的债权债务必须由甲方自行承担归还。"协议第四条约定："甲方争取在 2013 年 5 月份负责拿到中华人民共和国最高人民法院下达给 C 公司的执行回转裁定书，拿到裁定书后并在一个月内恢复 C 公司的营业执照、组织机构代码证、税务登记证等公司相关证照。"协议第五条约定："甲方在执行回转恢复 C 公司的同时，乙方以 C 公司 2% 的股权为新股东，在 C 公司所在地金山工商行政局登记注册，并进入公司章程。"协议第六条约定："若甲方在 2013 年 7 月底前未拿到中华人民共和国最高人民法院对 C 公司下达的执行回转裁定书，甲方承诺在 2013 年 8 月底前退还给乙方所支付受让款的全部款项，并由沈 A 赔偿一切经济损失。"

同日，陈某某向沈 A 指定的银行账户转账 600,000 元。同年 5 月 13 日和 5 月 23 日，陈某某分两次向沈 A 个人账户转账 2,950,000 元和 1,450,000 元。沈 A 对上述款项出具了收据。

2016 年 3 月 7 日，陈某某（乙方）与沈 A（甲方）又签订了《股权转让协议书补充协议》。协议中明确，鉴于"《股权转让协议书》签约至今二年多，中华人民共和国最高人民法院对 C 公司的执行回转裁定书一直未下达，股权转让未能办理，甲、乙双方经协商，达成一致协议如下：甲方承诺在 2016 年 4 月 30 日前退还乙方所支付股权转让受让款的全部款项人民币伍佰万元整；并按照月息 1.5%，年息 18%，按实结算，赔偿乙方经济损失。若逾期归还上述款项，逾期部分按照月息

3%，年息36%，按实结算。甲方为确保归还上述款项，同意以C公司土地，合计面积425亩，用作还款抵押物，特此承诺。”

2014年5月30日，最高人民法院以《通知书》形式，告知C公司，已将申诉材料函转上海市高级人民法院，要求该院协调相关法院，将该案与北京仲裁委员会（2012）京仲裁字第0644号裁决书执行案件及上海某某实业发展有限公司股东周某的刑事案件统筹处理，依法公平保护各方当事人合法权益。2016年3月7日陈某某与沈A签订《股权转让协议书补充协议》时，上述案件的协调尚未有结果。嗣后，因沈A未能履行退还钱款义务，陈某某遂诉至法院作如下诉请。

原告陈某某向法院提出诉讼请求：1. 判令被告沈A、沈B共同返还原告钱款5,000,000元；2. 判令被告沈A、沈B共同支付原告利息133,150元（以5,000,000元为计算基数，自2016年3月8日至2016年4月30日止，按月利率1.5%计付），以及逾期利息（以5,000,000元为计算基数，自2016年5月1日起至实际清偿之日止，按月利率2%计付）；3. 若被告沈A、沈B不履行上述钱款支付义务，对不能履行部分由被告C公司承担赔偿责任。事实和理由：2013年5月8日，被告沈A与原告签订《股权转让协议书》，约定被告沈A将在被告C公司的2%股权转让给原告，原告支付5,000,000元的股权转让款。当日及同年5月13日，原告分三次向被告沈A账户和其指定的账户共计转账5,000,000元。嗣后，被告沈A未按约将股权转让给原告。2016年3月7日，原告与被告沈A签订了《股权转让协议书补充协议》，约定：被告沈A承诺在2016年4月30日前退还原告所支付股权转让款500万元，并按照月息1.5%、年息18%，按实结算赔偿原告经济损失；若逾期归还上述款项，逾期部分按月息3%、年息36%按实结算；被告沈A为确保归还上述款项，同意以被告C公司合计土地面积425亩作为还款抵押物。还款期限届满后，被告沈A未能履行还款义务。因被告沈A、沈B系夫妻，且上述金钱给付债务发生在两被告夫妻关系存续期间，故要求被告沈A、沈B共同承担还本付息义务。同时，被告C公司虽然以土地作抵押，但未办理抵押登记手续，故基于被告C公司的违约责任，要求被告C公司承担赔偿责任。

被告沈A、沈B、C公司辩称，C公司是中澳合资公司，上海E经贸公司作为中方股东，拥有45%的股权，被告沈A是上海E经贸公司法定代表人，后担任C公司法定代表人。C公司曾有的425亩土地已在2003年被上海市二中院在执行中违法拍卖，受让人为上海某某实业发展有限公司。为此，公司一直申诉至最高法院，要求执行回转。其间，原告男友张某某了解到土地执行回转有希望，就鼓动原告投资C公司，原、被告遂签订了《股权转让协议书》，打算将上海E经贸公司拥有的C公司的持股比例中的2%转让给原告。后因公司一直未能拿到最高法院的执行回转通知，原告多次吵闹，要求退股，双方遂于2016年3月7日又签订了《股权转让协议书补充协议》。虽然这是公司的债务，且钱款都用于支付相关诉讼的诉讼费用和律师费，但是原告认为公司没有还款能力，所以在协议中确定的还款主体是被告沈A个人。对此，被告沈A没有异议，但该债务并非用于夫妻共同生活，与被告沈B无关，其不应承担相应责任。原告在签订两份协议时均知道C公司的425亩土地已被拍卖给他人，抵押不可能成立，且C公司早就被吊销营业执照，现也无力偿还，原告应自行承担投资风险，被告沈A只同意归还本金，不同意支付利息和逾期利息。

审理中，原告未能提供相应证据证明系争债务是用于被告沈A、沈B夫妻共同生活、共同生产经营或基于两被告共同意思表示。

【法院裁判】

法院判决：驳回原告陈某某要求沈B承担返还责任的诉讼请求。

法院认为，股权转让是指股东将自己持有的公司股权转让给他人的民事行为。本案中，被告沈A虽是C公司的法定代表人，但其个人不是公司股东，也不能以公司名义对外转让股权，其与原告订立的《股权转让协议书》中约定由原告受让C公司2%的股权，显然不符合股权转让的实质要件，但双方另行签订补充协议，由被告沈A个人负责对股权转让款进行退还，系双方当事人的真实意思表示，也不违反法律、行政法规的强制性规定，依法应为有效，双方当事人均应按约履行相关义务。现被告沈A未能按约向原告退还股权转让款，显属违约，其除退还股权转让款外，还应当按约赔偿原告资金被占用期间的利息损失，原告按照年利率24%计算逾期利息，并无不当，法院予以准许。上述债务系被告沈A以个人名义所负的数额较大的债务，虽发生在与被告沈B夫妻关系存续期间，但显然超出了家庭日常生活需要，且原告亦未能提供证据证明该债务用于被告沈A、沈B夫妻共同生活、共同生产经营或基于两被告共同意思表示，故依法不能认定为夫妻共同债务，原告要求被告沈B共同承担还款付息责任无法律依据，法院不予支持。本案中，被告C公司自愿为上述债务提供抵押担保，系其真实意思表示，但该公司对系争的425亩土地在订立抵押条款时尚无处分权，事实上也不能办理抵押登记，对造成抵押条款无法履行，不能通过拍卖、变卖抵押物等方式行使优先受偿权的法律后果，被告C公司有过错，其应对被告沈A不能清偿部分承担赔偿责任。

【裁判解析】

沈 A 不是 C 公司的股东，原告陈某某与沈 A 订立的《股权转让协议书》，约定由原告受让 C 公司 2% 的股权，不符合股权转让的实质要件，股权转让行为无效。双方订立的补充协议，约定沈 A 加息返还陈某某已支付的股权转让款，系双方当事人的真实意思表示，且不违反法律、行政法规的强制性规定，依法应为有效。本案的焦点法律问题是，在沈 A 未能按约定向原告陈某某退还股权转让款的情况下，该债务能否作为沈 A、沈 B 的夫妻共同债务。

《最高人民法院关于审理涉及夫妻债务纠纷案件适用法律有关问题的解释》自 2018 年 1 月 18 日起施行，其中第三条规定："夫妻一方在婚姻关系存续期间以个人名义超出家庭日常生活需要所负的债务，债权人以属于夫妻共同债务为由主张权利的，人民法院不予支持，但债权人能够证明该债务用于夫妻共同生活、共同生产经营或者基于夫妻双方共同意思表示的除外。"日常生活需要主要是食品、衣着、家庭设备用品及维修服务、医疗保健、交通通信、文娱教育及服务、居住、其他商品和服务八大类家庭消费，根据夫妻共同生活的状态和当地一般社会生活习惯予以认定。本案中，沈 A 个人所负债务发生在婚姻关系存续期间，但债务本金达 500 万元，从金额上看，显然已超出夫妻日常生活需要的范围。在此情况下，依照上述司法解释的规定，除非陈某某能够证明该债务用于沈 A 和沈 B 的夫妻共同生活、共同生产经营或者基于其夫妻双方共同意思表示，否则法院对属于夫妻共同债务的主张不予支持。司法解释明确将举证责任分配给债权人一方，根据《民事诉讼证据规定》第二条的规定："当事人对自己提出的诉讼请求所依据的事实或者反驳对方诉讼请求所依据的事实有责任提供证据加以证明。没有证据或者证据不足以证明当事人的事实主张的，由负有举证责任的当事人承担不利后果。"本案原告陈某某未能举证证明债务属于沈 A、沈 B 夫妻共同生活、共同生产经营所负债务，或者所负债务基于沈 A、沈 B 共同的意思表示，因此不能认定为夫妻共同债务。

第三节　债务用于夫妻共同生产经营如何认定?

案件来源：江苏省连云港市中级人民法院（2017）苏07民终3488号判决A公司与B公司等买卖合同纠纷上诉案

裁判日期：2018年2月5日

案件要旨：1. B公司在履行涉案合同期间系杨A一人持股的一人有限责任公司，杨A对其持股的B公司财产的独立性负有举证责任，因杨A拒不到庭参加诉讼，应承担举证不能的法律后果，故杨A对B公司赊欠A公司的麸皮款承担连带责任。2. B公司应系杨A、杨B夫妻二人共同生产经营的企业，杨A对A公司所负案涉债务用于杨A、杨B二人共同生产经营，故案涉债务应视为杨A、杨B夫妻共同债务，二人均应承担连带责任。

【基本案情】

2015年1月8日，A公司与B公司通过传真签订《购销合同》，约定B公司向A公司购买麸皮300吨，单价1,640元/吨，合同价款492,000元。付款方式为货到凭有效发票30日内结清货款。合同签订后，A公司向B公司实际供应麸皮208.98吨，货款共计342,727.2元。2015年1月17日，A公司向B公司出具增值税发票5张，票面金额共计481,586元。

杨A、杨B系夫妻关系，系B公司股东。杨A占股99.9%，杨B占股0.1%。

A公司向一审法院起诉请求：1. B公司偿付货款341,087.2元；2. B公司承担违约责任，支付逾期利息35,000元，共计376,087.2元；3. 杨A、杨B承担连带清偿责任；4. 本案诉讼费由B公司、杨A、杨B承担。

一审判决后，上诉人A公司上诉请求：1. 请求二审法院依法撤销一审判决，并裁定发回重审或改判；2. 由被上诉人承担本案一、二审诉讼费用。事实与理由：

一审判决适用法律不当。B公司为夫妻公司，股东仅有杨A、杨B夫妻二人，且调取的工商登记档案及一审判决均表明杨A占公司股份的99.9%，杨B占公司股份的0.1%。应当否认B公司的法人人格，由股东杨A、杨B夫妻二人对公司债务承担连带责任。夫妻是一种“法定财产共同体”，夫妻双方在婚姻关系存续期间，按法律规定，其财产推定为夫妻共有。如夫妻主张有双方协议，应举证，即使协议约定婚前或夫妻关系存续期间取得的财产所有权的归属，该约定在不对外进行有效公示或第三人不知情时，对第三人没有约束力。以夫妻共有财产出资成立公司，其出资体是单一的，其实质依然是“一人公司即自然独资的公司”，并不符合公司的社团性特征，与有限责任之前提“分离原则”根本背道而驰。这些公司违背了公司章程的“契约性”，公司经营缺乏独立的意思表示。故应否认被上诉人B公司的法人人格，按一人公司对待，由股东杨A、杨B夫妻二人对公司债务承担连带责任。

被上诉人B公司、杨A、杨B未作答辩。

本案二审期间，A公司提供一组B公司工商登记档案资料，证明B公司自设立起股权多次变更情况，其间杨A或杨B一人持股，或者二人共同持股，二人恶意串通、躲避债务、损害债权人利益。被上诉人B公司、杨A、杨B未提供新证据。法院经审查依法对A公司所举新证据真实性、关联性、合法性予以确认。

另查明，2010年4月16日，B公司设立登记，注册资本为100万元，股东为杨A，法定代表人为杨A；2016年7月27日，B公司股东变更为杨B，法定代表人变更为杨B；2016年9月9日，B公司股东变更为杨A、杨B，分别持股99.9%、0.1%。

还查明，A公司在履行合同期间，向B公司先供应麸皮293.65吨，开具5张增值税发票，票面金额合计为481,586元。后因B公司退回部分麸皮，A公司最终实际供应麸皮为208.98吨，价值342,727.2元。A公司在本案中主张货款341,087.2元。

【法院裁判】

一审法院判决：一、B公司于判决生效后10日内给付A公司货款341,087.2元及利息；二、驳回A公司其他诉讼请求。

一审法院认为，A公司与B公司签订的购销合同系双方真实意思表示，合法有效，双方应恪守履行。A公司供应货物后，B公司应当按约给付货款。B公司未按约给付货款，已构成违约，应当承担相应的法律责任。A公司要求B公司给付货款341,087.2元及按同期银行贷款利率计算的利息，有事实及法律依据，予以支持。

杨 A、杨 B 系 B 公司股东，不是涉案购销合同的相对人，A 公司要求杨 A、杨 B 承担连带给付责任，没有事实及法律依据，不予支持。

二审法院判决：一、撤销一审民事判决；二、B 公司于本判决发生法律效力之日起 10 日内给付 A 公司货款 341,087.2 元及利息；三、杨 A、杨 B 对上述第二项判决承担连带清偿责任。

二审法院归纳本案二审争议焦点：杨 A、杨 B 是否应对 B 公司赊欠 A 公司的麸皮款承担连带责任。

法院认为，《公司法》第五十七条第二款规定："本法所称一人有限责任公司，是指只有一个自然人股东或者一个法人股东的有限责任公司。"本案中，虽然 B 公司的股东杨 A、杨 B 为夫妻关系，但是夫妻共同设立的有限责任公司在形式上仍属于两人设立的有限责任公司，与上述法律规定不符，故不宜直接将 B 公司视作一人有限责任公司。然 B 公司在履行涉案合同期间系杨 A 一人持股的一人有限责任公司，根据《公司法》第六十三条的规定："一人有限责任公司的股东不能证明公司财产独立于股东自己的财产的，应当对公司债务承担连带责任。"杨 A 对其持股的 B 公司财产的独立性负有举证责任，因杨 A 拒不到庭参加诉讼，应承担举证不能的法律后果，故杨 A 对 B 公司赊欠 A 公司的麸皮款承担连带责任。另外，根据《最高人民法院关于审理涉及夫妻债务纠纷案件适用法律有关问题的解释》第三条规定："夫妻一方在婚姻关系存续期间以个人名义超出家庭日常生活需要所负的债务，债权人以属于夫妻共同债务为由主张权利的，人民法院不予支持，但债权人能够证明该债务用于夫妻共同生活、共同生产经营或者基于夫妻双方共同意思表示的除外。"结合 A 公司提供的 B 公司股权登记及实际经营情况，法院认为，B 公司应系杨 A、杨 B 夫妻二人共同生产经营的企业，杨 A 对 A 公司所负案涉债务用于杨 A、杨 B 二人共同生产经营，故案涉债务应视为杨 A、杨 B 夫妻共同债务，二人均应承担连带责任。

综上所述，上诉人 A 公司的上诉请求成立，予以支持。

【裁判解析】

本案涉及两个焦点法律问题：一、杨 A 对 B 公司赊欠 A 公司的麸皮货款是否应承担连带责任；二、杨 B 对 B 公司赊欠 A 公司的麸皮货款是否应承担连带责任。

关于第一个焦点问题，2015 年 1 月 8 日，A 公司与 B 公司签订关于麸皮的购销合同，合同订立时，B 公司的公司形式系一人有限责任公司，股东和法定代表人均为杨 A。所谓一人有限责任公司，依照公司法的定义，是指只有一个自然人股东或者一个法人股东的有限责任公司。《公司法》第六十三条规定：“一人有限责任公司的股东不能证明公司财产独立于股东自己的财产的，应当对公司债务承担连带责任。”由此可见，有别于股东人数2人至50人的有限责任公司，一人有限责任公司的股东须对公司财产独立于个人财产承担举证责任，否则股东应对公司债务承担连带责任。本案杨A拒不到庭且未作答辩，根据《民事诉讼证据规定》第二条的规定：“当事人对自己提出的诉讼请求所依据的事实或者反驳对方诉讼请求所依据的事实有责任提供证据加以证明。没有证据或者证据不足以证明当事人的事实主张的，由负有举证责任的当事人承担不利后果。”杨A不能举证证明其持股的B公司财产的独立性，应承担举证不能的法律后果，即对B公司赊欠A公司的麸皮货款承担连带责任。

关于第二个焦点问题，杨B与杨A系夫妻，在婚姻关系存续期间，杨B对杨A所负债务是否应承担连带责任。《最高人民法院关于审理涉及夫妻债务纠纷案件适用法律有关问题的解释》第三条规定：“夫妻一方在婚姻关系存续期间以个人名义超出家庭日常生活需要所负的债务，债权人以属于夫妻共同债务为由主张权利的，人民法院不予支持，但债权人能够证明该债务用于夫妻共同生活、共同生产经营或者基于夫妻双方共同意思表示的除外。”据此，主张夫妻共同债务的A公司应对债务用于杨A、杨B夫妻共同生活、共同生产经营或者基于夫妻双方共同意思表示承担举证责任。审理中，A公司提供一组B公司工商登记档案资料，从档案资料载明的内容看，B公司于2010年4月16日设立登记，股东为杨A，法定代表人为杨A；2016年7月27日，B公司股东变更为杨B，法定代表人变更为杨B；2016年9月9日，B公司股东变更为杨A、杨B，分别持股99.9%、0.1%。B公司的股东始终在杨A和杨B间变动，直至最后两人共同持有B公司全部股权，可见杨A和杨B乃是B公司的实际共同经营者。此情形符合司法解释中“债务用于共同生产经营”的规定。因此，本案债务应视为杨A、杨B夫妻共同债务，二人均应对公司债务承担连带责任。

第七章 继承中的股权纠纷

第一节 继承人的身份对股权继承的影响

一、未成年人能否继承公司的股东资格?

案件来源: 杭州市下城区人民法院(2013)杭下商初字第2247号判决
张某与A公司股东资格确认纠纷案

裁判日期: 2014年4月8日

案件要旨: 根据《公司法》的规定，自然人股东死亡后，在公司章程没有特别约定的情况下其合法继承人可以继承股东资格。本案中，A公司章程未对股东资格的继承问题另行作出规定，故胡某甲死亡后，其合法继承人张某、胡某某及毛某某继承胡某甲在A公司的股东资格于法有据。

【基本案情】

2011年11月18日，A公司的自然人股东胡某甲、章某某、周某、熊某达成的《股东会议决议》作出了如下决议：1. 同意胡某甲将拥有本公司15%的7.5万元股权转让给章某某，同意胡某甲将拥有本公司30%的15万元股权转让给熊某，同意胡某甲将拥有本公司15%的7.5万元股权转让给周某。2. 股东转让股权后，A公司的最新股本结构如下：章某某出资额为22.5万元，占注册资本的45%；熊某出资额为15万元，占注册资本的30%；周某出资额为7.5万元，占注册资本的15%；胡某甲出资额为5万元，占注册资本的10%。同日，A公司修改了公司章程，章程

第四章第十一条明确了上述《股东会议决议》确定的股本结构。

2011年11月21日，A公司的自然人投资情况经工商行政管理部门核准登记为：章某某投资额为22.5万元，投资比例为45%；熊某投资额为15万元，投资比例为30%；周某投资额为7.5万元，投资比例为15%；胡某甲投资额为5万元，投资比例为10%。

胡某甲于2012年1月5日死亡。2013年8月1日，经法院主持调解，张某、胡某某、毛某某对登记在胡某甲名下的10%的A公司的股权达成如下协议：原属于胡某甲的A公司的10%的股权中40%的权益由胡某某和毛某某继承，60%的权益由张某继承。

原告张某（法定代理人张某1）起诉要求判令：1. 确认原告具有被告A公司的股东资格，即持有A公司的6%股权及相应投资权益（估价约为3万元）；2. 被告A公司履行变更公司登记义务，签发出资证明书，将原告记载于股东名册，并办理公司登记机关登记手续；3. 本案诉讼费用由被告承担。

被告A公司未作书面答辩，其口头答辩称：一、本案胡某甲只是名义股东，其并不履行股东义务，不享有股东资格，因此其继承人也无法继承股东资格。胡某甲不承担公司装修及任何投资的股东义务，只享受收益，即只有分红权，不承担亏损，与《公司法》股东依法享有权利和承担义务的宗旨相违背，其只是A公司名义上的股东，实际上并不享有股东资格，故其继承人也不能继承股东资格。二、退一步讲，即使胡某甲具有股东资格，一方面目前A公司连年亏损，没有收益，无利润可供分配；另一方面即使将来A公司有收益时，因胡某甲并没有履行股东义务，其也不应享有股东分红的权利，故原告也不应享有股东分红的权利，况且A公司有权经股东会决议决定不分配利润。三、再退一步讲，即使胡某甲具有股东资格，由于有限责任公司具有人合性的特点，在其他股东不同意的情况下，胡某甲的继承人也不应成为公司股东。有限责任公司具有人合性，股东之间的合作基于相互间的信任。而自然人股东死亡后，其继承人已不是原股东本人，股权实质上发生了转让。在此情况下，其他股东对原股东的信任并不能自然转变为对继承人的信任。本案中答辩人其他股东不愿意与胡某甲继承人合作，尤其是张某为未成年人，其成为股东可能导致股东之间的纠纷，甚至形成公司僵局。为此，从实际出发，即使胡某甲具有股东资格，也应允许采用由其他股东优先受让的方式处理，即由A公司其他股东购买胡某甲的股份份额。若不能就转让价格达成一致的，可以通过评估方式确定。综上所述，胡某甲只是A公司的名义股东，其并不履行股东义务，不享有股东资格，因此其继承人也无法继承股东资格及享有股东分红的权利，退一步讲，A公司连年亏损，没有收益，无利润可供分配，因此原告的诉请缺乏事实和法律依据，请求贵院根据查明的事实依法驳回张某的全部诉讼请求。

【法院裁判】

法院判决：一、确认原告张某及第三人胡某某、毛某某共同具有胡某甲在被告A有限公司的股东资格；二、驳回原告张某的其他诉讼请求。

法院认为，案外人胡某甲的A公司自然人股东资格有《股东会议决议》、章程修正案及工商注册信息为证，法院对该事实予以认定。A公司辩称胡某甲系名义股东，不享有股东资格，故其继承人也无法继承股东资格，与工商登记及公司章程修正案记载的事实不符；A公司亦以有限责任公司具有人合性、其他股东不愿意与胡某甲继承人合作为由进行抗辩，但根据《公司法》的规定，自然人股东死亡后，在公司章程没有特别约定的情况下其合法继承人可以继承股东资格。本案中，A公司章程未对股东资格的继承问题另行作出规定，故胡某甲死亡后，其合法继承人张某、胡某某及毛某某继承胡某甲在A公司的股东资格于法有据。但胡某甲在A公司的股东资格系一整体，且鉴于第三人胡某某、毛某某并未到庭就案涉股东资格的登记问题表态，也未与原告就该问题达成一致，故法院对张某关于要求A公司进行公司变更登记的主张不予支持。

【裁判解析】

有限公司拥有独立的法人人格，其因经营运作中可以所有权与经营权分离而具有资合性特征，因股东人数和股份转让有限制而具有人合性因素。我国《公司法》规定，自然人股东死亡后，其合法继承人可以继承股东资格。但是，公司章程另有规定的除外。该规定在充分考虑有限公司人合性因素的基础上，赋予公司章程对死亡股东股份继承的优先适用地位。从《公司法》的规定看，《公司法》对于股份继承的规定并不以继承人的行为能力作为特殊要求。《民法总则》第十三条规定："自然人从出生时起到死亡时止，具有民事权利能力，依法享有民事权利，承担民事义务。"第十四条规定："自然人的民事权利能力一律平等。"自然人的民事权利能力，是指法律赋予自然人享有民事权利、承担民事义务的资格。因此，未成年人继承股东资格的法律依据和前提是其具有民事权利能力，具有民事权利能力即具备了取得民事权利的资格。所以未成年人通过继承股份取得股东资格应不存在法律障碍。

未成年人继承股东资格后，行使股东权利时需考量其民事行为能力。《民法总则》第十九条和第二十条规定："八周岁以上的未成年人为限制民事行为能力人，实施民事法律行为由其法定代理人代理或者经其法定代理人同意、追认，但是可以独立实施纯获利益的民事法律行为或者与其年龄、智力相适应的民事法律行为。""不满八周岁的未成年人为无民事行为能力人，由其法定代理人代理实施民事法律行为。"第二十三条规定："无民事行为能力人、限制民事行为能力人的监护人是其法定代理人。"第二十七条规定："父母是未成年子女的监护人。未成年人的父母已经死亡或者没有监护能力的，由下列有监护能力的人按顺序担任监护人：（一）祖父母、外祖父母；（二）兄、姐；（三）其他愿意担任监护人的个人或者组织，但是须经未成年人住所地的居民委员会、村民委员会或者民政部门同意。"上述法定代理人和监护制度的规定，弥补了未成年人行为能力的欠缺。对于未成年人而言，在继承公司股东资格后，在成年以前，其行使股东权利应当由其法定代理人代为行使。

2007 年 6 月 25 日国家工商行政管理总局发布的《关于未成年人能否成为公司股东问题的答复》（工商企字〔2007〕131 号）也明确"《公司法》对未成年人能否成为公司股东没有作出限制性规定。因此，未成年人可以成为公司股东，其股东权利可以由法定代理人代为行使"。

本案中，原告张某为未成年人，其请求确认具有胡某甲在被告 A 有限公司的股东资格，法院以胡某甲在 A 公司的股东资格系一整体，第三人胡某某、毛某某并未到庭就案涉股东资格的登记问题表态，也未与原告就该问题达成一致，而对张某要求 A 公司进行公司变更登记的主张未予支持。根据《公司登记管理条例》第三十四条的规定："有限责任公司变更股东的，应当自变更之日起 30 日内申请变更登记，并应当提交新股东的主体资格证明或者自然人身份证明。有限责任公司的自然人股东死亡后，其合法继承人继承股东资格的，公司应当依照前款规定申请变更登记。"由该规定可知，向公司登记机关申请股东变更登记是公司的义务，且应自变更之日起 30 日内提出申请变更登记。张某、胡某某、毛某某作为继承人和新股东，互负配合对方工商变更登记的义务，包括在新章程或章程修正案上签名、提供其自然人身份证复印件等。在胡某某、毛某某未到庭就案涉股东资格的登记问题表态，也未与原告达成一致的情况下，法院难以支持原告要求 A 公司进行公司变更登记的主张。

二、公务员能否继承公司股东资格？

案件来源： 上海市第二中级人民法院（2011）沪二中民四（商）终字第781号判决李甲、伍某某与吴甲、李乙、A公司股东资格确认纠纷案

裁判日期： 2011年10月14日

案件要旨： 吴甲以公务员身份参与A公司经营为《中华人民共和国公务员法》和《中华人民共和国法官法》所禁止，吴甲诉请欲成为有公示效力的工商登记股东，与《中华人民共和国公务员法》和《中华人民共和国法官法》的相关规定冲突。吴甲可通过其他途径实现其财产权。

【基本案情】

A公司系有限责任公司，于1998年5月8日经工商登记注册成立。A公司章程载明：公司股东分别为李丙、吴乙、韩某、孙某某、龚某某，由李丙担任法定代表人；股东之间可以相互转让全部出资和部分出资；公司股东会由股东按照出资比例行使表决权，股东会对公司增加或者减少注册资本，公司合并、分立，变更公司形式，解散和清算等，以及公司章程的修改，必须经代表五分之四以上表决权的股东通过方能作出决议，股东会职权范围内的其他事项，须经代表三分之二以上表决权的股东通过方能作出决议。章程对股东的其他权利、义务，公司章程的修改程序等均作了约定。该章程经工商部门登记备案。工商登记载明李丙持有A公司67.5%的股权。

2008年4月18日，李丙因病去世，李丙的第一顺序继承人为李丙父亲李甲、母亲伍某某、妻子吴甲及儿子李乙。2008年7月23日，李丙的所有继承人达成协议并签订《析产协议书》，明确李丙遗产中所持的A公司67.5%股权中李甲继承17%、伍某某继承16.3%、吴甲继承30%、李乙继承36.7%，即李甲占A公司股权比例为11.475%、伍某某占11.0025%、吴甲占20.25%、李乙占24.7725%。上述四方就所占份额享受权利承担义务，该份协议书自各方签字之日起生效。此《析产协议书》经公证处公证。后因李甲、伍某某不予配合致使析产协议无法履行，吴甲、李乙要求李

甲、伍某某按照相关法律规定，办理股东变更登记手续未果，吴甲、李乙遂诉至法院，要求李甲、伍某某履行2008年7月23日签订的经公证的《析产协议书》；要求李甲、伍某某、A公司协助吴甲、李乙共同办理股权工商登记变更手续。

2010年12月22日，李甲、伍某某（甲方）与案外人李某1、李某2、李某3、李某4（乙方）签订了《赠与合同》，约定甲方自愿将A公司的股东资格及股权中依法属于甲方所有的权益份额（李甲拥有11.475%，伍某某拥有11.0025%）无偿赠送给乙方；乙方对上述赠与行为表示接受；未尽事宜依照《合同法》的有关规定解决；赠与合同签订后甲、乙双方应办理过户登记手续。此《赠与合同》于2011年1月18日经公证处公证。

一审判决后，上诉人李甲、伍某某不服，向法院共同提起上诉称：首先，原审判决程序违法。本案涉及A公司股东的变更，公司的股东均有权参与本案的诉讼，但原审未通知其他股东参与诉讼。事实上，李甲、伍某某已将自己在A公司的股份赠与案外人，案外人业已参加公司经营。在李甲、伍某某提出追加或变更当事人，案外人也提出参与庭审的情况下，原审不同意案外人参与诉讼，导致诉讼主体错误。其次，原审判决适用法律不当。《中华人民共和国公务员法》第五十三条第（十四）项规定，公务员必须遵守纪律，不得从事或者参与营利性活动，在企业或者其他营利性组织中兼任职务；《中华人民共和国法官法》也规定了法官不得从事营利性的经营活动。吴甲系公务员、法官身份，原审判决其可以办理股权登记手续，使其可以从事经营性工作，显然违反了《中华人民共和国公务员法》和《中华人民共和国法官法》的规定，应予纠正。综上所述，请求撤销原审判决。

被上诉人吴甲、李乙共同辩称：首先，原审判决并非诉讼主体错误。吴甲、李乙作为继承人取得A公司股份是基于继承法律关系，无须公司其他股东同意，办理股权变更登记也不涉及其他股东，其他股东不是本案的适格法律主体。李甲、伍某某作为被继承人李丙生前财产的继承人，在本案中有不可替代性。李甲、伍某某所称的赠与，未经A公司其他股东同意也未履行相关法定程序，其有效性和合法性存有瑕疵，案外人不应作为本案的诉讼当事人。其次，吴甲的公务员身份并不妨碍其依法继承公司股权。继承是一种被动的获得，是公民的基本民事权利，任何人不应予以剥夺。从法律关系而言，《继承法》和《中华人民共和国公务员法》《中华人民共和国法官法》是截然不同的法律关系，后二者并不调整民商事法律关系，不应在本案中予以适用。此外，继承获得股权并成为股东并不等于从事或者参与营利性活动，如吴甲确实有违反上述两法的情况存在也应按相关程序处理，不应将继承成为股东和从事营利性活动画上等号。实际上，继承发生后，吴甲从未参与公司经营，A公司由吴乙实际负责经营。综上所述，请求维持原审判决。

一审被告A公司述称：吴甲、李乙和李甲、伍某某均系继承取得A公司股份，李甲、伍某某应配合吴甲、李乙进行工商变更登记。故不同意李甲、伍某某的上诉请求。

【法院裁判】

一审法院判决：一、A公司应将股东名册上记载于李丙名下的股份变更登记于吴甲名下（变更的股权比例为20.25%）、李乙名下（变更的股权比例为24.7725%）；二、A公司、李甲、伍某某应共同配合吴甲、李乙向公司登记机关办理上述股东变更登记事项；上述第（一）、（二）项，A公司、李甲、伍某某应于判决生效之日起30日内履行完毕。

一审法院认为：有限责任公司兼具资合性与人合性，股权亦因此具有财产权利属性以及人格权利属性。按照现行法律，除公司章程另有约定，A公司的股东李丙死亡后，其所享有的股权可以作为遗产被继承。继承人对股权的继承，应是全面概括的继承，即通过继承取得的股权，既包括股权中的财产性权利，也包括非财产性权利在内的完全股权。现A公司章程并没有规定公司股东死亡后，继承人不能取得股东资格，故李丙的合法继承人可以直接继承股东资格。而继承从被继承人死亡时开始，所以包括吴甲、李乙在内的所有法定继承人从李丙死亡之时即有权继承李丙的股权，取得股东资格。吴甲、李乙因继承取得A公司的股东资格，并与李甲、伍某某签订《析产协议书》，该份经公证的协议书系双方真实意思表示，并不违反法律禁止性规定，应属有效。

A公司作为有限责任公司，应当将股东的姓名记载于公司的股东名册，对于登记事项发生变更的，应当办理变更登记手续；李甲、伍某某作为析产协议书权利义务主体，虽已将其名下继承所得的股权赠与案外人，但并未办理工商变更登记手续，故其仍系A公司的股东。同时，作为《析产协议书》的当事人，李甲、伍某某也有义务配合吴甲、李乙办理工商变更登记手续。吴甲、李乙的诉讼请求，于法有据，依法予以支持。至于吴甲、李乙要求李甲、伍某某履行《析产协议书》，因该协议书仅涉及股权且事实上已明确双方的持股比例，故该项诉讼请求与吴甲、李乙要求办理工商变更登记手续的诉请实质相同，无须另行处理。

二审法院判决：一、撤销一审民事判决；二、上诉人李甲、上诉人伍某某、原审被告A公司应于本判决生效之日起10日内将原登记于李丙名下的股份变更登记于被上诉人李乙名下（变更的股权比例为24.7725%）；三、对被上诉人吴甲、被上诉人李乙的其他诉讼请求，不予支持。

二审法院认为：根据《公司法》的相关规定，自然人股东死亡后，其合法继承人可以继承股东资格。吴甲、李乙和李甲、伍某某均系A公司工商登记股东李丙的合法继承人，可以按法律规定的程序成为A公司的股东。但有限责任公司兼具资合性与人合性，其中的人合性是指以股东的个人信用状况作为公司信用基础，股东个人的信用状况和股东之间的相互信任与合作对有限责任公司将产生重要影响。该特点使得有限责任公司的股权不能任意对外转让。现李甲、伍某某称已通过《赠与合同》将拥有的股东资格对外转让，其不应成为本案的当事人。但因本案系吴甲、李乙要求李甲、伍某某协助办理工商股权变更登记案件，无论李甲、伍某某的对外赠与是否有效，李甲、伍某某作为继承人仍有配合工商登记的义务，其作为本案当事人是适格的。

本案关键焦点在于吴甲是否能成为工商载明的登记股东。吴甲通过继承行为获得了继承股东资格的权利，本应可按《公司法》第三十七条的规定对A公司的经营享有决定权、选举权、审议权、作出决议权及其他相关职权。但其现为公务员及法官身份，《中华人民共和国公务员法》第五十三条第（十四）项和《中华人民共和国法官法》均规定了公务员必须遵守纪律，不得从事或者参与营利性活动，在企业或者其他营利性组织中兼任职务。而所谓营利性活动，即指公务员参与的活动是以盈利为目的，且进行收入分配。因此，吴甲以公务员身份参与A公司经营为《中华人民共和国公务员法》和《中华人民共和国法官法》所禁止，吴甲诉请欲成为有公示效力的工商登记股东，与《中华人民共和国公务员法》和《中华人民共和国法官法》的相关规定冲突，其诉请二审法院难以支持。吴甲可通过其他途径实现其财产权。

综上所述，李甲、伍某某关于吴甲不能成为工商登记载明的股东的上诉理由法院予以采纳。但李甲、伍某某及A公司仍应配合完成李乙名下股权份额及比例的工商变更登记。

【裁判解析】

本案的关键问题是吴甲作为公务员和法官能否继承股东资格。

根据《继承法》的规定，遗产范围是公民死亡时遗留的个人合法财产。显然，只要是个人合法财产都属于遗产范围。继承权男女平等，公务员和法官也享有继承权。

《公司法》第四条规定："公司股东依法享有资产收益、参与重大决策和选择管理者等权利。"股权是一种既不同于物权，又不同于债权或知识产权的新型综合性权利，它既包含财产性权利，也有非财产性权利，是综合性的权利。[①] 由此可见，股权中对应的财产性权益，可以依照继承法的规定继承。《公司法》第七十五条规

① 王欣新：《公司法》，中国人民大学出版社2016年版，第38页。

定："自然人股东死亡后，其合法继承人可以继承股东资格；但是，公司章程另有规定的除外。"继承股东资格时，《公司法》未对继承人的身份作特别要求。

《中华人民共和国公务员法》第五十三条第（十四）项规定："公务员必须遵守纪律，不得从事或者参与营利性活动，在企业或者其他营利性组织中兼任职务。"《中华人民共和国法官法》第三十二条也规定："法官不得从事营利性的经营活动。"在前述法律规定的背景下，公务员不得继承股东资格成为公司的股东。有限责任公司的股东死亡后，其继承人如果是公务员，其依法可以继承的是该股东所拥有的股权相对应的财产权益，不能继承股东资格或者股东地位。[①]

本案中，吴甲作为公务员和法官，可以顺利继承股权，在取得公司股权后，可以通过合法转让等方式对其财产予以处分。但吴甲要继承股东资格，只有辞去公职，才能成为A公司股东。

三、外国人能否继承内资公司的股东资格？

案件来源： 上海市第一中级人民法院（2009）沪一中民五（商）终字第7号判决金某某、金某1与被告A公司、第三人薛某某股权确认纠纷一案

裁判日期： 2009年9月18日

案件要旨： 两上诉人出具的上海市《继承权公证书》证明其为公司股东金某的合法继承人，而公司章程亦未对股东资格继承另作约定，故两上诉人在继承了金某在A公司的股权的同时，亦应继承相应的股东资格。两上诉人是外国国籍，A公司是内资公司，但这并不影响两上诉人依法继承股东资格。由于两上诉人系因继承取得A公司股东资格，并未改变该公司注册资金来源地，该公司的性质仍为内资公司。根据《公司登记管理条例》的规定，被上诉人A公司应当为两上诉人金某某、金某1办理股东变更登记。

① 奚晓明、金剑锋：《公司诉讼理论与实务问题研究》，人民法院出版社2008年版，第388页。

【基本案情】

A公司系2002年成立的内资有限责任公司，经营范围为钢材、机电产品、玩具、灯具、化工产品、塑料制品的销售，自营和代理各类商品和技术的进出口，等等。2005年7月，A公司修改章程，股东变更为金某和薛某某。注册资金为人民币100万元（以下币种均为人民币），金某出资90万元，薛某某出资10万元。金某担任公司的执行董事兼法定代表人，薛某某担任公司的监事。金某某、金某1分别系金某的妻子、女儿。金某一家原为中国国籍，2006年2月加入德国国籍。2007年7月30日，金某在德国死亡。2008年5月12日，公证处出具《继承权公证书》，内容为：金某某、金某1为金某的继承人；金某死亡后遗有A公司注册资金中的出资额90万元，未发现金某生前留有遗嘱；金某的父母对金某的上述遗产自愿表示放弃继承权；因此，上述遗产依法由其妻子金某某和女儿金某1共同继承。2008年5月21日，金某某委托律师向薛某某发出一份律师函，内容为：A公司原股东金某病故，根据继承公证书，金某的妻子金某某和女儿金某1继承了金某在A公司的90%股权，工商变更登记手续在办理之中，请薛某某将所经营分管的业务及财务支出相关文件、材料交给金某某。金某某同时向A公司的员工发出了类似的律师函。同年5月26日，金某某和律师到达A公司的办公场所，要求薛某某签署公司变更登记申请书、公司章程的修正案、股东会决议等文件。薛某某予以拒绝。

被告A公司的章程中未对股东死亡后的股权继承问题作出规定。

金某某、金某1要求A公司承认其股东身份、配合办理有关的股权变更登记手续时遭到拒绝，故而向法院提起了确认其股东身份的诉讼，并要求法院判令A公司以及第三人薛某某为其办理相应的股权变更登记手续。

一审审理中，薛某某提出，香港A公司和注册在上海的A公司均由大股东金某控制，金某通过关联交易，将营业利润留在香港A公司；双方必须在解决了香港A公司的利润分配问题后再协商股权继承问题。薛某某表示在解决香港A公司的利润分配以及解决A公司和香港A公司以后可能发生的一切法律问题之前，不收购金某名下90%的股权。金某某认为香港A公司与本案无关。双方因此调解未成。

一审判决后，金某某、金某1不服判决提出上诉，请求撤销一审民事判决之第（二）项，改判A公司和第三人薛某某为其办理股东变更手续。两上诉人认为：A公司是内资公司，注册资金来源于国内。两上诉人因继承而取得公司股权，并无外资注入公司，无需办理外商投资企业行政审批手续。两上诉人取得了公司股权，即有权要求登记为公司股东，被上诉人及第三人薛某某应予配合。

被上诉人A公司辩称：两上诉人继承公司股权和两上诉人成为公司股东不是同一概念。继承股权是继承股权对应的财产权。两上诉人要成为股东，必须经过公司过半数股东的同意。两上诉人在主张权利的过程中严重影响了公司的正常经营，现第三人薛某某作为股东不同意与其合作经营公司，故请求驳回两上诉人的上诉请求。

第三人薛某某对两上诉人的股东身份持有异议，其不否认两上诉人有权合法继承股权，但两上诉人的行为损害了其作为小股东的利益，故不同意金某某、金某1成为A公司的股东。

上诉人金某某、金某1提交了《关于召开股东大会的通知函》、薛某某的复函、股东会决议、章程修改案、于某的身份证复印件和简历及将上述材料向薛某某寄发的凭证等新的证据，欲证明以下新发生的事实：因原审判决已确认其占有A公司90%的股权，故其于2009年4月10日，以A公司大股东的身份召开了公司股东大会，形成了股东会决议。决议变更公司股东并修改公司章程，选举于某为新的公司法定代表人。两上诉人据此对A公司的委托代理人非受新的法定代表人委托代表公司参加本案诉讼持有异议。

被上诉人A公司和第三人薛某某对两上诉人提交的证据的真实性未提出异议，但认为上诉人还不是A公司的股东，没有召开股东大会的资格，会议形成的决议和对公司章程所作修改不具有相应法律效力。

二审法院审理中查明：2009年3月13日，金某某、金某1向薛某某寄发通知，告知其将于2009年4月1日在某大厦1101室召开A公司临时股东会。3月17日，薛某某回复表示对金某某、金某1的股东身份持有异议。3月23日，金某某、金某1再次向薛某某寄发通知，告知其临时股东会的召开日期改为2009年4月10日上午9时，地点、议程不变。2009年4月10日上午9时，由金某某提议召开的“A公司临时股东会”召开，会议形成股东会决议并制定了A公司章程修正案。决议和章程修正案均确定：公司股东为金某某、金某1、薛某某；选举于某为新的法定代表人和执行董事兼总经理。股东会决议提交工商行政管理机关备案并办理相关变更登记事宜。金某某并代表金某1在股东会决议和章程修正案上签字。薛某某在股东会召开前离开会议地点，未在股东会决议和章程修正案上签字。

【法院裁判】

一审法院判决：确认被继承人金某在被告A公司90%的股权由金某某和金某1各继承45%；驳回金某某和金某1其他的诉讼请求。

一审法院认为：本案系涉外股权确认纠纷，由于A公司的注册、经营地均在中国境内，依据最密切联系原则，应适用中国法律处理。《公司法》第七十五条规定，自然人股东死亡后，其合法继承人可以继承股东资格；但是，公司章程另有规定的除外。金某某、金某1是金某的合法继承人，而A公司的章程又未对股权继承问题做出与法律相反的规定，因此，金某某、金某1有权继承金某在A公司的股东资格，包括其持有的A公司90%股权。A公司和薛某某对金某某、金某1继承股权提出的前提条件，均不构成法律上的抗辩。按照《继承法》之规定，同一顺序继承人继承遗产的份额，一般应当均等，故金某某、金某1各继承A公司45%的股权。关于金某某、金某1要求A公司、薛某某办理股权变更登记手续的问题。因内资企业的股东是否可以变更登记为外国人，涉及我国对外国人投资内资企业的行政审批制度。商务部等六部委制定的《关于外国投资者并购境内企业的规定》中规定：外国投资者并购境内企业，应符合中国法律、行政法规和规章对投资者资格的要求及产业、土地、环保等政策；被并购境内企业原有所投资企业的经营范围应符合有关外商投资产业政策的要求；不符合要求的，应进行调整；外国投资者并购境内企业设立外商投资企业，应依照本规定经审批机关批准，向登记管理机关办理变更登记或设立登记。境内公司的自然人股东变更国籍的，不改变该公司的企业性质。金某投资A公司后由中国国籍变更为外国国籍，按照上述《关于外国投资者并购境内企业的规定》，未改变A公司的内资企业性质，但金某死亡后，其拥有外国国籍的继承人继承其在内资企业的股东资格，欲成为公司股东，是否需要获得国家外资管理部门的批准，及在获得批准后变更企业性质，并向工商登记管理机关办理变更登记，上述规章没有规定。关于这一问题，金某某、金某1的委托代理人在一审审理中确认，其向有关机关咨询后得到的答复是，外国人继承股权可以参照《关于外国投资者并购境内企业的规定》操作，金某某、金某1要求A公司和薛某某办理股权变更登记手续，需要得到审批机关的批准文件。由此，一审法院认为，在金某某、金某1没有获得批准文件前，工商登记管理机关不会受理A公司的变更登记申请。故对金某某、金某1请求判令A公司和薛某某办理股权变更登记手续的诉讼请求不予支持。一审法院同时认为，根据《公司法》之规定，记载于股东名册上的股东，可以依照股东名册主张行使股东权利。公司股东未经登记或者变更登记，不得对抗第三人，即股权登记并非确认股权的生效要件。因此，本案中，A公司未进行股东变更登记不影响确认金某某、金某1继承股权。

二审法院判决：一、撤销一审民事判决；二、确认金某某、金某1为A公司股东，分别持有A公司45%的股份；三、A公司应当在本判决生效之日起30日内为金某某、金某1办理股东变更登记手续；四、驳回金某某、金某1要求薛某某为其办理股东变更登记手续的诉讼请求。

二审法院认为：本案系因外国人继承公司股权、股东资格而发生的涉外股权确认纠纷，该公司是依中华人民共和国法律设立的有限责任公司，故本案争议应当适用中华人民共和国法律处理。

根据《公司法》第七十五条规定，自然人股东死亡后，其合法继承人可以继承股东资格；但是，公司章程另有规定的除外。本案两上诉人出具的上海市《继承权公证书》证明其为公司股东金某的合法继承人，而公司章程亦未对股东资格继承另作约定，故两上诉人在继承了金某在A公司的股权的同时，亦应继承相应的股东资格，而无须公司过半数股东的同意。法院注意到，两上诉人是外国国籍，A公司是内资公司，但这并不影响两上诉人依法继承股东资格。由于两上诉人系因继承取得A公司股东资格，并未改变该公司注册资金来源地，该公司的性质仍为内资公司，故无须国家外商投资管理部门批准。

根据《公司登记管理条例》第三十四条第一款、第二款的规定，有限责任公司的自然人股东死亡后，其合法继承人继承股东资格的，公司应当依照规定申请变更登记。[①] 因此，被上诉人A公司应当为两上诉人金某某、金某1办理股东变更登记。第三人是公司股东，两上诉人要求第三人为其办理股东变更登记没有法律依据，法院不予支持。

关于两上诉人继承股权的份额，根据我国《继承法》第十三条的规定，同一顺序继承人继承遗产的份额，一般应当均等。因被继承人金某持有A公司90%股权，故两上诉人金某某、金某1各自继承的份额为A公司45%的股权。

综上所述，两上诉人金某某、金某1合法继承了被上诉人A公司的股东金某的股权，即依法取得股东资格，其有权要求被上诉人为其办理相关股东变更登记手续。两上诉人的上诉理由于法有据，其上诉请求法院应予支持；被上诉人的答辩意见于法无据，法院不予采纳。

【裁判解析】

本案涉及的焦点法律问题为：一、本案为涉外股权确认纠纷，法律适用如何确

---

① 《公司登记管理条例》于2016年修订。该条文现为第三十四条，内容为：有限责任公司变更股东的，应当自变更之日起30日内申请变更登记，并应当提交新股东的主体资格证明或者自然人身份证明。有限责任公司的自然人股东死亡后，其合法继承人继承股东资格的，公司应当依照前款规定申请变更登记。

定？二、金某某、金某1为外国国籍，能否继承内资公司的股东资格？三、A公司和第三人薛某某是否有义务为金某某、金某1办理相应的股权变更登记手续？

一、关于涉外股权确认纠纷的法律适用。本案金某某、金某1为外国国籍，依照《最高人民法院关于适用〈中华人民共和国涉外民事关系法律适用法〉若干问题的解释（一）》第一条的规定，本案属于涉外股权确认纠纷。《中华人民共和国涉外民事关系法律适用法》第十四条的规定："法人及其分支机构的民事权利能力、民事行为能力、组织机构、股东权利义务等事项，适用登记地法律。法人的主营业地与登记地不一致的，可以适用主营业地法律。法人的经常居所地，为其主营业地。"同时《最高人民法院关于适用〈中华人民共和国涉外民事关系法律适用法〉若干问题的解释（一）》第十六条规定："人民法院应当将法人的设立登记地认定为涉外民事关系法律适用法规定的法人的登记地。"本案A公司为内资有限责任公司，根据以上规定，本案争议应当适用中华人民共和国法律处理。

二、金某某、金某1为外国国籍，能否继承内资公司的股东资格？《公司法》第七十五条规定："自然人股东死亡后，其合法继承人可以继承股东资格；但是，公司章程另有规定的除外。"根据该条规定，股东资格的继承是一种当然继承，在发生股东资格继承的情形下，继承人只要证明被继承人是公司股东、其为被继承人的合法继承人即可。被继承人金某为A公司的股东，且A公司章程亦未对股东资格继承另作约定，本案两上诉人出具的上海市《继承权公证书》也已经证明其为公司股东金某的合法继承人，故金某某和金某1可以继承A公司的股东资格。

金某某、金某1为外国国籍，二人继承A公司股东资格并不会改变公司性质。根据《关于外国投资者并购境内企业的规定》第五十五条规定："境内公司的自然人股东变更国籍的，不改变该公司的企业性质。"金某作为A公司的股东加入德国国籍以及金某某、金某1作为德国籍华人继承A公司股权，都不会改变A公司的注册资金来源地，因此，A公司的性质仍为内资公司，无须外商投资管理部门的行政审批手续。

三、A公司和第三人薛某某是否有义务为金某某、金某1办理相应的股权变更登记手续？根据《公司登记管理条例》第三十四条的规定："有限责任公司变更股东的，应当自变更之日起30日内申请变更登记，并应当提交新股东的主体资格证明或者自然人身份证明。有限责任公司的自然人股东死亡后，其合法继承人继承股东资格的，公司应当依照前款规定申请变更登记。"因此，A公司应当为两上诉人金某某、金某1办理股东变更登记。第三人薛某某为A公司股东，金某某和金某1要求薛某某为其办理股东变更登记没有法律依据。

第二节 遗产范围的认定

一、被继承人签订了股权转让协议但未办理股权变更登记，继承人能否继承其股东资格？

案件来源：上海市第二中级人民法院（2013）沪二中民四（商）终字第988号判决Z公司等诉杨A股东资格确认纠纷案

裁判日期：2013年10月15日

案件要旨：因杨D系签订《股权转让协议》而受让杨甲23%的股权份额，故认定杨D是否已取得Z公司股权的关键在于其是否依约履行付款义务。杨D与杨甲签订的《股权转让协议》已实际履行，虽然该股权转让未能办理股权变更的工商登记手续，但杨D有权取得原由杨甲所持有的Z公司23%股权。

【基本案情】

2003年9月25日，Z公司经工商行政管理局核准设立，注册资本人民币800万元，至2012年9月，Z公司股东及其持股情况为：杨甲（占股权比例为43.75%）、杨乙（占股权比例为31.25%）、杨丙（占股权比例为6.25%）、杨丁（占股权比例为6.25%）、金某某（占股权比例为12.5%），杨甲担任法定代表人。

Z公司的章程规定：股东之间可以相互转让全部或部分出资，股东的出资额可以依法继承、转让。杨甲、Z公司及金某某对该公司章程均无异议。

2007年2月14日，杨D出具《借款协议》一份，主要内容为：杨D因业务周转需要向Z公司借款184万元，借款期限34个月，到期一次性还清并按期支付利息，如不还款，杨D承诺愿意以Z公司的股权低价转让给Z公司。

2007年2月15日，杨D（乙方）与杨甲（甲方）签订《股权转让协议》，主要内容为：杨甲将Z公司23%股权作价356万元转让给杨D；杨D在协议签订之日起5日内付清356万元，以杨甲出具的收据为准；杨D支付完毕股权转让款后，杨甲签订所有工商变更手续交给杨D，并积极配合杨D办理股权转让工商变更手续，变更所产生的一切支出由杨D负责。金某某、杨丙、杨乙及杨丁均在该协议上签字。

杨A（杨D之子）提交了杨甲分别于2006年6月2日及同年8月15日出具的收据各一份，其中，前一份收据载明：缴款人为杨D、缴款方式为现金汇卡、缴款金额为280万元、缴款事由为购买Z公司股权；后一份收据载明的内容除金额为10万元外，其他内容与前一份收据相同。同时，杨A还提交了2006年3月11日至同年4月10日期间的存款业务回单4张，该4张业务回单载明共向杨甲的账户存入款项202万元。杨甲、Z公司及金某某对两份收据的真实性无异议，但认为收据上所载款项并没有支付，杨甲、Z公司及金某某只认可4张存款业务回单的内容，认为杨D只向杨甲支付股权转让款202万元。

2007年4月3日，杨甲出具《杨D结算清单》（以下简称《结算清单》）一份，该清单载明："18.75%股份，计285万元应投资，4.25%股份，应投资64.6万元加上10个半月利息7.14万元，计71.74万元，合计总投资356.74万元，已收入投资款300万元，还欠款56.74万元；欠某投资5万元，欠房租（2006年5月8日至2007年3月7日）176,666元，欠业务132,500元，欠1月份电费7,458元，欠2月份至3月份电费2,412.88元，预缴3月8日至6月7日房租52,999.99元，某厂余款10万元，已付本票70万元，总合计欠付款1,789,436.87元；公司贷款退回184万元，贷款184万元减去欠款1,789,436.87元为50,563.13元，4月3日结算应进入50,563.13元，4月5日付5万元。"

对于上述《借款协议》及《结算清单》，杨A与杨甲、Z公司确认：杨甲出具的前述结算清单中"公司贷款退回184万元"对应的就是2007年2月14日的《借款协议》；该借款协议中载明的184万元并没有实际支付，但如果杨D付清该184万元，则结算清单中载明的欠款1,789,436.87元（包括杨D结欠杨甲的股权转让款567,400元及杨D结欠Z公司的款项1,222,036.87元）就已结清；该清单中除投资款系发生在杨D与杨甲之间外，其他款项的债务均发生在杨D与Z公司之间。

2008年12月24日，杨D向杨甲转账支付278,310元；2009年12月29日，杨D向杨甲转账支付100万元。

2012年7月24日，杨D自书遗嘱一份，遗嘱内容为："现我杨D神志清醒，自愿将名下Z公司23%股权及所有动产、不动产、各种有价证券、银行存款等全部由杨A继承。”同年7月31日，杨D死亡。同年9月1日，杨D之妻谢A出具情况说明，主要内容为：杨D于2007年2月15日受让的Z公司23%股权系杨D个人财产所投资，不属于夫妻共同财产。

杨A认为：其父杨D与杨甲签订《股权转让协议》后，杨甲出具《结算清单》，确认已收到杨D的股权转让款300万元，另由Z公司借给杨D184万元，该借款扣除剩余股权转让款567,400元及杨D结欠的其他款项后剩余50,563.13元，杨甲向杨D之妻谢A支付50,000元后视为已向Z公司支付全部借款184万元。至2009年，杨D将上述借款184万元还清，但杨甲一直未办理股权变更登记手续。2012年7月24日，杨D自书遗嘱一份，自愿将名下Z公司23%股权由杨A继承，杨D去世后，杨A多次与杨甲协商，但杨甲拒不认可杨A的股东身份。因此，为维护自身权益，杨A诉至原审法院，请求判令：1. 确认杨甲名下Z公司23%股权属杨A所有；2. Z公司将杨甲名下23%股权变更登记至杨A名下，杨甲予以配合。

一审法院判决后，Z公司、杨甲、杨乙、杨丙、杨丁均不服，向法院提起上诉称：杨A之父杨D原来就不是Z公司的股东，即使杨D系Z公司的股东，该公司的章程对于股东资格如何继承有特殊约定，我国《公司法》未规定股东资格可以自然继承，故杨A也只能继承出资额，而不能继承其股东身份。本案首先应确认杨D是否具有股东资格，在此基础上再确认杨A是否有权提起本案诉讼，杨A的诉讼主体资格存在问题。《结算清单》履行的前提条件为杨A将相应欠款还清，清单只是双方表面上确认有关的权利义务，但并未实际履行。Z公司仅收到杨D202万元款项，以总的转让款356万余元减去202万元，剩余的154万余元为杨A应付的款项，不存在另外支付184万元的欠款。4张银行转账证明杨D支付的款项金额为202万元，为了结算方便杨甲在收据上写明已经收到290万元款项，但杨D的股权对价并未足额支付。既然杨D并非Z公司的股东，杨A也无权继承其股东资格，其仅能继承杨D的出资金额。此外，原审法院还存在判决内容与杨A的诉请不符，以及法院滥用释明权的问题。请求：撤销原审判决，驳回杨A的原审诉讼请求。

被上诉人杨A辩称：根据我国《公司法》的规定，股东继承人可以继承股东身份，Z公司的章程中没有规定不能继承，杨A继承其父亲杨D的股东资格具有法律依据，其有权作为原告提起本案诉讼。根据两张收据及杨甲书写的《结算清单》，总的股权转让金额为356.74万元，杨D已支付300万元，剩余的款项56.74万元加上杨D结欠Z公司的其他款项，上述款项一并确认为Z公司借给杨D184万元并出具借条，但并非杨D实际取得上述款项。从杨甲出具的《结算清单》内容来看，杨D已付清全部股权转让款，至于杨D与Z公司间的债权债务，系另外的法律关系，杨D是否归还借款并不影响其在Z公司的股东身份。在原审最后一次开庭中，Z公司经原审法院依法传唤未到庭，系自行放弃其权利，原审程序并无问题。请求：维持原审判决，驳回Z公司等上诉人的上诉请求。

一审被告金某某述称：杨D与杨甲签订《股权转让协议》后，已履行协议，并经其他股东确认，杨D具有股东资格，其生前以遗嘱方式将股权留给杨A继承。Z公司混淆了股权转让款与杨D同公司之间欠款的关系，Z公司与杨D之间的款项往来不影响认定杨D股东资格，双方之间的债权债务完全可以通过另案诉讼解决。同意被上诉人杨A的意见。

【法院裁判】

一审法院判决：一、杨甲持有的Z公司23%股权属杨A。二、Z公司于判决生效之日起30日内向公司登记机关办理股东变更登记手续，将股东名册上记载于杨甲名下的23%股权变更记载于杨A名下，杨甲应予配合。

一审法院认为：杨D与杨甲签订的《股权转让协议》系双方当事人的真实意思表示，Z公司其他股东（包括金某某、杨乙、杨丙、杨丁）在协议上签字确认，一审审理中亦明确同意杨甲将股权转让给杨D，金某某也同意杨D受让杨甲的股权，故涉案股权转让协议合法有效，双方均应按约履行各自义务。

根据涉案《股权转让协议》的约定，杨D受让杨甲在Z公司23%的股权应支付股权转让款356万元。从庭审查明的事实来看，杨D除应支付356万元股权转让款外，还应支付利息7,400元，共计3,567,400元。对此，杨甲在其出具的《结算清单》中进行了明确，杨甲在该清单中亦载明“已收入投资款300万元”，结合杨甲出具的金额共计290万元的收据及金额共计202万元的存款业务回单，可认定杨甲于2007年4月3日出具《结算清单》时已收到杨D支付的股权转让款300万元。对于剩余的股权转让款567,400元，杨甲在《结算清单》中将该款项及杨D结欠Z公司的款项共计1,789,436.87元与杨D向Z公司出具的《借款协议》一并结算，认为只要杨D付清了《借款协议》中的184万元，则前述欠款1,789,436.87元亦已结清，而《借款协议》的权利义务主体为Z公司与杨D，由此可以认为杨甲已将其对杨D享有的股权转让款567,400元的债权转让给Z公司，该567,400元已成为杨D与Z公司之间债权债务的一部分，杨D无须再向杨甲支付前述567,400元股权转让款，换言之，杨D已履行完毕股权转让协议项下的全部付款义务，杨D有权取得原由杨甲所持有的Z公司23%股权。至于Z公司所称的184万元，不属于本案审理的范围，Z公司可依法另行主张。

综上所述，涉案股权转让协议已履行完毕，杨D应系Z公司的股东。根据法律规定，自然人股东死亡后，其合法继承人可以继承股东资格，但公司章程另有规定的除外。而根据Z公司章程的规定，股东的出资额可依法继承。故杨D死亡后，其合法继承人可依法继承杨D的股东资格。结合庭审查明的事实，杨D通过遗嘱指定杨A为涉案股权的唯一继承人，故杨A关于要求确认杨甲所持有的Z公司23%股权归杨A所有的诉讼请求，应予支持。Z公司应办理相关的股权变更登记手续，杨甲及Z公司其他股东应予配合。

二审法院判决：驳回上诉，维持原判。

二审法院认为，本案的争议焦点为：一、杨D是否已取得Z公司23%的股权；二、杨A是否可以继承其父亲杨D的股东资格。

关于争议焦点一。因杨D系签订《股权转让协议》而受让杨甲23%的股权份额，故认定杨D是否已取得Z公司股权的关键在于其是否依约履行付款义务。杨A为证明杨D已实际支付股权转让款，提供了杨甲分别于2006年6月2日、8月15日出具的两份收据，载明金额共计290万元（其中包括2006年3月11日至同年4月10日期间4张存款业务回单载明向杨甲账户存入的款项202万元）；杨甲出具的《结算清单》载明：合计总投资356.74万元，已收入投资款300万元，还欠款56.74万元。Z公司认为杨A实际仅支付202万元，但其对上述收据及结算清单的内容未能提供相反的证据予以否认，其所作的解释亦不符合常理，故法院对于Z公司的主张不予采信。同时，《结算清单》还明确，剩余股权转让款567,400元及杨D结欠Z公司的其他款项总合计欠付款为1,789,436.87元，杨甲以现金支付谢A5万元，贷款184万元。其中，贷款184万元即为杨D之前出具《借款协议》中载明的184万元借款。杨甲、Z公司对该借款协议无异议，认为只要杨D付清了借款协议中的184万元，则前述欠款1,789,436.87元亦已结清。可见，杨甲已将其对杨D享有的股权转让款567,400元的债权转让给Z公司，该567,400元已成为杨D与Z公司之间债权债务的一部分。杨D出具的《借款协议》对此作了进一步确认，并明确如不还款，杨D承诺愿意以Z公司的股权低价转让给Z公司。因此，杨D与杨甲签订的《股权转让协议》已实际履行，虽然该股权转让未能办理股权变更的工商登记手续，但杨D有权取得原由杨甲所持有的Z公司23%股权。至于涉及184万元借款协议的履行情况，不属于本案认定处理的范围，Z公司可依法另行主张。

关于争议焦点二。《公司法》第七十五条规定：“自然人股东死亡后，其合法继承人可以继承股东资格；但是，公司章程另有规定的除外。”本案中，Z 公司的章程规定，股东之间可以相互转让全部或部分出资，股东的出资额可以依法继承、转让。该章程并未禁止或限制股东资格继承，故被继承人杨 D 死亡时，其继承人杨 A 可以继承股东资格，即通过继承取得股权。只要公司的其他股东没有相反证据证明继承人为非法继承，死亡股东的合法继承人自该股东死亡之日起当然取得股东资格。因此，杨 A 有权作为原告提起本案诉讼，其诉请应予支持。

综上，Z 公司等 5 名上诉人的上诉理由，缺乏事实和法律依据，依法不能成立。本案一审判决认定事实清楚，所作判决并无不当，应予以维持。

【裁判解析】

首先，本案中杨甲向股东以外的杨 D 转让股权，双方签订书面《股权转让协议》，并由 Z 公司其他股东金某某、杨丙、杨乙及杨丁在协议上签字，表明同意股权转让。根据我国《公司法》第七十一条的规定：“有限责任公司的股东之间可以相互转让其全部或者部分股权。股东向股东以外的人转让股权，应当经其他股东过半数同意。股东应就其股权转让事项书面通知其他股东征求同意，其他股东自接到书面通知之日起满三十日未答复的，视为同意转让。其他股东半数以上不同意转让的，不同意的股东应当购买该转让的股权；不购买的，视为同意转让。经股东同意转让的股权，在同等条件下，其他股东有优先购买权。两个以上股东主张行使优先购买权的，协商确定各自的购买比例；协商不成的，按照转让时各自的出资比例行使优先购买权。”杨甲与杨 D 之间的《股权转让协议》合法有效，双方应遵照协议约定全面履行合同义务。

其次，关于杨 D 是否已取得 Z 公司 23% 的股权。股权的取得分为作为发起人认购出资的原始取得和受让股权的继受取得，根据《公司法司法解释（三）》第二十二条的规定：“当事人之间对股权归属发生争议，一方请求人民法院确认其享有股权的，应当证明以下事实之一：（一）已经依法向公司出资或者认缴出资，且不违反法律法规强制性规定；（二）已经受让或者以其他形式继受公司股权，且不违反法律法规强制性规定。”杨 D 通过与杨甲签订《股权转让协议》取得 Z 公司股权，杨甲的收据和《结算清单》也证明杨 D 实际履行付款义务，故杨 D 有权取得 Z 公司 23% 的股权。至于工商登记中的记载，其对外的公示公信力在此时效力有限，在有收据和《结算清单》的情况下，在本案中不作为判断杨 D 取得股权的主要依据。

最后，关于杨A继承杨D的股东资格的问题，根据Z公司的章程的规定，股东之间可以相互转让全部或部分出资，股东的出资额可以依法继承、转让。并且在法院审理过程中，Z公司、杨甲及其他股东对公司章程再次确认。因此，本案中杨A可以继承杨D的股东资格。

二、夫妻一方生前转让的股权，是否还属于其遗产？

案件来源：北京市第一中级人民法院（2015）一中民再终字1781号判决刘×婚姻家庭纠纷审判监督案

裁判日期：2015年4月22日

案件要旨：本案当事人在诉讼中未选择适用外国法律，并同意适用中国法律，故本案的准据法应为中国法律。《公司法》确认的股权转让主体是股东本人，而非其配偶或家庭，股权转让不需经配偶同意，另外，刘×1生前与郑×夫妻感情良好，无证据证明刘×1生前与刘×有通过转移财产而损害郑×利益的恶意串通行为。因此，郑×主张刘×受让股权的行为无效，缺乏法律依据。

【基本案情】

郑×与刘×1于1999年6月18日登记结婚，双方婚后未生育子女。刘×系刘×1与前妻所生之子。刘×1无其他子女。

2013年1月16日，一审原告郑×起诉至法院称：A公司是根据BVI（British Virgin Island）Business Companies Act英属维尔京群岛商业公司法在2009年7月28日成立的股份有限公司。刘×1是A公司10.72%有投票权和决定权的普通股的所有人，该股票是A公司的10.72%发起人普通股。上述刘×1持有的A公司10.72%股权及刘×1通过A公司而实际获得的B公司5.9%股权，由于是在刘×1与郑×婚姻关系存续期间取得的，根据法律规定应属于夫妻共同财产，双方有平等的处理权。刘×1于2011年5月1日去世后，刘×未经过郑×同意，擅自将属于夫妻共同财产的全部股权进行了转让，侵犯了夫妻共同财产中应属于郑×的财产份额及按法定继承应属于郑×的遗产份额。故应依法认定为无效。现起诉要求法院判令刘×获得刘×1持有的A公司10.72%股权的行为无效。

刘×辩称：不同意郑×的诉讼请求。本案中股权转让合法有效。第一，郑×在起诉书中所称没有事实根据，其没有证据可以证明其主张；第二，郑×主张涉案股权属于夫妻共同财产，没有法律依据，涉案股票并非投资取得的财产，不属于夫妻共同财产，刘×1对涉案股权有完全的处分权，处分无须通知郑×、无须经过其同意；第三，涉案股权是刘×1在生前合法转让的，也不属于遗产范围；第四，涉案公司根据国外法律规定，实行的是任缴制，刘×1取得涉案股权并不是因为出资，并不是用夫妻共同财产来购买的股份。

根据郑×提交的关于A公司公证认证的证据材料显示，A公司系2009年7月28日在英属维尔京群岛注册成立的一家英属维尔京群岛商业公司。2009年8月7日，该公司股东及其持股数额、支付金额情况为：刘××（Liu××），持股22,201股，支付金额22,201美元；张××（Zhang ××），持股19,758股，支付金额19,758美元；刘×（Liu×），持股2,681股，支付金额2,681美元；刘×1（Liu ×1），持股5,360股，支付金额5,360美元。2009年11月8日，刘×1将其持有股票转让给刘×。刘×对于上述公证认证材料翻译件中的“支付金额”不予认可，认为公证证人证据材料中的“Considerration Paid”的准确翻译应为“约定支付金额”，除此之外，刘×对于上述证据材料及其翻译件均无异议。

庭审中，刘×提交了A公司出具的证明（未经公证认证）及股东张××、刘××、刘×出具的证明，证明公司自成立之日至今，公司所有认缴股权的股东均没有、并且也不需要向公司交纳任何资本金或股金。郑×认为A公司出具的证据未经公证认证，证人亦未出庭，故均不认可。

对于刘×1遗产问题，刘×与郑×在人民法院尚有遗产继承纠纷，双方在庭审中均认可继承案件中不涉及本案A公司股份问题；双方认可刘×1持有A公司股份的比例为10.72%。

一审判决后，刘×不服，上诉请求撤销原判，确认股权转让行为有效。其主要上诉理由是：A公司的股份不是夫妻共同财产；刘×1对该公司股份有处分权。

郑×不服一审法院判决，上诉请求支持其全部诉讼请求，确认刘×1原持有的A公司的10.72%股份中的62.5%的股权为郑×所有。其主要上诉理由是：确认股权转让无效后，应当依法分割相关股权的份额。

二审法院判决后，刘×申请再审称：1. 本案二审回避了境外公司的特殊性及该公司股权性质。依据A公司所在国法律，涉案股权非股东的夫妻共同财产，而属于个人财产。股权产生的收益才属于夫妻共同财产，处分股份的权利属于股东个人。2. 本案应适用《公司法》，公司的股权是依据《公司法》的规定而获取，股权的转让也是依据《公司法》的规范进行。而本案原审判决适用《婚姻法》，属于适用法律错误。原审明知本案应适用《公司法》并涉及其他股东权益，却忽视所有相关问题和证据，甚至在判决书中没有提及《公司法》的事项。关于刘×1转让股权的行为的法律效力，应由公司设立地的相关法律规定，即股权转让不需要配偶同意。综上所述，原审认定事实不清，适用法律错误。

被申请人郑×辩称：1. 本案争议股权属于夫妻共同财产，本案应适用《婚姻法》。2. 本案当事人居住地均为中国，应适用中国法律。3. 没有任何证据证明郑×知晓该事实，直到刘×1去世后郑×才了解到股权由刘×持有，请求：维持原判。

再审法院查明，刘×1于2011年5月1日去世。郑×与刘×1在婚姻关系存续期间，夫妻感情良好，未曾有过准备离婚及为家庭财产分配而发生重大争议的情况。在原二审及再审过程中，A公司股东张××、刘××、刘×分别到庭作证，证明涉案股权转让系经全体股东认可。

【法院裁判】

一审法院判决：一、2009年11月8日刘×1将其持有A公司10.72%的股份（即持有股票5,360股）转让至刘×的行为无效；二、驳回郑×其他诉讼请求。

一审法院认为，本案中刘×1持有A公司股份系在其与郑×婚姻关系存续期间取得，且该财产并不属于法律规定的应属于个人财产的范围，故应为刘×1与郑×的夫妻共同财产。刘×认为刘×1持有的股份非因其出资而形成，应为刘×1个人财产的辩称，无事实及法律依据，法院对此不予采信。

根据庭审查明，刘×1将该部分股份转让至刘×的时间为2009年11月8日，系发生在刘×1生前。对于刘×1转让其持有的A公司股份的行为，法院认为，夫妻对共同所有的财产，有平等的处理权。庭审中刘×并未提交证据证明刘×1与郑×关于该部分财产有归于刘×1个人的约定，亦未提交证据证明刘×1在转让时征得郑×同意，或者在事后得到郑×追认同意，因此刘×1对于该部分财产并没有享有完全的处分权。因此郑×现主张该转让行为无效，理由正当、证据充分，法院予以支持。对于郑×主张分割刘×1持有的A公司10.72%股权、确认其享有62.5%的份额，法院认为，刘×1持有A公司的股份在刘×1去世后，其权属的确定涉及 A 公司及其他股东的利益，故在本案中不宜直接确定该部分股权的归属，郑×对其享有的权利可另行解决。

二审法院判决：驳回上诉，维持原判。

二审法院认为，本案郑×诉讼请求的主要依据是争议股权属夫妻共同财产，因此本案争议属婚姻家庭纠纷，原审法院确定案由适当。

夫妻财产关系，当事人没有选择的，适用共同经常居所地法律。郑×、刘×1经常居住地在中国，处分其夫妻共同财产的效力应当适用中国法律。因此，本案应当适用《婚姻法》审理判决。

本案争议的股权是刘×1 在其与郑×夫妻关系存续期间获得的财产，应当认定为共同财产。刘×主张该股权不是夫妻共同财产，没有依据，法院不予支持。夫妻对共同所有的财产，有平等的处理权。夫或妻非因日常生活需要对夫妻共同财产做重要处理决定，夫妻双方应当平等协商，取得一致意见。他人有理由相信为夫妻双方共同意思表示的，另一方不得以不同意或不知道为由对抗善意第三人。

刘×1 未经郑×同意处分共同所有的股权，属无权处分，郑×现拒绝追认，法院应当确认该行为无效。刘×为刘×1 之子，应当知道该股权为刘×1、郑×夫妻共同财产，不能认定为善意第三人。

郑×是否有权取得该公司股权份额问题是另外一个法律关系，本案中不予处理。郑×的上诉请求法院在本案中不予支持。

再审法院判决：一、撤销一审、二审民事判决；二、驳回郑×的全部诉讼请求。

法院再审认为，由于郑×的诉讼请求为确认刘×受让的原由刘×1 持有的股权的行为无效及按照继承的份额进行股权分割。因此，本案涉及股权转让与继承法律关系，依据最高人民法院关于《民事案件案由规定》第（二百四十九）项之规定，本案案由应确定为“股权转让纠纷”。原审将案由确定为“婚姻家庭纠纷”有误，法院予以纠正。

因诉争标的物为 A 公司的股权，该标的物在中华人民共和国域外，且股权转让行为亦发生在中华人民共和国域外，依据《民事诉讼法司法解释》第五百二十二条第（三）项、第（四）项的规定，本案属于涉外案件。因本案当事人在诉讼中未选择适用外国法律，并同意适用中国法律，故本案的准据法应为中国法律。

依据《公司法》第四条的规定，公司股东作为出资者按投入公司的资本额享有所有者的资产受益、重大决策和选择管理者的权利。因此，股权作为一种可带来财产收益的权利，除具有财产属性外，还具有依附于股东人身的诸如选举、表决、经营等决定公司事务的权利内容。股权作为一项特殊的综合性的权利，如无特别约定，对于自然人股东而言，股权的各项具体权能应由股东本人独立行使，不受他人干涉。因此，本案中，衡量刘×1 未经郑×同意转让股权的行为的法律效力应以《公司法》及《合同法》为依据。

首先，《公司法》第七十一条规定："……股东向股东以外的人转让股权，应当经其他股东过半数同意。股东应就其股权转让事项书面通知其他股东征求同意，其他股东自接到书面通知之日起满三十日未答复的，视为同意转让。其他股东半数以上不同意转让的，不同意的股东应当购买该转让的股权；不购买的，视为同意转让……"依据该规定，《公司法》确认的股权转让主体是股东本人，而非其配偶或家庭，股权转让不需经配偶同意。本案中，刘×1 因转让其持有的公司股权事宜，与刘×达成了转让的合意，双方民事主体适格，意思表示真实、明确，公司其他股东均不持异议，且已完成移转登记。故诉争股权转让符合我国《公司法》的相关规定。

其次，郑×虽称"转让行为自己不知情"，但刘×1 生前与郑×夫妻感情良好，郑×亦无证据证明刘×1 生前与刘×有通过转移财产而损害自己利益的恶意串通行为，故无法认定刘×并非善意受让股权。因此，该股权转让行为不存在《合同法》第五十二条规定的"恶意串通，损害第三人利益"的情形，符合我国《合同法》的相关规定。

因此，诉争股权转让行为符合我国《公司法》及《合同法》的相关规定，郑×主张刘×受让股权的行为无效缺乏法律依据。原审依据《婚姻法》的相关规定，以股权转让未经郑×同意为由判决转让行为无效，属适用法律错误，法院予以改判。

【裁判解析】

刘×1 在其与郑×婚姻关系存续期间取得 A 公司 10.72% 的股份，2009 年 11 月 8 日，刘×1 将其持有股票转让给刘×。刘×1 于 2011 年 5 月 1 日去世后，该部分股权是否属于刘×1 的遗产范围，需要先解决股权转让的效力问题。

首先，关于法律适用。股权转让涉及的 A 公司是一家注册在英属维尔京群岛的股份有限公司，刘×1 向刘×转让股权发生在中华人民共和国域外。根据《民事诉讼法司法解释》第五百二十二条的规定："有下列情形之一，人民法院可以认定为涉外民事案件：（一）当事人一方或者双方是外国人、无国籍人、外国企业或者组织的；（二）当事人一方或者双方的经常居所地在中华人民共和国领域外的；（三）标的物在中华人民共和国领域外的；（四）产生、变更或者消灭民事关系的法律事实发生在中华人民共和国领域外的；（五）可以认定为涉外民事案件的其他情形。”本案属于涉外民事案件。根据《中华人民共和国涉外民事关系法律适用法》第三条的规定：“当事人依照法律规定可以明示选择涉外民事关系适用的法律。”本案双方当事人均同意适用中国法律，因此本案的准据法应为中国法律。

其次，《公司法》第七十一条规定：“……股东向股东以外的人转让股权，应当经其他股东过半数同意。股东应就其股权转让事项书面通知其他股东征求同意，其他股东自接到书面通知之日起满三十日未答复的，视为同意转让。其他股东半数以上不同意转让的，不同意的股东应当购买该转让的股权；不购买的，视为同意转让……”由此可知，股权转让的主体是股东本人，股权转让无需经其配偶或家庭的同意。

最后，刘×1生前与郑×夫妻感情正常，没有证据证明刘×1生前与刘×有通过转移股权而损害郑×利益的恶意串通行为，故郑×不能依据《合同法》第五十二条“恶意串通，损害第三人利益”的规定主张刘×1与刘×之间的股权转让无效。

据此，在刘×1与刘×股权转让有效的情况下，A公司的股权不应作为刘×1的遗产。

三、被继承人被冒名设立公司，继承人如何否定被继承人的股东身份？

案件来源： 上海市浦东新区人民法院（2011）浦民二（商）初字第3039号判决A、B诉被告C公司股东资格确认纠纷案

裁判日期： 2012年7月25日

案件要旨： 当事人对自己提出的诉讼请求所依据的事实或者反驳对方诉讼请求所依据的事实有责任提供证据加以证明。原告A、B系D法定继承人，在D去世后，A、B有权作为原告就D的民事权利提起本案所涉确权诉讼。被告公司的设立系委托代理公司代办手续，委托书上的签名并非D所签，无证据表明设立被告、成为被告股东系D本人的真实意思表示。

【基本案情】

案外人D于2009年10月24日去世。A系D丈夫，B系D之子。D去世后，A、B意外得知D为C公司股东且担任法定代表人。A、B委托律师至工商局查询C公司的工商登记档案材料，发现C公司由D与第三人共同出资人民币100万元成立。其中，D出资80万元，第三人出资20万元，法定代表人由D担任。但D在C公司注册成立时已疾病缠身，大部分时间在医院度过，数次被医院开出病危通知，没有理由去设立公司。经调查，A、B发现在工商机关登记文件中的股东及法定代表人的签字均非D本人所写。A、B认为，D生前并无成为C公司股东的意思表示，也未签署公司设立协议和公司章程，未实际缴付出资，对C公司的设立毫不知情，系他人冒用D身份证明用于设立C公司，违反了《公司法》有关公司设立的规定，D不应具有C公司股东的资格。

A、B作为D近亲属，有权以原告身份提起确权诉讼。为此，A、B请求法院判决：1. D不是被告C公司股东；2. 被告C公司承担本案诉讼费。

为证明其主张，二原告向法院提供如下证据材料：

1. 公司章程，证明D在C公司章程上的签名是虚假的，成立C公司并非D的真实意思表示。

2. 股东会决定，证明2008年3月11日股东会决定上的D签名是虚假的。

3. 公司设立登记申请书，证明该申请书上的D签名并非其本人所签，其没有设立C公司的意思表示。

4. 验资报告，证明验资报告对于D缴纳股本金的审核不真实，D本人没有缴纳股本金的行为，设立C公司是在D不知情的情况下办理的。

5. 企业（公司）迁移登记申请书，证明法定代表人签字一栏中的D签名非其本人所签，且和之前公司章程等文件中的D签名也不同，说明相关手续均由他人冒充D办理。

6. 委托书和证明，证明委托书上的签字并非D本人所签，系有人冒充D的签字，盗用D的名义设立C公司。

7. 企业登记申请人承诺书，证明在承诺书上的原告A签名非其本人所签，一整套设立公司的文件都是在D、A不知情的情况下办理的。

8. 原告A、B的户籍资料、原告B出生证明，证明原告A系D配偶，D因死亡被注销户籍，原告B系原告A与D之子。

9. 开户申请表，证明D在第三方办理证券开户时的亲笔签名与工商登记资料中的签名不同。

10. 2009年6月18日某医院的出院小结，2009年9月30日、2009年10月22日某医院的出院小结，某医院医治情况摘抄，证明D从1996年开始患癌症，一直入院治疗，公司设立时其处于化疗阶段，不可能有设立公司的主观意愿。

被告C公司未应诉答辩。

经法院审查，二原告提供的证据1至7均调取自被告工商登记资料，二原告提供的其余证据材料均客观真实，其内容可以证明原告主张的事实，法院对其真实性及证明力予以确认。

经审理查明，2007年11月7日，D向某证券营业部申请开户，并在《某证券客户交易结算资金第三方存管开通（变更）申请表》上签名。

被告C公司系成立于2008年4月7日的有限责任公司，依据工商登记，被告注册资本为100万元，股东由D与第三人组成。

本案审理过程中，基于原告申请，法院委托相关部门对被告工商登记资料中的2008年2月25日的《指定代表或者共同委托代理人的证明》、2008年4月1日《公司设立登记申请书》、2008年3月11日《C公司章程》中的“D”签名字迹与《某证券客户交易结算资金第三方存管开通（变更）申请表》第三联个人投资者（签章）处的“D”签名字迹是否系同一人所写进行鉴定。2012年4月27日，上海市某司法鉴定所出具《司法鉴定意见书》，结论为：上述3份文件中的“D”签名字迹与《某证券客户交易结算资金第三方存管开通（变更）申请表》第三联个人投资者（签章）处的“D”签名字迹不是同一人所写。

被告工商登记资料中备案的一份《股东会决定》与上述经笔迹鉴定《C公司章程》均形成于2008年3月11日。工商登记资料中，2008年4月1日出具给工商局的委托书载明，D与第三人全权委托上海某企业登记代理有限公司办理被告相关事宜。该委托书的形成时间与上述经笔迹鉴定的《公司设立登记申请书》相同。

据上海市某医院的病史记载，D因患肺恶性淋巴瘤，于2007年11月8日至2007年11月27日期间，2007年12月25日至2008年1月14日期间，2008年2月14日至2008年2月28日期间，2008年3月24日至2008年4月8日期间，2008年5月7日至2008年5月20日期间，2009年2月5日至2009年2月18日期间，2009年3月12日至2009年3月23日期间在上海市某医院进行化疗。此后，D因病死亡。

【法院裁判】

法院判决：D 不具有被告 C 公司的股东身份。

法院认为，当事人对自己提出的诉讼请求所依据的事实或者反驳对方诉讼请求所依据的事实有责任提供证据加以证明。本案中，原告 A、B 系 D 法定继承人，在 D 去世后，A、B 有权作为原告就 D 的民事权利提起本案所涉确权诉讼。二原告的举证可以反映，D 虽登记为被告股东，但经鉴定，备案于被告工商登记资料中的《指定代表或者共同委托代理人的证明》《公司设立登记申请书》《C 公司章程》中的“D”签名字迹与《某证券客户交易结算资金第三方存管开通（变更）申请表》第三联个人投资者（签章）处的“D”签名字迹并非同一人所写。而根据证券开户的相关规定，证券开户申请书上的签名应为申请人本人的签名。从委托书来看，被告的开办手续系委托代理公司代为办理。备案于被告工商登记资料中的有“D”签名的其他材料分别与法院委托鉴定的 3 份材料形成时间相同，从常理判断，同日形成的文件中出现的签名应为同一人所为。此外，从 D 的病史记录来看，其于 2007 年 11 月 8 日至 2009 年 3 月 23 日期间，因患恶性肿瘤在医院接受治疗，而被告设立于 2008 年 4 月 7 日，此时 D 尚在医院接受化疗，其若参与被告的公司设立显与常理不符。

综上所述，被告公司的设立系委托代理公司代办手续，委托书上的签名并非 D 所签，无证据表明设立被告、成为被告股东系 D 本人的真实意思表示，被告工商登记资料中的签名并非 D 本人所为，法院对二原告要求确认 D 并非被告股东的诉讼请求予以支持。

【裁判解析】

一、本案 A、B 是否有权以原告身份提起 D 的民事权利确权诉讼？本案原告 A、B 作为 D 的法定继承人，在 D 去世后，D 是否为被告公司的股东与 A、B 有直接利害关系，根据《民事诉讼法》第一百一十九条的规定：“起诉必须符合下列条件：（一）原告是与本案有直接利害关系的公民、法人和其他组织；（二）有明确的被告；（三）有具体的诉讼请求和事实、理由；（四）属于人民法院受理民事诉讼的范围和受诉人民法院管辖。”因此，A、B 有权作为原告就 D 的民事权利提起本案股东资格确认之诉。

二、D 是否为 C 公司股东？《民事诉讼证据规定》第二条规定：“当事人对自己提出的诉讼请求所依据的事实或者反驳对方诉讼请求所依据的事实有责任提供证据加以证明。没有证据或者证据不足以证明当事人的事实主张的，由负有举证责任的当事人承担不利后果。”因工商登记材料中案外人D被登记为C公司的股东，A、B为证明D并无成为D公司股东的意思，向法院申请对工商登记文件中“D”的签名字迹与《某证券客户交易结算资金第三方存管开通（变更）申请表》第三联个人投资者（签章）处的“D”签名字迹是否系同一人进行鉴定。证券开户申请书上的签名应为申请人本人的签名，可以作为司法鉴定的参照物。从笔迹鉴定结论看，D本人并未在工商登记资料中的《指定代表或者共同委托代理人的证明》《公司设立登记申请书》《C公司章程》上签名。备案于C公司工商登记资料中的有“D”签名的其他材料，也与D病重就医时间冲突，且签名时间与鉴定材料形成于同一日，根据《民事诉讼证据规定》第九条的规定，根据法律规定或者已知事实和日常生活经验法则，能推定出的另一事实，当事人无须举证证明。故法院合理排除该些材料为D签名的可能。上述证据，也足以证明D没有成为C公司股东的意思表示。另外，验资报告证实D没有向C公司实际出资，对C公司的设立毫不知情，系他人冒用D身份证明用于设立C公司。根据上述已知事实和日常生活经验判断，能推定出D在病重期间亦不可能实缴出资。另外，被告C公司并未到庭应诉，根据《民事诉讼法》的规定，被告经传票传唤，无正当理由拒不到庭的，或者未经法庭许可中途退庭的，可以缺席判决。因此，法院判决D不具有被告C公司的股东身份完全正确。

四、遗嘱中“剩余财产在公司入股经营”如何认定？

案件来源：北京市第一中级人民法院（2016）京01民终2267号判决汪×1等与朱×等法定继承纠纷案

裁判日期：2016年6月7日

案件要旨：对于查明财产中的公司股权，因在汪×4订立遗嘱时，B公司尚未成立，故该公司股权不在遗嘱处分范围之内，应按照法定继承原则进行处理。至于A公司的股权，汪×4在遗嘱中所称的财产应当不包括公司股权本身。故汪×4享有的A公司的股权亦应按照法定继承原则处理。

【基本案情】

汪×1与刘×1系夫妻关系。汪×4系汪×1、刘×1之子。2002年12月18日，汪×4与朱×登记结婚，婚后生育一子汪×2。汪×3与汪×4系兄妹关系。曲×、刘×2、段×、隗×系汪×4设立的公司员工。吕×原亦系汪×4设立的公司员工，后离职。2010年5月24日，汪×4死亡。

2006年2月25日，汪×4订立自书遗嘱一份，内容为："如果汪×4遇不测，其名下之财产分配如下：一、儿子汪×2继承壹佰万元现金，条件是改名为汪道诚。否则只继承现金叁拾万元。其中柒拾万元在大学毕业后才可以动用。二、老婆朱×继承捌拾万元。三、汪×4之父母分得壹佰万元。四、剩余全部，按以下比例，在公司入股经营。1. 汪×3：百分之陆拾。2. 曲×、刘×2、隗×、吕×各占百分之玖。段×占百分之肆。"在案件审理过程中，经朱×、汪×2申请，一审法院委托北京某司法鉴定所对该遗嘱的真实性进行了鉴定，鉴定意见为检材上字迹与样本字迹是同一人书写的。朱×、汪×2为此支付鉴定费13,600元。

1997年12月31日，汪×4取得"slcad架空送电线路定位cad系统"非专利技术。2001年2月，汪×4与曲×共同出资设立了A公司，注册资本为50万元。其中汪×4以货币出资10万元，以"cmis地籍测绘及管理信息系统"的非专利技术出资20万元；曲×以货币出资10万元，以"cmis地籍测绘及管理信息系统"的非专利技术出资10万元。2002年11月，汪×4增加货币出资20万元，增加出资后公司注册资本变更为70万元。2003年8月31日，经北京万全诚信评估有限公司评估，汪×4持有的"slcad架空送电线路定位cad系统"非专利技术的评估值为449万元。2003年10月，A公司增加注册资本449万元，变更后的注册资本为519万元。其中，汪×4以上述非专利技术出资449万元，同时将原出资50万元中的10万元转让给曲×，故汪×4出资489万元，占94%；曲×出资30万元，占6%。

2008年7月，汪×4与曲×共同出资设立了B公司，注册资本为50万元。其中汪×4以货币出资45万元，占90%；曲×以货币出资5万元，占10%。

因继承人因继承问题无法达成一致，汪×2、朱×诉至法院，请求：一、确认朱×与汪×4在夫妻关系存续期间的夫妻共同财产的范围并进行分割；二、确认朱×、汪×2在被继承人汪×4遗产中所占继承份额并进行遗产分割；三、确认朱×、汪×2应当继承被继承人汪×4在A公司的股权份额；四、确认朱×、汪×2应当继承被继承人汪×4在B公司的股权份额；五、合理分摊诉讼费用。

汪×1、刘×1在一审法院辩称，不同意原告的诉讼请求。被继承人立有遗嘱，其遵从遗嘱。但是，遗嘱留给老人的财产份额较少，应当予以调整。A 公司的所有股权属于遗产范围，应当按照法定继承来分；B 公司股权的一半属于遗产，应按照法定继承来分配。立遗嘱之后增加的财产，不应当按照遗嘱继承来处理。

汪 ×3、曲 ×、刘 ×2、段 ×、隗 × 在一审法院辩称，本案纠纷性质应为遗嘱继承纠纷。被继承人汪 ×4 的遗嘱由其本人书写，系真实意思表示，因此该遗嘱合法有效，应根据遗嘱内容进行遗产分配。

吕 × 主张接受遗赠，并同意在公司入股经营，亦同意其他人成为公司股东，并认为汪 ×4 立遗嘱的本意是想让公司发展壮大。

一审判决后，汪 ×1、刘 ×1 不服提出上诉，汪 ×2、朱 × 未提起上诉，同意一审判决。汪 ×3、曲 ×、刘 ×2、段 ×、隗 × 未提起上诉。吕 × 未提起上诉，同意一审结果。

【法院裁判】

关于公司股权部分，一审法院判决：朱 × 分得 A 公司 55% 的股份，汪 ×2、汪 ×1、刘 ×1 各分得该公司 13% 的股份；朱 × 分得 B 公司 57% 的股份，汪 ×2、汪 ×1、刘 ×1 各分得该公司 11% 的股份。

一审法院认为：遗产是公民死亡时遗留的个人合法财产。继承开始后，有遗嘱的，按照遗嘱继承或者遗赠办理。公民可以立遗嘱将个人财产指定由法定继承人的一人或者数人继承，也可以立遗嘱将个人财产赠给国家、集体或者法定继承人以外的人。本案中，被继承人汪 ×4 于生前订立的自书遗嘱系其真实意思表示，合法有效。根据本案查明的事实，可列入遗产的范围的财产为公司股权，现有证据无法证明汪 ×4 死亡时遗留有现金，故遗嘱中指定由朱 ×、汪 ×2、汪 ×1、刘 ×1 继承的现金，应从查明财产的现金价值中予以实现。需要指出的是，姓名权受法律保护，汪 ×4 以更改姓名作为汪 ×2 继承 100 万元现金的条件不当，法院对此不予采纳，根据遗嘱汪 ×2 应继承该 100 万元遗产。

对于查明财产中的公司股权，因在汪 ×4 订立遗嘱时，B 公司尚未成立，故该公司股权不在遗嘱处分范围之内，应按照法定继承原则进行处理。在具体分割上，因汪 ×4 在该公司享有的 90% 股权取得于婚姻关系存续期间，故应先分出一半为朱 × 所有，其余的为汪 ×4 的遗产，由其法定继承人朱 ×、汪 ×2、汪 ×1、刘 ×1 继承。至于 A 公司的股权，法院认为，根据《公司法》第七十五条之规定，在有限责任公司中，除公司章程另有规定外，自然人股东死亡后，其合法继承人可以继承股东资格。即在进行遗产继承时，继承人所继承的是股东的身份及由此可带来的财产性收益，而不是具体的财产。汪 ×4 在其遗嘱中标明“剩余全部，按以下比例，在公司入股经营”，通过对该段文字的分析，可知其意愿是投入新的财产在公司运营，以使公司继续发展壮大。而汪 ×4 所拥有的股权是公司财产的一部分，该股权本身就在公司内经营，不存在再投入公司进行经营的情况，因而汪 ×4 在遗嘱中所称的财产应当不包括公司股权本身。故汪 ×4 享有的 A 公司的股权亦应按照法定继承原则处理。该公司设立于汪 ×4 与朱 × 结婚前，但 2003 年汪 ×4 以价值 449 万元的非专利技术对该公司进行增资，该部分价值应视为在婚后所取得的收益，因此该 449 万元出资所对应的公司股权份额应视为夫妻共同财产。故在对该部分股权进行继承时应先分出一半为朱 × 所有。

汪 ×4 在遗嘱中标明“剩余全部，按以下比例，在公司入股经营”，一方面体现了其发展壮大公司的意愿，另一方面体现了对公司员工的情感，通过向其分配财产并投入到公司进行经营，以使公司员工获得利益。考虑到公司的人合性及入股经营的现实操作情况，法院判令汪 ×3、曲 ×、刘 ×2、隗 ×、段 ×、吕 × 按遗嘱确定的比例分得房产剩余价值，具体分割方案由法院根据实际情况酌情予以确定。应当指出的是，虽然法院无法直接判令各受遗赠人将取得的财产在公司入股经营，但是希望各受遗赠人遵从被继承人汪 ×4 的遗愿，通过协商达成一致后，将取得的财产投入到 A 公司进行经营。

二审法院判决：驳回上诉，维持原判。

二审法院认为，遗产是公民死亡时遗留的个人合法财产。继承开始后，有遗嘱的，按照遗嘱继承或者遗赠办理。公民可以立遗嘱将个人财产指定由法定继承人的一人或者数人继承，也可以立遗嘱将个人财产赠给国家、集体或者法定继承人以外的人。一审法院认定被继承人汪 ×4 的自书遗嘱合法有效，按照本案现有证据认定汪 ×4 遗嘱中指定由朱 ×、汪 ×2、汪 ×1、刘 ×1 继承的现金从查明财产的现金价值中予以实现，合理合法，二审法院予以支持。

一审法院对于查明财产中 B 公司的股权按照法定继承原则进行的处理，符合法律规定，二审法院予以维持。

对于查明财产中 A 公司的股权处理，一审法院认定汪 ×4 在其遗嘱中标明“剩余全部，按以下比例，在公司入股经营”，通过对该段文字的分析，可知其意愿是投入新的财产在公司运营，以使公司继续发展壮大，合理；一审法院认定本案所查财产中 A 公司股权本身就在公司内经营，不存在再投入公司进行经营的情况，因而汪 ×4 在遗嘱中所称的财产应当不包括公司股权本身，并无不妥。唯一审法院认为汪×4所拥有的股权是公司财产的一部分，该表述有误，股权应当是股东的财产，而非公司财产，但该表述并未影响一审法院的审理认定结论，故法院在此对该表述予以调整，但对一审法院认定汪×4享有的A公司的股权亦应按照法定继承原则处理的结论予以支持。一审法院认定2003年汪×4以价值449万元的非专利技术对A公司进行增资，该449万元出资所对应的公司股权份额应视为夫妻共同财产，对该部分股权进行继承时应先分出一半为朱×所有的处理，并无不当，二审法院予以维持。

【裁判解析】

根据《继承法》的规定，继承从被继承人死亡时开始，遗产是公民死亡时遗留的个人合法财产。继承开始后，按照法定继承办理；有遗嘱的，按照遗嘱继承或者遗赠办理；有遗赠扶养协议的，按照协议办理。汪×4生前自书遗嘱是其真实意思表示，遗嘱合法有效。在此基础上，本案需要解决的问题有两个，一是确定汪×4的遗产范围，二是遗产如何分割。

汪×4生前名下公司有两家，分别为A公司和B公司。A公司于2001年2月由汪×4与另一股东曲×共同出资设立，之后汪×4又有两次增资，分别为2002年11月，汪×4增加货币出资20万元和2003年10月，以非专利技术出资449万元，加之10万元转让给曲×，最终汪×4出资489万元，占94%；曲×出资30万元，占6%；B公司于2008年7月，由汪×4与曲×共同出资设立，汪×4以货币出资45万元，占90%；曲×以货币出资5万元，占10%。汪×4的遗嘱订立于2006年2月25日，故B公司在遗嘱订立时尚未成立，不在遗嘱所列遗产范围。因此，B公司股权按照法定继承办理。

根据《公司法》的规定，自然人股东死亡后，其合法继承人可以继承股东资格；但是，公司章程另有规定的除外。在B公司中，汪×4占90%股权，该股权取得于婚后，属于夫妻共同财产，在公司章程没有另外规定的情况下，法定继承人可以继承股东资格成为公司股东。具体分割时，90%股权中的一半应先归朱×所有，再由其法定继承人朱×、汪×2、汪×1、刘×1均等继承剩余45%的股权。

汪×4遗嘱中“剩余全部，按以下比例，在公司入股经营”的表述应理解为不包括A公司股权，否则与公司入股经营矛盾，另外从汪×4订立遗嘱内容看，其希望在照顾完家人后把剩余财产投入A公司，使公司继续发展壮大应该更符合其本意。因此，A公司的股权也应按照法定继承处理。至于遗嘱中公司员工成为遗产受益人，应视为汪×4对创业中同事同甘共苦、共同奋斗的感激，同时也是其对同事在获得遗产后继续投入公司并使公司持续壮大的期待。但《公司法》规定，对公司增加或者减少注册资本作出决议由股东会行使，且必须经代表三分之二以上表决权的股东通过。限于公司人合性及公司法的规定所限，法院最终在房产剩余价值中对汪×3、曲×、刘×2、隗×、段×、吕×按遗嘱确定的比例分配。

五、下属子公司的股权能否列入遗产范围？

案件来源：广东省深圳市中级人民法院（2016）粤03民终15574号判决文某某与文某某1继承纠纷案

裁判日期：2016年12月9日

案件要旨：被继承人文×泰生前通过深城投资的层层控股关系间接享有A公司和B公司的经营利益，但A公司和B公司登记的股东并非被继承人文×泰，原告主张继承被继承人文×泰的遗产应通过层层的股权关系去落实解决，原告无权直接要求继承深城投资持有的A公司和B公司的股权。

【基本案情】

被继承人文×泰为香港居民，2014年6月19日其在香港病逝。被继承人文×泰生前与妻子麦×妹共生育4个子女，分别为原告文某某、被告文某某1、女儿文继×、女儿文继某。

原告文某某向一审法院起诉请求：1. 原告继承A公司10.83%的股权，继承B公司16.67%的股权；2. 被告承担本案的诉讼费用。

原告主张继承的股权分别为A公司和B公司的股权，其中A公司在被继承人去世时登记的股东为深城投资和巴士集团、B公司登记的股东为深城投资。深城投资是在香港成立的公司，其登记股东为SuperTycoon。原告称SuperTycoon公司是英属维京岛注册成立的公司，股东为被继承人文×泰，被告称股东为被告自己。

被继承人文×泰在2013年10月21日之前为A公司的法定代表人，在2013年10月29日之前为B公司的法定代表人，之后两家公司的法定代表人变更为被告文某某1。被继承人文×泰的出入境记录显示在其2013年8月12日之前的多年来经常往来于深港之间并经常在大陆居住。

一审判决后，上诉人文某某上诉请求：1. 撤销原审判决；2. 判令上诉人继承其父文×泰遗留的财产，继承A公司8.125%股权，继承B公司12.5%股权（按照公司注册资本计算，A公司注册资本为港币3,900万元，8.125%股权约为人民币2,725,125元，B公司注册资本为港币731.9115万元，12.5%股权约为人民币786,804.86元，汇率以1港币兑0.86人民币计算）；3. 判令本案一、二审诉讼费用由被上诉人承担。

事实和理由：上诉人文某某与被上诉人文某某1的父亲文×泰，于2014年6月19日病逝，被继承人生前在深圳投资并设立了A公司及B公司。一审法院未查清事实，理由如下：一、被继承人文×泰系A公司、B公司的实际投资人、控制人，其资产与A公司、B公司混同，A公司股权及B公司的股权属于被继承人的遗产。被继承人生前在深圳投资并设立了A公司和B公司，被继承人投资及实际控制A公司65%股权和B公司100%股权（在证据"香港高等法院一审判决"中有认定），被继承人昏迷前，一直担任A公司及B公司法定代表人，其需经常往返香港和深圳独自管理上述公司，并独自作出商业决定（证据"文×泰出入境记录"可以证明）。被继承人需每月从公司账户取出几十万元来作为供付其楼宇按揭及生活开支（证据"香港高等法院一审判决"），均证明被继承人实际控制A公司和B公司，被继承人的财产与公司财产混同，A公司股权和B公司股权属于被继承人的遗产，上诉人继承A公司股权及B公司股权，是合法的。被继承人文×泰为前某市政协委员，A公司是巴士集团、国资委与文×泰、深城投资持股的合资企业。A公司是一间国营跨境运输巴士公司，国家政策上只认可原有的投资执照，该执照是不可转让的。合资公司的条件是在未经合资伙伴批准下，不允许文×泰转让其A公司股权、B公司股权予他人，因此被继承人文×泰仍持有深城投资100%股权及SuperTycoon公司100%股权。二、被上诉人称A公司及B公司股权不属于被继承人遗产却不提供证据，一审法院未查清该事实。被上诉人称A公司及B公司的投资人为香港深城投资，香港深城投资股东为英属维京岛的SuperTycoon公司，被上诉人持有SuperTycoon公司100%股权，但被上诉人却未提供任何证据证明，一审法院也未要求被上诉人提供该证据。而在香港高等法院一审判决中，被上诉人称其与被继承人各持有50% SuperTycoon公司股权，法官通过种种证言及证据认定被继承人至少是拥有50% SuperTycoon公司股权，对被上诉人是否持有股权无认定。在被继承人昏迷期间，被上诉人迅速侵占被继承人财产，将A公司和B公司的法定代表人变成自己，安排其妻为公司高管，侵占被继承人公司的财产，且SuperTycoon公司所有登记资料均掌握在被上诉人手上，被上诉人却拒不提供，隐瞒事实，在庭上欺骗法官。三、被上诉人侵占被继承人财产，剥夺被继承人生命的行为，其应丧失继承权。综上所述，A公司股权及B公司股权属于被继承人文×泰的遗产，被上诉人持有SuperTycoon公司资料却拒不提供，一审法院应认定被继承人持有100%股权，A公司股权与B公司股权属于被继承人文×泰遗产，上诉人理应直接继承，若需通过层层的股权关系去落实解决继承问题，将对法院及当事人产生无穷诉累。为维护上诉人合法权益，避免诉累，恳请法院查明事实，依法判允上列请求。

被上诉人文某某1辩称，一、A公司和B公司股权不属于文×泰的遗产。1. A公司设立于1994年9月27日，在文×泰生前其股东即为香港深城投资（持股比例65%）和深圳巴士集团（持股比例35%），该股权结构在文×泰死亡后未发生变化。2. B公司设立于2004年11月17日，在文×泰生前其股东即为香港深城投资，持股比例100%，该股权结构在文×泰死亡后未发生变化。上述事实充分表明，文×泰并非、也从未是A公司和B公司的股东，不拥有A公司和B公司的股权。自然人以自己的名义持有的股权可视为遗产，但文×泰从未持有A公司和B公司的股权，因此，A公司和B公司的股权并不属于文×泰的遗产。关于上诉人所谓文×泰的资产与A公司、B公司资产混同，纯属无中生有。上述两公司的股东并非文×泰，两公司都是独立的法人，具有合法的公司经营、决策机制，不存在混同的情况，上诉人没有任何证据证明存在资产混同过的情况。上诉人所称的“香港高等法院一审判决”是一份文×泰病危时香港法院所出具的关于财产管理人的一份裁决，其中并不涉及任何遗产的判断，更没有对所谓的“文×泰利用公司账户资金支付个人楼宇按揭及生活开支”作出任何判断。至于巴士运营的投资执照，这属于国家行政审批管辖事项，并不是上诉人可以指手画脚的，和本案也没有任何关系。况且，如上所述，A公司、B公司的股权在文×泰死亡前后也没有变更过。二、被上诉人已就本案提供了充分证据，本案事实清楚，一审法院不存在任何和本案相关的未查明事实。按照“谁主张谁举证”原则，上诉人理应提供证据以证明A公司、B公司属于文×泰遗产，但上诉人未能证明，反而被上诉人提供了充分反驳证据，因此，上诉人应当承担举证不能之后果。至于香港深城投资、SuperTycoon的问题，和本案系争股权是不是遗产无关，上诉人也没有提供上述事宜和本案有关的任何有效证据。关于变更A公司法定代表人、安排公司高管等，这些都属于公司自主管理和决定事项，也已经获得了行政主管部门的登记认可，和本案继承没有任何关系，上诉人的行为是否构成对公司自主经营权的干涉、是否构成对被上诉人的诬陷，被上诉人根据事实情况另行决定是否追究上诉人的法律责任。三、关于丧失继承权的问题。事实是真正阻碍文×泰治疗、导致家庭矛盾的是上诉人，应当是上诉人丧失继承权。综上所述，一审认定事实清楚，适用法律正确，请二审法院驳回上诉，维持原判。

【法院裁判】

一审法院判决：驳回原告文某某的诉讼请求。

一审法院认为，本案为涉外法定继承纠纷，根据《中华人民共和国涉外民事关系法律适用法》第三十一条的规定，本案应适用被继承人死亡时经常居住地法律，因被继承人在生病之前长期担任 A 公司和 B 公司的法定代表人，且经常往来于深港之间，故深圳应视为被继承人的经常居住地，本案应适用中国法律。

《公司法》第七十五条规定，自然人死亡后，其合法继承人可以继承股东资格。被继承人文×泰生前通过深城投资的层层控股关系间接享有 A 公司和 B 公司的经营利益，但 A 公司和 B 公司登记的股东并非被继承人文×泰，原告主张继承被继承人文×泰的遗产应通过层层的股权关系去落实解决，原告无权直接要求继承深城投资持有的 A 公司和 B 公司的股权。

原告在诉讼过程中还申请追加巴士集团作为第三人参加诉讼并申请证人出庭作证，因原告无权直接继承 A 公司、B 公司的股权，故本案无须追加第三人和通知证人出庭作证。

二审法院判决：驳回上诉，维持原判。

二审法院认为，本案为继承纠纷，争议焦点为 A 公司和 B 公司是否属于被继承人文×泰的遗产范围。根据本案查明的事实，A 公司的股东为深城投资和巴士集团，B 公司的股东为深城投资，而深城投资是在香港成立的公司，股东为 SuperTycoon。上诉人文某某主张被继承人文×泰是 A 公司和 B 公司的实际控制人，并未提供确凿有效的证据证明，被继承人文×泰生前曾任该两家公司法定代表人的事实亦不能当然推断文×泰即该两家公司的实际控制人，上诉人文某某提交的有关香港高等法院判决亦未明确确认深城投资系文×泰名下的财产，因此，现有证据不能充分证明 A 公司和 B 公司属于被继承人文×泰的遗产范围，上诉人文某某请求直接继承 A 公司和 B 公司的股权，依据不足，二审法院不予支持。上诉人文某某主张被上诉人文某某 1 应当提交证据证明 A 公司、B 公司不属于被继承人文×泰的遗产范围，缺乏法律依据，二审法院不予支持。另外，上诉人文某某主张被上诉人文某某1存在侵占被继承人财产的问题，其未提交证据证明，亦与本案争议焦点无关，二审法院对此不予处理。至于深城投资及SuperTycoon两家公司是否为被继承人文×泰的遗产范围，当事人可另寻法律途径解决。

【裁判解析】

我国《继承法》第三条规定："遗产是公民死亡时遗留的个人合法财产，包括：（一）公民的收入；（二）公民的房屋、储蓄和生活用品；（三）公民的林木、牲畜和家禽；（四）公民的文物、图书资料；（五）法律允许公民所有的生产资料；（六）公民的著作权、专利权中的财产权利；（七）公民的其他合法财产。"对于公民的其他合法财产，最高人民法院《关于贯彻执行〈中华人民共和国继承法〉若干问题的意见》第三条规定："公民可继承的其他合法财产包括有价证券和履行标的为财物的债权等。"

《公司法》第七十五条规定："自然人股东死亡后，其合法继承人可以继承股东资格；但是，公司章程另有规定的除外。"该规定使股权继承制度在我国公司法上得以确立。本案中，依据法院查明的事实，A公司在被继承人文×泰去世时登记的股东为深城投资和巴士集团、B公司登记的股东为深城投资。深城投资是在香港成立的公司，其登记股东为SuperTycoon。原告文某某称SuperTycoon公司是英属维京岛注册成立的公司，股东为被继承人文×泰，被告文某某1称股东为被告自己。在英属维京岛注册成立的公司的股东信息可以通过其政府官网或委托第三方专业机构查询到，一般公司都会备案股东和董事的信息，但无论SuperTycoon公司的股东是文×泰抑或是文某某1，就工商档案登记的股东看，被继承人文×泰不是A公司、B公司的股东。股权继承的范围，应仅限于被继承人名下合法持有的公司股权。被继承人文×泰生前通过层层控股关系间接享有A公司和B公司的经营利益，但A公司和B公司登记的股东并非被继承人文×泰本人。公司下属子公司的股权，由母公司依法享有，法定继承人无权在继承案件中直接予以分割继承。

关于实际控制人，《公司法》第二百一十六条将实际控制人定义为"虽不是公司的股东，但通过投资关系、协议或者其他安排，能够实际支配公司行为的人"，从法条看，实际控制人并不是公司股东，对公司不享有股权。因此，即便被继承人被认定是两家公司的实际控制人，也不能把A公司和B公司直接列入被继承人的遗产范围。

本案中，虽然法院没有支持原告的诉讼请求，原告仍可以进一步查实深城投资或 SuperTycoon 公司股东，如被继承人文 × 泰在列，原告可以主张继承被继承人文 × 泰在公司享有的股权，从而也间接地享有 A、B 两家公司的经营利益。

第三节 继承人继承股东资格后的股东权利行使

一、继承人继承股东资格后，是否享有股东知情权？

案件来源： 上海市第一中级人民法院（2016）沪 01 民终 10731 号判决 李某某、徐某 1、徐某 2 与 D 公司股东知情权纠纷案

裁判日期： 2016 年 11 月 28 日

案件要旨：《公司法》第四条规定，公司股东依法享有资产收益、参与重大决策和选择管理者等权利。《公司法》第三十三条规定，股东有权查阅、复制公司章程、股东会会议记录、董事会会议决议、监事会会议决议和财务会计报告。股东可以要求查阅公司会计账簿。《公司法》第三十三条规定的股东知情权是股东能够有效行使《公司法》第四条规定的各项权利的基础。

【基本案情】

D 公司系有限责任公司，成立于 2013 年 10 月 15 日，案外人徐某系 D 公司发起人之一。2014 年 8 月 11 日，徐某去世。李某某、徐某 1、徐某 2 作为徐某第一顺位法定继承人，于 2015 年 4 月 24 日向一审法院提起诉讼，请求确认李某某、徐某 1、徐某 2 系 D 公司股东。2015 年 12 月 29 日，一审法院判决确认李某某、徐某 1、徐某 2 系 D 公司的股东，该判决已经发生法律效力，且已经履行完毕。现李某某、徐某 1、徐某 2 均系 D 公司工商登记股东。

2016 年 1 月，李某某、徐某 1、徐某 2 向 D 公司寄送通知函，要求查阅会计账簿及原始凭证，并说明查阅目的系了解经营情况及财务状况。李某某、徐某 1、徐

某2采用邮政快递方式向D公司寄送上述查阅申请，并由D公司人员签收，但至今D公司未提供相关材料供李某某、徐某1、徐某2查阅，遂涉讼。

李某某、徐某1、徐某2于2016年6月向一审法院起诉请求：一、D公司向李某某、徐某1、徐某2提供自2013年10月15日起至判决生效之日止的公司章程、股东会会议记录、财务会计报告以供其查阅、复制；二、D公司向李某某、徐某1、徐某2提供自2013年10月15日起至判决生效之日止的会计账簿及原始凭证供其查阅；三、李某某、徐某1、徐某2可聘请专业的会计人员协助其履行第（一）、（二）项诉请的内容。

一审判决后，李某某、徐某1、徐某2共同上诉，请求撤销一审判决第（三）项，改判支持其一审全部诉讼请求。事实和理由：一、李某某等有权委托代理人协助行使股东知情权。《民法通则》第六十三条规定，公民、法人可以通过代理人实施民事法律行为。股东知情权并非法律规定的必须由本人实施的法律权利。另外，《公司法》和D公司章程中并未禁止股东委托具有会计专业知识的代理人协助行使知情权。二、李某某等只有通过委托专业的会计人员才能实质性行使股东知情权。李某某等均不具备相应的会计知识，即便一审判决他们有权查阅公司的财务会计报告、账簿等，但驳回他们聘请专业会计人员协助行使权利的诉请，无疑会造成他们无法行使股东知情权，使得权利保护流于形式，这显然与法律保障股东知情权的目的相悖。

D公司辩称，不同意李某某等的上诉请求，他们的一审第（三）项诉请不明确，也没有相关法律依据。D公司同意李某某等查阅公司账册，如果他们带专业人员一起查阅也不反对，但不同意作为判决主文出现。

【法院裁判】

一审法院判决：一、D公司于判决生效之日起10日内向李某某、徐某1、徐某2提供自2013年10月15日起至判决生效之日止的所有公司财务会计报告［含会计报表（资产负债表、利润表、现金流量表及相关附表等）、会计报表附注和财务情况说明书］、公司章程及股东会会议记录以供李某某、徐某1、徐某2查阅和复制；二、D公司于判决生效之日起10日内向李某某、徐某1、徐某2提供自2013年10月15日起至判决生效之日止的所有的公司会计账簿（含总账、明细账、日记账及其他辅助性账簿）及原始会计凭证以供李某某、徐某1、徐某2查阅；三、驳回李某某、徐某1、徐某2其余诉讼请求。

一审法院认为，股东享有知情权。针对李某某、徐某1、徐某2第（一）、（二）项诉讼请求，根据《公司法》第三十三条的规定，李某某、徐某1、徐某2

作为D公司的股东，有权查阅、复制公司章程、股东会会议记录及财务会计报告，并有权查阅会计账簿及相应原始凭证，加之，D公司对李某某、徐某1、徐某2上述第（一）、（二）项诉讼请求均无异议，故一审法院对李某某、徐某1、徐某2第（一）、（二）项诉讼请求予以支持。关于李某某、徐某1、徐某2第（三）项诉讼请求，因李某某、徐某1、徐某2提起该项请求无法律依据，且股东知情权的行使并不以专业机构协助为必要，故一审法院对李某某、徐某1、徐某2该项诉讼请求不予支持。

二审法院判决：驳回上诉，维持原判。

二审法院认为，《公司法》第四条规定，公司股东依法享有资产收益、参与重大决策和选择管理者等权利。《公司法》第三十三条规定，股东有权查阅、复制公司章程、股东会会议记录、董事会会议决议、监事会会议决议和财务会计报告。股东可以要求查阅公司会计账簿。《公司法》第三十三条规定的股东知情权是股东能够有效行使《公司法》第四条规定的各项权利的基础。本案系股东与公司之间的知情权诉讼，一审法院判决支持了李某某、徐某1、徐某2关于查阅和复制公司财务会计报告、公司章程及股东会会议记录以及查阅公司会计账簿及原始会计凭证的诉讼请求，即李某某、徐某1、徐某2的股东知情权诉讼请求已经得到法院支持。至于股东是否有权委托专业人士协助其行使知情权，不属于股东知情权诉讼范畴。股东在向公司提供其委托具备相应资质的专业人员的合法委托手续，且没有不正当目的，并且不损害公司合法利益的情况下，该专业人员当然可以协助股东行使股东的知情权，这也符合《公司法》关于股东享有知情权的立法目的。因此，李某某、徐某1、徐某2的上诉理由虽然部分成立，但一审判决并无不当，法院应予维持。

【裁判解析】

继承人在继承被继承人的股东资格成为公司股东后，享有股东权利、承担股东义务。实践中虽然多数有限责任公司的章程并不限制股东资格的继承，但不作限制有时并非股东真实的意思，甚至可能是章程制定中定式化的结果。一旦出现股东离世，出于公司人合性的担忧，原股东虽不能阻止新股东继承股东资格，却又不会完全接受新进股东。对继承了股东资格的新股东而言，参与公司经营管理首先要了解公司经营现状和历史沿革，提起股东知情权之诉成为维护自身合法权益的当然之选。

《公司法》第三十三条规定："股东有权查阅、复制公司章程、股东会会议记录、董事会会议决议、监事会会议决议和财务会计报告。股东可以要求查阅公司会计账簿。股东要求查阅公司会计账簿的，应当向公司提出书面请求，说明目的。公司有合理根据认为股东查阅会计账簿有不正当目的，可能损害公司合法利益的，可以拒绝提供查阅，并应当自股东提出书面请求之日起十五日内书面答复股东并说明理由。公司拒绝提供查阅的，股东可以请求人民法院要求公司提供查阅。”第九十七条规定：“股东有权查阅公司章程、股东名册、公司债券存根、股东大会会议记录、董事会会议决议、监事会会议决议、财务会计报告，对公司的经营提出建议或者质询。”上述公司法规定赋予了有限责任公司和股份有限公司股东查阅、复制公司章程、决议、财务会计报告等文件材料的权利。该权利是公司法赋予股东的固有权利，属于法定知情权，是股东权利中的基础性权利，依法应当严格保护。

2017 年 9 月 1 日实施的《公司法司法解释（四）》进一步加强了对股东法定知情权的保护，也涉及本案中并未得到法院支持的委托专业人士协助行使知情权，《公司法解释（四）》第十条明确规定：“股东依据人民法院生效判决查阅公司文件材料的，在该股东在场的情况下，可以由会计师、律师等依法或者依据执业行为规范负有保密义务的中介机构执业人员辅助进行。”由此可见，只要满足股东在场、负有保密义务的中介机构两个条件，股东就可以在专业人员的辅助下行使股东知情权，有效弥补股东查阅特定文件的能力欠缺。

二、继承人继承股东资格后，能否请求撤销股东会、董事会决议？

案件来源： 云南省昆明市中级人民法院（2016）云 01 民终 2666 号判决 Z 公司与武某 1 公司决议撤销纠纷案

裁判日期： 2016 年 9 月 5 日

案件要旨： 2015 年 10 月 19 日召开的股东会召集程序违反法律规定、表决方式违反公司章程，上述股东会决议具备法定撤销事由。武某 1 于该决议作出之日起 60 日内向一审法院提出了请求撤销决议的民事起诉状，没有超过法定除斥期间。鉴于《股东会决议》在召集程序和表决程序上违反了《公司法》及公司章程的相关规定，依法应予撤销，《董事会决议》亦因《股东会决议》的撤销而失去了合法性基础，亦应予以撤销。

【基本案情】

1998年1月14日，Z公司注册成立，注册资本5,000万元。Z公司登记在册的股东共两名，其中，武某持股85%，武某1持股15%，武某与武某1系父女关系。武某于2015年4月24日死亡后，武某1、武某的配偶高某、武某与高某的子女武某2、武某3四人就武某持有的被告85%的股权份额进行了约定，由高某依据夫妻共有财产取得股权42.5%，另42.5%由原告、高某、武某2、武某3法定继承，各享有10.625%。以上约定由云南省昆明市某公证处公证，并于2015年10月8日出具了公证书。2015年10月19日，高某召集Z公司召开股东会，作出股东会决议，决议事项包括：1. 同意变更公司股东为高某53.125%、武某1 25.625%、武某2与武某3各10.625%。2. 免去武某原担任的公司执行董事、法定代表人、经理的职务。3. 公司设立董事会，选举李某、武某1、柳某某、唐某某、吴某某为新一届董事会成员，任期3年，任期届满，可连选连任。4. 免去武某1原监事职务，选举杨某某为新一届监事。任期3年，任期届满，可连选连任。5. 通过公司2015年10月19日《章程修改稿》。6. 公司的一切债权、债务由公司新任全体股东高某、武某1、武某2、武某3全权承担。该决议签字的股东有高某及武某2、武某3，其中，武某2、武某3由高某代签。2015年11月11日，被告召集董事会，决议推选李某出任董事长职务，依据公司章程出任公司法人代表；聘任武某1为公司经理；全权委托公司员工韩某某办理变更登记手续及领取公司营业执照。该决议由被告董事李某、柳某某、唐某某、吴某某签字，武某1未签字，其备注一栏由柳某某代签。现Z公司的工商登记已变更为法定代表人为李某，股东为高某53.125%、武某1 25.625%、武某2与武某3各10.625%。现武某1认为上述股东会及董事会召集程序违法并且违反公司章程，于2015年12月17日通过邮寄方式向法院递交了《民事起诉状》，要求撤销该两项决议。

另，被告公司章程（2013年4月1日）第十二条规定："股东会议应对所议事项作出决议，决议应由代表100%股东表决通过。……"并规定公司不设董事会，由武某担任执行董事，武某1担任监事。武某2于1997年12月8日生，武某3于2001年7月29日生。

一审判决后，一审被告Z公司不服一审判决向法院提起上诉，其上诉的事实及理由为：一、被上诉人起诉时已经超过了撤销权行使的除斥期间，应当依法驳回其诉讼请求。被上诉人在庭审中提交的快递单系举证期限届满后提交，上诉人在庭审时已表示对此不予质证，根据《民事诉讼证据规定》第三十四条的规定，该快递单应当不予采纳。

另外，被上诉人请求撤销的股东会决议系2015年10月19日作出，根据《公司法》第二十二条第二款的规定，被上诉人应当于2015年12月18日前向人民法院提起诉讼、行使撤销权。启动诉讼程序的方式不仅仅是邮寄一个材料就可以完成，还需要提交符合要求的起诉材料及相关证据材料、取得法院出具的立案通知书并缴纳诉讼费后方能启动诉讼程序。本案中，被上诉人启动诉讼程序的时间为2016年1月12日（在法院出具的《立案通知书》中载明），已经超过了该撤销权行使的除斥期间，撤销权已消灭。

二、股东会及董事会会议的召集程序、表决程序合法，股东会决议及董事会决议合法有效。1. 股东会会议召集程序、表决程序合法，股东会决议有效。上诉人于2015年9月23日至9月24日期间通知了被上诉人参加股东会，同时，被上诉人提交的第二组证据中《Z公司公司股东会决议》中也载明"公司大股东高某于2015年9月23日委托郭某电话通知全体新股东于2015年10月19日上午10：00在公司21楼会议室召开新股东会议"，由此可以说明被上诉人确实是通知了原告参加股东会会议，只是原告不愿意在决议上签字而已。另外，2013年4月1日的公司章程第十二条的规定有违常理、前后矛盾，显属当时笔误，应以一般理解（即重大事项经代表三分之二以上表决权的股东通过，一般事项的通过程序当然低于重大事项）为准。股东会决议以三分之二以上表决权通过是合法有效的。2. 董事会会议召集程序合法，董事会决议有效。一审庭审时，被上诉人已承认其2015年11月11日确实出席参加了董事会会议，也承认会议召开前收到了会议通知，而且在上诉人与被上诉人提交的《董事会决议》中也说明被上诉人现场委托其他董事代为签字，故该董事会的召集程序合法。根据被告公司章程第十四条的规定，董事会决议经二分之一以上董事表决通过即可，而2015年11月11日作出的董事会决议是以五分之四董事表决通过的，因此，该董事会决议合法有效。

三、一审遗漏了需要参加诉讼的当事人。上诉人在一审时向法院提交了《追加第三人申请书》，申请追加上诉人公司全部股东作为本案第三人参加诉讼，但一审法院驳回上诉人的申请。上诉人认为，本案中的股东会及董事会决议均涉及公司股权分配和变更、股东资格等问题，与其他股东权益息息相关。一审法院在其他股东没有参与诉讼的情况下，直接对公司作出判决，损害到其他股东的权益。

综上所述，被上诉人起诉已超过撤销权行使的除斥期间，上诉人股东会及董事会会议的召集、表决程序合法，股东会决议及董事会决议合法有效，且一审遗漏了参加诉讼的当事人。据此，上诉人依法提出上诉，请求：1. 撤销一审民事判决书，依法改判驳回被上诉人的诉讼请求；2. 由被上诉人承担本案一、二审诉讼费。

针对上诉人的上诉主张，被上诉人武某1答辩称：一审判决认定事实正确，适用法律虽有瑕疵，但结果正确。请求二审法院在判决中纠正瑕疵后，依照《民事诉讼法》的相关规定，驳回上诉，维持原判。二审案件受理费由上诉人承担。

二审中，上诉人向法院提交新证据2010年3月8日Z公司章程（修订稿）一份。欲证明2013年4月1日的公司章程第十二条规定的股东会决议应由代表100%的股东表决通过是笔误，因而《股东会决议》是有效的。被上诉人质证认为该份证据系复印件，对其真实性、合法性、关联性均不予认可且超过了举证期限。二审法院认为，该份证据不符合二审程序中提交新证据的法律规定，且一审庭审时上诉人对2013年4月1日的公司章程的真实性、合法性和关联性均是予以认可的，对该份证据法院不予采信。

【法院裁判】

一审法院判决：一、依法撤销被告于2015年10月19日作出的《Z公司公司股东会决议》；二、依法撤销被告于2015年11月11日作出的《Z公司公司董事会决议》。

一审法院认为：本案的争议焦点为：一、被告于2015年10月19日作出的股东会决议是否具备法定撤销事由？二、被告于2015年11月11日作出的董事会决议是否应当撤销？

原告主张撤销被告于2015年10月19日作出的股东会决议，理由为高某不是合法的召集人，并且召开股东会没有通知原告，股东会召集程序违法；原告没有参会表决，决议没有按公司章程获得100%股东表决通过，股东会表决方式违反公司章程。一审法院认为，依据《公司法》第四十条第三款的规定："董事会或者执行董事不能履行或者不履行召集股东会会议职责的，由监事会或者不设监事会的公司的监事召集和主持；监事会或者监事不召集和主持的，代表十分之一以上表决权的股东可以自行召集和主持。"高某持股53.125%，符合上述法律规定的召集人资格。对于未提前通知原告参会之问题，被告认为其已经通知原告参加股东会，但原告拒绝参加，一审法院认为，被告应当举证证明其已经按照法律规定履行了通知股东参会的法定程序，但是被告没有提交有效证据证明该主张，因此，一审法院对被告的该答辩理由不予采信。另，由于被告公司章程第十二条规定："股东会议应对所议事项作出决议，决议应由代表100%股东表决通过。"而原告没有参加股东会，未作出表决，因此，被告于2015年10月19日召开的股东会决议事项未由代表

100%股东表决通过，应视为未通过。综上所述，被告于2015年10月19日召开的股东会召集程序违反法律规定、表决方式违反公司章程。依据《公司法》第二十二条第二款的规定："股东会或者股东大会、董事会的会议召集程序、表决方式违反法律、行政法规或者公司章程，或者决议内容违反公司章程的，股东可以自决议作出之日起六十日内，请求人民法院撤销。"上述股东会决议具备法定撤销事由，原告于该决议作出之日起60日内向一审法院提出了请求撤销决议的民事起诉状，因此，对原告的第（一）项诉讼请求，有事实和法律依据，一审法院予以支持。对于要求撤销董事会决议的诉讼请求，一审法院认为，该董事会系依据被告于2015年10月19日召开的股东会所作出的决议设立，由于该股东会决议撤销，该董事会所作出的决议亦没有法律依据，应予撤销。

二审法院判决：驳回上诉，维持原判。

二审法院认为：我国现行《公司法》第二十二条第二款规定，股东会、董事会的会议召集程序、表决方式违反法律、行政法规或者公司章程，股东可以自决议作出之日起60日内，请求人民法院撤销。第四十一条第一款规定，召开股东会会议，应于会议召开15日前通知全体股东。第四十二条规定，股东会会议由股东按照出资比例行使表决权；但是，公司章程另有规定的除外。第四十三条规定，股东会的议事方式和表决程序，除本法有规定的外，由公司章程规定。依照上述规定，首先，参加股东会会议之权利是股东依据其股东身份而享有的重要权利。但从本案现有的证据显示，上诉人不能证明其让作为Z公司股东之一的武某1于股东会会议前15日收悉参加临时股东会议的通知，未能满足章程和公司法关于召开股东会会议应于会议召开15日前通知全体股东的规定要求。因此，该《股东会决议》因未能严格按照我国公司法和公司章程规定的程序履行提前通知义务，召集程序违法。

其次，2013年4月1日，由Z公司全体股东武某、武某1共同协商制定的公司章程，其程序和内容没有违反国家法律、法规的禁止性规定，且尚未有合法有效的新公司章程予以取代的情况下，该章程依法应为有效，其对公司、股东、董事、监事、高级管理人员等具有约束力，应当予以遵守。该公司章程第十二条规定："股东会会议应对所议事项作出决议，决议应由代表100%股东表决通过。但公司修改章程、增加或者减少注册资本，以及公司合并、分立、解散或者变更公司形式，必须经代表三分之二以上表决权的股东通过。股东会应当对所议事项的决定作出会议记录，出席会议的股东应当在会议记录上签名。"根据上述章程的规定，2015年10月19日所作的《股东会决议》上并无持股比例为25.625%的公司股东武某1的签名认可，虽上诉人主张Z公司大股东高某已委托公司法律顾问电话通知武某1参会，但因其无充分有效的证据证明此次会议已如期通知武某1参会且股东会决议得到100%股东表决通过。因此，该《股东会决议》并未满足公司章程规定的“决议应由代表100%股东表决通过”的要求，该决议的表决方式违反公司章程的规定。

针对上诉人Z公司于2015年11月11日作出的《董事会决议》是否应予撤销的问题。法院认为，鉴于上述《股东会决议》在召集程序和表决程序上违反了《公司法》及公司章程的相关规定，依法应予撤销，《董事会决议》亦因《股东会决议》的撤销而失去了合法性基础，故一审法院对《董事会决议》作出的实体性判决并无不当，二审法院依法予以维持。

另，关于上诉人提出被上诉人起诉时已经超过行使撤销权的除斥期间，应当依法驳回其诉讼请求的主张。根据《民事诉讼法》第八十二条第四款的规定，期间不包括在途时间，诉讼文书在期满前交邮的，不算过期。被上诉人于2015年12月17日以法律允许的邮寄方式向一审法院递交了起诉状，未超过《公司法》规定的行使撤销权的法定期间，故上诉人提出上述主张因无法律依据，二审法院不予支持。

【裁判解析】

首先，关于2015年10月19日作出的股东会决议是否具备法定撤销事由。《公司法》第二十二条第二款规定：“股东会或者股东大会、董事会的会议召集程序、表决方式违反法律、行政法规或者公司章程，或者决议内容违反公司章程的，股东可以自决议作出之日起六十日内，请求人民法院撤销。”可见，会议召集程序、表决方式违反法律、行政法规或者公司章程，或者决议内容违反公司章程是撤销股东会、董事会决议的合法事由。《公司法》第四十条第三款规定：“董事会或者执行董事不能履行或者不履行召集股东会会议职责的，由监事会或者不设监事会的公司的监事召集和主持；监事会或者监事不召集和主持的，代表十分之一以上表决权的股东可以自行召集和主持。”同时第四十一条第一款规定：“召开股东会会议，应当于会议召开十五日前通知全体股东……”本案中，股东资格继承后，高某持有Z公司53.125%的股权，符合召集人资格。但高某不能举证证明其已经于会议召开前15日通知武某1，未满足章程和《公司法》关于召开股东会会议应于会议召开15日前通知全体股东的规定要求。

2013年4月1日制定的Z公司章程第十二条规定：“股东会会议应对所议事项作出决议，决议应由代表100%股东表决通过。但公司修改章程、增加或者减少注册资本，以及公司合并、分立、解散或者变更公司形式，必须经代表三分之二以上表决权的股东通过。股东会应当对所议事项的决定作出会议记录，出席会议的股东应当在会议记录上签名。”上述章程由股东武某、武某1共同协商制定，其程序和内容没有违反国家法律、法规的强制性规定，应为合法有效。2015年10月19日形成的股东会决议并无公司股东武某1的签名认可，未能达到公司章程规定的100%股东表决通过的要求。

因此，2015年10月19日作出股东会决议因未能严格按照我国《公司法》和公司章程规定的程序履行提前通知义务，召集程序违法，表决程序违反公司章程规定，具备法定撤销事由。

其次，关于2015年11月11日作出的《董事会决议》是否应予撤销的问题。鉴于2015年10月19日的股东会决议因召集程序和表决程序违反《公司法》及公司章程的规定，依法应予撤销，董事会决议也就失去了其法律依据，亦应予撤销。

最后，关于武某1起诉时是否已经超过行使撤销权的除斥期间。根据《民事诉讼法》第八十二条第四款的规定：“期间不包括在途时间，诉讼文书在期满前交邮的，不算过期。”吴某1于2015年12月17日以邮寄方式向一审法院递交了《民事起诉状》，在《公司法》规定的行使撤销权的法定期间内，故武某1起诉没有超过法定除斥期间。

三、继承人继承股东资格后，利润分配请求权如何行使？

案件来源： 北京市第三中级人民法院（2015）三中民（商）终字第00947号裁定杨某1与Z公司公司盈余分配纠纷案

裁判日期： 2015年1月14日

案件要旨： 股东会有权审议批准公司的利润分配方案和弥补亏损方案。公司进行利润分配应当作出有关决议，依据利润分配的有关决议进行利润分配。公司分配当年税后利润时，应当提取利润的10%列入公司法定公积金。杨某1上诉要求利润分配不符合条件，应先由公司内部就公司是否存在盈利及利润如何分配进行决议，并按照《公司法》规定提取相应法定公积金。

【基本案情】

Z公司于2001年5月24日注册成立，根据日期记载为2006年5月20日的Z公司章程显示Z公司由商某某、杨某共同出资设立，注册资本为1,000万元，其中商某某出资500万元，占公司注册资本50%；杨某出资500万元，占公司注册资本50%。后商某某于2006年5月29日因病在北京市去世，其股东资格及股权份额由商某某之子杨某1继承。根据工商注册登记显示杨某1于2014年7月注册登记为Z公司股东，在Z公司出资500万元，占公司注册资本的50%。

杨某1在一审中起诉称其为商某某的儿子，已经通过公证法定继承了商某某享有的全部股权。Z公司自成立之日起，除了向杨某1支付过110万元款项外，一直未进行过利润分配。现杨某1起诉至法院，请求依法判令：1. Z公司分配公司利润（暂定50%）；2. 本案诉讼费由Z公司承担。

Z公司在一审中答辩称：不同意杨某1的诉讼请求。理由是：2013年12月2日杨某1已经向公安局报案，告Z公司法定代表人杨某职务侵占，所以本案应当中止审理等待刑事案件的处理结果。同时，杨某1起诉与事实及逻辑不一致，杨某1在2013年进行报案后，又在2014年诉讼至法院要求分配利润，利润分配都在每年底，现在杨某1要求利润分配时间不符合实际情况。此外，杨某1是在2014年7月取得股东资格，无权要求分配2014年7月之前的利润。综上所述，请求法院驳回杨某1的诉讼请求。

一审庭审中，杨某1认可Z公司没有作出关于公司利润分配的股东会决议或者相应的利润分配方案。Z公司提出每年在年底给杨某1付10万元，Z公司从成立至今并未就公司利润分配作出过股东会决议，也没有召开股东会制定利润分配方案或者决议。杨某1认可每年支付了10万元，但不清楚该10万元是不是利润分配的款项。商某某的父亲商某某1到庭陈述称：商某某1一直认为Z公司是商某某独资设立的，不存在召开股东会的事情，公司没有召开股东会的必要，杨某到公司的时候没有带着资金，只是商某某聘请的一个经理，所以Z公司的事情都是商某某说了算。

杨某1不服一审法院民事裁定，向法院提起上诉，其主要上诉理由是：1. Z公司的章程并没有商某某本人签名，且章程的起草时间是2006年5月29日，在商某某去世之后，杨某伪造的商某某的签名，这些情况都反映在双方签订的协议中，且杨某本人对此认可。根据相关法律规定，公司的实际出资人并不以工商登记为准。2. 一审中杨某1认可10万元是利润分配款。3. 杨某1认可Z公司没有召开股东会，但是没有否认Z公司作出过分红的决定。4. 一审判决认定“Z公司并未就是否利润分配作出有关决议，对此原告杨某1亦予以认可”，属于事实认定不清。Z公司在一审庭审答辩中认为该公司在每年底进行利润分配，红利已经分配完毕，且承认Z公司作出了分红决议，分配了部分利润，每年给杨某1 10万元，给杨某10万元。本案一审第二次开庭时Z公司对此又否认，但是依据法律规定，如没有反证则应采信第一次陈述。杨某1认可杨某1作为股东没有参加股东会作出决议，并没有否认Z公司作出决议并且每年分配部分红利。5. 杨某1每年已经分配到部分红利，但是不足额。一审庭审中Z公司认可每年分给杨某1 10万元、杨某10万元。6. 即使Z公司没有作出决议并不影响杨某1得到分红。根据《公司法》规定，公司每年都应该分配税后利润。7. 一审法院裁定认定“应先由公司内部就公司是否存在盈利及利润如何分配进行决议，并按照《公司法》规定提取相应法定公积金，原告杨某1作为公司股东应尊重公司内部运行程序”属于适用法律错误。公司内部就公司是否存在利润及利润如何分配进行决议并不是利润分配的必要条件。Z公司已经作出利润分配决议，也按照正常财务制度提取了法定公积金，应该分配全部剩余红利。公司内部程序是股东作出的，Z公司未依据股东要求审计财务，分配红利是侵害股东权益的行为。有限责任公司股东按照实缴出资比例分取红利，公司每年应向股东分配利润。8. Z公司不同意财务账目审计、分配红利严重侵害了股东权利。综上所述，杨某1上诉请求：撤销一审法院裁定，改判支持杨某1全部诉讼请求；Z公司负担本案一、二审诉讼费用。

Z公司服从一审法院上述民事裁定。其未向法院提交书面答辩意见，但其在法院庭审中口头答辩称：一审法院裁定认定事实清楚、适用法律正确。Z公司请求二审法院依法维持一审裁定，驳回杨某1的全部上诉请求。

【法院裁判】

一审法院裁定：驳回杨某1的起诉。

一审法院裁定认为：股东会有权审议批准公司的利润分配方案和弥补亏损方案。公司进行利润分配应当作出有关决议，依据利润分配的有关决议进行利润分配。公司分配当年税后利润时，应当提取利润的10%列入公司法定公积金。现Z公司并未就是否利润分配作出有关决议，对此杨某1亦予以认可，杨某1起诉要求利润分配不符合条件，应先由公司内部就公司是否存在盈利及利润如何分配进行决议，并按照公司法规定提取相应法定公积金，杨某1作为公司股东应尊重公司内部运行程序。故该院认为杨某1请求分配利润的起诉应依法予以驳回。

二审法院裁定：驳回上诉，维持原裁定。

二审法院经审查认为，股东会有权审议批准公司的利润分配方案和弥补亏损方案。公司进行利润分配应当作出有关决议，依据利润分配的有关决议进行利润分配。现有证据不足以证明Z公司曾召开过股东会就是否进行利润分配作出有关决议，亦不足以证明股东间就利润分配达成过合意。现杨某1上诉要求利润分配不符合条件，应先由公司内部就公司是否存在盈利及利润如何分配进行决议，并按照《公司法》规定提取相应法定公积金，杨某1作为公司股东应尊重公司内部运行程序。一审法院裁定驳回杨某1请求分配利润的起诉并无不当。

【裁判解析】

股东投资公司的目的在于获取利润，本案商某某去世后，杨某1继承其股东资格及股权份额，杨某1有权分取公司红利。根据《公司法》第三十四条的规定："股东按照实缴的出资比例分取红利；公司新增资本时，股东有权优先按照实缴的出资比例认缴出资。但是，全体股东约定不按照出资比例分取红利或者不按照出资比例优先认缴出资的除外。"分取红利的方式可以由全体股东自由约定。

根据《公司法》规定，有限责任公司由董事会制定公司的利润分配方案和弥补亏损方案，并由股东会审议批准公司的利润分配方案和弥补亏损方案。同时，《公司法》第一百六十六条规定："公司分配当年税后利润时，应当提取利润的百分之十列入公司法定公积金。公司法定公积金累计额为公司注册资本的百分之五十以上的，可以不再提取。公司的法定公积金不足以弥补以前年度亏损的，在依照前款规定提取法定公积金之前，应当先用当年利润弥补亏损。公司从税后利润中提取法定公积金后，经股东会或者股东大会决议，还可以从税后利润中提取任意公积金。公司弥补亏损和提取公积金后所余税后利润，有限责任公司依照本法第三十四条的规定分配；股份有限公司按照股东持有的股份比例分配，但股份有限公司章程规定不按持股比例分配的除外。股东会、股东大会或者董事会违反前款规定，在公司弥补亏损和提取法定公积金之前向股东分配利润的，股东必须将违反规定分配的利润退还公司。公司持有的本公司股份不得分配利润。"《公司法司法解释（四）》第十五条规定："股东未提交载明具体分配方案的股东会或者股东大会决议，请求公司分配利润的，人民法院应当驳回其诉讼请求……"

因此，公司的税后利润在弥补亏损及依法提取法定公积金后仍有盈余的情况下可以向股东分配红利，但公司是否分配利润以及分配多少利润属公司董事会、股东会决策权范畴，股东主张盈余分配在程序上须有公司股东会或股东大会的利润分配决议。结合本案，杨某1在庭审中也认可Z公司没有作出关于公司利润分配的股东会决议或者相应的利润分配方案，缺少法律规定的前置程序。因此，杨某1起诉要求利润分配不能得到支持。

四、继承人继承股东资格后，能否要求公司收购其股权？

案件来源：上海市静安区人民法院（2016）沪0106民初4341号判决 丁某1与L公司、第三人王某某股东资格确认纠纷案

裁判日期：2016年9月18日

案件要旨：五名原告作为原股东丁某的合法继承人，在L公司的章程没有对股东资格的继承作特别规定的情况下，五名原告可以继承股东资格。关于五名原告要求被告收购股权问题不符合《公司法》第七十四条的规定，法院不予支持。

【基本案情】

L公司注册资本为人民币（以下币种同）50万元，法定代表人王某某，公司股东为丁某、王某某，各占公司50%股份。公司现登记状态为存续。原告吴某某系丁某的妻子，原告丁某1系丁某的儿子。原告丁A、原告丁B、原告丁C系丁某的兄弟。丁某于2008年11月30日故世，丁某的父亲于1977年故世，丁某的母亲于2010年故世。五名原告为丁某的全部继承人。庭审中，原、被告及第三人共同确认，根据《继承法》规定，五名原告按各自继承份额在被告公司股份中所占比例为：原告吴某某33.33%，原告丁某1 10.43%，原告丁A2.08%，原告丁B2.08%，原告丁C2.08%。

五名原告向法院提出诉讼请求：1. 请求确认五名原告为被告的股东；2. 请求判令被告收购五名原告的股权。

被告L公司辩称，对丁某占公司50%的股权没有异议，对丁某的继承人继承其股东资格也无异议。但现公司在正常经营，不同意收购五名原告的股权。

第三人王某某述称意见同被告。

当事人围绕诉讼请求依法提供了证据，法院组织当事人进行了证据交换和质证。原告提供如下证据作为诉称依据：1. 被告档案机读材料和公司章程，证明被告公司的股权情况；2. 股权转让款项处置的批复；3. 实施股权转让的决定；4. 股权转让的实施方案；5. 国有资产评估项目备案表；6. 股权转让的报告；7. 上海市产权交易合同；8. 资产、负债的资产评估报告书摘要；9. 产权转让交割单；10. 收据联、发票，证明丁某股权取得的合法性；11. 户籍资料、结婚证；12. 户籍证明；13. 死亡证明，证明五名原告是丁某的继承人。

被告及第三人对原告提供的证据均无异议。

【法院裁判】

法院判决：确认五名原告股东资格；驳回要求 L 公司收购其股权的诉讼请求。

法院认为，《公司法》规定，自然人股东死亡后，其合法继承人可以继承股东资格，公司章程另有规定的除外。本案中，五名原告系被告公司原股东丁某的合法继承人，被告公司章程亦未对股东资格继承作特别规定，因此五名原告可以继承丁某的股东资格，被告及第三人对此亦无异议，法院确认五名原告为被告的股东。五名原告在被告公司所占股份比例为：原告吴某某 33.33%，原告丁某 1 10.43%，原告丁 A2.08%，原告丁 B2.08%，原告丁 C2.08%。关于五名原告要求被告收购股权问题，《公司法》规定，有下列情形之一的，对股东会该项决议投反对票的股东可以请求公司按照合理的价格收购其股权：（一）公司连续五年不向股东分配利润，而公司该五年连续盈利，并且符合本法规定的分配利润条件的；（二）公司合并、分立、转让主要财产的；（三）公司章程规定的营业期限届满或者章程规定的其他解散事由出现，股东会会议通过决议修改章程使公司存续的。现五名原告请求公司收购股权不符合上述法律规定，法院不予支持。

【裁判解析】

本案主要涉及两个问题，一是五名原告能否继承股东资格，二是五名原告是否有权要求公司收购其股权。

关于第一个问题，根据《公司法》第七十五条的规定："自然人股东死亡后，其合法继承人可以继承股东资格；但是，公司章程另有规定的除外。"五名原告作为原股东丁某的合法继承人，在 L 公司的章程没有对股东资格的继承作特别规定的情况下，五名原告可以继承股东资格。

关于第二个问题，请求公司收购股权应符合《公司法》第七十四条的规定：

"有下列情形之一的，对股东会该项决议投反对票的股东可以请求公司按照合理的价格收购其股权：（一）公司连续五年不向股东分配利润，而公司该五年连续盈利，并且符合本法规定的分配利润条件的；（二）公司合并、分立、转让主要财产的；（三）公司章程规定的营业期限届满或者章程规定的其他解散事由出现，股东会会议通过决议修改章程使公司存续的。自股东会会议决议通过之日起六十日内，股东与公司不能达成股权收购协议的，股东可以自股东会会议决议通过之日起九十日内向人民法院提起诉讼。"本案不符合第七十四条规定的情形，故法院不支持原告的诉讼请求。

股权不同于其他财产形式，"变现"需要遵循《公司法》的相关规定。继承人继承原股东的股东资格成为公司新股东后，有时由于新股东不愿参与公司经营，甚至对公司经营管理毫无兴趣，新股东更倾向于直接转让股权。根据《公司法》的规定，公司成立后，股东不得抽逃出资。股东一旦出资，出资的财产即归公司所有，相应地，股东取得公司股东资格，依法享有资产收益、参与重大决策和选择管理者等权利。公司设立后，拥有独立的法人财产，享有法人财产，股东通过持有股权间接地享有公司财产权。股东要"变现"股权，除上述第七十四条规定的由公司收购外，股东之间互相转让股权和对股东之外的人转让股权是股东实现其股权价值的最直接方式。《公司法》第七十一条规定："有限责任公司的股东之间可以相互转让其全部或者部分股权。股东向股东以外的人转让股权，应当经其他股东过半数同意。股东应就其股权转让事项书面通知其他股东征求同意，其他股东自接到书面通知之日起满三十日未答复的，视为同意转让。其他股东半数以上不同意转让的，不同意的股东应当购买该转让的股权；不购买的，视为同意转让。经股东同意转让的股权，在同等条件下，其他股东有优先购买权。两个以上股东主张行使优先购买权的，协商确定各自的购买比例；协商不成的，按照转让时各自的出资比例行使优先购买权。公司章程对股权转让另有规定的，从其规定。"根据上述规定，本案五名原告完全可以选择将股权转让给公司其他股东，也可以将股权转让给股东以外的人。

第四节 继承问题解决方式

一、股权继承是否应先确定被继承人的股东资格？

案件来源： 上海市第一中级人民法院（2016）沪01民终3076号判决
江某某与A公司股东出资纠纷案

裁判日期： 2016年5月18日

案件要旨： A公司和沈某某提出的沈某乙未出资、沈某乙名下股权仅为代沈某某持有的意见，达到了高度盖然性的证明标准。按照股东履行出资义务与享有股份权益对等的基本原则，既然本案中登记在沈某乙名下的A公司33%的股份存在是否已履行出资义务的争议，那么江某某作为请求权人，则应承担举证责任。江某某原审中提交了A公司设立时的登记资料，该组书证对外具有公示效力，但对于公司内部纠纷的解决不具有绝对的证明力。

【基本案情】

A公司设立于2004年12月8日，在工商部门登记的信息中显示，A公司为有限责任公司，注册资金人民币（以下币种同）30万元，股东为沈某某和沈某乙，其中沈某某出资20.1万元、占注册资本的67%，沈某乙出资9.9万元、占注册资本的33%。A公司设立时的所有文件上“沈某乙”的签字均非沈某乙所签，其名下缴纳的出资9.9万元的手续也非沈某乙办理。2012年5月3日，沈某乙去世，2014年11月11日，上海市某区公证处出具公证书，载明：沈某乙的遗产，由江某某继承。

江某某一审请求判令：1. 确认江某某系A公司股东，沈某乙名下33%股份归江某某所有；2. A公司与沈某某协助江某某至工商部门办理股权变更登记；3. A

公司承担相关诉讼费用。

沈某某作为有独立请求权的第三人，请求判令：1. 确认沈某乙名下持有的A公司33%的股份归沈某某所有；2. 江某某配合办理股权变更手续。

一审审理中，证人翁某某到庭作证时表示，A公司设立时，“沈某乙”的签字由其代签，验资也是沈某某和其一起去办理，当时说好，并不需要沈某乙出资，只是因为设立公司的需要，假借沈某乙的名义。证人沈某甲到庭作证时表示，其和沈某某、沈某乙一起喝茶时，沈某某提出开公司要借一个身份证，由于沈某甲不在茶坊工作，因此让沈某乙将身份证借给沈某某，之后沈某乙也曾向其表示店不是她的。证人顾某某到庭作证时表示，沈某乙一直表示其是给沈某某打工的。证人朱某某到庭作证时表示，A公司是沈某某一人经营的，沈某乙也曾向其表示店里亏损，沈某某作为老板很难。

一审法院查明，2004年4月19日，案外人上海浦东新区B有限公司（以下简称B公司）向浦东新区C公司出具租赁户变更申请书，载明：××路××号B公司底层，根据国企改制相关规定，将该处非居住用房的使用权从2004年5月18日起有偿转让给公司职工沈某某，由沈某某承租。2014年5月18日，沈某某向B公司支付83万元的转让款。

本案一审审理中，沈某某向一审法院申请对其本人进行测谎，一审法院委托司法鉴定科学技术研究所司法鉴定中心进行鉴定，2015年10月15日，该中心出具多道心理生理测试报告两份，载明：沈某某对于“A公司注册资本中沈某乙未出资9.9万元”和“办理房屋租赁权转让时沈某乙未出资20万元”的陈述呈现“无说谎显示”。

一审判决后，江某某不服，提出上诉称，本案属于股东资格确认之诉，江某某作为沈某乙的遗产继承人，请求继承股份，符合法律规定；本案不存在沈某乙与沈某某之间的股份代持关系；江某某的举证可以证实沈某乙实缴注册资本9.9万元，其证明力高于沈某某举证的证人证言；证人翁某某的证言与事实不符；公司设立时存在的瑕疵不能作为本案定案的依据。原审判决认定事实不清，适用法律错误，违背证据规则，故请求依法撤销原审判决，改判支持江某某原审全部诉讼请求，本案一、二审诉讼费用由A公司、沈某某负担。

A公司、沈某某共同答辩称，沈某乙未实际出资，仅为挂名股东，江某某的举证不能证明沈某乙出资的事实，沈某某的举证能够相互印证。综上所述，江某某的上诉事由缺乏事实依据，故请求依法驳回上诉，维持原判。

江某某在本案二审审理期间提交对翁某某的电话录音资料一份，以证实翁某某在原审所作的证人证言存在虚假陈述。沈某某、A 公司对该份证据不予确认。沈某某、A 公司在本案二审审理期间均无新的证据提交。

【法院裁判】

一审法院判决：1. 驳回江某某的诉讼请求；2. 沈某乙名下所持 A 公司的 33% 的股权归沈某某所有。

一审法院认为，当事人对自己提出的诉讼请求所依据的事实或者反驳对方诉讼请求所依据的事实有责任提供证据加以证明。

本案的争议焦点在于 A 公司设立时沈某乙是否出资以及沈某乙是否仅为挂名股东。A 公司及沈某某明确陈述了沈某乙未实际出资、其仅为挂名股东、沈某乙名下出资为沈某某所出、相应股权属于沈某某的事实，对此，江某某表示并不清楚，尽管根据相关规定，如对一方当事人陈述的事实，另一方当事人既未表示承认也未否认的，需要依据法律规定承担相应后果，但本案特殊之处在于，直接参与相关事宜的沈某乙已去世，故法院认为，本案中的事实尚需综合其他证据予以判断。

本案审理中，各方当事人均表示，与 A 公司设立有关的文件及验资材料上沈某乙均未亲自签字，虽然此种情况在公司设立过程中亦有所出现，但此种情况显然有悖于公司设立的通常程序要求。此外，A 公司和沈某某提供了多份的证人证言，该些证人中大部分与江某某、沈某某、沈某乙均相识，无法认为他们仅与 A 公司或沈某某存在利害关系，证人证言虽不足以单独证明沈某乙是不是挂名股东的问题，但在没有必要的相反证据否定证言证明力的前提下，法院亦无法漠视身份多种的证人对事实进行的陈述，即 A 公司由沈某某一人在经营、沈某乙多次表示其仅为 A 公司职工。此外，司法鉴定科学技术研究所司法鉴定中心的报告显示，沈某某在接受测谎时，对于沈某乙未在房屋租赁权转让时出资及未在公司注册资本中出资的表述无说谎显示，测谎结论虽不足以直接定案，但对于案件中相关证据的认定具有一定的参考作用。在沈某乙去世、江某某又无法对设立一节的事实进行明确说明的情况下，法院无从否定 A 公司和沈某某所陈述的事实。

综上所述，根据本案的审理情况，A 公司和沈某某提出的沈某乙未出资、沈某乙名下股权仅为代沈某某持有的意见，达到了高度盖然性的证明标准，予以采信。因此，沈某某的诉讼请求，予以支持，江某某的诉讼请求，不予支持。

二审法院判决：驳回上诉，维持原判。

二审法院认为，本案系江某某作为 A 公司登记股东沈某乙的法定继承人，请求确认其具备A公司的股东资格并据此请求A公司予以变更登记之诉。该诉符合法定程序和要件，应予确认。但由于A公司对该争议股权的出资提出了实体性的抗辩，且利害关系人沈某某作为有独立请求权的第三人，在本案中对争议标的（A公司33%的股份）亦提出了权属确认之诉，故本案的争议焦点应为A公司33%的股份归属。按照股东履行出资义务与享有股份权益对等的基本原则，既然本案中登记在沈某乙名下的A公司33%的股份存在是否已履行出资义务的争议，那么江某某作为请求权人，则应承担举证责任。江某某原审中提交了A公司设立时的登记资料，该组书证对外具有公示效力，但对于公司内部纠纷的解决不具有绝对的证明力。同时，江某某也无法完全确定当时申请登记设立的法律文件均为沈某乙本人签字。案件事实还反映，A公司2004年设立时的注册资本为30万元，沈某乙登记实缴应为9.9万元，结合沈某乙的职业、在职状况、家庭收入以及当时的社会经济发展水平，对此大额投资款项的形成和来源，江某某作为沈某乙的丈夫，仍无法予以澄清说明。A公司注册时的经营场所系沈某某个人因企业改制而有偿受让取得，沈某某、沈某乙又系姐妹关系，届时沈某乙已经退休，后又在A公司的普通岗位上工作，双方之间虽没有书面的股份代持协议，但由沈某乙出借身份证并挂名的可能性是高度存在的。另，沈某某还主动申请就其相关陈述进行了测谎技术鉴定。

综合考量以上各种因素，江某某的上诉意见，因证据尚不充分，无法证实被继承人沈某乙对A公司履行了出资义务，故法院难以采信其上诉请求。原审判决认定事实清楚，适用法律正确，依法应予维持。

【裁判解析】

本案为公司内部股东资格确认纠纷，争议问题集中于沈某乙是不是A公司的实际股东。由工商部门登记的信息可知，A公司设立时，登记股东为沈某某和沈某乙，其中沈某某出资20.1万元、占注册资本的67%，沈某乙出资9.9万元、占注册资本的33%。工商登记资料对外具有公示公信力，在处理公司外部纠纷时具有很强的证明力，但在公司内部纠纷中其证明力有限，不宜作为股东资格认定的主要依据。单从股东角度而言，欲设立公司、成为公司的股东，应首先具有成为股东的真实意思表示，其次有认缴出资并按期实际出资的行为，最后股东实际参与公司的日常经营管理、分享公司利润，这是正常情况下设立公司成为公司股东的流程。其中，“成为股东的真实意思表示”要求要有成为公司股东的明确的意思表示，能证明存在这种意思的可以是在公司文件上的亲笔签名，比如公司的章程、股东会决议等；“认缴出资并按期实际出资”是成为股东的实质要件，可以表现为在公司内部文件上明确表示认缴出资并签名，并按期向公司实缴出资；“实际参与公司的日常经营管理”是股东行使股东权利的具体体现，可以是参加日常的公司股东会，行使表决权，并在股东会决议文件签名等。

本案江某某主张沈某乙是A公司的股东，就应当对上述事实加以证明，如没有证据或证据不足以证明上述事实的，将承担举证不能的不利后果。

结合本案，首先，A公司设立时的所有文件上“沈某乙”的签字均非沈某乙所签，另据证人翁某某的证言，A公司设立时，“沈某乙”的签字由其代签。在没有相反证据的情况下，可见沈某乙没有实际参与公司的设立，没有成为A公司股东的意思。其次，沈某乙名下缴纳的出资9.9万元的手续并非沈某乙办理，翁某某的证言也表明A公司是假借沈某乙的名义设立。而且，对于沈某乙投资款项的形成和来源，江某某无法予以举证说明。最后，证人朱某某的证言，A公司是沈某某一人经营，案外公司出具的文件显示由沈某某承租房屋并支付83万元的转让款，公司的另一位登记股东沈某乙没有承租也没有付款。上述证据的证明内容指向沈某乙并非A公司的实际股东，加之沈某某主动要求对其本人进行测谎，经鉴定的测试报告载明沈某某对于“A公司注册资本中沈某乙未出资9.9万元”和“办理房屋租赁权转让时沈某乙未出资20万元”的陈述呈现“无说谎显示”，也加强了对其对所述事实的证明力。依据《民事诉讼证据规定》第七十三条的规定：“双方当事人对同一事实分别举出相反的证据，但都没有足够的依据否定对方证据的，人民法院应当结合案件情况，判断一方提供证据的证明力是否明显大于另一方提供证据的证明力，并对证明力较大的证据予以确认。因证据的证明力无法判断导致争议事实难以认定的，人民法院应当依据举证责任分配的规则作出裁判。”最终，法院认定由沈某乙出借身份证并挂名的可能性高度存在，判决沈某乙名下的股权归沈某某所有。

二、继承的股权出资尚未实缴，继承人是否有出资义务？

案件来源： 上海市第一中级人民法院（2016）沪01民终12376号判决 A公司与郑某某股东出资纠纷案

裁判日期： 2017年2月7日

案件要旨： 郑某某未向法院提供确实证据证明郑某1实缴了600,000元注册资金的事实，故法院认定郑某1未履行缴纳出资的义务。因郑某某所持A公司的0.6%股权系自郑某1处继承所得，由于股权系一种综合性的权利，郑某某继承股权后取得股权所对应的权利和义务。根据我国法律规定，继承遗产应当清偿被继承人依法应当缴纳的税款和债务，缴纳税款和清偿债务以他的遗产实际价值为限。现郑某某继承了郑某1 0.6%股权，因该股权为财产性权利，A公司要求其在所继承的股权（认缴出资60,000元）范围内履行出资义务，有事实及法律依据。

【基本案情】

A公司系于1994年12月5日成立的有限责任公司。公司成立时的注册资本为2,000,000元，股东为郑某1（认缴出资600,000元）、郑某2（认缴出资600,000元）、郑某（认缴出资200,000元）和何某（认缴出资600,000元），法定代表人为郑某1。1994年11月16日的公司章程第九条记载：股东的认缴出资额须在1994年11月16日之前足额认缴。

1994年11月16日，审计师事务所为A公司出具验资报告，验资结果为A公司股东已向A公司投入1,000,000元现金及价值1,000,000元的设备。该验资报告后附验资证明书、私营企业注册资金验资申请表、收据、标准厂房订购协议书各1份。验资证明书载明：郑某1私人投入600,000元、郑某2私人投入600,000元、郑某私人投入200,000元、何某私人投入600,000元，合计2,000,000元。私营企业注册资金验资申请表载明：投入的现金为1,000,000元，证明文件或购置发票为“支票”；投入的设备价值1,000,000元，证明文件或购置发票为“订购协议书”。收据由上海××公司于1994年11月16日出具，收据载明：交款单位为A公司，收款方式为现金，金额为1,000,000元，收款事由为验资费。标准厂房订购协议书签订日期为1994年11月16日，该协议书载明：甲方为上海××公司，乙方为A公司，因乙方企业经营活动需要，向甲方在某经济区内购买厂房31栋、20间，折合建筑面积960平方米，售价每平方米1,042元，共计人民币1,000,320元。乙方自签订协议之日预交50%的购房款，房屋交付时，结清全部房款，交付日期：1994年11月16日。

1996年8月27日，郑某1去世。郑某1去世后，郑某制作了《股东决议》及《股金转让书》等文件，将登记在郑某1名下的A公司30%的股权转让到郑某名下，并办理了工商登记手续。

1996年11月20日，A公司法定代表人变更为郑某。

2010年12月10日，A公司增资8,000,000元，由郑某全额认缴。

2013年2月16日，郑某2以上述《股东决议》及《股金转让书》系郑某伪造为由，将郑某诉至法院，请求确定上述股权转让合同不成立。法院审理后于2013年6月20日判决确认上述股权转让合同不成立，后该案经二审法院审理，维持原判。2013年11月28日，郑某2将郑某、何某、郑某某、郑某3诉至法院，请求继承郑某1的上述股权。法院经审理后认为郑某1持有的A公司股权比例已变更为6%，该股权应由何某得3.6%，郑某2、郑某、郑某某、郑某3各得0.6%，遂判决登记在郑某名下的A公司的6%的股权，其中3.6%股权归何某所有，0.6%股权归郑某2所有，0.6%股权归郑某某所有，0.6%股权归郑某3所有。后该案经二审法院审理，维持原判。

2014年7月22日，A公司以郑某2至今未交付其认缴的600,000元出资，违反《公司法》的相关规定，侵害其他股东合法权利起诉至法院。郑某作为郑某2股权的受让人，应对郑某2缴付600,000元出资承担连带责任，故诉至法院，请求判令：1. 郑某2向A公司缴付出资600,000元；2. 郑某对郑某2缴付出资600,000元承担连带责任。该案中，郑某2抗辩，A公司于1994年成立时有合法验资证明予以确认，股东出资情况有审计报告确认，出具该审计报告的机构仍存在，工商管理部门并未认定该审计报告虚假，验资报告足以证明郑某2出资到位。郑某辩称，A公司成立时，四位股东均未缴纳出资。公司注册及验资手续均委托“某私营经济城”办理，A公司只支付相应手续费。该案中，法院追加A公司设立时出具验资报告的单位A公司作为第三人参加诉讼。一审法院审理后，认为A公司设立时的验资报告所依据的材料不严谨，该验资结论不足取信。……郑某2未履行出资义务。故判决：一、郑某2于判决生效之日起10日内向A公司缴纳出资600,000元；二、郑某对郑某2的第（一）项付款义务承担连带清偿责任。之后，郑某2不服判决，向法院上诉，二审驳回上诉，维持原判。

本案A公司向一审法院起诉请求：要求郑某某向A公司缴付出资60,000元。

一审判决后，郑某某上诉请求：撤销一审判决，依法改判驳回A公司的一审诉讼请求或发回重审。事实和理由：一、一审法院认定A公司设立时由某审计师事务所出具的验资报告仅系A公司股东为取得工商行政管理部门对A公司的设立登记而委托第三方出具的证明，但郑某某在一审中除上述验资报告外还提交过《工商年检报告》《资产负债表》等证明A公司的实收资本为2,000,000元。一审法院仅因郑某2无法提交20年前的银行转账记录，就否定上述一系列经工商部门认定的材料，与事实不符。二、A公司成立之初对外无债务，其自有厂房，且具备生产产品能力的事实足以证明股东有资金投入，另验资报告也可证明郑某1在A公司设立时实际出资12万元，其余出资由郑某2垫付。三、在生效案件中已确认A公司早已收到设立时的全部注册资本2,000,000元的事实。综上所述，郑某1作为A公司的股东已完成其出资义务，郑某某作为继承人无须再履行出资义务。

A公司辩称，一审法院查明事实清楚，证据调查、质证、取证完整、准确，适用法律正确，判决正确，请求驳回上诉，维持原判。

【法院裁判】

一审法院判决：郑某某于一审判决生效之日起10日内向A公司缴纳出资60,000元。

一审法院认为：本案有两个争议焦点：

一、郑某1是否已实缴出资。郑某某认为，公司设立时已经验过资，某审计师事务所出具的验资报告已足以证明其已足额缴纳出资，故郑某1和郑某某均已出资完毕。一审法院认为，生效判决已认定，A公司设立时的验资报告仅系A公司股东为了取得工商行政管理部门对A公司的设立登记而委托第三方向工商行政管理部门出具的证明其已足额缴纳出资的证明材料。另案中，上海××公司亦表示为了配合A公司股东取得A公司设立登记才向某审计师事务所出具上述收据及厂房订购协议，收据及厂房订购协议所载内容均不属实；郑某亦表示A公司的设立及验资系其委托“某私营经济城”代办。因此，A 公司设立时的验资报告记载的 A 公司股东出资的事实，一审法院不予采纳。庭审中，郑某某表示，郑某 1 实缴出资 120,000 元，其余出资系郑某 2 为其缴纳。郑某某对其主张事实负有证明责任。诉讼中，一审法院依法调取郑某 2 在银行的银行存款单去向，但因郑某 2 未能向一审法院提供其银行账号而无法调取，但即使调取相应证据，也仅能证明郑某 2 曾授权郑某从其银行账户中随时提取款项，而不能认定郑某将提取的款项投入 A 公司的账户，并用于缴纳郑某 1 认缴的注册资金。由于本案 A 公司起诉要求实缴注册资金，在法律层面“注册资金”有其特定的内涵，区别于公司的营运资金或对外债权。因设立 A 公司的行为发生在 1994 年，根据 1993 年《公司法》的规定，股东以货币出资的，应当将货币出资足额存入准备设立的有限责任公司在银行开设的临时账户；以实物、工业产权、非专利技术或者土地使用权出资的，应当依法办理其财产权的转移手续。虽然，郑某某抗辩郑某 1 已“出资”，系用于公司营运的资金，未经法定的移转手续，并非法律意义上的“注册资金”。因此，郑某某未向一审法院提供确实证据证明郑某 1 实缴了 600,000 元注册资金的事实，故一审法院认定，郑某 1 未履行缴纳出资的义务。

二、郑某某作为郑某 1 的继承人，是否有义务实缴出资。A 公司认为，因郑某 1 已去世，其在世时未向 A 公司实缴出资，郑某某作为郑某 1 股权的继承人，应在郑某 1 未缴纳出资范围内实缴出资。郑某某对此不予认可。一审法院认为，因郑某某所持 A 公司的 0.6% 股权系自郑某 1 处继承所得，由于股权系一种综合性的权利，郑某某继承股权后取得股权所对应的权利和义务。郑某 1 作为 A 公司的发起人，应在章程约定的期限内（即 1994 年 11 月 16 日前）实缴其所认缴注册资本，而郑某 1 已于 1996 年 8 月 27 日去世。因此，缴纳 A 公司的注册资本，应为郑某 1 生前所应履行的义务。根据我国法律规定，继承遗产应当清偿被继承人依法应当缴纳的税款和债务，缴纳税款和清偿债务以他的遗产实际价值为限。现郑某某继承了郑某 10.6% 股权，因该股权为财产性权利，A 公司要求其在所继承的股权（认缴出资 60,000 元）范围内履行出资义务，有事实及法律依据。

二审法院判决：驳回上诉，维持原判。

二审法院认为，郑某某主张验资报告、年检审计报告及资产负债表等能证明郑某 1 已出资到位。对此，生效判决已对验资报告作出明确的认定，法院亦对此予以认可，在此不再赘述。郑某某申请验资报告的出具人到庭接受质询的申请，法院依法不予准许。年检报告中会计师事务所亦明确其是根据 A 公司提供的财务报表为工商年检所作的审计，该报告仅供工商部门年检使用，故仅年检报告的记载并不能作为股东足额出资的充分证据。原审对于郑某1在A公司成立时未实际出资的认定并无不当，法院予以认同。

关于郑某1在A公司运营过程中是否实际缴纳过出资的问题。法院认为，郑某某关于郑某1曾出资120,000元及其余款项由其出资的主张，仅凭现有证据不足以证明郑某1已实缴出资的责任，故郑某某的此项上诉理由，法院不予采纳。

【裁判解析】

本案A公司起诉要求郑某某缴付出资，郑某某的股权系从郑某1处继承而来，郑某1是A公司的发起人。故本案焦点集中在郑某1是否已经履行出资义务以及如果郑某1没有实缴出资，郑某某是否有义务缴付出资。

关于郑某1是否实缴出资。A公司设立时，某审计师事务所为A公司出具验资报告，验资报告载明郑某1私人投入600,000元。验资报告是会计师事务所或者审计师事务所及其他具有验资资格的机构出具的证明资金真实性的文件，是表明公司注册资本数额的合法证明，可以作为申请注册资本的依据。但在另案的生效判决中认定，A公司设立时的验资报告仅系A公司股东为了取得工商行政管理部门对A公司的设立登记而委托第三方向工商行政管理部门出具的证明其已足额缴纳出资的证明材料，也就是说，该验资报告不具有真实性。且在另案中，上海××公司亦表示其所出具收据及厂房订购协议均不属实；郑某亦表示A公司的设立及验资系其委托"某私营经济城"代办。由此可见，不能以验资报告作为郑某1是否实缴出资的依据。

郑某某主张，郑某1实缴出资120,000元，其余出资系郑某2为其缴纳。根据当时的《公司法》的规定，股东以货币出资的，应当将货币出资足额存入准备设立的有限责任公司在银行开设的临时账户；以实物、工业产权、非专利技术或者土地使用权出资的，应当依法办理其财产权的转移手续。显然，郑某1所谓"出资"，未经法定的移转手续，并非法律意义上的"注册资金"。根据《民事诉讼证据规定》第二条的规定："当事人对自己提出的诉讼请求所依据的事实或者反驳对方诉讼请求所依据的事实有责任提供证据加以证明。没有证据或者证据不足以证明当事人的事实主张的，由负有举证责任的当事人承担不利后果。"据此，郑某某应承担举证不能的法律后果，法院也最终认定郑某1未履行缴纳出资的义务。

关于郑某某是否有义务缴付出资。根据《继承法》第三十三条规定："继承遗产应当清偿被继承人依法应当缴纳的税款和债务，缴纳税款和清偿债务以他的遗产实际价值为限。”缴付出资本属于郑某1的法定义务，因郑某1过世，股权由郑某某继承，郑某某成为股东仍负有实缴出资的义务。因此，郑某某应在继承的股权范围内履行出资义务。

三、继承人是否要在继承的股权价值范围内就债务承担偿还责任?

案件来源： 山东省高级人民法院（2014）鲁商终字第181号判决李某某、李乙、李丙与李甲1、柳甲股权转让合同纠纷案

裁判日期： 2014年7月15日

案件要旨：《A公司股权转让协议》签订后，该协议经公司股东会决议通过，并在工商行政管理部门办理了变更登记，证明李甲已向李某履行了自己的合同义务，而没有证据证明李某向李甲支付过2,030万元的股权转让款。李甲去世后，李某应向李甲的继承人履行付款义务。李某去世后，各继承人对李某对A公司的股权进行了分割和继承，李某的继承人应当在继承遗产的范围内就李某的债务向李甲的继承人承担清偿责任。

【基本案情】

李甲系原告李甲1之父，原告柳甲之夫。李某系李甲之父，被告李某某之夫，被告李乙、李丙之父。

A公司成立于2006年8月28日，注册资本100万元，其中李甲出资70万元，占注册资本的70%，李乙出资30万元，占注册资本的30%。2009年5月13日，A公司召开股东会决议，公司注册资本由100万元增至3,600万元。其中李甲认缴出资2,520万元，占注册资本的70%，李乙认缴出资1,080万元，占注册资本的30%。李甲实缴出资560万元，李乙实缴出资240万元。2009年6月12日，李甲、李乙向公司缴纳新增注册资本700万元，其中李甲认缴新增资本490万元，李乙认缴新增资本210万元。2009年6月24日，李甲、李乙向公司缴纳新增注册资本500

万元，其中李甲认缴新增资本350万元，李乙认缴新增资本150万元。2009年8月14日，李甲、李乙向公司缴纳新增注册资本900万元，其中李甲认缴新增资本630万元，李乙认缴新增资本270万元。至此，公司实缴注册资本达到2,900万元，其中李甲实缴2,030万元，李乙实缴870万元。

2010年7月9日，李甲与李某订立《A公司股权转让协议》，李甲将其在A公司的2,030万元股权转让给李某，转让价款为2,030万元。股权转让后，李甲在A公司的权利义务由李某继受和承担。同日，A公司召开股东会，同意李甲将其在A公司的股权转让给李某，李乙放弃优先购买权。同日，新股东会选举李某为公司执行董事、法定代表人，并向工商行政管理部门办理了法定代表人和股东的变更登记。

2010年7月15日，李甲去世。2012年8月4日，李某去世。

李某去世后，原告李甲1与被告李某某、李乙、李丙签订《股金分割继承协议书》，将李某在A公司的2,030万元股权进行分割继承，其中李某某分割股金1,015万元，继承股金253.75万元，共1,268.75万元（占注册资本的43.75%），李乙继承股金253.75万元（占注册资本的8.75%），李丙继承股金253.75万元（占注册资本的8.75%），李甲1继承股金253.75万元（占注册资本的8.75%）。柳甲作为李甲1的法定代理人在协议上签字，并代其行使股东权利。2012年10月10日，A公司召开股东会，一致通过了上述协议中的股权变更内容，并通过了变更公司注册资本的决议，由3,600万元减资为2,900万元。其后，A公司向工商行政管理部门申请变更了工商登记。

李甲1、柳甲在一审中诉称：李某于2012年8月4日病逝后，各被告对李某名下的股权进行了非法继承和分割，但仍未履行协议项下的付款义务。故诉至法院，请求：1. 判令三被告分别在其继承范围内返还债权1,522.50万元；2. 诉讼费用由被告承担。

李某某、李乙、李丙在一审中辩称：三被告因李某去世对李某名下的股权进行了继承和分割是事实，但不存在李某欠李甲转让款的事实，三被告对原告没有付款义务。

关于原告主张的债权数额1,522.50万元，原告称2,030万元股权转让款，根据《继承法》的规定，李甲之妻柳甲享有1,268.75万元，李甲1享有253.75万元，其余为利息，被告应在继承李某A公司股权的范围内予以偿还。

一审法院判决后，李某某、李乙、李丙上诉称：1. 一审判决违背不告不理的民事诉讼基本原则。被上诉人在一审中诉讼请求为：判令三被告分别在其继承范围内返还债权1,522.5万元。而一审判决李某某、李乙、李丙在其继承A公司股权价值的范围内支付被上诉人柳甲、李甲1股权转让款1,522.5万元。一审判决明显违背不告不理的民事诉讼基本原则，该判决应予撤销。2. 被上诉人诉讼请求没有事实及法律依据。被上诉人没有证据证明李某和李甲之间存在债权债务关系，一审没有证据证明上诉人受让或侵占了被上诉人所诉债权，应予驳回被上诉人的诉讼请求。3. 另外，根据一审查明的事实，被上诉人李甲1已在李某去世后代位继承李某A公司股金253.75万元，也应予以抵销或与其继承人共同对李某债务在继承范围内承担责任，而不能仅判决由其他继承人李某某、李乙、李丙承担责任。综上所述，请求撤销一审民事判决，依法驳回被上诉人之诉讼请求。诉讼费用均由被上诉人承担。

被上诉人李甲1、柳甲答辩称：一审判决认定事实清楚，适用法律正确，程序合法，依法应当维持原判。一、被上诉人在一审中请求上诉人“返还债权”，一审判决上诉人“返还股权转让款”更为具体、明确，并不矛盾，股权转让款属于债权范畴，且被上诉人在事实与理由中已表明要求各上诉人履行股权转让协议项下付款义务，实为支付股权转让款。因此，一审判决并不违背不告不理原则。二、上诉人欠被上诉人股权转让款1,522.50万元事实清楚，证据确实充分。2010年7月9日，李甲与李某订立《A公司股权转让协议》，约定李甲将其在A公司的2,030万元股权转让给李某，转让价款为2,030万元，该协议经公司股东会决议通过，并在工商行政管理部门办理了变更登记，证明李甲已向李某履行了自己的合同义务，而李某没有证据证明向李甲支付过2,030万元的股权转让款。李甲去世后，李某应向李甲的继承人履行付款义务。李某去世后，各继承人对李某在A公司的股权进行了分割和继承，李某的继承人应当在继承遗产的范围内就李某的债务向李甲的继承人承担清偿责任。三、一审中被上诉人提供的证据证明，李甲1与各上诉人签订《股权分割继承协议书》，将李某在A公司的2,030万元股权进行分割继承，其中李某某分得股权1,015万元、继承股金253.75万元，李乙、李丙、李甲1各继承股金253.75万元。由于李甲与柳甲于1998年2月27日结婚，李甲在A公司的2,030万元出资均发生在夫妻关系存续期间，系夫妻共有财产。李甲名下2,030万元债权在其去世后，柳甲应得1,268.75万元（1,015+253.75），李某、李某某、李甲1各自应得253.75万元；李某去世时应得的253.75万元在其去世后的分配应是：李某某应得158.59375万元（126.875+31.71875），李乙、李丙、李甲1各自应得

31.71875万元。本案并非必要共同诉讼，对柳甲来讲，因为她没有得到其应得的财产权、继承权和继承份额，她可以选择向上诉人或者其中一人主张权利，不存在漏列主体问题。对李甲1来讲，上诉人的行为减少了他应得的份额，有权向上诉人或者其中一人主张权利，不存在以其继承的股权份额与上诉人应当偿还的股权转让款抵销的问题。综上所述，上诉人上诉理由因缺乏事实和法律依据而不应成立，二审法院应当依法维持一审判决，支持被上诉人诉讼请求。

二审法院经审理查明：李甲与李某订立的《A公司股权转让协议》、A公司股东会决议和变更工商登记后的股东名册及A公司章程记载，股权转让价格与股权价值比例为1:1。其他事实与一审法院查明事实一致。

【法院裁判】

一审法院判决：一、被告李某某、李乙、李丙在其继承李某A公司股权价值的范围内支付原告柳甲、李甲1股权转让款1,522.50万元，于本判决生效后10日内付清；二、驳回原告的其他诉讼请求。

一审法院认为，2010年7月9日李甲与李某签订的《A公司股权转让协议》，原、被告双方均无异议，且已经A公司股东会决议通过，并向工商行政管理部门变更了登记，该股权转让协议真实有效，法院予以确认。本案中双方当事人争议的焦点问题有两个，一是李甲在出资和历次增资中的资金来源及其能否对抗原告的诉讼请求。二是被告李某某、李乙、李丙应向原告支付的数额。

关于第一个焦点问题，法院认为，李甲系A公司的股东，在其向李某转让股权后，其继承人可以继受其主张转让款的权利。本案系李甲的继承人与李某的继承人之间的股权转让纠纷，与李甲对A公司是否实际出资系不同的法律关系，李甲在出资和增资中的资金来源于何处，并不能对抗原告请求被告支付股权转让款的诉讼请求。李甲出资的资金来源是否来源于李某，双方是否存在其他交易关系，均非本案审理范围，当事人如有争议，可另行解决。

关于第二个焦点问题，李甲在2010年7月15日死亡前，将其在A公司的2,030万元股权以2,030万元的价格转让给其父李某，但李某并未支付相应对价。在李某死亡后，其继承人应当在继承遗产的范围内就李某的债务向李甲承担偿还责任。《公司法》第七十五条规定，自然人股东死亡后，其合法继承人可以继承股东资格；但是公司章程另有规定的除外。因此，在A公司公司章程未对股东死亡后股权继承另有约定的情形下，李某死亡后在A公司享有的股东资格由其合法继承人继承，行使相应股东权利并履行相应义务。被告李某某、李乙、李丙在李某死亡后亦对A公司的股权进行了分割和继承，应在继承李某A公司股权价值的范围内向原告承担清偿责任。在李甲死亡后，其对李某享有的债权应依《婚姻法》《继承法》的规定进行分割和继承，其中，柳甲基于夫妻共同财产分割1,015万元，其余1,015万元由柳甲、李甲1、李某、李某某继承，每人分得253.75万元。因此原告柳甲分得的债权为1,268.75万元，李甲1分得的债权为253.75万元，现两原告向各被告主张1,522.50万元，并未超出上述数额，其请求该院亦予以支持。

二审法院判决：驳回上诉，维持原判。

二审法院认为，本案争议焦点问题有三：一、上诉人应否偿付被上诉人的股权转让款；二、李甲1应否以其继承的股权份额与上诉人应当偿还的股权转让款抵销；三、一审法院是否违反不告不理的民事诉讼原则。

关于第一个焦点问题。二审法院认为，2010年7月9日，李甲与李某订立的《A公司股权转让协议》，主体适格，意思表示真实一致，不违反法律强制性规定，依法成立有效。《A公司股权转让协议》签订后，该协议经公司股东会决议通过，并在工商行政管理部门办理了变更登记，证明李甲已向李某履行了自己的合同义务，而没有证据证明李某向李甲支付过2,030万元的股权转让款。李甲去世后，李某应向李甲的继承人履行付款义务。李某去世后，各继承人对李某在A公司的股权进行了分割和继承。由继承人参加的股东会作出决议，重新确认了股东出资比例、股权份额和股东名册，修改了公司章程，并变更了工商登记。因此，李某的继承人应当在继承遗产的范围内就李某的债务向李甲的继承人承担清偿责任。

关于第二个焦点问题。二审法院认为，上诉人主张李甲1代位继承李某253.75万元应抵销上诉人所欠股权转让款，其理由不成立，法院不予支持。理由有二：其一，李甲1虽按照股金分割、继承协议代位继承了李某的股金253.75万元，但从A公司股东会决议以及变更工商登记后的股东名册和A公司章程可以看出，李甲1实际代位继承了李某8.75%股权（价值253.75万元），并没有得到253.75万元或享有同等数额的债权，由于股权和债权就其性质而言并不相同，故不能抵销。其二，上诉人在一审没有主张抵销，可另行解决。

关于第三个焦点问题。二审法院认为，被上诉人在一审中请求上诉人“返还债权”，一审判决上诉人“返还股权转让款”更为具体、明确，并不矛盾，股权转让款属于债权范畴，且被上诉人在事实与理由中已表明要求各上诉人履行股权转让协议项下付款义务，实为支付股权转让款。因此，一审判决并不违背不告不理的民事诉讼原则。综上所述，李某某、李乙、李丙的上诉理由均不能成立，一审判决应予以维持。

【裁判解析】

本案涉及的焦点法律问题有：一、李甲在出资和历次增资中的资金来源及其能否对抗原告请求被告支付股权转让款的诉讼请求；二、李某某、李乙、李丙应否偿付柳甲、李甲1股权转让款；三、李甲1是否应以其继承的股权份额与李某某、李乙、李丙应当偿还的股权转让款抵销。

关于第一个焦点问题，李甲在出资和历次增资中的资金来源及其能否对抗原告的诉讼请求。A公司的工商登记材料和历次验资报告均证明李甲在出资和历次增资中均实际出资，为A公司的股东。2010年7月9日，李甲与李某订立了《A公司股权转让协议》，故本案系李甲的继承人与李某的继承人之间的股权转让纠纷，与李甲对A公司是否实际出资及出资资金的来源属于不同的法律关系。因此，李甲在出资和增资中的资金来源不能对抗原告请求被告支付股权转让款的诉讼请求。

关于第二个焦点问题，李某某、李乙、李丙应否偿付柳甲、李甲1股权转让款。李甲与李某签订的《A公司股权转让协议》，主体适格、意思表示真实，且不违反法律强制性规定，协议合法有效。《A公司股权转让协议》签订后，A公司股东会决议同意李甲将其在A公司的股权转让给李某，李乙放弃优先购买权，并向工商行政管理部门办理了股东变更登记。以上事实证明李甲已向李某履行了合同义务，但没有证据证明李某向李甲支付了2,030万元的股权转让款。根据《公司法》第七十五条规定："自然人股东死亡后，其合法继承人可以继承股东资格；但是公司章程另有规定的除外。"在A公司章程未对股东死亡后股权继承另有约定的情形下，李某死亡后在A公司享有的股东资格由其合法继承人继承。在李某去世后，李某某、李乙、李丙和李甲1对李某在A公司的股权进行了分割和继承，并且通过公司股东会作出决议，重新确认股东出资比例和股权份额、修改公司章程，并办理了工商变更登记手续。也就是说，各继承人已经实际继承李某在A公司的股权。根据《继承法》第三十三条规定："继承遗产应当清偿被继承人依法应当缴纳的税款和债务，缴纳税款和清偿债务以他的遗产实际价值为限。超过遗产实际价值部分，继承人自愿偿还的不在此限。继承人放弃继承的，对被继承人依法应当缴纳的税款和债务可以不负偿还责任。"因此，李某某、李乙、李丙应在继承李某A公司股权价值的范围内向原告承担清偿责任。

关于第三个焦点问题，李甲1应否以其继承的股权份额与李某某、李乙、李丙应当偿还的股权转让款抵销。因李甲已经死亡，李甲1通过代位继承取得李某在A公司的8.75%股权（价值253.75万元）。李某某、李乙、李丙应当偿还的股权转让款系基于李甲与李某签订的《A 公司股权转让协议》，因李某尚未履行合同义务、向李甲支付 2,030 万元的股权转让款转化而来。根据《合同法》的规定，当事人互负到期债务，如果债务的标的物种类、品质相同的，任何一方可以将自己的债务与对方的债务抵销，如果标的物种类、品质不相同的，经双方协商一致，也可以抵销。由此可见，抵销的前提是互负到期债务，但本案中李甲 1 与李某某、李乙、李丙并不互负债务，且股权和债权性质不同，故不符合抵销的条件。

四、同一顺序有多个继承人的，如何继承公司股东资格？

案件来源：上海市虹口区人民法院（2013）虹民二（商）初字第 1332 号判决王某、邵某与 A 公司股东权纠纷案

裁判日期：2014 年 1 月 25 日

案件要旨：按照现行法律，除公司章程另有约定，被告的股东王某某死亡后，其所享有的股权可以作为遗产被继承。继承人对股权的继承，应是全面概括的继承，即通过继承取得的股权，既包括股权中的财产性权利，也包括非财产性权利在内的完全股权。鉴于同一顺序继承人继承遗产的份额一般应当均等，继承从被继承人死亡时开始，因此两原告从王某某死亡之时即有权各半继承王某某的 35% 被告公司股权，取得被告公司股东资格。

【基本案情】

A 公司系有限责任公司，公司章程载明：公司由王某某等 4 名股东共同出资设立，公司注册资本 10 万元，王某某认缴出资 3.5 万元；自然人股东死亡后，其合法继承人继承股东资格。该章程经工商部门登记备案。公司工商登记资料所载明的公司注册资本及王某某出资情况与上述公司章程一致。

2013 年 3 月 5 日，公证处出具公证书，载明：1. 2012 年 11 月 28 日，王某某因病去世；2. 王某某的父亲为王某、母亲为邵某，王某某生前离异后未再婚且无

子女；3. A公司35%的股权为王某某死亡后遗留的个人合法财产；4. 王某某生前未留有遗嘱或遗赠扶养协议对财产进行处分。该公证书在查明事实的基础上确认王某某死亡后遗留的上述个人合法财产为其遗产，由其父亲王某、母亲邵某共同继承。

另有案外人文某向法院起诉王某、邵某遗赠纠纷一案，文某诉请之一为要求判令王某某名下的A公司35%股权归文某所有，法院判决驳回文某的诉讼请求。文某不服，提起上诉。2013年9月26日，上海市第一中级人民法院作出（2013）沪一中民一（民）终字第2310号民事判决，判决驳回上诉，维持原判。

两原告王某、邵某诉称：王某某生前系被告公司股东，拥有35%的股份。王某某去世后，两原告系王某某法定继承人，并有继承公证文书为证。现行《公司法》明确继承人可继承股东资格，故两原告应自被继承人死亡，继承开始之时继承股东权利。故诉至法院要求：1. 被告A公司将公司股东名册上记载于王某某名下的35%的股份变更记载于两原告名下各17.5%；2. 被告A公司向公司登记机关办理上述股东变更登记事项。

被告A公司辩称：本案涉及的被告股东之一王某某对被告公司另一股东文某立有遗嘱。尽管该遗嘱被上海市第一中级人民法院二审生效判决认定为无效遗嘱，但是文某已经递交申诉材料，法院尚未明确是否受理。因此对于遗嘱效力还存有异议。故不同意两原告的诉请。

【法院裁判】

法院判决：一、被告A公司将股东名册上记载于王某某名下的35%股份分别变更记载于原告王某、邵某名下各17.5%；二、被告向公司登记机关办理上述第一项股东变更登记事项。

法院认为：本案的争议焦点在于两原告能否继承王某某在被告公司的股东资格及相应的股份，被告是否应履行将两原告记载于股东名册、并办理变更登记手续的义务。有限责任公司兼具资合性与人合性，股权亦因此具有财产权利属性以及人格权利属性。按照现行法律，除公司章程另有约定，被告的股东王某某死亡后，其所享有的股权可以作为遗产被继承。继承人对股权的继承，应是全面概括的继承，即通过继承取得的股权，既包括股权中的财产性权利，也包括非财产性权利在内的完全股权。现被告公司章程亦明确规定自然人股东死亡后，其合法继承人继承股东资格，故王某某的合法继承人可以直接继承股东资格。对于被告所称案外人文某在申诉、王某某的遗嘱效力尚未确定的辩称，法院认为，上海市第一中级人民法院所作出的（2013）沪一中民一（民）终字第2310号民事判决为终审判决，已经明确驳回文某要求继承股权等诉讼请求，即使如被告所称文某已申请再审也不影响该判决的执行，因此，对于被告辩称，法院不予采信。根据生效判决及公证书载明的内容，案外人文某对王某某所有的被告公司股份不享有继承权，并且王某某的法定继承人仅为两原告。鉴于同一顺序继承人继承遗产的份额一般应当均等，继承从被继承人死亡时开始，因此两原告从王某某死亡之时即有权各半继承王某某的35%被告公司股权，取得被告公司股东资格。两原告有权行使要求被告将其记载于股东名册并办理变更登记等权利。被告作为有限责任公司，应当将股东的姓名记载于被告股东名册，对于登记事项发生变更的，应当办理变更登记手续。综上所述，两原告的诉讼请求，于法有据，法院依法予以支持。

【裁判解析】

一、王某、邵某是否有权继承王某某在A公司的股东资格及相应的股份。《公司法》第七十五条规定："自然人股东死亡后，其合法继承人可以继承股东资格；但是，公司章程另有规定的除外。"由该规定可见，除非公司章程另有规定，股东资格的继承是当然的继承，对于王某、邵某而言，只要举证证明被继承人王某某为A公司股东、其二人为合法的继承人、A公司章程没有对死亡股东的合法继承人继承股权作特别规定，即可继承王某某在A公司的股东资格。现工商部门登记备案的A公司章程载明：王某某认缴出资3.5万元；自然人股东死亡后，其合法继承人继承股东资格及相应的股份。足以证明王某某为A公司股东，公司章程没有对股东资格继承作出限制。公证处出具的公证书也证实A公司35%的股权为王某某死亡后遗留的个人合法财产且由王某、邵某共同继承。因此，原告王某、邵某有权继承王某某在A公司的股东资格及相应的股份。

案外人文某对终审判决申请再审，依照《民事诉讼法》第一百九十九条的规定，当事人对已经发生法律效力的判决、裁定，认为有错误的，可以向上一级人民法院申请再审，这是文某的诉讼权利，但文某申请再审不停止判决、裁定的执行。

二、王某、邵某为同一顺序继承人，股权在两人之间如何分配？根据《继承法》第十条的规定："遗产按照下列顺序继承：第一顺序：配偶、子女、父母。第二顺序：兄弟姐妹、祖父母、外祖父母。继承开始后，由第一顺序继承人继承，第二顺序继承人不继承。没有第一顺序继承人继承的，由第二顺序继承人继承。"第十三条的规定："同一顺序继承人继承遗产的份额，一般应当均等。"这是在同一顺序继承人之间遗产分配的基本原则，同样适用于股权的继承。本案王某和邵某作为同一顺序的继承人，有权各半继承王某某在A公司35%的股权，取得A公司的股东资格。

五、公司章程能否限制继承人继承股东资格？

案件来源： 江苏省苏州市中级人民法院（2013）苏中商终字第0331号判决徐某某等与A公司股权转让纠纷案

裁判日期： 2013年6月5日

案件要旨： 自然人股东死亡后其继承人可以继承股东资格，但A公司的章程明确约定，自然人股东死亡后未经股东会特别表决同意，其继承人不能继承其股东资格，故应适用章程的规定。徐某某、王某某、钱某某未能提供证据证明A公司股东会已通过特别表决同意他们继承王甲的股东资格，而A公司却提供了临时股东会议记录证明决议结果是不同意徐某某、王某某、钱某某继承王甲的股东资格，徐某某、王某某、钱某某起诉要求法院确认他们继承王甲的股东资格，法院不予支持。

【基本案情】

A公司为自然人控股的有限公司，注册资本为30,380万元。A公司章程第十六条第一款约定“除现有股东外，今后取得股东资格者（包括股权转让的受让人及公司增资时的投资者）应具备如下条件：（1）担任本公司正副总裁职务的；（2）担任本公司部门正职领导职务的；（3）担任本公司控股的子公司正副总经理及其下属工厂正厂长及财务科长职务的人员；（4）工作能力强、责任心强、忠实于公司事业、对公司发展有较大贡献、有发展后劲素质的中高级管理人员”。第四款约定“自然人股东死亡后，其合法继承人在继承该股东的出资额后，未经股东会特别表决同意，不能继承其股东资格”。王甲生前为A公司的股东，工商登记显示其股东认缴额为342万元，后王甲因病去世。王某某系王甲父亲、钱某某系王甲母亲、徐某某系王甲妻子，王甲和徐某某婚后未生育过子女。2011 年 5 月 14 日，A 公司就王甲继承人能否继承股东资格的问题召开了临时股东会，股东会的表决结果为不同意王甲原股东的合法继承人继承其股东资格。2011 年 5 月 27 日，A 公司向王甲家属发出了《告知书》一份，主要内容为：A 公司章程第五章第十六条第四款规定，自然人股东死亡后，其合法继承人在继承该股东的出资额后，未经股东会特别表决同意，不能继承其股东资格。因此，请股东王甲的家属在 2011 年 5 月 31 日前来公司商谈有关股本处置事宜。

后双方协商未果，徐某某、王某某、钱某某遂诉讼至法院称：王甲为 A 公司的股东，持有公司 1.18% 的股权。王甲于 2011 年 5 月因病去世，未留下遗嘱。就王甲的股权处理事宜，经与 A 公司多次沟通未果。故诉至法院，请求判令：确认徐某某、王某某、钱某某继承王甲的股东资格，A 公司配合办理相关工商登记变更手续，并由 A 公司承担诉讼费用。

A 公司一审辩称：王甲是其公司的原股东，王甲去世后，其多次发函给三原告希望处理王甲的股份。根据公司章程第五章第十六条约定，自然人股东死亡后，除非有特殊的表决，其合法继承人在继承该股东的出资额后，未经股东会表决同意不能继承其股东资格。这一约定是包括王甲在内的所有股东都同意的真实意思表示，因此王甲的法定继承人要继承其股东资格需要公司股东会的特别表决，现 A 公司的股东会不同意王甲的法定继承人继承其股东资格。这一情况 A 公司也已经在给三原告的函中明确，所以三原告的诉讼请求没有事实和法律依据，请求法院依法驳回。

针对 A 公司的辩称，徐某某、王某某、钱某某认为：继承股东资格并不损害 A 公司的合法利益，对 A 公司造成的影响也是最小的，所以判决三原告继承股东资格，是对三原告合法权益的最好保护。

A 公司则表示：其是有限责任公司，有限责任公司具有人合性，股东之间需要有相互信任的基础。股权作为一种特殊权利除了财产权的内容以外还有基于股东身份产生的人身权，有限责任公司股东的权利具有综合性，既有财产权的一面又有身份权的一面。现在三原告要求的是身份权，而身份权具有人身专属性，自然人作为股东死亡后其身份权不能当然地继承。公司章程对股东资格继承问题的约定是包括王甲在内的所有股东都同意的真实意思表示，这是一个商事风险的约定，王甲是一个小股东，其死亡后也应当按照这一规定执行，大股东也是一样地执行，这一规定对所有的股东都是公平的。

一审判决后，徐某某、王某某、钱某某不服判决，向法院提起上诉称：1. A

公司一审所举证的临时股东会议记录是虚假的、后补的，时间与实际不符，不能作为证据使用。起诉前上诉人多次与A公司交涉要求进行股东会决议，其均表示没有相关会议，据此可以看出股东会没有在2011年5月14日表决过，该证据无效，也可以通过司法鉴定来确定文书形成时间。2. 该临时股东会议记录表决不同意王甲的继承人成为股东的前提是只能继承王甲的出资额，这严重侵害了上诉人的合法权益，故该会议记录无效。一审遗漏了对该会议记录合法性的分析，直接影响了上诉人的根本权利，请求二审撤销原判，发回重审或查明事实改判。

A公司二审答辩称：上诉人未能提供证据证明临时股东会议记录是虚假的，该会议记录是根据公司章程约定作出的，章程约定只能继承出资份额，对此王甲生前签字确认，真实有效。请求二审驳回上诉，维持原判。

【法院裁判】

一审法院判决：驳回徐某某、王某某、钱某某的诉讼请求。

一审法院认为：根据《公司法》第七十五条的规定，自然人股东死亡后，其合法继承人可以继承股东资格；但是，公司章程另有规定的除外。本案中，A公司章程第十六条第四款约定“自然人股东死亡后，其合法继承人在继承该股东的出资额后，未经股东会特别表决同意，不能继承其股东资格”。就王甲的股东资格继承问题，A公司临时股东会一致表决通过不同意三原告继承王甲的股东资格。另外，徐某某、王某某、钱某某也并没有提供其符合公司章程第十六条第一款约定的能够取得公司股东资格条件的证据。故依照公司法规定和公司章程的约定，徐某某、王某某、钱某某要求确认其继承王甲股东资格及要求A公司配合办理公司登记变更手续的诉请，一审法院难以支持。

二审法院判决：驳回上诉，维持原判。

二审法院认为：王甲生前系A公司股东，其去世后股东资格是否可由其继承人徐某某、王某某、钱某某加以继承，应依据相关法律规定及A公司的章程约定加以判断。依据《公司法》的规定，如公司章程没有另外约定的，自然人股东死亡后其继承人可以继承股东资格，但A公司的章程明确约定，自然人股东死亡后未经股东会特别表决同意，其继承人不能继承其股东资格，故应适用章程的规定。徐某某、王某某、钱某某未能提供证据证明A公司股东会已通过特别表决同意他们继承王甲的股东资格，而A公司却提供了临时股东会议记录证明决议结果是不同意徐某某、王某某、钱某某继承王甲的股东资格，徐某某、王某某、钱某某上诉提出该股东会议记录是后补的故无效，因股东会议记录形成的时间对本案处理结果并无直接的、决定性的影响，所以依据法律规定及公司章程，徐某某、王某某、钱某某起诉要求法院确认他们继承王甲的股东资格，法院不予支持。徐某某、王某某、钱某某上诉还提出上述会议记录提及他们只能继承王甲的出资额，这侵犯了他们的合法权益，因本案只针对他们的诉求决定他们是否有权继承王甲的股东资格，而该上诉理由涉及王甲股权的最终处理方式及结果，这不属于本案理涉范围。综上所述，一审判决实体处理并无不当。

【裁判解析】

公司章程是公司必备的由发起设立公司的投资者制定的，并对公司、股东、公司经营管理人员具有约束力，调整公司内部组织关系和经营行为的自治规则。公司章程是对公司法基本原则的个性化和具体化，是对公司法规定的补充和完善，也是对与公司相关的各方利益的协调与平衡。可以说，公司章程就是公司的“宪法”。

根据《公司法》第七十五条的规定：“自然人股东死亡后，其合法继承人可以继承股东资格；但是，公司章程另有规定的除外。”该条款的但书部分属于公司章程记载事项中的相对必要记载事项，即非经载明于公司章程不发生效力。本案中，A公司章程第十六条第四款约定“自然人股东死亡后，其合法继承人在继承该股东的出资额后，未经股东会特别表决同意，不能继承其股东资格”。该约定在继承资格继承之前设置了股东会特别表决同意的前置程序，约定内容的合法与否成为本案的关键问题。

公司章程作为契约，股东可以利用广泛的自治权利，创设理想中的合理条款。但公司章程的自由并非没有限度，其制定与修改不得违反《公司法》等法律法规的强制性规定。再看A公司章程的约定，设置股东会表决程序没有损害股东的法定权利，没有损害债权人利益，也没有谋取个别股东的利益，该约定应该是有效的，对各方主体都具有约束力。A公司为自然人控股的有限公司，公司的人合性决定了股东可以通过公司章程限制合法继承人成为公司股东，设置股东会表决的前置程序是对全体股东利益的保障，同时也不致损害合法继承人的财产性权益。

本案徐某某、王某某、钱某某未能提供证据证明A公司股东会已通过特别表决同意他们继承王甲的股东资格，相反地，A公司却提供了临时股东会议记录证明决议结果是不同意徐某某、王某某、钱某某继承王甲的股东资格。因此，徐某某、王某某、钱某某起诉要求确认继承王甲股东资格的请求无法得到法院的支持。

图书在版编目（CIP）数据

婚姻继承纠纷案件股权分割裁判观点与解析 / 汪强编著. —北京：中国法制出版社，2019. 9

ISBN 978 - 7 - 5216 - 0498 - 6

Ⅰ. ①婚…　Ⅱ. ①汪…　Ⅲ. ①婚姻家庭纠纷 - 股权转让 - 处理 - 研究 - 中国②继承法 - 民事纠纷 - 股权转让 - 处理 - 研究 - 中国　Ⅳ. ①D923. 904

中国版本图书馆 CIP 数据核字（2019）第 188509 号

策划编辑　袁笋冰　　　责任编辑　赵燕　　　封面设计　杨泽江

婚姻继承纠纷案件股权分割裁判观点与解析

HUNYIN JICHENG JIUFEN ANJIAN GUQUAN FENGE CAIPAN GUANDIAN YU JIEXI

著者/汪强

经销/新华书店

印刷/三河市国英印务有限公司

开本/710 毫米 × 1000 毫米　16 开　　　印张/20. 75　字数/315 千

版次/2019 年 9 月第 1 版　　　2019 年 9 月第 1 次印刷

中国法制出版社出版

书号 ISBN 978 - 7 - 5216 - 0498 - 6　　　定价：65. 00 元

北京西单横二条 2 号

邮政编码 100031　　　传真：66031119

网址：http：//www. zgfzs. com　　　**编辑部电话：66066627**

市场营销部电话：66033296　　　**邮购部电话：66033288**

（如有印装质量问题，请与本社印务部联系调换。电话：010 - 66032926）